La protection du crédit bancaire en droit africain des affaires

Collection « Études africaines »

dirigée par Denis Pryen et son équipe

Forte de plus de mille titres publiés à ce jour, la collection « Études africaines » fait peau neuve. Elle présentera toujours les essais généraux qui ont fait son succès, mais se déclinera désormais également par séries thématiques : droit, économie, politique, sociologie, etc.

Dernières parutions,

Abdel Kader BONGO DOYENDZE, *Le Paléolithique en République du Gabon : Étude des industries préhistoriques du Haut Ogooué*, 2021.
Mamadou Bakaye DEMBELE, *L'échec d'une construction légale du droit des successions au Mali*, 2021.
Yassine KERVELLA-MANSARÉ, *La condition peule hier et aujourd'hui. Étude comparative de communautés : Guinée et Tchad*, 2021.
Saliou NGOM, *Femmes et politique au Sénégal. Les dynamiques imbriquées d'inclusion-exclusion de l'indépendance à nos jours,* 2021.
Jean OTEMIKONGO MANDEFU YAHISULE, *Elections et changement politique en République démocratique du Congo. Six décennies perdues pour le développement,* 2021.
Sylvain Sorel KUATE TAMEGHE, *La justice, ses métiers, ses procédures, OHADA, Union Africaine, CEEAC-CEMAC, CEDEAO-UEMOA, Nations Unies, Cameroun, 4ème édition,* 2021.
Adrien ELLA MENDENE, *L'approche par les compétences au Gabon*, 2021.
François GUIYOBA et Vincent Manuel AFANA NGA (dir.), *Représentations touristiques de l'Afrique dans les romans,* 2021.
Fabien MAOMBI MUSHI, *Système fiscal congolais. Pilier ou frein aux affaires ?* 2021
Toussaint Marlot MAKOSSO MAGAGNI, *La criminalité fétichiste au Gabon,* 2021.
Jacques N'TONI KIESSE, *Procédure civile en RDC. Explications pratiques, Tome 1*, 2021
Joseph Tony DJUNGA, *L'entrepreneuriat en Afrique. En faire un choix*, 2021
Sandavoy Adamoh DJHELI YAHOT, *L'endettement international : mythe ou réalité en Afrique ?*, 2021.
Basile ANYIA ENYEGUE, *Cameroun : les renseignements généraux français dans la lutte contre l'insurrection armée en Sanaga-Maritime*, 2021.
Moustapha SOUMAHORO (dir.), *Aménagement, décentralisation et développement local en Afrique subsaharienne*, 2020
Maixant MEBIAME ZOMO & Ludovic MBA NDZENG (dir.), *Le travail anthropologique de Paulin Nguema-Obam, Dettes et critiques*, 2020.

Pascal NGUIHÉ KANTÉ et Christian TECHIOTSOP

La protection du crédit bancaire en droit africain des affaires

L'Harmattan

Des mêmes auteurs

A- Ouvrages de Pascal NGUIHE KANTE

Les techniques de sauvetage des entreprises en difficulté en droit OHADA, L'Harmattan, 2019, 322 pages.

Entreprises commerciales et droits fondamentaux. Contribution à l'étude des particularismes au regard des droits français et camerounais, Presses Universitaires d'Aix Marseille (PUAM), janvier 2012, 586 pages.

5-7, rue de l'Ecole-Polytechnique, 75005 Paris

http://www.editions-harmattan.fr

ISBN : 978-2-343-22575-3
EAN : 9782343225753

Un crédit sainement conçu doit pouvoir se rembourser sur les ressources qu'il a permis d'obtenir.

DE JUGLART (M.) et IPPOLITO (B.), *Traité de droit commercial, Banque et Bourse*, tome 7, 3e édition, 1991, Montchrestien, p. 268, n° 222.

TABLE DES ABRÉVIATIONS

Aff. :	Affaire
ANIF :	Agence Nationale d'Investigation Financière
AUA :	Acte uniforme de l'OHADA relatif à l'arbitrage
AUDCG :	Acte uniforme portant droit commercial général
AUM :	Acte uniforme relatif à la médiation
AUPCAP :	Acte uniforme portant organisation des procédures collectives d'apurement du passif
AUS :	Acte uniforme portant organisation des sûretés
AUSC-GIE:	Acte uniforme relatif au droit des sociétés commerciales et du groupement d'intérêt économique
AUPSR-VE :	Acte uniforme portant organisation des procédures simplifiées de recouvrement et des voies d'exécution
BEAC :	Banque des États de l'Afrique Centrale
C. civ. :	Code civil
C.S. :	Cour Suprême
Cass. :	Cour de Cassation
CCJA :	Cour Commune de Justice et d'Arbitrage de l'OHADA
CEMAC :	Communauté Économique et Monétaire de l'Afrique Centrale
cf. :	Confère
CIMA :	Conférence Interafricaine des Marchés d'Assurances
Civ. 1er, 2e, 3e :	Cour de Cassation, 1re, 2e, 3e chambre civile.
COBAC :	Commission Bancaire de l'Afrique Centrale

CVIM :	Convention de Vienne (des Nations Unies) sur les contrats de vente internationale de marchandises
ERSUMA :	École Régionale Supérieure de la Magistrature
J. P. :	Juridis périodique
J.O. OHADA :	Journal officiel de l'OHADA
LGDJ :	Librairie générale de droit et de jurisprudence
OAPI :	Organisation Africaine de la Propriété Intellectuelle
Obs.	Observations
OHADA :	Organisation pour l'Harmonisation en Afrique du Droit des Affaires
Ohadata :	Base de données doctrinale et jurisprudentielle de l'association UNIDA sur le Droit OHADA
Op. cit.	*Opus citatum*
OUA :	Organisation de l'Unité Africaine
P (PP) :	Page(s)
PREC :	Précité
PUA :	Presses universitaires d'Afrique
RCCM :	Registre du commerce et du crédit mobilier
RCDA :	Revue camerounaise de droit des affaires
RDAI :	Revue du droit des affaires internationales
Réf. :	Référé
Rev. Proc. Coll. :	Revue des procédures collectives
SA :	Société anonyme
SARL :	Société à responsabilité limitée
SCS :	Société en commandite simple
SNC :	Société en nom collectif
Spéc.	Spécialement
T.G.I. :	Tribunal de grande instance
T.P.I. :	Tribunal de première instance

Trib. com. :	Tribunal de commerce
UEMOA :	Union Économique et Monétaire Ouest Africaine
Vol. :	Volume

TERMES CLÉS

Droit des affaires, droit bancaire, sécurité juridique, protection du crédit, garanties nécessaires, sûretés personnelles, cautionnement, clause de ducroire, aval, cautionnement professionnel, garanties autonomes, protection des consommateurs, lettre de garantie, cession de propriété, caution hypothécaire, droit de rétention, sûretés réelles, sûretés mobilières, sûretés préférentielles, gage, nantissement, sûretés immobilières, antichrèse, hypothèque conventionnelle, hypothèque légale, hypothèque judiciaire, hypothèques rechargeables, *affectio societatis*, sûretés-propriétés, droit de propriété, réserve de propriété, crédit-bail, attribution judiciaire, pacte commissoire, garanties spécifiques, domiciliation des salaires, crédit documentaire, assurance-crédit, escompte d'effets de commerce, nantissement des marchés publics, cession de créances, procédures collectives, égalité des créanciers, poursuites individuelles, créances antérieures, créances postérieures, privilège du *new money*, saisie immobilière, saisie mobilière, attribution judiciaire, créanciers chirographaires, droit de préférence, privilèges, créanciers super-privilégiés, action oblique, action directe, action paulienne, astreinte, action pénale, créances impayées, relation d'affaires, insolvabilité du débiteur, relances commerciales, protocole d'accord transactionnel, homologation du concordat, restructuration du crédit, conversion de la créance, responsabilité pour soutien abusif, non-immixtion, dirigeant de fait, intérêts moratoires, augmentation du capital, prise de participation, recouvrement forcé, titre exécutoire, mise en demeure, injonction de payer, assignation en paiement, instruments de paiement, protêt faute de paiement, certificat de non-paiement, voies d'exécution, exécution provisoire, saisie conservatoire, saisie-vente, saisie à fin d'exécution, adjudication, vente amiable, immunités des personnes publiques, contentieux de l'exécution, saisie-attribution, compte bancaire, commandement de payer, opérations en cours, contre-passation d'effets de commerce...

RÉSUMÉ

Dans les milieux d'affaires où le crédit, sur une grande échelle, est la condition d'une croissance qui maintient les équilibres économiques, le droit est nécessaire pour tout créancier qui entend se protéger contre les risques de non-remboursement. C'est dans ce sens que le droit des affaires en Afrique s'est penché sur les règles qui gouvernent le crédit.

À travers l'organisation des sûretés opérée par divers textes, le crédit a eu de fortes chances d'être relancé. Le banquier se trouve au centre d'une pluralité de choix. Il peut choisir entre les sûretés réglementées par certains Actes uniformes de l'OHADA ou les garanties régies par des textes spécifiques issus tant du droit interne que du droit international.

Quelle que soit la garantie choisie, son efficacité est influencée par les règles de la cessation des paiements des entreprises. En effet, l'ouverture d'une procédure collective assujettit les créanciers à une discipline collective. Celle-ci a pour but de favoriser le traitement des difficultés financières d'une entreprise en état de cessation des paiements. L'AUPCAP et l'AUPSR-VE établissent à cet égard une hiérarchie entre différentes catégories de créanciers lors des répartitions consécutives à une liquidation des biens ou à la vente des biens saisis.

Des mesures d'exécution forcée sont consacrées afin de vaincre la résistance de certains débiteurs qui cherchent à échapper au remboursement. Le recouvrement des créances n'échappe pas aux difficultés. Cette situation complexifie et hypothèque nécessairement l'issue de l'opération.

SOMMAIRE

INTRODUCTION GÉNÉRALE

1. Comme il est établi par la doctrine, il ne peut avoir de développement sans qu'on touche au droit économique, c'est-à-dire à l'ensemble des règles juridiques régissant la vie des acteurs, des activités, des biens et des richesses du monde des affaires[1]. Ceci explique le choix opéré par l'OHADA d'adopter dans le domaine du droit des affaires, un ensemble d'Actes uniformes relatifs à l'activité économique[2]. La lecture de ces différents Actes uniformes révèle que le droit des affaires est lui-même considéré comme un droit mixte, à la fois privé et public[3], un droit des commerçants et parfois des non-commerçants[4], un droit des activités commerciales et civiles[5]. Ce n'est que dans ce sens qu'on peut comprendre les règles relatives au droit commercial général, au droit des sociétés commerciales et du groupement d'intérêt économique, aux sûretés, aux procédures simplifiées de recouvrement et voies d'exécution, aux procédures collectives, au droit de l'arbitrage, à la comptabilité, aux contrats de transport de marchandises par route et à la médiation[6]. À l'exception du

*Les auteurs remercient tout d'abord **monsieur MEGOUDJOU André Alexis**, Directeur général du Crédit communautaire d'Afrique (CCA-Bank) qui a bien accepté que les recherches en contribution à la réalisation de cet ouvrage, s'effectuent au sein de l'entreprise qu'il dirige. Ils pensent ensuite au **Professeur NGNINTEDEM Jean Claude**, enseignant à la faculté des sciences juridiques et politiques de l'Université de Ngaoundéré qui a marqué de nombreuses observations pour la qualité de cet ouvrage.

[1]Voir ISSA-SAYEGH (J.), « L'intégration juridique des pays africains de la zone franc », Recueil Penant, n° 823, p. 14.

[2]Le Traité de l'OHADA précise dans son article 5 que « *Les actes pris pour l'adoption des règles communes prévues à l'article 1er du présent Traité sont qualifiés ''Actes uniformes''* ».

[3]Sur les divisions du droit et la notion de droits mixtes, voir AUBERT (J.L.), Introduction au droit et thèmes fondamentaux du droit civil. 8e éd., Armand Colin. n° 51, p. 40.

[4] NGNINTEDEM (J.C.), « les mutations du cautionnement en droit OHADA : du droit civil au droit des affaires », RDAI/IBLJ, n° 6, 2012, pp. 679-702.

[5]À ce sujet par exemple lire DIFFO TCHUNKAM (J.), « La distinction droit civil-droit commercial à l'épreuve de l'OHADA : Une perspective de droit matériel uniforme », Rev. dr. unif., 2009-1/2, pp. 57-96.

[6]Il en est de même de ceux à venir. Voir article 2 de l'AUDCG.

droit du travail[7], toutes ces matières énumérées par l'article 2 du Traité ont fait l'objet d'Actes uniformes[8].

2. Le droit des affaires a ainsi vocation à englober toutes les règles de droit relatives à l'entreprise, à la production et la circulation des richesses économiques[9]. C'est ainsi que peuvent sans nul doute entrer dans le champ du droit des affaires outre le droit commercial au sens classique de ce concept, le droit de certaines professions commerciales spécialisées, le droit des services financiers, le droit pénal, le droit fiscal, le droit social, le droit comptable, le droit des contrats, en incluant le droit des obligations. Plus récemment, il a été proposé d'inclure également dans le droit des affaires, le droit de la propriété industrielle et commerciale, le droit de la société civile, le droit des nouvelles technologies de l'information et de la communication, le droit de la concurrence et de la consommation, le droit de certains contrats spéciaux, ainsi que le droit international privé[10]. La véritable question est celle de savoir où commence et s'arrête le droit des affaires. En réalité, comment organiser le droit des affaires sans aller trop loin ?

3. Il est vrai, on ne peut pas, sous prétexte d'une souplesse de la matière, laisser illimité le domaine du droit des affaires tel que défini par l'article 2 du Traité OHADA. S'il est en effet souhaitable que le droit des affaires soit appliqué à divers types d'échanges sociaux, il est indispensable que d'autres échanges échappent, compte tenu de leur nature, aux règles économiques. Il s'agit alors de circonscrire l'applicabilité du droit des affaires à un ordre et d'en préserver les autres, afin que la logique de l'OHADA ne s'étende pas au-delà des limites souhaitées par ses pères fondateurs[11]. « *Qui trop embrasse, mal*

---

[7]Il faut dire que quelques aspects du droit de travail ont été abordés dans l'AUPCAP, notamment en ce qui concerne le licenciement pour motif économique et dans l'AUPSR-VE parlant de la quotité saisissable du salaire.

[8]Les Actes uniformes relatifs aux sociétés coopératives et à la médiation ont vu le jour bien que non énumérés à l'origine à l'article 2, *op cit.*

[9]Voir PAILLUSSEAU (J.), *Le big bang du droit des affaires à la fin du xxe siècle* ; JCP. éd. G., 1988. I. 3330.

[10]Voir SAWADOGO (F.M.), *OHADA, Droit des entreprises en difficulté*, coll. Droit uniforme africain, Bruylant, 2002, p. 42.

[11]Lors du Conseil des Ministres de l'OHADA des 13, 14 et 15 décembre 2010 à Lomé (Togo), il a été fait droit à la recommandation du Conseil des ministres de l'Union économique de l'Afrique centrale (ci-après : « UEAC »), l'une des deux unions formant la CEMAC, qui a souhaité, le 28 octobre 2010 à Brazzaville, « la révision de la décision du Conseil des ministres de l'OHADA [adoptée en] 2001 à Bangui, réalisant l'extension

étreint », dit-on souvent. C'est pourquoi une conception réductrice de cette discipline a tendance à la ramener au droit commercial. Pour plus d'efficacité, il serait préférable comme le suggéraient déjà certains auteurs[12] que la recherche systématique du droit des affaires uniformisable se fasse avec circonspection autour de toutes ses composantes : les acteurs économiques, les actes économiques, les biens économiques, les procédures économiques.

4. Les acteurs économiques de premier plan ont déjà fait l'objet d'Actes uniformes : commerçants, personnes physiques et intermédiaires de commerce, sociétés commerciales et groupements d'intérêt économique. Les commerçants en général sont des personnes physiques ou morales devant être soumises au droit OHADA[13]. Leur identification résulte surtout des dispositions de l'AUDCG du 10 décembre 2010. L'article 2 de cet Acte uniforme les définit comme *« ceux qui accomplissent des actes de commerce et en font leur profession habituelle »*[14].

5. L'OHADA s'est aussi préoccupée d'actes économiques. Il en est ainsi de la théorie de l'acte de commerce, le contrat de vente entre professionnels, le bail commercial, le courtage, la commission, le contrat de transport des marchandises par route. L'article 3 de l'AUDCG dispose que : « *L'acte de commerce par nature est celui par lequel une personne s'entremet dans la circulation des biens qu'elle produit ou achète ; ou par lequel elle fournit des prestations de service avec intention d'en tirer profit pécuniaire »*[15]. Quant à la liste des actes

---

du champ des matières couvertes par l'OHADA ». Voir le Communiqué final de la 21ème session ordinaire du Conseil des ministres de l'UEAC, p. 5.

[12] Voir POUGOUÉ (P-.G), KALIEU ELONGO (Y. R.), *Introduction critique à l'OHADA*, Yaoundé, PUA, éd. Eburnie, 2008, 225 p.

[13] Un alinéa 2 a été introduit à l'article 1er, qui soumet aux règles du droit commercial général les personnes physiques ayant opté pour l'exercice du commerce sous le statut d'entreprenant. Vr la réforme intervenue à Lomé le 15 décembre 2010. Voir DIFFO TCHUNKAM (J.), *Actualité et perspective du droit OHADA après la réforme de l'AUDCG du 15 décembre 2010*, 26 p.

[14] Il s'agirait outre mesure de compléter avec les sociétés civiles qui ont une activité économique lucrative aussi importante que les sociétés commerciales, c'est le cas des sociétés mutualistes et des sociétés civiles dans toutes leurs déclinaisons (sociétés civiles immobilières, sociétés civiles professionnelles…).

[15] Parmi ceux-ci, on cite : les achats de biens meubles ou immeubles en vue de leur revente ; l'exploitation industrielle des mines, carrières, et de tout gisement de ressources naturelles ; les opérations de transport, de télécommunication, de manufacture (fabrication) ; les opérations de location de meubles, les opérations de

de commerce par la forme, on note avec satisfaction qu'aux lettres de change ont été ajoutés les billets à ordre et les warrants[16]. La notion d'activité économique se trouve ainsi au centre du droit des affaires OHADA.

6. Le bien économique prépondérant du monde des affaires, à savoir le fonds de commerce, avait été traité dans l'AUDCG. La révision de l'AUS a pris en compte les droits de la propriété intellectuelle en déterminant le régime de leur nantissement[17]. Ces droits, bien que faisant partie des éléments du fonds de commerce, étaient jusque-là simplement annoncés par les annexes du Traité de l'OAPI[18]. Les règles relatives à la gestion des biens de l'entreprise sont essentiellement régies par les Actes uniformes sur les sociétés commerciales et sur le droit comptable où l'on retrouve les notions de dirigeant social, d'apport, de capital social, de fonds propres, de capitaux extérieurs...

7. S'agissant des procédures économiques, l'arbitrage a tout d'abord fait l'objet d'une manifestation d'intérêt particulier de la part de l'OHADA. L'article 1er du Traité concerné énonce clairement qu'il a pour objet, entre autres, « *l'encouragement au recours à l'arbitrage pour le règlement des différends contractuels* » ; et l'article 2 du même Traité mentionne l'arbitrage parmi les disciplines juridiques qui entrent dans le domaine du droit des affaires[19]. L'OHADA est venue par la suite intégrer dans son champ un Acte uniforme sur la médiation[20]. La

---

banque, de bourse, de change, de courtage, d'assurance, et de transit ; les opérations d'intermédiaires de commerce, telles que commissions, courtages, agences, ainsi que les opérations d'intermédiaires pour l'achat, la souscription, la vente ou la location d'immeubles, de fonds de commerce, d'actions ou de parts sociales commerciales ou immobilières...

[16]Article 4 de l'AUDCG.

[17]Sur ledit régime, lire KABRE (W. D.), « Étude critique du nantissement des droits de propriété intellectuelle en droit OHADA.» ; publication.lecames.org ; 41 p.

[18]La CCJA s'approprie ainsi le contrôle de l'application du droit uniforme de la propriété. Ce qui a le mérite de rendre transparente l'application des deux importantes législations uniformes OHADA/OAPI, transparence nécessaire à la sécurité juridique et judiciaire dans le monde des affaires.

[19]Il doit être précisé, à cet égard, que le Conseil des ministres de l'OHADA a adopté à Ouagadougou (Burkina Faso), en date du 11 mars 1999, l'AUA et le Règlement d'arbitrage de la CCJA, qui fixe dans le détail les règles de l'arbitrage CCJA dont les grands traits sont tracés par le titre IV du Traité OHADA. Ces importants textes ont été révisés à Conakry en date du 23 novembre 2017.

[20]Seule la médiation vient de retenir l'attention du conseil des ministres par l'adoption d'un acte uniforme y relatif en date du 23 novembre 2017 à Conakry.

médiation est définie à l'article 1er a) dudit Acte uniforme comme « *tout processus, quelle que soit son appellation, dans lequel les parties demandent à un tiers de les aider à parvenir à un règlement amiable d'un litige, d'un rapport conflictuel ou d'un désaccord (ci-après le « différend ») découlant d'un rapport juridique, contractuel ou autre ou lié à un tel rapport, impliquant des personnes physiques ou morales, y compris des entités publiques ou des États* »[21]. Les articles 13 et 14 du Traité OHADA quant à eux instituent un partage explicite de compétence judiciaire entre la CCJA et les juridictions nationales de fond[22].

8. Pour tout dire, le droit des affaires, comme voulu par les pères fondateurs de l'OHADA, c'est du droit économique dans son aspect privé. Le vocable *« droit privé des affaires »* selon un auteur traduirait bien cette vision de l'OHADA[23]. À cela, il pourra bien entendu être ajouté un droit public des affaires. Les données ne changeront pas pour autant, car le droit des affaires qui en résulterait ne concernera que les seules règles techniques touchant à l'activité économique, sans changement des règles de fond du droit constitutionnel ou du droit administratif, c'est-à-dire sans que ne se produise une véritable fusion des disciplines concernées dans le droit des affaires.

---

[21]De cette définition, les rédacteurs de l'Acte uniforme ont préféré définir le processus plutôt que d'enfermer la pratique dans une appellation qui d'ailleurs peut renvoyer à une réalité différente selon les époques et les lieux. Pensons notamment aux termes : amiable composition, bons offices, catalyse, compromis, conciliation, concordat, déminage, désamorçage, entremise, facilitation, intercession, intermédiation, intervention, mini-trial, négociation, ombudsman, pacification, partition, rapprochement, réconciliation, rédemption, transaction, *etc.* ADA NNENGUE (B.), Séminaire sur l'arbitrage et la médiation en droit OHADA, Institut catholique Saint Jérôme, Douala, 14-15 et 16 juin 2018.

[22]En effet, l'article 13 du Traité prévoit explicitement que « *le contentieux relatif à l'application des Actes uniformes est réglé en première instance et en appel par les juridictions des États parties* », alors que l'article 14 dudit texte retient la compétence de la CCJA en matière de cassation d'une décision rendue en dernier ressort par un juge national appliquant le droit uniformisé. Voir TECHIOTSOP (C.), *Le système juridictionnel de l'OHADA, Étude à la lumière de la justice interne et européenne ; Thèse de doctorat PhD, Université de Dschang, 22 décembre 2016. 792 pages*

[23]Voir MODI KOKO BEBEY (H. D.), « L'harmonisation du droit des affaires en Afrique : regard sous l'angle de la théorie générale du droit », www.ohada.com, p. 12. En dépit de sa pluridisciplinarité, le droit des affaires se nourrit essentiellement de droit commercial.

9. Si *a priori*, le droit des affaires semble en contradiction avec les marchés publics par exemple, en réalité le paradoxe tombe dès lors que les contrats établis entre l'Administration et une entreprise sont des contrats commerciaux [24] . Aux termes de l'article 5 du Décret n° 2004/275 du 24 septembre 2004 portant Code des marchés publics au Cameroun, il faut entendre par marché public, un « *contrat écrit ; passé conformément aux dispositions du Code des Marchés publics*[25] *; par lequel un entrepreneur, un fournisseur, ou un prestataire de service s'engage-t-il envers l'État, une collectivité territoriale décentralisée, un établissement public ou une entreprise du secteur public ou para public, soit à réaliser des travaux, soit à fournir des biens ou des services moyennant un prix* ». Le caractère onéreux des marchés publics exprime ici l'idée d'une charge pesant sur l'Administration[26]. Les marchés publics, donnant lieu au versement d'une somme d'argent, se distinguent des subventions[27] et des délégations de service public[28].

---

[24]Les marchés publics sont des contrats administratifs appartenant au groupe dit de la "commande publique" dont la raison sociale est la participation à l'exécution d'un service public. Les marchés publics concernent donc au sens large, l'ensemble des achats et constructions de l'État, réalisés pour l'approvisionnement et l'équipement du secteur public. Voir BURMEISTER (A.), « Les marchés publics : outils de politique industrielle » *in* L'État et le marché, Economica, 1994, p. 183.

[25]Les marchés publics soumis au Code des marchés publics respectent les principes de liberté d'accès à la commande publique, d'égalité de traitement des candidats et de transparence des procédures. Ces principes permettent d'assurer l'efficacité de la commande publique et la bonne utilisation des deniers publics. Ces obligations sont mises en œuvre conformément aux règles fixées par le Code des marchés publics.

[26]Article 74 du Code des marchés publics « - *1)... Néanmoins, en l'absence d'un tel versement, le caractère onéreux peut aussi bien résulter d'un abandon par l'acheteur public d'une possibilité de recette liée à l'exécution du marché. Il s'agira, par exemple, de l'autorisation donnée au cocontractant de vendre le sable ou les graviers tirés d'un cours d'eau dont il a réalisé le curage. En revanche, les prestations que la personne publique obtient à titre gratuit ne peuvent jamais être qualifiées de marchés publics* ».

[27]Le droit communautaire, dans une approche fonctionnelle, considère que les aides d'État sont « *des avantages consentis par les autorités publiques qui, sous des formes diverses, faussent ou menacent de fausser la concurrence en favorisant certaines entreprises ou certaines productions* ». Article 2 du règlement n° 4/99/UEAC/CM/630 du 18 août 1999 portant règlementation des pratiques étatiques affectant le commerce entre les États.

[28]La délégation de service public est « *un contrat par lequel une personne morale de droit public confie la gestion d'un service public dont elle a la responsabilité à un délégataire public ou privé, dont la rémunération est substantiellement liée au résultat de l'exploitation du service. Le délégataire peut être chargé de construire des ouvrages ou d'acquérir des biens nécessaires au service* ». La différence

C'est sous cet aspect que le droit des marchés publics intègrerait le droit des affaires.

10. Cette démarche objective explique bien que la notion de droit des affaires reste rebelle à toute conceptualisation. Le droit des affaires en lui-même serait une discipline ésotérique et exotérique. Il est difficile de concevoir une matière juridique qui n'ait pas un quelconque lien avec elle[29]. Les actes dc commerce se font parfois à crédit. Et il faut que le créancier s'assure de la possibilité de rentrer dans son dû à l'échéance. Indépendamment du fait que le banquier peut se tromper dans l'appréciation du risque que représente le client, il est possible que la solvabilité de celui-ci, effective à l'époque de l'octroi du crédit, ait cessé d'exister au moment du remboursement. C'est pourquoi l'OHADA s'est préoccupée des sûretés et des mesures d'exécution forcée[30].

11. Quel que soit le type de crédit que le banquier consent à ouvrir, après avoir observé la solvabilité du crédité, il est tout à fait certain que le banquier cherche à s'entourer de garanties. En effet, dans la pratique bancaire, parler du risque n'implique pas uniquement celui de n'être pas remboursé. Il intègre *« l'évaluation de l'emprunteur de faire face au remboursement du crédit qu'il sollicite »*. Pour se protéger contre ce risque de non-paiement, le banquier peut recourir à des garanties dont il souhaite ne pas s'en servir, mais qui, s'il le fallait, lui permettraient de façon plus certaine de retrouver la disposition des fonds prêtés[31]. Cela étant, il est un principe très important que connaissent bien les banquiers. C'est celui selon lequel il importe de ne jamais consentir un crédit en fonction uniquement des garanties.

12. Lorsqu'un crédit semble aléatoire, ou lorsque le client n'inspire pas confiance, il importe de ne pas le consentir, alors même que les

---

fondamentale entre un marché public et une délégation de service public résulte du mode de rémunération retenu. Pour un marché public, le paiement est intégral et défini à la base. Pour une délégation de service public, la rémunération est tirée principalement de l'exploitation du service. Pour en savoir plus, lire l'article 41 du Code des marchés publics.

[29]Voir FANOU (F.), « La place du recours en cassation en droit communautaire OHADA », Revue de l'ERSUMA : Droit des affaires - Pratique Professionnelle, N° 4 - Septembre 2014, Doctrine.

[30]Voir l'AUS et l'AUPSR-VE.

[31]Ces garanties peuvent être des sûretés personnelles ou réelles ou des garanties spécifiques aux opérations bancaires : aval, mise en gage de polices d'assurance, conventions de fusion ou d'unité de compte, *etc.*

garanties les plus sûres seraient proposées[32]. Il peut aussi arriver que, même correctement prise, leur mise en jeu se heurte à des obstacles infranchissables[33]. Comme on peut le relever, le crédit s'accompagne dans une certaine mesure de la prise des garanties parce qu'elles permettent de réduire ou de neutraliser le risque pris par le banquier. Les voies d'exécution constituent pour autant le prolongement procédural du droit des garanties[34]. Le crédit est étroitement lié au droit de l'exécution forcée et peut subir l'influence des procédures collectives. Dès lors, les banquiers sont en droit de mettre en œuvre les mesures d'exécution forcée individuelles ou collectives pour vaincre la résistance des débiteurs qui ne veulent pas s'acquitter de leurs dettes à l'échéance.

13. Dans le souci d'avoir une vue d'ensemble du droit privé des affaires en Afrique, on devrait donc au-delà du droit commercial au sens propre, se pencher sur les règles qui gouvernent le crédit. Il s'agit d'un ensemble de règles complexes et techniques inspiré du droit des obligations, du droit des biens, du droit des procédures collectives ainsi que des voies d'exécution. Beaucoup de principes issus du droit cambiaire ou du droit bancaire ont également vocation à s'appliquer au droit du crédit. Aussi le droit international privé permet de déterminer la loi applicable aux garanties. Il est artificiel d'isoler chacune des disciplines composant le droit du crédit tant les liens les unissant sont nombreux[35].

14. Si la notion de crédit renvoie très généralement à l'activité bancaire, dans un sens large, on peut bien entendre par crédit, toute transaction économique dont l'une des prestations ne s'est pas réglée au moment de la conclusion du contrat et a été repoussée à une date ultérieure. C'est très généralement le cas de la vente commerciale lorsque l'acheteur propose de payer ses factures plus tard. Le droit du

---

[32]Le crédit suppose dans tous les cas la confiance que le banquier accorde à la personne de son client.

[33]La sûreté réelle par exemple n'est pas une source de profit ou d'enrichissement pour le créancier : celui-ci n'est riche que de sa créance et non de la sûreté qui en est l'accessoire.

[34]Voir BANDRAC (M.), « Procédures civiles d'exécution et droit des sûretés », *in La réforme des procédures civiles d'exécution*, n° spécial, RTD civ., 1993, p. 49. TAORMINA (G.), « Réflexions sur le droit des sûretés à l'épreuve du droit de l'exécution forcée », RRJ, 2003-3, p. 1867.

[35]Seules des exigences pédagogiques et des contraintes éditoriales justifient donc un morcellement de l'étude du droit du crédit.

crédit, composante du droit des affaires, est un droit fondamental puisqu'il est le socle de la confiance dans les relations contractuelles.

15. Parmi les opérations de banque auxquelles peut se livrer un établissement de crédit au Cameroun, figurent bien les opérations de crédit [36]. En effet, la distribution du crédit constitue la fonction essentielle de la banque. L'on peut ainsi définir l'opération de crédit comme *« tout acte, par lequel une personne agissant à titre onéreux met ou promet de mettre des fonds à la disposition d'une autre personne ou prend, dans l'intérêt de celle-ci, un engagement par signature »*[37]. Les opérations de crédit au sens du droit bancaire sont nombreuses et susceptibles de différentes classifications en fonction de différents critères[38]. Mais la distinction essentielle existe suivant qu'il s'agit de crédits à court, moyen et long termes auxquels il faut ajouter les crédits par signature.

16. La notion de protection renvoie à l'idée de la préservation. De façon plus claire, il s'agit d'un ensemble des moyens juridiques visant à prémunir, à sauvegarder ou à défendre une personne, ses biens ou ses

---

[36]Voir à cet effet l'article 1er du Règlement COBAC R-2009/02 portant fixation des catégories des établissements de crédit, de leur forme juridique et des activités autorisées, modifiant l'article 4 alinéa 1er du décret n° 90/1469 du 9 novembre 1990 portant définition des établissements de crédit qui dispose : « *les opérations de banque comprennent la réception des fonds du public, les opérations de crédit, ainsi que la mise à la disposition de la clientèle des moyens de paiement ou leur gestion* ». L'alinéa 2 de ce texte énumère de façon non limitative les opérations dites « *connexes* » que peuvent accomplir les établissements de crédit : le change ; le placement ; la souscription, l'achat, la gestion, la garde et la vente des valeurs mobilières et de tout produit financier ; le conseil et l'assistance en matière de gestion du patrimoine ; le conseil et l'assistance en matière de gestion financière, l'ingénierie financière et d'une manière générale tous les services destinés à faciliter la création et le déroulement des entreprises sous réserve des dispositions législatives et réglementaires relatives à l'exercice de certaines professions telles que la banque-assurance. »

[37] Article 6 de l'annexe à la Convention COBAC du 17 janvier 1992 portant réglementation de la profession bancaire dans les États de l'Afrique centrale.

[38]Il peut s'agir de la personnalité du crédité (particulier ou entreprise), de la nature de l'opération financée (crédit agricole, crédit à la consommation, crédit immobilier, *etc.*) ou des besoins de l'entreprise (crédit à court terme, moyen ou long terme). On peut distinguer également suivant que le crédit entraîne ou non remise de fonds, suivant qu'il est ou non mobilisable ou suivant qu'il s'agit d'une opération de crédit interne ou international.

intérêts contre les éventuels risques susceptibles de porter atteinte à son intégrité, à celle de son patrimoine ou de ses intérêts. Si le régime de protection du crédit bancaire en droit des affaires se trouve pour l'essentiel dans l'AUS et l'AUPSR-VE, ces textes de base doivent sur certains points être complétés par des dispositions éparses qui se trouvent dans d'autres Actes uniformes soit de manière implicite, soit parce que lesdits Actes uniformes renvoient expressément à ces textes[39]. Les droits nationaux restent également applicables en droit des affaires[40]. Enfin comme le droit des contrats en général, le droit des affaires opère la distinction entre les professionnels et les particuliers[41]. Progressivement, un droit du crédit propre aux professionnels semble prendre son autonomie. Par exemple, les cessions de créances à titre de garantie ne peuvent être consenties que par des professionnels[42]. Inversement, le droit des garanties personnelles et tout particulièrement le cautionnement est fortement influencé par le droit de la consommation[43]. La caution bénéficie ainsi des mécanismes de

[39]Il s'agit de : l'AUPCAP pour ce qui est par exemple du sort des sûretés en cas d'ouverture d'une procédure contre le débiteur ou même du classement des sûretés dont le régime est modifié lorsque la distribution intervient dans le cadre d'une procédure collective ; l'AUPSR-VE principalement pour ce qui est des règles applicables à la réalisation de l'hypothèque puisque celle-ci, sauf dérogation relève des règles régissant la saisie immobilière que l'AUS organise désormais aux articles 198 et 199 ; l'AUDCG qui seul contient les dispositions relatives au RCCM qui est appelé à recevoir les inscriptions de toutes les sûretés mobilières ; l'AUSC-GIE auquel il doit être référé pour compléter le régime du nantissement des titres et droits sociaux que l'AUS énumère parmi les formes de nantissements. C'est le cas notamment en matière de privilège. À ce sujet lire NGNINTEDEM (J-C.), « Le crédit immobilier face aux enjeux de la promotion immobilière : le choix des garanties dans le cadre de la vente d'immeubles à construire du secteur protégé au Cameroun », *in* Droit et politique de l'immobilier en Afrique : l'exemple du Cameroun, Mélanges en l'honneur de André TIENTCHEU NJIAKO, PUA, 2015, pp. 401-438.

[40] Le législateur y renvoie expressément pour certaines questions (ex. pour la publication et l'inscription des droits réels) ou implicitement (ex. la détermination des règles de capacité).

[41]Voir THÉRY (Ph.), « La différenciation du particulier et du professionnel : un aspect de l'évolution du droit des sûretés », Dr. et patr., avril 2001, p. 53.

[42]L'article 80 dispose : « *Une créance détenue sur un tiers peut être cédée à titre de garantie de tout crédit consenti par une personne morale nationale ou étrangère, faisant à titre de profession habituelle et pour son compte des opérations de banque ou de crédit* ».

[43]Voir ALBIGES (Ch.), « L'influence du droit de la consommation sur l'engagement de la caution », Mélanges en l'honneur de CALAIS-AULOY (J.), Dalloz, 2003, p. 1.

protection des consommateurs[44]. Il y a ainsi une prise en compte du consumérisme en droit des sûretés[45].

17. La protection du crédit bancaire en Afrique se trouve ainsi confrontée à plusieurs corps de règles. C'est en même temps son intérêt et la cause de sa relative complexité. Cet ouvrage soulève le problème **de l'efficacité des règles gouvernant le crédit, c'est-à-dire la capacité du créancier à résister à l'insolvabilité des débiteurs défaillants toujours plus nombreux. On se demande alors si en raison de son organisation éparse, le droit africain des affaires protège au mieux le crédit bancaire. Le banquier peut-il trouver dans le contexte africain des garanties efficaces ? Est-il rassuré du recouvrement de sa créance en cas d'impayés ou de retards de paiement ? Le débiteur est-il assuré contre les éventuels abus du banquier prêteur d'argent ?**

18. L'intérêt de cette problématique est pratique[46]. Il ne s'agit pas d'y relever une particularité de l'application des règles de droit protégeant le crédit, mais de traiter dans un ensemble cohérent des questions techniques qui touchent au droit des affaires venant de différentes sources nationales, communautaires et internationales dans le cadre de la sécurisation du crédit dans les institutions financières. En effet, la sécurité participe de l'efficience économique. Pour rendre compte de cette situation, nous menons notre réflexion autour de deux axes : la protection du crédit par la réglementation des garanties nécessaires (Première partie) d'une part et la protection du crédit par la mise en place des techniques de gestion des impayés (Deuxième partie) d'autre part.

---

[44]Voir nos développements *infra, n° 50 à 70.*

[45]Voir MOLFESSIS (N.), « Le principe de proportionnalité », Banque et droit, mai-juin 2000, p. 4.

[46]Selon le Dictionnaire Larousse (2005 : 784), la problématique est définie comme « *l'ensemble des questions qu'une science se pose relativement à un domaine particulier* ».

PREMIÈRE PARTIE

LA PROTECTION DU CRÉDIT BANCAIRE PAR LA RÉGLEMENTATION DES GARANTIES NÉCESSAIRES

19. En matière bancaire, bon nombre de techniques de valorisation ont été développées par la pratique (méthode comptable, patrimoniale, actuarielle, boursière, industrielle, etc.) afin de pouvoir accorder du crédit à leurs clients. L'étendue et le niveau de détail, dans l'examen des dossiers, sont à géométrie variable, et à apprécier selon le prêteur. Compte tenu du coût et du temps requis pour mener un audit complet, un audit plus ciblé (au caractère exclusivement financier par exemple) est généralement privilégié[47]. Lorsque la réponse est positive, une convention dite d'ouverture du crédit est signée entre le banquier et le client. Toutefois, la prise des garanties semble devenir la condition de mise en place d'un crédit, pourtant elle ne doit être qu'un élément secondaire dans l'appréciation des possibilités de remboursement du crédité[48].

20. Le créancier a besoin de garanties, car il s'expose à des risques importants. Le premier est celui de l'insolvabilité de son débiteur. Le second risque est celui lié à l'immobilisation de la créance en cas de retard pris par le débiteur pour exécuter son obligation. Or, en même temps, il est de plus en plus important pour les particuliers et les professionnels d'avoir accès au crédit. Garanties et crédit forment donc un couple indissociable[49]. Le développement des premières est parallèle à l'essor constant du second. Les principales garanties sont les sûretés, mais d'autres procédés tendent aux mêmes fins et peuvent donc aussi être utilisés par les créanciers. Il s'agit alors de distinguer la véritable sûreté de la simple garantie.

21. L'article 1er de l'AUS, définit la sûreté comme « *l'affectation au bénéfice d'un créancier d'un bien, d'un ensemble de biens ou d'un patrimoine afin de garantir l'exécution d'une obligation ou d'un ensemble d'obligations, quelle que soit la nature juridique de celles-ci et notamment qu'elles soient présentes ou futures, déterminées ou déterminables, conditionnelles ou inconditionnelles, et que leur montant soit fixe ou fluctuant* ». Toute sûreté se caractérise donc en

---

[47]Une analyse peu sérieuse d'un dossier de crédit peut engager la responsabilité du banquier. En fonction des informations recueillies lors de cet audit, la détermination de la valeur du client est faite. La demande de crédit peut être ou non suivie d'une réponse positive de la part du banquier. Celui-ci est libre d'accorder ou de refuser le crédit.

[48]Voir BOURASSIN (M.), *L'efficacité des garanties personnelles*, LGDJ, 2006.

[49]Ce lien explique le titre d'une chronique restée célèbre. Voir MARTIN (L.-M.), « Sûretés traquées, crédit détraqué », *Banque et droit*, 1975, 1138.

premier lieu par sa finalité particulière. Elle permet à son bénéficiaire d'échapper à la loi du concours entre les créanciers. La sûreté est un avantage qui s'ajoute aux droits que le créancier tient normalement de son droit de gage général, avantage résultant de l'adjonction d'une créance ou d'une affectation particulière d'un bien. Par la suite, la sûreté s'inscrit dans un rapport d'accessoire à principal avec la créance qu'elle garantit. Sa source est donc distincte de celle donnant naissance à la créance principale[50]. Le droit OHADA des sûretés a le mérite d'avoir un Acte uniforme qui lui est consacré[51]. La sûreté se différencie de la garantie qui peut avoir une autre fonction que celle d'assurer l'exécution de l'obligation. La garantie ne tend pas directement au recouvrement de la créance.

22. Les garanties sont tous les avantages spécifiques à un ou plusieurs créanciers, dont la finalité est de suppléer à l'exécution régulière d'une obligation ou d'en prévenir l'inexécution. Ainsi, certains mécanismes du droit des obligations comme la délégation imparfaite ou la compensation sont considérés comme des garanties de paiement sans être des sûretés. La compensation permet l'extinction de deux dettes réciproques, certaines liquides et exigibles. Sa fonction de garantie est incontestable, mais c'est avant tout un mode simplifié d'extinction des obligations[52]. Certaines garanties peuvent même constituer de véritables substituts aux sûretés modèles. Tel est le cas de la solidarité, de la promesse de porte-fort. Même si la technique utilisée est fondamentalement différente, puisqu'il s'agit de conclure un contrat pour se protéger d'un risque, l'assurance a aussi une fonction de garantie. Tel est tout particulièrement le cas de l'assurance-vie[53].

---

[50]Le crédit-bail n'est pas pour ce motif une véritable sûreté.

[51] L'AUS adopté en décembre 2010, entré en vigueur en 2011 s'est substitué au précédent Acte uniforme adopté en 1997. Ce texte comporte 228 articles répartis en six titres à savoir : Titre préliminaire : Définitions et domaine d'application des sûretés-agents de sûreté, Titre I : les sûretés personnelles, Titre II : les sûretés mobilières, Titre III : les hypothèques, Titre IV : Distribution des deniers et classement des sûretés, Titre V : dispositions transitoires et finales.

[52] Elle peut être légale, judiciaire ou conventionnelle. PÉDAMON (M.), « La compensation dans les procédures collectives », *RJC*, 1992, p. 86 et s., Cass. com., 9 mai 1995.

[53]Voir HOVASSE-BANGET (S.), « La fonction de garantie de l'assurance-vie », Defrénois 1998, p. 81, 510 et s.

23. Les sûretés sont donc des garanties, mais toutes les garanties ne sont pas des sûretés[54]. Les banques pratiquent toutes sortes de garanties, qu'il s'agisse des sûretés personnelles ou réelles, ou des garanties spécifiques. Les sûretés personnelles consistent dans l'adjonction d'un ou plusieurs débiteurs au débiteur principal pour la même dette. Les créanciers disposent ainsi d'un droit de poursuite contre une ou plusieurs personnes autres que le principal obligé. Il en est ainsi du cautionnement et de la lettre de garantie. Les sûretés réelles quant à elles consistent dans l'affectation spéciale d'un ou plusieurs biens au paiement de la dette. Le gage, le nantissement, l'hypothèque, le privilège et la propriété-garantie sont les principales d'entre elles. Le domaine des garanties spécifiques en usage dans la pratique est très vaste. La garantie peut être liée à l'opération financée ou être indépendante de ladite opération. De ce fait, sont pris en compte les risques encourus, la simplicité de constitution et la facilité de réalisation.

24. Entre autres garanties très prisées que peut exiger un banquier dans l'octroi des crédits, l'on peut évoquer la pratique des assurances de crédit, la domiciliation bancaire des salaires, la lettre d'intention, le crédit documentaire, la lettre de crédit stand-by, l'attestation de virement irrévocable, la clause de fusion des comptes et l'escompte des effets de commerce. Certaines garanties ont une source légale à l'exemple des actions directes qui permettent à leurs titulaires d'obtenir un paiement direct de ce qui leur est dû par le débiteur de leur débiteur. Elles se rapprochent de ce fait des privilèges. Cependant, les actions directes, à cause de leurs effets, sont également très proches des voies d'exécution[55]. Leur qualification est donc controversée, un courant de la doctrine les assimilant même à des sûretés[56].

25. L'ensemble des garanties est donc assez hétéroclite. Les régimes spéciaux applicables à une même garantie tendent eux aussi à se

---

[54]La catégorie des sûretés est fermée. Celle des garanties ne l'est pas. Toutefois, le nombre et l'importance des sûretés ne cessent de croître. Le droit des sûretés tend ainsi à devenir le droit des garanties. Voir KEMBOU YMELE (B.), *Les garanties de crédits bancaires au Cameroun,* Université de DOUALA - DEA 2005, p. 5.

[55]Pour une analyse de l'action directe, voir JAMIN (C.), *La notion d'action directe*, LGDJ, 1991.

[56]La qualification de sûreté est retenue au motif que les actions directes offrent à leurs titulaires le droit de se faire payer par priorité sur des créances figurant dans les patrimoines de leurs débiteurs.

multiplier[57]. Le nombre de garanties ne cesse donc de croître et le législateur de l'OHADA semble aujourd'hui être un adepte sur mesure pour ne traiter que des sûretés. On assiste donc malgré cette prudence à un paysage diversifié des garanties dans l'espace africain des affaires (chapitre 1). La multiplication des régimes spéciaux en la matière a pour but de départir les droits des créanciers au cas où le débiteur ne s'exécute pas. D'où la problématique de l'égalité entre les créanciers en droit des garanties (chapitre 2).

---

[57]Il n'existe plus un droit du gage ou du cautionnement, voir DAGOT, « Sûretés monovalentes et sûretés polyvalentes », JCP N, 1999, p. 381

CHAPITRE 1

LE PAYSAGE DIVERSIFIÉ DES GARANTIES DANS L'ESPACE JURIDIQUE OHADA

26. La garantie est consentie lors de la fourniture ou de la restructuration du crédit. Elle renforce la créance que le créancier a envers la personne du débiteur. En cela, elle est marquée par son caractère accessoire. Sa mise en œuvre vise la satisfaction du créancier, par le paiement de sa créance[58]. La garantie confère nécessairement un droit d'agir à son bénéficiaire, c'est-à-dire un droit de poursuivre une personne ou un droit de faire vendre ou de se faire attribuer une chose[59]. Il faut essayer de préserver le créancier contre le péril d'insolvabilité du débiteur. Elle va également permettre, dans certains cas, d'échapper au concours d'autres créanciers. L'affectation peut donc avoir un caractère préférentiel ou exclusif[60].

27. Le créancier normalement diligent a donc intérêt à se faire consentir des garanties s'il n'en bénéficie pas de plein droit. Ces garanties constituées le protègent contre le risque de non-remboursement. Selon les fournisseurs du crédit, un système de garanties pour être efficace doit être géré de manière professionnelle[61]. Les garanties bancaires telles qu'utilisées doivent ainsi satisfaire à une double exigence : d'une part, la simplification dans la création et d'autre part, l'efficacité dans l'exécution. L'AUS ne comporte pas une véritable classification des garanties, mais il réglemente les principales sûretés que l'on peut regrouper suivant qu'il s'agit des sûretés réelles ou des sûretés personnelles[62]. La distinction y est fondamentale. Elle

---

[58]L'exception d'inexécution ne peut être une sûreté au regard de ce critère.

[59]Le droit de rétention n'est pas au regard de ce critère une véritable sûreté. En ce sens Cass. com., 20 mai 1997, JCP E, 1998, 211, obs. DELEBECQUE (Ph.) ; *RTD civ.* 1997, 707

[60]Cas du droit de rétention ou de l'utilisation du droit de propriété à des fins de garantie.

[61]LESAFFRE (D.), Débat autour de la garantie bancaire, ADA, Texte espagnol adapté par Nicolas Pirote, n° 14, août 1998, in http://www.globenet.org/horizon-local.

[62]La portée de l'opposition entre sûreté personnelle et sûreté réelle ne doit pas être exagérée. Le créancier bénéficie en effet, dans tous les cas, d'une affectation de biens à son profit. Mais lorsque la sûreté est personnelle, les biens affectés appartiennent à

fait écho à l'opposition entre le droit personnel et le droit réel. Il s'en déduit que les premières, soumises au principe de la liberté contractuelle, laissent plus de place à la volonté individuelle que les secondes.

28. Le droit des sûretés personnelles se rattache essentiellement au droit des contrats. Une personne s'engage à l'égard du créancier. Deux questions sont alors essentielles : d'une part, dans quelle mesure faut-il protéger ce garant ? D'autre part, en se prévalant du principe de l'autonomie de la volonté, les créanciers peuvent-ils sans limites créer des garanties nouvelles ? Le droit des sûretés réelles fait naître des difficultés d'une autre nature. Ce droit se rattache essentiellement au droit des biens. Or celui-ci est traditionnellement plus rigide que celui des contrats. Leur régime a un caractère impératif, car c'est la sécurité du commerce juridique qui est en jeu. Le droit des sûretés réelles est également beaucoup plus tributaire du droit des procédures collectives que celui des sûretés personnelles[63]. Le droit des sûretés réelles a dès lors essentiellement pour but d'organiser le classement des créanciers exerçant leur droit de préférence, de prévenir les conflits. Il n'y parvient qu'imparfaitement, tant les règles du jeu sont aujourd'hui complexes[64].

29. Le titulaire d'une sûreté réelle a un droit sur un ou plusieurs biens de son débiteur. Le plus souvent, il s'agit d'un droit réel. Le créancier est titulaire d'un droit de préférence qui s'exerce sur la valeur des biens qui lui sont affectés en garantie. Les sûretés réelles peuvent être mobilières ou immobilières selon qu'elles ont pour assiette un meuble ou un immeuble. Elles peuvent être constituées avec ou sans dépossession, être conventionnelles, légales ou judiciaires. Il en résulte une plus grande sécurité et donc une plus grande efficience d'un droit des sûretés réelles marqué par une liberté de choix entre préférence et exclusivité. Mais comme nous l'avons souligné, d'autres formes de garanties existent en droit des affaires, sans qu'on puisse déterminer si elles sont des sûretés réelles ou personnelles. Le contrôle de la naissance des sûretés en droit OHADA relèverait d'un *numerus*

---

un tiers, le garant, et ce dernier ne subit aucune restriction de pouvoirs sur les biens composant son patrimoine.

[63]Sur l'influence des procédures collectives sur les sûretés, voir *infra,* n° 191 à 295.

[64]Sur cette complexité, voir *infra* sur le traitement des conflits sur la répartition légale, n° 286 à 298.

clausus[65]. Pour ce chapitre, nous analyserons les sûretés encadrées par le droit de l'OHADA d'une part (Section 1), et les autres techniques de garanties que relève la pratique bancaire d'autre part (Section 2).

Section 1. L'encadrement des sûretés par le droit des affaires OHADA

30. Le droit OHADA distingue entre les sûretés personnelles et les sûretés réelles. L'article 4 alinéa 1 de l'AUS définit la sûreté personnelle comme « *l'engagement d'une personne, de répondre de l'obligation du débiteur principal en cas de défaillance de celui-ci ou à première demande du bénéficiaire de la garantie* ». Les sûretés personnelles permettent au débiteur d'offrir un second débiteur à son créancier pour garantir ses obligations, le but étant de réduire les risques de sa défaillance. Elles aboutissent ainsi à une multiplication des personnes et donc des patrimoines qui peuvent répondre d'une même dette. Il n'en va pas de même de la sûreté réelle qui consiste en « *l'affectation d'un bien au paiement préférentiel ou exclusif du créancier* ». Lorsqu'une sûreté réelle est consentie par le débiteur en garantie de sa propre dette, elle peut influencer le risque d'endettement. Cette influence de la sûreté réelle a pour conséquence que les considérations sociales de protection du donneur de sûreté sont notablement atténuées en droit des sûretés réelles.

31. Fidèle aux valeurs d'équilibre de la tradition civiliste, l'OHADA privilégie les solutions respectueuses des intérêts du créancier et du constituant de la sûreté, conciliant à cet effet des considérations à la fois économiques et sociales qui ne sont pas toujours en conflit. En effet, le but de toute sûreté est de « *garantir l'exécution d'une obligation* » afin de prémunir le créancier contre tout risque de défaillance de son débiteur, en assurant son paiement à l'échéance, quelle que soit la situation financière du débiteur ou la réticence de celui-ci à s'exécuter[66]. Les sûretés personnelles en droit

[65]La CCJA refuse toute qualification de sûretés à toute forme de garantie qui n'est pas conforme aux dispositions obligatoires prévues par l'AUS. Voir 3e ch. Arr n° 076/2016, 28 avril 2016, Aff. SOCIÉTÉ BANK OF AFRICA C/ SOCIÉTÉ ÉTUDE DE RÉALISATION ET CONSTRUCTION SOCIETE SIM-IVOIRIS devenue ORANGE-CI.

[66]Plus précisément, toute sûreté doit protéger le créancier contre le double risque que le débiteur ne puisse pas payer à l'échéance (ne pas pouvoir payer) et qu'il ne veuille pas payer (ne pas vouloir payer).

OHADA sont avant tout placées sous le signe de la liberté contractuelle (I). Pour ce qui est des sûretés réelles, on assiste plutôt à une liberté de choix entre préférence et exclusivité (II).

I. La liberté contractuelle en matière de sûretés personnelles

32. En matière de sûreté personnelle, un tiers, le garant, engage son patrimoine ou son bien pour la dette d'autrui, et ce avec une intensité variable. De là découle le caractère grave et profondément anormal de la sûreté personnelle, qui endette pour autrui, parfois même sans contrepartie. La sûreté personnelle réduit, mais ne supprime pas le risque d'insolvabilité ; elle multiplie les droits de gage généraux[67]. Il importera surtout de veiller à ce que le constituant n'offre pas son crédit privilégié par avance afin de préserver sa capacité de s'endetter à l'avenir. Deux principales sûretés personnelles sont réglementées en droit OHADA (A). L'approche vise à protéger juridiquement les intérêts des particuliers (B).

A. La dualité de sûretés personnelles en droit OHADA

33. La sûreté personnelle se définit plus précisément comme un « *engagement pris envers le créancier par un tiers non tenu à la dette* » ou garant, soit un engagement qui vient s'ajouter à celui du débiteur principal. Le créancier qui dispose pour la même créance de plusieurs débiteurs a davantage de chances d'obtenir le paiement que celui qui n'a qu'un seul débiteur. Le cautionnement en est l'exemple parfait. Mais le garant peut aussi souscrire un engagement indépendant de celui du débiteur principal. Il est alors tenu plus rigoureusement que ce dernier. Le créancier peut ainsi obtenir qu'un tiers s'engage à côté du débiteur à rembourser la créance s'il ne le peut pas. Le cautionnement (1) et la garantie autonome (2) anciennement dénommée lettre de garantie sont les deux sûretés personnelles organisées en droit OHADA. Le banquier dispensateur du crédit peut porter son choix sur l'une de ces deux sûretés afin de protéger sa créance.

---

[67]Faites intervenir deux, trois, dix cautions, les chances d'insolvabilité diminuent sans doute, mais ne sont jamais écartées. Pour obtenir une sécurité complète, il faut recourir aux sûretés réelles, surtout immobilières dans notre contexte où l'individu reste attaché à la terre.

1. Le choix du cautionnement

34. Le cautionnement est défini à l'article 13 de l'AUS « *comme un contrat par lequel la caution s'engage, envers le créancier qui accepte, à exécuter une obligation présente ou future contractée par le débiteur, si celui-ci n'y satisfait pas lui-même* »[68]. Le cautionnement résulte d'une convention établie entre les parties. Cet engagement peut être contracté sans ordre du débiteur[69]. Le cautionnement est donc par principe conventionnel[70]. Il peut cependant être légal lorsque le débiteur est tenu par la loi dans des circonstances particulières de fournir une caution pour la garantie de ses obligations. Ainsi, plusieurs textes en matière fiscale ou douanière, en matière de marchés publics, imposent parfois la fourniture d'une telle caution. Le cautionnement judiciaire pour sa part correspond au cas où la fourniture d'une caution résulterait d'une décision de justice.

35. Le cautionnement est une sûreté qui est généralement utilisée pour garantir toutes sortes d'obligations. Il s'oppose à la convention de ducroire, qui est une garantie par laquelle une personne appelée ducroire se porte garante vis-à-vis de son cocontractant de la bonne fin d'une opération[71] ; ou la clause de domiciliation bancaire, celle par laquelle un bailleur ou un salarié prend l'engagement de faire verser ses loyers ou ses salaires sur un compte bancaire déterminé. En matière bancaire, il s'agit pour la caution de garantir l'exécution des engagements que le débiteur du crédit souscrit à l'égard de la banque. La caution sera donc tenue de payer d'abord les intérêts et des

---

[68]Il est désormais régi par les articles 13 à 38 de l'AUS.

[69]Toutefois, en l'absence de preuve de la connaissance de l'existence du contrat de cautionnement passé entre la caution et le bénéficiaire ou d'ordre donné par le débiteur pour le paiement de sa dette, la caution ne peut valablement saisir les biens meubles du débiteur qui a qualité de tiers dans ce contrat de cautionnement, conclu à son insu, pour recouvrer les sommes versées au bénéficiaire (TPI Ngaoundéré (CAMEROUN), Ord. n° 10/ORD, 2 sept. 2011, Aff. AHMADOU SOUAIBOU C/NAH OWONA Sosthère).

[70]Le défaut de signature de la convention de cautionnement par l'une des parties entraîne son invalidité. (CA OUAGADOUGOU (BURKINA FASO), ch. com., Arr. n° 099.05 mai 2006, Aff BALLY Baba Said C/BOA).

[71]Le ducroire reçoit parfois une consécration légale. Pour une analyse de cette garantie, voir RIASSETTO (I.), « Du caractère indemnitaire du ducroire de banque et de bourse », *Mélanges AEDBF* III, p. 247 ; HENNEBEBELLE (D.), JCP E ,2000, 1366.

commissions, et procèdera enfin au remboursement de la somme prêtée. Il en est ainsi du cautionnement d'un compte courant.

36. Le cautionnement est un contrat accessoire. Il n'a de raison d'être que par référence à une obligation principale dont il a pour objet d'assurer l'exécution. Il ne peut donc exister sans une obligation principale dont il dépend. Très souvent, cette obligation principale est une obligation de somme d'argent née d'un crédit octroyé par le créancier au débiteur. L'obligation garantie peut être préalable ou concomitante à la constitution de la sûreté et exceptionnellement, elle peut être postérieure. Il peut en être simple ou solidaire. Il est simple lorsque la caution ne paie la dette du débiteur principal que si la défaillance de ce dernier est établie par le créancier et que cette caution s'engage seule à payer. Le cautionnement solidaire quant à lui recouvre diverses hypothèses : la solidarité entre la caution et le débiteur et la solidarité entre les cautions[72]. Il se rapproche à ce titre de l'aval traité en zone UEMOA et en zone CEMAC, par les règlements respectifs sur les systèmes et moyens de paiement[73].

37. On posera légitimement la question de savoir si l'aval est ou non une sûreté personnelle. La particularité de l'aval c'est qu'il s'applique exclusivement aux *« effets de commerce »* que sont le chèque, le billet à ordre et la lettre de change. C'est ce qui ressort des textes : *« le paiement d'un chèque, d'un billet à ordre ou d'une lettre de change*

---

[72]Généralement dans les petites entreprises, où le capital social appartient au dirigeant, ce dernier se porte le plus souvent caution de tous les engagements de sa société. Aussi, il est fréquent que les sociétés mères se portent caution des engagements de leurs filiales. Toutefois, cette couverture doit s'effectuer dans le cadre des limites fixées par le droit des sociétés. À titre d'exemple, aucune société ne doit se porter caution pour une somme qui dépasse son objet social ou les limites fixées par le conseil d'administration.

[73] Disons que l'aval est « *un cautionnement solidaire, appliqué aux effets de commerce* ». Cette solidarité apparaît bien dans la lecture combinée des articles 74 et 97 du règlement UEMOA relatif aux systèmes et moyens de paiement, correspondant respectivement aux articles 39 et 59 du règlement CEMAC. Les articles 74 UEMOA et 39 CEMAC indiquent en effet que « *le paiement d'un chèque peut être garanti pour tout ou partie de son montant par un aval* », tandis que les articles 97 UEMOA et 59 CEMAC, décident que « *toutes les personnes obligées en vertu d'un chèque sont tenues solidairement envers le porteur* ». L'avaliste compte bien au rang des personnes obligées en vertu du chèque, indifféremment de la forme que prend l'aval, puisque les articles 75 UEMOA et 40 CEMAC indiquent que « *l'aval est donné soit sur le chèque ou sur une allonge, soit par un acte séparé indiquant la date et le lieu où il est intervenu* ».

peut être garanti en tout ou en partie par l'aval... »[74]. L'aval ne peut pas être un cautionnement simple compte tenu des rigueurs du droit cambiaire qui se justifient, dans la mesure où ces instruments cambiaires sont en même temps des moyens de paiement par lesquels on fait circuler la monnaie. L'aval est différent de l'endossement pignoratif. Il constitue une forme de crédit par signature. Il peut être donné sur la lettre elle-même. Il faut alors dans ce cas la mention « *aval* » ou « *bon pour aval* » suivie de la signature de l'avaliste. La seule signature au *recto* suffit, mais elle ne doit pas être celle du tireur ou du tiré. Le nom de l'avaliste, le montant de l'aval et l'indication du bénéficiaire ne sont pas nécessaires. Tout comme le cautionnement, l'aval peut être aussi donné par acte séparé. Il peut permettre dans ce cas de garantir plusieurs traites et l'acte doit alors préciser la nature des effets, le montant des sommes, la durée de la garantie et le lieu où l'acte est intervenu.

38. L'avaliste ne doit être ni le tireur ni le tiré. Il peut toutefois être signataire pour le compte d'un autre. Il doit avoir la capacité commerciale. Quant au bénéficiaire, l'aval peut être donné au profit de toute personne obligée par le lien de change. Il peut être même un autre avaliste. À défaut d'indication du bénéficiaire, l'aval est présumé donné pour le tireur lorsqu'il est donné par le même acte. L'aval peut être partiel, mais il ne peut être ni conditionnel ni donné pour une échéance supérieure à celle de la traite. L'avaliste est obligé sur le plan cambiaire même à l'égard du porteur, mais en même temps, il ne garantit que la signature de l'une des parties.

39. Le cautionnement professionnel ou bancaire quant à lui est une forme d'engagement par signature[75]. La banque par sa signature s'engage envers un tiers ou une autre banque en faveur de son client sans mettre les fonds à disposition de ce dernier. Le cautionnement ici est à double objectif : soit, il constitue lui-même indirectement une opération de crédit à côté de celui de son débiteur ; la banque engage de ce fait son crédit et peut être amenée à faire l'avance du paiement de la dette, quitte à se retourner ensuite contre son débiteur défaillant ; soit il constitue la garantie pure et simple d'une opération de crédit auprès

---

[74]Articles 39, 100 et 152 du règlement CEMAC sur les instruments de paiement.

[75]On peut citer comme engagement par signature entre autres l'aval d'un effet de commerce, l'acceptation d'une lettre de change, le cautionnement bancaire et aussi la garantie à première demande.

d'une entreprise financière, soit il renvoie à la garantie de l'exécution d'un engagement.

40. Le cautionnement bancaire est une opération de crédit qui rentre dans l'énumération légale[76]. Comme le cautionnement non professionnel, celui-ci est greffé à l'engagement principal du débiteur. Le cautionnement bancaire étant un acte de commerce, le principe est celui de la liberté de la preuve en matière commerciale. Cependant, le cautionnement verbal n'existant pas, la forme cambiaire est quelquefois utilisée. L'acte de cautionnement définit les limites et modalités de l'engagement du banquier sauf s'il est imposé par la loi auquel cas les caractéristiques de l'engagement sont celles définies par les textes. Tout créancier peut demander à son débiteur la fourniture d'une caution bancaire. Mais le plus souvent, c'est la loi qui exige une telle caution dans des hypothèses diverses :

-À l'égard de l'administration fiscale, la fourniture d'une caution bancaire permet d'obtenir les délais de paiement pour les impôts et taxes.

-À l'égard de l'administration douanière, elle retarde le paiement des droits de douane à l'importation ou à l'exportation ;

-Le cautionnement bancaire est délivré dans le cadre des marchés publics passés avec l'État ou les administrations publiques pour garantir la bonne exécution du marché pour le remboursement des avances consenties.

41. De nos jours, le cautionnement bancaire est très largement pratiqué grâce à la solvabilité de la banque ou de l'entreprise financière consécutive à son obligation de s'exécuter ponctuellement. Le banquier qui s'est engagé à couvrir les engagements de son client court un double risque en cas d'inexécution par son client de ses engagements : le premier est celui du décaissement des fonds pour désintéresser le créancier, et le second est celui de l'insolvabilité de son client. Le risque de décaissement peut être négligeable dans la mesure où le cautionnement bancaire étant un acte à titre onéreux, l'intervention du banquier tient compte de ce risque pour déterminer les commissions.

---

[76]L'opération de crédit se définit comme tout acte par lequel une personne agissant à titre onéreux met ou promet de mettre des fonds à la disposition d'une autre personne ou **prend dans l'intérêt de celle-ci un engagement par signature.** Voir article 5 du décret n° 90/1469 du 9 novembre 1990 portant définition des établissements de crédit.

Pour limiter le risque d'insolvabilité, le banquier est parfois amené à exiger une contre-garantie du débiteur principal pour sûreté d'un remboursement éventuel. Il peut être question d'un gage, d'un nantissement, d'une hypothèque, etc.

42. L'article 22 nouveau de l'AUS dispose : « *La caution peut garantir son engagement en consentant une sûreté réelle sur un ou plusieurs de ses biens. Elle peut également limiter son engagement à la valeur de réalisation du ou des biens sur lesquels elle a consenti une telle sûreté* ». Ce texte consacre la validité du « *cautionnement réel* » qui consiste pour la caution à limiter son obligation à la valeur de certains biens précis donnés en garantie[77]. Lorsque le bien donné en garantie est un immeuble, on parle de « *cautionnement hypothécaire* »[78]. Le cautionnement réel combine les techniques des sûretés personnelles permettant à la personne de s'engager d'abord comme caution et les techniques des sûretés réelles conduisant à l'affectation d'un bien en garantie suivant diverses modalités telles que l'hypothèque ou le gage[79]. Cette dualité de régimes fait la difficulté pratique du cautionnement réel[80].

43. Avec l'OHADA, le cautionnement est devenu un contrat. Il doit donc être formalisé comme un accord de volonté, par la signature des parties. Ce contrat doit contenir certaines mentions à peine de nullité. Le certificat de caution est prévu par l'article 21 de l'AUS. Le certificateur de caution s'engage à l'égard du créancier à payer ce que

---

[77]Mais cette expression n'apparaît pas dans l'AUS (sur le cautionnement réel, Voir BROU KOUAKOU (M.), « Le droit OHADA et le cautionnement hypothécaire », Penant, n° 856, juillet-septembre 2006, p. 273 ; PONKA SEUKAM (F.), *Les figures mineures ou oubliées du cautionnement dans l'Acte uniforme sur le droit des sûretés*, Mémoire de DEA, Université de Yaoundé 2, 2008 ; TCHOUAMBIA TOMTOM (J. L.), *Le cautionnement réel en OHADA*, Mémoire de DEA, Université de Dschang, 2004.

[78]Un arrêt de la CCJA en date du 27 octobre 2016 (CCJA, 3e Ch., 27 octobre 2016, n° 156/2016, LEDAF, n° 2, févr. 2017, 110 dl, p. 3, note W. Dominique Kabré), décide que le cautionnement hypothécaire est une sûreté réelle pour autrui, par conséquent, il n'a pas à être soumis au régime juridique du cautionnement.

[79] L'acte par lequel une société commerciale intervient dans la conclusion de conventions de financement constitue un cautionnement dès lors que celle-ci est intervenue en qualité de caution en cantonnant sa garantie à l'affectation des droits réels immobiliers (CCJA, 3e ch., Arr. n° 076/2017, 30 mars 2017, Aff. Société Bank of Africa Côte d'Ivoire (BAO-CI) C/ Société Torréfaction Ivoirienne de Café (TORICAF-SA).

[80]Voir *infra* sur quelques-unes de ces difficultés pratiques ; n° 64 et s.

doit la caution lorsque celle-ci ne paie pas[81]. La sous-caution garantit, à la demande du débiteur, le recours que la caution aura contre celui-ci après paiement[82]. Le cautionnement bancaire répond au droit commun du cautionnement en tout point sauf qu'il est toujours accordé à titre onéreux. Le caractère accessoire du cautionnement est une particularité fondamentale de ce type de contrat, mais c'est également sa principale faiblesse, car le sort du cautionnement est lié à celui du contrat principal[83]. Tel est le caractère qui l'oppose à la lettre de garantie.

2. Le choix de la lettre de garantie

44. La lettre de garantie est définie comme « *l'engagement par lequel un tiers s'oblige, en considération d'une obligation, à verser une certaine somme, soit à première demande, soit suivant des modalités convenues* »[84]. Cette lettre de garantie existait depuis fort longtemps dans les pratiques internationales. Elle a été codifiée par l'OHADA, mais a une portée limitée dès lors que seules les personnes morales sont habilitées à l'émettre. Il s'agit d'une garantie dont l'efficience économique résulte tout à la fois de sa liberté de constitution qui n'implique aucun formalisme particulier, de son faible coût, de son automaticité modulable à loisir suivant les « *modalités convenues* » et de sa rigueur d'exécution qui ne cède que devant la démonstration difficile d'une fraude ou d'un abus manifeste du bénéficiaire, et ce grâce à l'inopposabilité des exceptions.

45. La définition met ainsi en exergue l'originalité de la garantie autonome par rapport au cautionnement, qui tient à l'objet de l'obligation du garant, tenu de verser une certaine somme et non de satisfaire à la dette du débiteur. Centre de gravité de l'institution, l'inopposabilité des exceptions est énoncée expressément par l'alinéa 3 de l'article 39 de l'AUS : « *le garant ne peut opposer aucune exception tenant à l'obligation garantie* ». Les considérations sociales tenant à la prévention de l'endettement pour autrui ne sont cependant pas totalement absentes ici. Le législateur craint en effet que la garantie

---

[81]Le certificat de caution s'analyse ainsi comme le cautionnement de la caution au profit du créancier qui se prémunit par un cautionnement de second degré.
[82]La sous-caution est une caution comme les autres à la seule différence qu'elle n'a aucune obligation envers le créancier.
[83]Il a donc été créé, par la jurisprudence, une garantie personnelle dépourvue d'un tel défaut, c'est-à-dire des garanties qui ne sont pas l'accessoire d'une obligation principale et qui sont donc autonomes.
[84]Article 39 de l'AUS.

autonome ne soit utilisée pour contourner les protections dévolues à la caution. La diversification des sûretés personnelles appelle en effet un régime primaire, attaché au seul engagement pour autrui. Mais sous ces quelques réserves, le principe demeure la liberté de recourir à la garantie autonome, quels que soient le type de crédit garanti et la qualité du garant.

46. En fonction des modalités de l'obligation du garant, on distingue *la garantie à première demande* qui peut être appelée à n'importe quel moment de manière discrétionnaire par le bénéficiaire et le garant est obligé de payer. La garantie à première demande se justifie, c'est-à-dire que le bénéficiaire est tenu de justifier l'appel en garantie. Il résulte de l'article 35 al 2 (ancien) de l'AUS qu'« *avant tout paiement, le garant doit transmettre, sans retard, la demande du bénéficiaire et tous documents accompagnant celle-ci au donneur d'ordre pour information ou, le cas échéant, au contre-garant pour transmission au donneur d'ordre aux mêmes fins* »[85]. On distingue ensuite *la garantie documentaire* dont le paiement par le garant est subordonné par la production de certains documents par le bénéficiaire désigné par le contrat[86].

47. En fonction de l'obligation garantie, on distingue *la garantie de soumission* qui couvre le risque de rupture abusive des pourparlers et garantit la conclusion définitive par le débiteur d'un contrat conforme aux propositions faites dans la soumission ; *la garantie de remboursement d'acompte,* qui garantit la restitution au bénéficiaire des sommes versées par lui, comme avance, si le marché est finalement résolu ou s'il y a inexécution totale ou partielle du contrat, *la garantie de bonne fin* qui garantit les risques de défaillance du donneur d'ordre

---

[85]Le garant n'est pas fondé à invoquer la convention de base, notamment la diminution de sa garantie du fait des paiements de l'emprunteur, pour se délier de ses engagements. CCJA, Arrêt n° 021/2013 du 18 avril 2013, Aff. Société Nationale d'Assurance, du crédit et du cautionnement, dite SONAC contre 1) Banque islamique du Sénégal dite BIS, 2) Nouvelle Société des Mines et des Travaux Publics dite NSMTP SA, JURIDATA N°J021-04/2013.

[86]Le paiement effectué par le garant au bénéficiaire sur appel de la garantie n'est pas libératoire dès lors que ledit paiement a été effectué sans transmission préalable dans les délais légaux de la demande du bénéficiaire et de tout document accompagnant celle-ci au donneur d'ordre afin de lui permettre de s'opposer directement en cas d'abus ou de fraude (CCJA, 3e ch. Arr. n° 031/2017, 09 mars 2017, Aff. Bank of Africa-Côte d'Ivoire, dite BOA-CI SA/Société AMINOU MOUSSIBAYE INDUSTRIE-COTE D'IVOIRE, dite AMI-CI).

qu'il s'agisse d'inexécution, de mauvaise exécution ou un non-respect des délais.

48. La garantie autonome peut faire l'objet d'une contre-garantie dans laquelle le garant est lui-même bénéficiaire d'une garantie autonome. La contre-garantie autonome est l'engagement par lequel le contre-garant s'oblige, en considération d'une obligation souscrite par le donneur d'ordre et sur instructions de ce donneur d'ordre, à payer une somme déterminée au garant, soit sur première demande de la part de ce dernier, soit selon des modalités convenues[87]. La contre-garantie vise à faciliter les recours du garant à l'égard du contre-garant et elle permet d'éviter les conflits de juridiction. Il en résulte une plus grande sécurité et donc une plus grande efficience d'un droit des sûretés personnelles qui souffrait auparavant d'une extrême confusion et pouvait à ce titre décourager les investisseurs.

49. L'impératif de sécurité juridique nous conduit à faire apparaître l'irréductibilité de la lettre d'intention à la lettre de garantie. La lettre d'intention est définie à l'article 2322 du Code civil français comme « *l'engagement de faire ou de ne pas faire ayant pour objet le soutien apporté à un débiteur dans l'exécution de son obligation envers un créancier* »[88], l'émetteur de la lettre s'engageant à apporter, par son action ou son abstention, un soutien au débiteur, renforçant ainsi indirectement la situation du créancier[89]. Originale et le plus souvent gratuite, cette sûreté issue de la pratique est une garantie efficiente. Certes, la défaillance du débiteur contraint le bénéficiaire à rapporter la preuve des éléments de toute responsabilité contractuelle -un préjudice du créancier, une faute (présumée ou prouvée) du garant et un lien de causalité, mais ce n'est pas la marque d'une atteinte à l'efficience de la lettre d'intention, mais une simple suite de sa nature contractuelle.

50. La liberté de constitution est ici remarquable, les parties déterminant de manière consensuelle et libre l'intensité de l'obligation de l'émetteur à l'endroit du débiteur principal. Le garant s'y obligera par exemple à surveiller la gestion du débiteur, à ne pas sortir de son

[87]Article 39 de l'AUS.

[88]Le mécanisme retenu présente de grandes similitudes avec la stipulation pour autrui, l'émetteur promettant au créancier (stipulant) qu'il observera un comportement donné à l'égard du débiteur (bénéficiaire).

[89] Au contraire, une caution s'exécute envers le créancier et, sous réserve du mécanisme de l'obligation de couverture, elle n'est tenue d'aucune obligation pendant la durée du crédit.

capital social, à souscrire à une augmentation de capital, ou encore à faire tout le nécessaire pour que le débiteur s'exécute à bonne date voire à lui faire des apports en compte courant d'associé (obligation lourde s'il en est...). L'hypothèse type est celle d'une société mère écrivant à son banquier afin de conforter le crédit de sa filiale ; mais on peut aussi imaginer que des parents s'engagent au profit du bailleur de leur enfant locataire à virer chaque mois sur le compte de ce dernier les sommes nécessaires au paiement des loyers dus...

51. De source presque exclusivement conventionnelle, les sûretés personnelles sont naturellement assujetties au devoir général d'exécution des conventions de bonne foi. D'où la protection juridique des intérêts des consommateurs.

B. La protection juridique des intérêts des particuliers

52. La sûreté personnelle, à la différence de toute sûreté réelle réduit, mais ne supprime pas le risque d'insolvabilité. Comme nous l'avons annoncé, elle multiplie simplement des droits de gage généraux et de ce fait dilue le risque d'insolvabilité du débiteur en le répartissant sur plusieurs patrimoines qui répondent de la dette garantie. Le créancier ne dispose que d'un droit de poursuite chirographaire à l'encontre du garant qui rend l'examen de la solvabilité de celui-ci déterminant (1). Le droit des sûretés étant traversé de considérations sociales, il y a lieu d'assurer la prévention de l'endettement pour autrui (2).

1. L'exigence de la solvabilité de la caution ou du garant

53. Il ressort de l'article 14 de l'AUS que le cautionnement ne se présume pas. Mais, selon ce texte, l'écrit ne peut constituer qu'un moyen de preuve à condition qu'il comporte la signature de la caution et du créancier ainsi que la mention écrite de la main de celui-ci. L'écrit peut être constitué par un acte sous seing privé ou par un acte notarié[90]. Cet écrit comporte généralement toutes les informations relatives aux parties[91]. C'est dire si le devoir de préserver la solvabilité de la caution

[90]En pratique, pour les cautionnements bancaires (ceux donnés par les banques ou consentis au profit des banques), l'acte de cautionnement se présente sous la forme de formulaires imprimés et préétablis (contrats types) dont seules certaines mentions particulières varient suivant les cas.

[91]Identification du créancier et de la caution, et de leurs représentants le cas échéant), à l'opération principale garantie (nature, montant, durée, modalités d'exécution, *etc.*), aux modalités du cautionnement (montant, durée, conditions de réalisation, d'extinction, *etc.*).

masque en réalité un principe d'efficience dans l'exécution du cautionnement : l'appel à la caution par un créancier titulaire de sûretés multiples pourrait être devenu une *ultima ratio* ; sans doute au motif que les sûretés pour autrui accablent davantage le constituant que les sûretés pour soi[92]. C'est pourquoi le législateur est intervenu afin d'encadrer la liberté de conclusion du cautionnement souscrit par une personne physique.

54. Ainsi, lorsque le cautionnement est consenti occasionnellement, l'écrit est rédigé par les parties elles-mêmes. Or, les nouvelles exigences de proportionnalité concourent précisément à ce que soit davantage vérifiée la solvabilité du garant[93]. L'article 15 de l'AUS impose que la caution fournie soit solvable, ou mieux présente des garanties de solvabilité. Si elle ne l'est pas, le créancier est en droit de la refuser et dans ce cas, la loi permet au débiteur de la remplacer par une sûreté réelle. L'article 16 de l'AUS ajoute que la caution ne doit pas être solvable uniquement au moment où elle est constituée, mais qu'elle doit l'être *« en permanence »* de sorte que l'insolvabilité survenue oblige le débiteur à remplacer cette caution par une autre ou par une sûreté réelle. La seule exception concerne le cas où le créancier a subordonné son consentement au contrat principal à l'engagement d'une caution nommément désignée. Dans ce cas, la caution doit être maintenue en dépit de son insolvabilité.

55. Réduire le cautionnement disproportionné ou déchoir le créancier est en effet une puissante incitation à la prise d'une sûreté personnelle solide et à la vérification de la qualité de la « *signature* » de la caution. Cela est d'autant plus vrai qu'un cautionnement manifestement disproportionné n'est d'aucune utilité pour le créancier qui ne sera garanti efficacement que dans la mesure du patrimoine de la caution au jour où elle sera appelée. Puisqu'on ne saurait « *tondre un œuf* » suivant la sagesse populaire ; à quoi bon permettre à une caution sans argent de s'engager au nom d'une liberté contractuelle mal comprise à cautionner une dette que, de toute évidence, elle ne pourra jamais acquitter ? Les sûretés personnelles étant l'engagement pris envers le créancier par un tiers non tenu à la dette, participent nécessairement de cette définition et sont donc concernées par cet

---

[92]Voir RONTCHEVSKY (N.), « Les sûretés personnelles à l'épreuve de la loi de sauvegarde des entreprises », *Banque et droit* 2006, n° 105, p. 17 et s.

[93]Par « *garant* », on entendra ici tout donneur de sûreté personnelle ou réelle pour autrui. Ce qui est relevé ici pour la caution l'est également pour tout autre garant.

alignement de régimes : cautionnement, garantie autonome, porte-fort d'exécution, solidarité passive désintéressée, à la dette ou encore délégation imparfaite, lorsque le délégué ne sera pas tenu de contribuer à la dette[94].

56. Les nombreuses règles prudentielles qui pèsent cette fois sur les établissements de crédit, cautions professionnelles, participent de ce même esprit. Ces établissements sont soumis à de multiples *ratios* prudentiels[95]. Or, ces *ratios* prennent directement en considération l'octroi de cautionnements ou même de garanties autonomes pour le calcul des exigences de solvabilité imposées à ces établissements bancaires. Les normes prudentielles constituent à la fois des garants et des clignotants permettant de s'assurer de la santé financière des établissements. Il s'agit surtout des normes de liquidité et de solvabilité, mais aussi des normes relatives à l'équilibre de la situation financière des entreprises. Ces règles de prudence obligent donc les banques à immobiliser des fonds propres en regard des garanties émises. À cet effet, elles concourent à la sécurité et donc à l'efficience économique des crédits cautionnés en général[96].

57. À peine de nullité du cautionnement, il ressort de l'article 14 alinéa 3 nouveau de l'AUS l'exigence formelle de la présence des témoins lorsque le cautionnement fait intervenir des personnes qui ne

---

[94]Surtout, les personnes ayant affecté en garantie (gage, nantissement ou hypothèque, *etc.*) ou cédé (fiducie-sûreté) un bien au terme d'une sûreté réelle pour autrui sont traitées ensemble avec les donneurs de sûretés personnelles comme autant « *de garants du débiteur* » et ce au terme d'un élargissement considérable de la notion de garant.

[95]Voir le règlement n° 93/03 du 19 avril 1993 sur la couverture des risques des établissements de crédit, le règlement n° 93/03 du 19 avril 1993 sur la liquidité des établissements de crédit, modifié par le Règlement n° 94/01 du 16 décembre 1994, le Règlement n° 93/03 du 19 avril 1993 sur la division des risques des établissements de crédit, le Règlement COBAC n° 33/93 du 19 avril 1993 a défini les règles relatives aux conditions dans lesquelles les établissements de crédit sont autorisés à accorder des concours à leurs actionnaires, associés, administrateurs, dirigeants et personnels.

[96]Il ressort de l'article 1er de l'annexe à la convention portant création de la COBAC du 16 octobre 1990, que la COBAC "est chargée de veiller au respect par les établissements de crédit des dispositions législatives et réglementaires (...) et de sanctionner les manquements constatés... ". La COBAC peut, afin d'assurer le respect de la réglementation, prendre dans le cadre de ses attributions toutes les mesures nécessaires c'est-à-dire aussi bien les mesures préventives que les sanctions.

peuvent pas ou ne savent pas écrire[97]. L'exigence de la mention manuscrite désormais imposée avec la formalité de substitution prévue, à savoir la présence des témoins pour les cautions analphabètes, devrait réduire les hypothèses où ce vice peut être soulevé[98]. Et l'engagement de la caution-personne physique est toujours limité impérativement en montant, mais aussi en durée, ceci même lorsque le cautionnement sera simple. Il faut noter que le droit des sociétés commerciales consacre une autre forme de cautionnement limité dans ce même sens. En effet, dans les sociétés anonymes, les associés sont tenus des dettes sociales jusqu'à concurrence de leurs apports[99].

58. La limitation en durée du cautionnement paraît s'étendre dans l'esprit du législateur à l'obligation de renseignement elle-même afin que la caution ne puisse plus être inquiétée par le créancier professionnel après la date stipulée[100]. Ces dispositions s'appliquent même au dirigeant caution-personne physique de son entreprise, pourtant averti et intéressé ; partant, elles restreignent considérablement la liberté de recourir à des cautionnements sous *seing* privé *omnibus* et empêchent que le cautionnement épouse l'évolution de la dette garantie. L'objectif de la prévention de l'endettement pour autrui entre donc souvent en conflit ouvert avec l'efficience économique de la règle de droit du cautionnement : et s'il pèse au premier chef sur les cautions-personne physique, il n'en concerne pas moins les cautions-personne morale.

---

[97]Voir KALIEU ELONGO (Y. R.), « La mention manuscrite dans le cautionnement OHADA », *Juridis périodique*, juil.-août-sept. 2003, p. 109 et sv. ; www.ohada.com, Ohadata 2003, D-03-02

[98]Le cautionnement ne se présume pas, quelle que soit la nature de l'obligation garantie. Il se prouve par un acte comportant la signature de la caution et du créancier ainsi que la mention, écrite de la main de la caution, en toutes lettres et en chiffres, de la somme maximale garantie couvrant le principal, les intérêts et autres accessoires. En cas de différence, le cautionnement vaut pour la somme exprimée en lettres ». Article 14. Voir dans ce sens, CCJA, Ass. plén. Arr. n° 077/2014,25 avr.2014, Aff. La Société de Patrimoine des Eaux du Niger (SPEN) C/La Banque Atlantique du Niger dite BAN).

[99]Article 385 AUSC-GIE.

[100]Cass. com., 3 juin 2008, pourvoi n° 07-11.785, non publié au Bulletin, Dr. et patrimoine, oct. 2008, p.98, obs. AYNES (L.) et DUPICHOT (Ph.) : « *Attendu qu'en statuant ainsi, sans rechercher, comme elle y était invitée, si le cautionnement n'était pas contraire à l'intérêt de la SCI, dès lors que le montant de l'engagement était tel qu'en cas de défaillance de M. X..., la société devait réaliser son entier patrimoine pour l'honorer, ce qui était de nature à compromettre son existence même, la cour d'appel a privé sa décision de base légale au regard de l'article 1849 du Code civil* ».

59. La loi soumet par exemple la conclusion du cautionnement d'une SA à une autorisation préalable du conseil d'administration[101]. En tout cas, pour que le cautionnement octroyé par une personne morale soit valable, il suffit dans une certaine mesure qu'il entre directement dans l'objet social. Pour les autres formes de sociétés, il faut appliquer les règles de représentation. Ainsi, « *Est régulier, l'acte de cautionnement consenti par un gérant en vertu d'un mandat spécial conféré par l'unanimité des associés et qui équivaut à une modalité extensive l'objet social* »[102]. C'est pourquoi le banquier refuse parfois le cautionnement par une société des dirigeants, voire des associés et de leurs proches. De tels cautionnements sont indubitablement présumés contraires à l'intérêt social de la société caution.

60. Si la sûreté personnelle est d'une utilité économique irremplaçable pour conforter le crédit du débiteur, elle est également « *anormale* »[103]. Elle expose en effet la caution à satisfaire à la dette d'autrui, avec la seule perspective d'un recours récursoire passablement illusoire contre le débiteur. On s'en convaincra en examinant à présent l'épineuse question de la prévention de l'endettement pour autrui.

2. La prévention de l'endettement pour autrui

61. Le droit du cautionnement est traversé par le principe essentiel de l'accessoriété du cautionnement en vertu duquel « *dans son principe et son étendue, la dette de la caution est placée sous la dépendance de l'obligation principale* »[104]. Plus qu'un simple critère de la qualification du cautionnement, l'accessoriété est une règle d'ordre public de protection de la caution. En raison de ce caractère essentiellement accessoire, la caution ne peut être tenue plus sévèrement que le débiteur. Elle peut opposer toutes les *exceptions* inhérentes à la dette, notamment

---

[101]Article 49 de l'AUSC-GIE.

[102]En ce sens : Tribunal régional hors classe de Dakar, audience éventuelle, jugement n° 499 du 8 mars 2000, GIE PAN Industrie et SCI République c/ société Crédit sénégalais, Ohadata J-04-23 ; Répertoire quinquennal OHADA, p. 324

[103]Formule de Ph. Théry, *Sûretés et publicité foncière*, PUF, coll. Droit fondamental, 2e éd., 1998, n° 10.

[104]Voir AYNES (L.) et CROCQ (P.), *Les sûretés, la publicité foncière*, précité. Le cautionnement doit reposer sur une obligation valable, ne pas excéder l'étendue de la dette principale - sans quoi l'excès serait réduit sans annulation du cautionnement - tandis que la caution peut classiquement invoquer l'ensemble des exceptions appartenant au débiteur, à l'exception du seul vice d'incapacité.

sa nullité ou son extinction totale ou partielle[105]. Elle n'est tenue de payer qu'en cas de non-paiement du débiteur principal[106].

62. C'est en ce sens que l'on peut dire que l'article 25 nouveau de l'AUS met des obligations à la charge du créancier en faveur du débiteur lorsqu'il prévoit que, dans l'hypothèse d'un cautionnement général, le créancier est tenu semestriellement d'informer la caution de l'état des dettes du débiteur. La sanction du non-respect de cette obligation d'information est la déchéance des intérêts échus entre la date de communication de la précédente information et celle de la nouvelle information[107]. Les parties ne peuvent pas inclure dans le contrat une clause contraire[108] tandis que doit être informé également le dirigeant-caution qui connaît pourtant déjà la situation exacte de la société cautionnée[109].

63. Le devoir de loyauté du créancier joue également à l'égard du garant. Le créancier doit faire son possible, en exerçant diligemment ses droits à l'encontre du débiteur, pour alléger au maximum le poids de la garantie consentie selon le principe de *mitigation of damages* ou de minimisation du dommage qui a cours dans la « *lex mercatoria* »[110]. À plusieurs reprises, la Cour de cassation française a ainsi tenu pour contractuellement responsable envers la caution, le créancier laissant

---

[105]Article 29 de l'AUS.
[106]Article 23 de l'AUS.
[107]La caution ne peut soutenir qu'elle n'a pas été informée de l'évolution de compte du débiteur dès lors qu'elle a reçu les différents relevés de compte en sa qualité de gérant de la société débitrice (TGI OUAGADOUGOU, Jug. n° 085/2017, 27 juin 2007, Aff. EBTPE & PAOLI Daniel Vincent C/ Société Générale des Banques de Burkina Faso). ; TGI WOURI Jug. n° 287, 3 févr.. 2005, Aff. SRC/ NGONGANG TCHUISSE Gérémie.
[108]Voir sur la question : NKOU MVONDO (P.), « L'information de la caution dans le nouveau droit des sûretés des États africains », Ohadata D-06-33.
[109]Voir DUPICHOT (Ph.), *L'efficience économique du droit des sûretés*, l'Université Paris–Est Créteil (UPEC). Note 71.
[110]Cass. ch. mixte, 10 juin 2005, n° 02-21.296, Dr. & patr. 2006, n° 145, p. 124, obs. DUPICHOT (Ph.) : la portée de la décision du 10 juin 2005 est toutefois obscurcie par la circonstance, que le créancier avait purement et simplement donné mainlevée de son gage. Adde, ultérieurement, Cass. com., 17 février 2009, n° 07-20.458 : la négligence du créancier à solliciter l'attribution judiciaire du gage emporte décharge de la caution sur le fondement du bénéfice de subrogation (article 2314), à concurrence de la valeur des droits perdus.

inutilement s'accumuler les dettes cautionnées[111]. Il en est par exemple d'un créancier jugé fautif d'avoir attendu plus de 13 ans après l'échéance impayée pour poursuivre la caution[112]. Un créancier manque ainsi à son devoir de bonne foi s'il se fait consentir des garanties excessives par rapport au patrimoine de son débiteur et au montant de sa créance[113].

64. Le bénéfice de cession d'actions ou de subrogation est reconnu à la caution, dans la mesure du préjudice par elle subi, lorsque le créancier a par sa faute laissé périr les sûretés dans lesquelles elle pouvait raisonnablement espérer être subrogée. À certains égards, le créancier titulaire de sûretés multiples paraît tenu de privilégier le mode de réalisation le plus efficient et le plus profitable à la caution. Concrètement, le créancier devrait appréhender les loyers cédés avant d'appeler sa caution pour le solde...

65. Au plan pratique, des difficultés peuvent se rencontrer généralement sur la juridicité du cautionnement hypothécaire avec un immeuble dont un mineur serait « *copropriétaire* ». Dans un premier cas, les enfants, parmi lesquels un mineur, ont hérité des biens de leur défunt père. Pour soutenir la société laissée par le défunt, leur mère, en tant qu'administratrice des biens et désignée gérante, a cru pouvoir hypothéquer un des biens de la succession pour accéder au crédit bancaire. C'est ici qu'il lui a fallu sur recommandation, du service juridique de la banque, de recourir à l'autorisation du juge pour palier l'incapacité juridique pour ce qui est du mineur[114]. Une autre solution aurait été de demander le lotissement de la part du mineur et d'hypothéquer par la suite celle des autres enfants déjà majeurs. Mais entre cette formalité et le besoin pressant du crédit, l'écart allait être inacceptable.

66. Sur un tout autre plan, le problème peut revenir dès lors que les enfants se retrouvent associés d'une société à responsabilité limitée

---

[111]Cass. 1re civ., 16 juill. 1998, n° 96-17. 476, JCP G, 1999, II, 10000, JCP E, 1999, p. 129, note B. Fages. Vr. sur ce point, voy. AYNES (L.) et CROCQ (P.), *Les sûretés, la publicité foncière*, précité, n° 140 et s.

[112]Voir MESTRE (V. J.), « Réflexions sur l'abus du droit de recouvrer sa créance », *in* Mélanges P. Raynaud, Dalloz/Sirey, 1985, p. 439 et s.

[113]Lorsque le législateur français limite la liberté du créancier de se faire consentir un cautionnement solidaire ou d'obtenir d'une caution d'un crédit à la consommation un engagement qui excède ses ressources, il semble se conformer à un tel principe.

[114]Inédit.

selon la volonté et la représentation de leur parent. L'intérêt des mineurs doit-il céder le pas à celui de l'entreprise ? La question est réglée selon que l'immeuble a fait l'objet d'un apport en jouissance ou en toute propriété. Dans le premier cas, les mineurs sont propriétaires ou copropriétaires et il y a lieu de requérir l'autorisation du juge pour pallier l'incapacité des enfants mineurs. Dans le second cas, la société-personne morale devient propriétaire du bien apporté. On devrait ici, avant toute chose, tenir compte de la forme de la société et de l'*intuitu personae*. On sait bien que dans les sociétés de capitaux, les actionnaires ne sont responsables des dettes sociales qu'à concurrence de leurs apports[115]. Dans ces sociétés en effet, les actionnaires n'ont pas la qualité de commerçants ; cc qui veut dire qu'un mineur ou un fonctionnaire peut être actionnaire[116]. Les droits de vote dont disposent les actionnaires dépendent directement de leur participation au capital de la société. La question ne se serait même pas posée s'il s'agissait de la société en nom collectif.

67. Mais la question qui reste posée est celle de savoir si, en tant qu'actionnaire, le consentement du mineur ne devrait pas compter sur l'hypothèque de l'immeuble de la société. Son droit de vote pour la décision d'hypothèque ne doit-il pas être pris en considération ? Face à cette situation, certains dirigeants actionnaires de l'entreprise peuvent user de leur qualité de représentant de l'enfant mineur pour contourner cette difficulté en procédant à la cession des parts appartenant à ce dernier à un actionnaire majeur. Cette cession qui requiert pour autant une modification des statuts a tout juste déplacé la question du consentement du mineur. On sait qu'en droit civil, le représentant légal n'a pas le droit de disposer des biens de l'enfant mineur qu'il a sous sa tutelle, sauf sous autorisation du juge, peu importe que le bien ait précédemment fait l'objet d'une donation de sa part. S'il advenait même une liquidation de la société, la part du mineur lui (représentant légal) serait reversée, mais avec l'obligation pour lui de pouvoir en rendre compte à ce mineur à sa majorité. Cette règle devra-t-elle s'appliquer en matière commerciale ? En attendant la position des juges de la CCJA sur la question, nous pensons qu'il serait important de privilégier l'intérêt social qui nous semble déjà inclure celui de l'enfant mineur engagé.

---

[115]Article 309 pour les sociétés à responsabilité limitée et 385 de l'AUSC-GIE pour les sociétés anonymes.

[116]Au sens de l'article 7 alinéa 1er de l'AUDCG.

68. En effet, la notion de l'intérêt social est perçue tantôt comme l'intérêt des associés[117], tantôt comme l'intérêt de la société[118]. En réalité, le législateur OHADA, qui semble y faire référence à travers l'intérêt commun, ne l'a pas défini. En effet, il est simplement dit à l'alinéa 2 de l'article 4 de l'AUSC-GIE que « *la société commerciale doit être créée dans l'intérêt commun des associés* ». Pour tenter de comprendre cette exigence d'intérêt commun des associés, les juges ont dû créer d'abord la notion d'*affectio societatis*, entendue comme la volonté de créer la société et de collaborer en dehors de toute idée de subordination [119]. Pour la jurisprudence donc, les deux notions procèdent de la même réalité.

69. Mais en fait, l'une est philosophique, l'*affectio societatis* et l'autre purement juridique, l'intérêt commun. C'est la raison pour laquelle l'intérêt social s'apprécie en cours de vie sociale dans le dessein de voir si tel acte a été posé dans cet intérêt. Et la jurisprudence l'utilise pour punir les abus de majorité et de minorité, ainsi que les fautes de gestion en marge du pouvoir, en principe illimité, du dirigeant d'engager la société. L'intérêt social est donc, par référence à la définition de la société, la volonté de chaque associé, fut-il mineur de mettre en commun des biens dans l'intérêt commun pour partager des bénéfices ou profiter de l'économie qui pourra en résulter. Cette définition correspond à toutes les attitudes des associés, même à celles de ceux qui ne veulent faire qu'un placement. Cette volonté doit être celle de respecter l'objet social dans la gestion quotidienne et celle de veiller à éviter toute confusion entre les biens qui composent le patrimoine social et les biens personnels. Ainsi limité à l'essentiel, l'*affectio societatis* conserve toute son utilité. Elle permet d'exclure la qualification de société lorsqu'il n'y a pas l'intention de s'associer[120].

---

[117] Voir GERMAIN (M.), « L'intérêt commun des actionnaires », *Cahiers dr. entreprise*, 1996, p. 13, n° 4.

[118] Voir PIROVANO (A.), « La boussole de la société, intérêt commun, intérêt social, intérêt de l'entreprise », *D.* 1997, p. 189.

[119] Cass. Ch. Mixte 16 décembre 2005, BICC n° 634 du 1 5 février 2006 ; Cass. Req., 3 janvier 1940, D. 1940, p.

88 Voir CORRIERAS (M.), L'*affectio societatis* dans le traité des lois et les lois civiles dans leur ordre naturel de Domat, Paris, publié par l'auteur, 1995 ; DE BERMONT DE VAULX (J. M.), « Le spectre de l'*affectio societatis* », *JCP*, 1994, éd. E, I, p. 345.

[120] Voir BROU KOUAKOU (M.), *note sous CCJA, 1re chambre, arrêt n° 18 du 31 mars 2005, Le Juris OHADA, n° 3.*

70. En effet, le bénéficiaire d'un cautionnement dispose d'un droit direct qui lui est personnel contre le patrimoine de la personne qui s'est portée garante pour le débiteur. Cela étant, la procédure mérite d'être menée en général et dans ce cas de figure, le concours pourra toujours naître avec les autres créanciers de la caution. De plus, il y a un fort risque de voir la procédure collective étendue à la personne du dirigeant s'il s'était lui-même porté caution de sa propre société. Cette extension se rencontre parfois dans le cadre des fautes de gestion ou d'actes de gestion répréhensibles.

71. La sûreté réelle pour sa part est définie comme l'affectation d'un bien au paiement préférentiel du créancier ou à son paiement exclusif.

II. Le libre choix entre préférence et exclusivité en matière de sûretés réelles

72. Longtemps, les sûretés réelles se sont réduites à l'octroi au créancier d'un droit réel de préférence de nature à permettre à celui-ci d'être payé par priorité sur le produit de la vente de la chose grevée. Il existait quatre sûretés réelles à savoir le gage, l'hypothèque, l'antichrèse et les privilèges. Désormais, les techniques de sûreté réelle se sont enrichies et diversifiées. Défendu de longue date par la doctrine sur le fondement de la liberté contractuelle, le recours à la propriété-sûreté s'est généralisé. Selon l'article 4 alinéa 2 de l'AUS, les sûretés réelles « *consistent soit dans le droit du créancier de se faire payer par préférence sur le prix de réalisation d'un bien affecté à la garantie de l'obligation de son débiteur, soit dans le droit de recouvrer la libre disposition d'un bien dont il est propriétaire à titre de garantie de cette obligation* »[121]. Il est fait dans l'AUS la distinction entre les sûretés qui portent sur les biens matériels meubles, et celles qui portent sur des biens matériels immeubles.

73. Les sûretés réelles mobilières sont : le droit de rétention, la propriété retenue ou cédée à titre de garantie, le gage de meubles corporels, le nantissement de meubles incorporels et les privilèges. Le droit de rétention est le droit dont dispose tout créancier qui détient légitimement un bien mobilier de son débiteur de le retenir jusqu'au

---

[121]L'AUS n'a pas consacré un titre spécifique aux sûretés réelles comme il l'a fait pour les sûretés personnelles. Pourtant, on retrouve dans le texte les dispositions consacrées à toutes les sûretés réelles, aussi bien les sûretés mobilières que les sûretés immobilières.

complet paiement de ce qui lui est dû indépendamment de toute autre sûreté[122]. La propriété retenue ou cédée à titre de garantie consiste en ce que la propriété d'un bien mobilier peut être retenue en garantie d'une obligation par l'effet d'une clause de réserve de propriété. La propriété peut aussi être cédée en garantie d'une obligation dans les conditions légales[123]. La propriété retenue peut s'opérer par l'effet de la clause de réserve de propriété qui suspend l'effet translatif d'un contrat jusqu'au paiement complet de l'obligation qui en constitue la contrepartie[124]. La propriété cédée à titre de garantie s'opère par le biais de la cession à titre de garantie et du transfert fiduciaire d'une somme d'argent.

74. L'hypothèque est la seule sûreté immobilière prévue et réglementée par l'AUS [125]. Elle est l'affectation d'un immeuble déterminé ou déterminable appartenant au constituant en garantie d'une ou plusieurs créances, présentes ou futures, à condition qu'elles soient déterminées ou déterminables[126]. Deux variétés d'hypothèques sont classées dans cette catégorie. Il s'agit des hypothèques conférées sans le consentement du débiteur par la loi dans le cas d'une hypothèque légale, ou par une décision de justice dans le cas d'une hypothèque judiciaire.

75. Les sûretés réelles sont désormais dominées par l'optique d'une prévention du gaspillage du crédit s'agissant des sûretés préférentielles (A). Dans le même temps, la constitution des sûretés exclusives est au libre choix des créanciers (B).

---

[122]Article 67 de l'AUS. L'OHADA a tranché un débat théorique sur la question de savoir si le droit de rétention est ou non une sûreté. Cette sûreté est appliquée dans la pratique bancaire, au niveau du compte notamment, mais soulève des problèmes notés dans les commentaires.
[123]Article 71 de l'AUS.
[124]Article 72 de l'AUS.
[125]Article 190 de l'AUS.
[126]Il sera particulièrement recommandé de s'intéresser à l'article 192 dudit Acte parce que l'hypothèque porte non seulement sur des droits immobiliers, mais aussi sur les fonds bâtis ou non bâtis et leurs améliorations ou constructions survenues, à l'exclusion des meubles qui en constituent l'accessoire, et ne peut pas être réduits aux seuls titres de propriété.

A. La prévention du gaspillage du crédit dans les sûretés préférentielles

76. L'efficience des sûretés réelles est assurée par la simplification du formalisme de constitution et d'opposabilité. Celle-ci se vérifie tant pour les sûretés réelles mobilières que pour les sûretés immobilières. Si l'assiette des sûretés mobilières préférentielles s'est trouvée élargie en droit OHADA (1), celle des sûretés immobilières s'en est retrouvée limitée (2).

1. L'élargissement de l'assiette des sûretés mobilières

77. Parmi les sûretés réelles mobilières préférentielles, il y a le gage qui s'oppose au nantissement. Le gage est le contrat par lequel le constituant accorde à un créancier, le droit de se faire payer par préférence sur un bien meuble corporel ou un ensemble de biens meubles corporels, présents ou futurs[127]. Le gage peut porter sur un bien isolé ou sur un ensemble de biens. Le gage peut également porter, sur des sommes ou des valeurs déposées à titre de consignation par les fonctionnaires, les officiers ministériels ou toute autre personne pour garantir les abus dont ils pourraient être responsables et les prêts consentis pour la constitution de cette consignation[128]. Du fait de leur nature, certains biens font l'objet de dispositions particulières quant à leur mise en gage. Il en est ainsi des choses fongibles[129]. Aux termes de l'article 97 de l'AUS, le contrat de gage est opposable aux tiers, soit par l'inscription au RCCM, soit par la remise du bien gagé entre les mains du créancier gagiste ou d'un tiers convenu entre les parties[130].

78. Des mesures particulières ont été prises pour protéger le créancier gagiste contre les risques qu'il encourt du fait de l'absence de

---

[127]Article 92 de l'AUS.

[128]Article 94 de l'AUS alinéa 2. L'article 96 AUS dispose : « *À peine de nullité, le contrat de gage doit être constaté dans un écrit contenant la désignation de la dette garantie, la quantité des biens donnés en gage ainsi que leur espèce ou leur nature* ». L'écrit n'est plus seulement une condition de preuve du gage, mais une condition de validité. C'est d'ailleurs la seule condition de validité.

[129] Les articles 101 et 102 imposent des mesures particulières quant à leur conservation.

[130]Désormais, la dépossession du constituant n'est qu'une modalité du gage, une condition d'opposabilité qui peut être remplacée par l'inscription du contrat au RCCM. Celle-ci sera faite suivant les règles prévues pour l'inscription des sûretés au RCCM, conformément aux articles 51 et suivants de l'AUS. L'inscription est prise par le constituant, le créancier ou l'agent des sûretés auprès de la juridiction compétente sur présentation des différents documents exigés par la loi.

dépossession du constituant. Lorsque plusieurs gages successifs sans dépossession ont été constitués sur le même bien, le rang des créanciers est déterminé par l'ordre de leur inscription[131]. Par contre, lorsqu'un bien donné en gage sans dépossession fait ultérieurement l'objet d'un gage avec dépossession, le droit de préférence du créancier gagiste antérieur est opposable au créancier gagiste postérieur lorsqu'il a été régulièrement publié, et ce, nonobstant le droit de rétention de ce dernier[132].

79. À côté du régime général du gage, il est prévu des règles spéciales pour certaines formes de sûretés mobilières corporelles, dont le matériel professionnel, les véhicules automobiles et les stocks. Parce que le gage de droit commun trouve encore largement à s'appliquer directement ou par renvoi, on rapprochera le régime des nantissements de parts de sociétés (SNC, SARL, SCS), de fonds de commerce ou encore de monnaie scripturale qui relèvent du droit commun du gage par renvoi, faute de textes spéciaux à ces meubles incorporels particuliers.

80. Aussi, même si les parties se trouvent dans le domaine d'une sûreté spéciale, la liberté de choix de la sûreté la plus efficiente par les parties doit recevoir effet. Il en est ainsi de la possible constitution d'un gage sans dépossession de droit commun sur du matériel et de l'outillage d'équipement ou, plus discutée, de celle d'un tel gage sur des stocks. Ce faisant, tout s'enchaîne en vue d'une meilleure efficacité. Une pluralité de gages sans dépossession est donc rendue possible. Ce qui participe d'un rapprochement des régimes du gage et de l'hypothèque.

81. À côté du gage, il existe le nantissement qui est l'affectation d'un bien meuble incorporel ou d'un ensemble de biens meubles incorporels présents ou futurs en garantie d'une ou plusieurs créances, présentes ou futures, à condition que celles-ci soient déterminées ou déterminables. Il est conventionnel ou judiciaire[133]. Les formes de nantissement de meubles incorporels prévues par l'AUS sont : le nantissement de créance, le nantissement de compte bancaire, le nantissement des droits d'associés et valeurs mobilières et compte de titres financiers, le

---

[131]Article 107 alinéa 1 de l'AUS.
[132]Article 107 alinéa 2 de l'AUS.
[133]Article 125 de l'AUS.

nantissement des droits de propriété intellectuelle, le nantissement de fonds de commerce.

82. La suppression de l'exigence de dépossession permet un élargissement considérable de l'assiette des sûretés mobilières et un assouplissement corrélatif des principes de spécialité de la sûreté quant à la créance garantie, d'une part, et quant à l'assiette, d'autre part. Aussi, le gage de meubles corporels ou le nantissement de meubles incorporels peuvent-ils indifféremment porter sur des meubles présents ou futurs, fongibles ou non, voire sur un ensemble de meubles eux-mêmes présents ou futurs, le tout en garantie de créances, même futures dont seule la déterminabilité est requise.

83. L'avance sur marchandise est une ouverture de crédit qui bénéficie à toute personne physique ou morale exerçant une activité commerciale ou industrielle, parfois saisonnière, nécessitant un stockage de matières premières ou de produits finis[134]. Le crédit en lui-même est garanti par un stock de marchandises. Il peut s'agir soit d'une constitution de gage réel, soit d'une avance sur titre représentative de la marchandise. Relativement à la constitution du gage réel, le dessaisissement du débiteur est assuré par le dépôt chez un tiers détenteur, entrepositaire ou consignataire. La remise des marchandises entre les mains d'un tiers permet la création d'un titre appelé « bordereau de gage de stocks »[135] qui peut circuler de main à main par le moyen de l'endossement. À l'échéance, le dernier porteur du bordereau est supposé être le propriétaire de la marchandise, car il est probable qu'il ait remboursé au banquier les sommes qu'il a avancées pour financer l'acquisition des marchandises ou sa production[136].

84. Le nantissement de créance qui, profondément modernisé, peut être limité à une fraction de la créance donnée en nantissement de sorte que diverses fractions d'une même créance peuvent être nanties au

---

[134]Elle permet autant au demandeur de crédit de financer ses opérations dans un laps de temps très court pour une rentrée des fonds très proche, qu'au banquier assuré de recouvrer ses débours dès l'opération réalisée.

[135]Voir articles 122 et 124 de l'AUS.

[136]Les marchandises sont confiées à un entrepositaire, pour la seule raison que le banquier ne dispose pas de local suffisant pour procéder à la garde personnelle du bien, car le gage dans ces conditions suppose la dépossession du débiteur. Et il est vrai que les sûretés spéciales à certains actifs corporels ou incorporels pullulent : ce faisant, elles dessinent un kaléidoscope complexe et fractionné de sûretés particulières. On est loin de la liberté et de la simplicité que commande l'efficience des rapports entre banquiers et constituants professionnels.

profit de créanciers distincts, préservant là encore la solvabilité du débiteur ; et il pourra être stipulé pour un temps déterminé dont l'expiration libérera de plein droit la créance de l'affectation en garantie[137].

85. Enfin, au nombre de sûretés mobilières, il y a les privilèges[138]. Ces derniers font également partie de la panoplie des moyens offerts à certains créanciers pour garantir l'exécution des obligations de leurs clients. Ils se répartissent entre privilèges généraux et privilèges spéciaux et peuvent intéresser la banque non pas en tant que titulaire, mais en tant que subrogée dans les droits de ses clients, dans leurs relations d'affaires[139].

86. Les contrats réels qui ne se formaient que par la remise de la chose ont fait place à des contrats solennels : un écrit à peine de nullité est exigé, et ce parfois même jusqu'en matière commerciale où la liberté de la preuve est pourtant de règle. Mais ce formalisme n'en reste pas moins d'une grande simplicité ; et, il tend notamment à assurer la sécurité juridique du dispositif en prévenant les contestations. Partant, il est aujourd'hui possible de tirer davantage crédit de biens ou valeurs que par le passé. Quant au créancier, il peut prendre rang immédiatement, et ce en garantissant une créance même future telle que celle résultant d'un contrat à conclure : tant il est vrai que la chance de la créance est déjà un bien qui mérite d'être préservé. Il faut en outre ajouter que ces sûretés non plafonnées peuvent en principe servir à garantir tout type de crédit. L'hypothèque seule a été maintenue en tant que sûreté immobilière en droit OHADA.

2. La limitation de l'assiette des sûretés immobilières

87. L'OHADA n'a pas voulu instituer en matière de sûretés la liberté de choix des acteurs entre l'hypothèque et l'antichrèse. Cette dernière forme de garantie, encore appelée « *gage immobilier* », condamnée par l'exigence antiéconomique d'une dépossession matérielle du constituant de son immeuble n'est pas retenue en droit OHADA[140]. Par

---

[137]Nous avons traité dans ce document le cas spécifique du nantissement des créances des marchés publics. Voir section 1 du chapitre 2 de la première partie. Voir n° 152 à 181.

[138]Article 179 de l'AUS.

[139]Sur les privilèges, voir *infra* n° 300 à 318.

[140]Cette prudence du législateur OHADA pourrait se justifier par les difficultés déjà éprouvées dans la mise en œuvre de l'hypothèque traditionnelle et de façon sociologique par les difficultés soulevées par tout ce qui touche au sol dans les

conséquent, la procédure d'adjudication initiée sur un gage consenti sur les constructions érigées sur une parcelle objet d'un permis d'habiter gagé est nulle[141]. L'hypothèque, unique sûreté immobilière réglementée par l'OHADA, est conventionnelle, légale ou judiciaire.

88. Sûreté immobilière sans dépossession type, l'hypothèque conventionnelle a assez peu évolué et l'AUS en a surtout consolidé et modernisé le régime. En effet, toute hypothèque conventionnelle doit désormais être consentie, pour le capital, à hauteur d'une somme plafonnée à peine de nullité dans l'acte constitutif. Elle bénéficie d'un atout de taille : son inscription peut désormais être stipulée renouvelable après 30 ans au maximum[142]. Pour cette raison, elle est la sûreté réelle la plus recherchée par les pourvoyeurs de crédit, notamment les banques pour les prêts à moyen et long terme[143].

89. Cependant, l'hypothèque conventionnelle souffre en pratique des règles attachées à sa constitution qui influencent négativement sa pleine efficacité, car elle demeure étroitement liée à la législation foncière marquée par l'absence d'une véritable « *propriété privée* »[144]. Le marché du foncier reste pour la majeure partie des populations africaines une réalité étrangère[145]. Par ailleurs, l'hypothèque est très

---

traditions africaines. Or, cet alliage précieux d'une antichrèse et d'un bail transforme profondément la physionomie en une sûreté sans dépossession, apte par conséquent à concurrencer l'hypothèque conventionnelle : en effet, d'une grande efficience économique, l'antichrèse-bail conserve au constituant la détention de sa chose et présente pour le créancier en possession de l'immeuble le double avantage d'une appréhension continue des fruits de l'immeuble, tels ses flux de loyers et d'un droit de rétention enviable, le cas échéant exercé *corpore alieno*. L'antichrésiste « *sans en perdre la possession, donne l'immeuble à bail, soit à un tiers, soit au débiteur lui-même* » est-il précisé à l'article 390 du Code civil français.

[141]Voir CCJA, 3e ch. Arr n° 022/2016, 25 févr. 2016, Aff. SOCIETE BANK OF AFRICA C/ SOCIETE BRAMAF Sarl, Monsieur ZAKARIYOU SEFOU.

[142]Il s'agit là d'une précision juridique importante apportée par le législateur qui vient bien faire la distinction entre la durée de l'hypothèque et celle de l'inscription.

[143] Voir KALIEU ELONGO (Y. R), « *Hypothèque* », *in* Encyclopédie du droit OHADA, Lamy, 2011, n° 3, p. 918.

[144] Voir dans ce sens SANNI (A.A), La problématique de la réalisation des hypothèques bancaires au Bénin, Mémoire DESS, université ABOMEY-CALAVI, 2002, p. 17 et s., qui affirme que « *De tout temps au Bénin, le domaine du foncier a toujours été exclu de toute velléité d'appropriation individuelle. Autrement dit, le foncier échappe à la conception napoléonienne de la propriété individuelle qui confère le droit d'user, d'en percevoir les fruits et d'en disposer* ».

[145]LE ROY (V.E), « Caractères des droits fonciers coutumiers », *in* Encyclopédie juridique de l'Afrique, T. 5, N.E.A., 1982, p. 39-47., spéc., p. 41 et 44.

lourde du fait du temps que prend sa mise en œuvre. Car le formalisme de rigueur dans lequel est enfermée la publicité foncière en droit interne est relativement complexe. En outre, le fait d'exiger que l'hypothèque doive porter uniquement sur des immeubles immatriculés limite la possibilité de faire d'une part importante des biens immobiliers un instrument de crédit.

90. En effet, dans nos pays, la réalité est que la majorité des immeubles ne sont pas immatriculés, car il faut avoir des moyens financiers pour y procéder. Malgré les termes de l'article 1 du Décret n° 76/165 du 27 avril 1976 fixant les conditions d'obtention du titre foncier modifié par le Décret n° 2005/481 du 16 décembre 2005, aux termes duquel le titre foncier est la certification officielle de la propriété immobilière, on se doit de constater que beaucoup de terres sont aujourd'hui encore occupées sans titre foncier aussi bien en zone urbaine qu'en zone rurale. Il s'agit en particulier des terres appartenant au domaine national [146]. Ces occupations constituent parfois des emprises de fait sur les terres du domaine national ou du domaine privé de l'État[147]. Mais les occupants se considérant comme propriétaires à part entière n'hésitent pas à utiliser leur bien comme objet de commerce par exemple en l'offrant en garantie pour l'obtention d'un crédit. Les seules hypothèses d'occupation régulière en absence de titre de

[146] Aux termes de l'article 15 alinéas 1 et 2 de l'ordonnance 74/1 du 6 juillet 1974, le domaine national est l'ensemble des terres camerounaises libres de toute occupation et de toutes les terres occupées ou exploitées, mais non encore immatriculées. Tant que ces terres n'ont pas fait l'objet d'une appropriation privative matérialisée par un titre foncier ou qu'elles n'ont pas été incorporées dans le domaine public ou privé de l'État ou d'autres personnes morales, elles restent sous la gestion de l'État.

[147] Il faut préciser ici que le domaine privé de l'État est constitué de différentes catégories de terres, en principe, soumises à immatriculation au nom de l'État ou des personnes morales publiques.

propriété sont les permissions d'occupation ou d'habitation[148], les concessions provisoires[149].

91. Au Cameroun, la concession constitue depuis 1974 le seul et unique mode de gestion du domaine national et plus particulièrement de la partie de ce domaine constituée par les terres libres de toute occupation. La concession est d'abord attribuée à titre provisoire ; ce n'est qu'après la mise en valeur qu'elle devient définitive. Le bénéficiaire d'une concession provisoire a sur le terrain un droit d'usage provisoire et à durée déterminée qui est de cinq ans. Ce droit lui est personnel, par conséquent il ne peut procéder sans autorisation à des actes de cession ou de transfert de droit parmi lesquels se trouve l'hypothèque. Toutefois, il est admis que la procédure de saisie immobilière puisse être effectuée sur les impenses réalisées sur un immeuble non immatriculé n'appartenant pas au débiteur, mais qui lui a été affecté par décision administrative[150].

92. Le consensus trouvé a été de se faire constituer une promesse d'hypothèque en particulier dans les hypothèses où le demandeur a vocation à devenir propriétaire. Ainsi, le permis d'habiter et la concession provisoire peuvent aboutir à l'immatriculation et à l'obtention d'un titre foncier si le titulaire, dans le premier cas, le demande et qu'une mise en valeur suffisante a été faite, dans le second

---

[148] Le permis d'occuper est un droit d'installation temporaire accordé par l'Administration à un particulier sur le domaine d'une collectivité publique en centre urbain ou rural. C'est une autorisation précaire et révocable à laquelle il peut être mis fin sans indemnité de reprise. Le permis d'habiter quant à lui, limité aux zones urbaines et périurbaines, est une autorisation donnée d'habiter un terrain appartenant au domaine privé de l'État. Cette autorisation est assortie de l'obligation de mise en valeur notamment la construction d'une maison d'habitation. Ce permis confère à son titulaire un simple droit d'usage qui est un droit personnel : par conséquent, il ne peut faire l'objet d'aucun acte de disposition. KALIEU (Y.R), Les garanties conventionnelles du fournisseur de crédit en droit camerounais, Thèse présentée pour obtenir le grade de docteur de l'université de Montpellier I, 28 octobre 1995, p 40.

[149] La concession domaniale consiste aux termes de l'article 11 du Décret du 30/01/1964 "*en un octroi de jouissance au profit du concessionnaire assorti d'une promesse de vente sous condition suspensive de la mise en valeur dans un délai déterminé*". L'alinéa 2 ajoute que cette réalisation permet d'obtenir un titre de concession définitive qui, opérant transfert de propriété, lui donne droit à l'obtention d'une copie du titre foncier. Le décret 76/166 -articles 16 et 17- a modifié ce texte en fixant un nouveau régime de la concession qui est désormais payante.

[150] *CCJA, Arrêt n° 047/2013 du 16 mai 2013, Aff. DIAMOND BANK-BENIN contre Société BRAMAF, Zakariyaou SEFOU et Mamadou Younoussa OKANLAHUN, JURIDATA N°JO47-05/2013.*

cas s'il remplit la condition de mise en valeur qui transforme son autorisation en concession définitive et lui transfère la propriété foncière[151]. Il est donc normal que le prêteur qui espère légitimement que la situation du demandeur va se régulariser se fasse d'abord constituer une promesse d'hypothèque. Il est cependant évident que cette promesse est une garantie relativement peu efficace puisque la transformation en hypothèque ferme suppose l'accord du constituant ; son refus ne pouvant entraîner que des dommages-intérêts[152].

93. Le législateur a proposé une solution pour ménager le crédit de ceux qui bénéficient d'une concession sur le domaine national. Pour faciliter dans ce cas l'obtention d'un crédit, il a été décidé que la transformation de la concession provisoire en concession définitive peut s'opérer immédiatement. « *Dès la conclusion du contrat de concession, un titre foncier peut être délivré immédiatement au concessionnaire camerounais, mais sous condition résolutoire de mise en valeur dans les délais prescrits. Le droit réel immobilier ainsi conféré au concessionnaire est susceptible d'hypothèque au profit de l'organisme de crédit* » [153] . L'intervention du législateur peut se comprendre, dans la mesure où la mise en valeur, condition de transformation de la concession provisoire en concession définitive, nécessite des moyens financiers quand l'investissement à réaliser est important.

94. Le principe étant l'hypothèque sur les immeubles immatriculés, la banque doit obtenir sur l'immeuble la délivrance d'un certificat de propriété. Le but est de s'assurer qu'aucune hypothèque n'a été déjà prise. Ce qui lui permet d'éviter la concurrence d'autres créanciers. Ensuite, la constitution de l'hypothèque nécessite l'intervention d'un notaire pour la passation du contrat et de l'inscription au livre foncier. Il va sans dire que l'élaboration de tels actes entraîne des frais relativement importants et des délais supplémentaires pour la constitution. Selon l'article 206 de l'AUS, tant que l'inscription n'est pas faite, l'acte d'hypothèque est juste « *une promesse synallagmatique* » qui oblige les parties à procéder à la publicité de leur contrat par son inscription au livre foncier. Il en résulte que cette

---

[151]KALIEU (Y.R), Thèse *op cit*, p. 46.
[152]Voir Req. 5 nov. 1860, s 1661.858. D1861.I 300.
[153]Article 18 du Décret n° 76/166 fixant les modalités de gestion du domaine national.

inscription est à la fois une condition substantielle et une condition de forme[154].

95. De façon récapitulative, la constitution de l'hypothèque bancaire est une procédure qui s'analyse en une chaîne d'opérations liées les unes aux autres. Cette succession d'opérations engendre justement des frais financiers de la part du débiteur constituant. Il faut parler de l'enregistrement de l'acte, de la transcription de l'hypothèque chez le conservateur foncier, de la rédaction de la grosse par le notaire sans oublier la nécessaire vérification de la matérialité de l'immeuble occasionnant parfois la commission d'un expert. Certaines opérations de constitution de la garantie hypothécaire peuvent parfois coûter pour le garant environ 10 % du montant du crédit sollicité. Si à ce montant auquel ne sont pas inclus les frais relatifs au phénomène de corruption, il faudrait ajouter le taux d'intérêt de la banque, le coût réel du crédit obtenu s'avère très élevé. Il est vrai qu'aussi bien la saisie d'une opportunité d'affaires que le rêve de réaliser un projet capital pour l'avenir ou d'insuffler une nouvelle dynamique à son entreprise aveuglent très souvent les demandeurs de crédit sur les dépenses qu'ils effectuent dans le cadre de la constitution des dossiers de garantie. C'est bien souvent à la suite de l'octroi du crédit que les débiteurs ont le temps de faire le bilan et de se rendre compte de la lourdeur des engagements financiers à honorer bien vis-à-vis des banques. Ceci constitue bien évidemment une des causes de l'inexécution de leurs obligations.

96. La question se pose de savoir s'il serait possible de recharger les hypothèques dès lors qu'elles ont été constituées pour une longue durée alors que le crédit octroyé est à court terme. La garantie hypothécaire couvre-t-elle le solde débiteur du compte courant, sans distinction des différents prêts accordés, si l'on évoque la clause de *revolving*, l'effet novatoire du compte courant et la simple restructuration du crédit en même temps ? L'article 1er de l'AUS dispose à ce sujet qu'« *une sûreté est l'affectation au bénéfice d'un créancier d'un bien, d'un ensemble de biens ou d'un patrimoine afin de garantir l'exécution d'une*

---

[154] Mais les banques n'ont, semble-t-il, pas encore mesuré l'importance de ces dispositions. En effet, et la pratique locale le prouve ; ces dernières, une fois le contrat d'hypothèque signé, débloquent automatiquement les fonds. Cette situation, qui paraît invraisemblable, reflète pourtant la réalité dans la plupart des États membres de l'OHADA. Les inquiétudes sont pleinement justifiées quand on sait que tant la validité de la sûreté que le rang de l'hypothèque sont subordonnés à l'accomplissement des formalités d'inscription au livre foncier.

obligation ou d'un ensemble d'obligations quelle que soit la nature juridique de celles-ci et notamment qu'elles soient présentes ou futures, déterminées ou déterminables, conditionnelles ou inconditionnelles, et que leur montant soit fixe ou fluctuant.[155] »

97. L'admission d'une clause d'hypothèque rechargeable en OHADA aurait été économiquement plus attrayante dans notre contexte[156]. La jurisprudence de la CCJA est d'ailleurs en ce sens[157]. Espèce d'hypothèque conventionnelle faisant l'objet d'une clause expresse de recharge, l'hypothèque rechargeable a pour particularité aux termes de l'article 2422 du Code civil français de pouvoir « *être ultérieurement affectée à la garantie de créances autres que celles mentionnées par l'acte constitutif pourvu que celui-ci le prévoie expressément* »[158].

98. L'introduction de cette variante de l'hypothèque en droit français s'est faite pour répondre à un double objectif : offrir au créancier la garantie que constitue l'hypothèque tout en réduisant le coût de la constitution d'une telle sûreté et permettre au débiteur constituant de réutiliser le même bien en garantie d'emprunt à venir[159]. En d'autres termes, il fallait permettre qu'une même hypothèque puisse garantir des crédits successifs. Il était plus question de susciter le recours à l'hypothèque que de corriger les défauts du régime hypothécaire préexistant [160]; il s'est agi de faciliter le recours à une sûreté qui

---

[155]L'article 4 alinéa 2 de l'AUS prévoit d'ailleurs que « *sauf disposition contraire du présent Acte uniforme, les seules sûretés réelles valablement constituées sont celles qui sont régies par cet Acte* ». La liste des sûretés réglementées constitue donc un *numerus clausus*, ce qui interdit la création de nouvelles sûretés réelles aussi bien par les législateurs nationaux que par les parties elles-mêmes, sauf autorisation expresse du législateur.

[156]Les hypothèques flottantes ne sauraient être autorisées en raison du principe de la septicité des sûretés.

[157]Arrêt n° 086/2017 du 27 avril 2017, Aff. Afriland First Bank C/ Castor & Achindati Étienne.

[158]Article 2422 C. civ. *adde*, article L. 313-14 et s. C. consom.

[159] L'hypothèque rechargeable, chaleureusement accueillie par la doctrine française, a été instituée en droit des sûretés français par l'Ordonnance du 23 mars 2006.

[160] Voir dans ce sens GRIMALDI (M.), « L'hypothèque rechargeable et le prêt viager hypothécaire », Suppl. JCP n° 20 mai 2006, n° 1 ; CERLES (A.), « L'hypothèque rechargeable », *RLDA*, 2007, n° 14.

« *marche bien* »[161] en tempérant le principe traditionnel de spécialité de la créance.

99. Une avancée a été opérée avec la réforme de l'AUS en 2010 en ce qui concerne le principe de la spécialité de la créance. L'ancien article 127 de l'AUS, rigide sur le principe de la spécialité de la créance en matière d'hypothèque, imposait qu'elle soit « *consentie pour la garantie de créances individualisées par leur cause et par leur origine, représentant une somme déterminée et portée à la connaissance des tiers par l'inscription de l'acte* ». Cette stricte application du principe de spécialité interdisait de constituer une hypothèque pour garantir une créance future et, *a fortiori*, qu'une hypothèque constituée pour garantir une créance puisse être ultérieurement réutilisée pour garantir d'autres créances.

100. Cette affirmation a été édulcorée par la nouvelle disposition de l'AUS dans le but d'assurer le développement du crédit, qui admet la possibilité de garantir une créance future dès lors que celle-ci peut être déterminée dans l'acte constitutif[162]. Cette refonte opportune reste toutefois insuffisante en ce sens qu'elle n'influence pas le coût du crédit hypothécaire[163]. Avec l'hypothèque rechargeable, le débiteur trouve intérêt à constituer une hypothèque, car il se réserve ainsi la possibilité d'offrir une garantie pour une nouvelle créance sans avoir à supporter le coût d'une nouvelle constitution d'hypothèque. Cet objectif initial du législateur français a pourtant été paralysé parce qu'il n'y a pas eu

---

161 GRIMALDI (M.), *op. cit.*, n° 1 ; Contra. V. Ch. GIJSBERS, « Hypothèque rechargeable : rétablissement pour les professionnels par la loi du 20 décembre 2014 », *D.* 2015, p. 69. Bien qu'il se réjouisse du rétablissement de l'hypothèque rechargeable, l'auteur affirme son scepticisme quant à son futur au regard de son passé récent marqué par très peu de succès.

162 Les parties conviennent expressément que les garanties constituées au profit de la banque aux termes de leur convention et des futurs actes couvrent et continueront de couvrir jusqu'à main levée totale, les engagements du bénéficiaire passés, présents ou à venir, quels qu'en soient l'objet, la cause et la durée. À cet effet, elles garantiront tout financement que la banque pourra être appelée à accorder au bénéficiaire dans le cadre de leurs relations d'affaires et, d'une façon générale, le solde éventuellement débiteur du compte courant du bénéficiaire à sa clôture, en principal, intérêts, frais et accessoires dégagés (CCJA. ass. plén., Arr. n° 059/2014, 23 avr. 2014, Aff. Banque Atlantique TOGO SA C/Les Établissements AKAMA et Fils, Monsieur ASSANI-BENTHO Mounirou).

163 Voir en ce sens DIARRAH (B. S), « Les innovations introduites dans l'Acte uniforme portant organisation des sûretés », in *Revue de Droit Uniforme Africain*, n° 5, p. 9

concomitamment un allègement des prélèvements fiscaux sur les opérations de rechargement d'hypothèques[164].

101. L'hypothèque rechargeable a vocation à garantir des créances dont l'acte ne dit rien, des créances encore inconnues, indéterminables, sans distinction entre créances futures et créances présentes : tant qu'elle ne sera pas éteinte, elle pourra être affectée à la garantie d'une créance qui était déjà née lors de sa constitution ou qui ne sera née qu'après. Ce qui montre, d'ailleurs, que l'hypothèque garantissant des créances futures et l'hypothèque rechargeable se séparent, outre par leur objet, par la personne de celui qui y trouve intérêt : alors que la première est de l'intérêt du créancier, qui en tire la garantie de créances à venir (précisées dans l'acte), la seconde est de l'intérêt du constituant, qui y gagne la liberté de réutiliser la garantie[165].

102. Contrairement à sa version initiale, l'hypothèque rechargeable a désormais un domaine malheureusement plus restreint. En effet, l'alinéa 1er de l'article 2422 nouveau du Code civil français dispose que : « *L'hypothèque constituée à des fins professionnelles par une personne physique ou morale peut être ultérieurement affectée à la garantie de créances professionnelles autres que celles mentionnées dans l'acte constitutif pourvu que celui-ci le prévoit expressément* ». Il s'infère que, ne peuvent constituer dorénavant une hypothèque

---

[164] Il faut préciser toutefois que l'existence de l'hypothèque rechargeable de son adoption en 2006 jusqu'à récemment n'a pas été qu'un long fleuve tranquille. En effet, cette faculté offerte au débiteur a été supprimée discrètement seulement après huit années d'existence par une loi « *Hamon* » n° 2014-344 du 17 mars 2014 relative à la consommation. Au motif de ce bannissement, il fut avancé entre autres motifs que l'hypothèque rechargeable favoriserait le surendettement des débiteurs. Mais la disgrâce de l'hypothèque rechargeable sera de courte durée puisque neuf mois plus tard elle est introduite à nouveau dans le dispositif législatif par une loi en date du 20 décembre 2014 dite loi de simplification de la vie des entreprises qui rétablit l'article 2422 du Code civil avec quelques amendements. En effet, dans l'esprit le mécanisme est resté identique. L'hypothèque rechargeable est toujours définie comme celle qui « *peut être ultérieurement affectée à la garantie de créances autres que celles mentionnées par l'acte constitutif* ». cf. article 2422 du Code civil français tel qu'issu de l'Ordonnance n° 2006-346 du 23 mars 2006.

[165] KOUAKOU (S.B.) ; Réflexion critique sur l'efficacité des sûretés réelles en droit OHADA : proposition en vue d'une réforme du droit OHADA des sûretés réelles. Droit. Université de Bordeaux, 2015.

rechargeable, que les débiteurs professionnels[166]. Cette limitation a été justifiée par le souci de protection des consommateurs non professionnels.

103. L'hypothèque rechargeable suppose une clause particulière de l'acte constitutif. Suivant l'article 2428 du Code civil français, « *l'hypothèque peut être ultérieurement affectée à la garantie de créances autres que celles visées par l'acte constitutif, pourvu que celui-ci le prévoie expressément* ». Par ailleurs, l'hypothèque rechargeable est soumise aux conditions requises pour la validité de toute hypothèque conventionnelle. Or, l'une de ces conditions, ajoutée par la réforme, revêt une importance particulière : c'est l'exigence, formulée par l'article 2423, que l'hypothèque soit « *toujours consentie, pour le capital, à hauteur d'une somme déterminée, que l'acte mentionne à peine de nullité* ».

104. Il s'ensuit qu'une hypothèque rechargeable ne pourra garantir efficacement de nouvelles créances que dans la limite du montant stipulé dans l'acte, diminué des créances antérieures restant à acquitter. Du même coup, l'exigence de cet article 2423 pose une question qui revêt une grande acuité pour l'hypothèque rechargeable : une hypothèque peut-elle être consentie à hauteur d'une somme supérieure au montant de la créance garantie, de sorte que, rechargeable, elle pourrait, avant même tout remboursement de la première créance, être efficacement affectée à la sûreté d'une seconde ? La logique de l'hypothèque rechargeable le justifie d'un point de vue théorique, dès lors que le droit d'hypothèque est détachable de la créance garantie, il n'y a rien d'incongru à ce que leurs montants soient différents ; d'un point de vue pratique, une même hypothèque pourra d'autant mieux servir à garantir plusieurs créances que son montant sera plus élevé.

105. La seule limite que la raison impose, mais non la loi, c'est la valeur de l'immeuble. Simplement, il conviendrait, en pareil cas, que le bordereau d'inscription mentionnât deux sommes : non seulement le montant de la créance ; mais aussi le montant de la garantie hypothécaire, ces deux sommes étant pareillement importantes au regard de l'opposabilité de la sûreté. Quant au fond, la convention de recharge c'est-à-dire l'affectation de l'hypothèque à la garantie d'une

---

[166] Terme employé par l'AUS en son article 3 pour désigner « *le débiteur dont la dette est née dans l'exercice de sa profession ou se trouve en rapport direct avec l'une de ses activités professionnelles, même si celle-ci n'est pas principale* ».

nouvelle créance peut être passée avec le même créancier ou avec un créancier différent[167]. Il s'agit d'éviter que l'emprunteur ne soit « *prisonnier* » de son banquier et que ne soit entravée la libre concurrence entre les banques. Quant à la forme, la convention doit être, publiée[168]. Cette double exigence se justifie par la nature même de la convention : il s'agit d'une affectation hypothécaire qui présente les mêmes dangers, la même technicité, et appelle la même publicité que la constitution d'une hypothèque. Simplement, la publicité est faite sous la forme d'une mention en marge[169], donc à moindre coût. Mais, quoique réalisée sous cette forme, elle est requise, à peine d'inopposabilité.

106. L'hypothèque rechargeable au regard de cette présentation présente un intérêt certain pour le droit OHADA. En effet, la possibilité de crédit qu'elle offre aussi bien au créancier qu'au débiteur invite à militer pour son adoption. En outre, elle implique une réduction du coût de constitution de l'hypothèque, ce qui est parfaitement avantageux. Cette question de l'adoption ou non de l'hypothèque rechargeable dans une approche fonctionnelle des sûretés réelles ne se serait pas posée vu que les parties auraient bénéficié d'une plus grande liberté dans la conclusion de leur contrat de garantie. Il faut toutefois convenir qu'elle connaîtra le succès ou l'insuccès que la pratique lui réservera. Et si son succès devait être tel que la clause de recharge devînt de style, la règle pourrait être alors inversée et devenir celle-ci : « *Sauf clause contraire, l'hypothèque peut être ultérieurement affectée à la garantie de créances autres que celles visées par l'acte constitutif* ».

107. En somme, l'existence ou l'avenir de l'hypothèque rechargeable en droit OHADA est entre les mains des emprunteurs, des banquiers et des notaires qui pourront par leur pratique l'imposer au législateur OHADA. Elle offre un contraste saisissant avec l'hypothèque conventionnelle de droit commun ou avec le privilège de prêteur de deniers, tous deux non rechargeables : ceux-ci s'éteignent par accessoire et ne peuvent être reportés d'une créance sur une autre ; celle-là au contraire est rechargeable à loisir dans l'intérêt du constituant, au profit du prêteur originaire ou d'un nouveau prêteur, avec des créances diverses : elle survit tant à l'extinction de la créance originaire qu'à la renonciation du créancier à son hypothèque. Seule

---

[167]cf. article 2422, alinéa 2 du Code civil français.
[168]cf. article 2422, alinéas 3 et 4 du Code civil français.
[169]cf. article 2422, alinéa 4, et 2430, alinéa 3 du Code civil français.

limite ; la « *rechargeabilité* » concerne les seules créances et jamais les immeubles[170].

108. Aux termes de l'article 2121 du Code civil camerounais, les droits et créances auxquels l'hypothèque légale est attribuée sont : ceux des femmes mariées sur les biens de leur mari ; ceux des mineurs et interdits, sur les biens de leur tuteur ; ceux de l'État, des communes et des établissements publics, sur les biens des receveurs et administrateurs comptables. Il est donc nécessaire par exemple que la femme mariée renonce à son droit à l'hypothèque que veut effectuer son époux auprès de la banque. C'est ce que l'on observe bien dans la pratique bancaire[171]. L'objectif est d'éviter que la dette n'ait pour effet de priver la personne physique dépendante d'un minimum de ressources ou « *reste à vivre* », ce dont il résulte une limitation tout à fait remarquable au droit de poursuite du créancier.

109. À défaut d'une hypothèque conventionnelle ou légale, le créancier chirographaire peut obtenir, sur autorisation du juge, une hypothèque sur les immeubles de son débiteur : c'est l'hypothèque judiciaire[172].

110. Il importe à présent d'envisager les sûretés propriétés, sûretés exclusives plutôt que préférentielles et qui ont fait une entrée remarquée dans le droit OHADA.

B. L'évitement du concours par le choix des sûretés propriétés

111. Plusieurs techniques du droit des garanties offrent une exclusivité à leur titulaire[173]. On range dans cette catégorie la clause de

---

[170]En matière d'hypothèque rechargeable, la taxe de publicité foncière (TPF) est certes payable sur le montant rechargeable au jour de la constitution initiale, mais une fois pour toutes : ultérieurement, les conventions de recharges subséquentes en sont dispensées ce qui confirme leur supériorité sur les hypothèques conventionnelles de 2e rang ou de 3e rang, justiciables d'une telle taxe. Et de façon générale, les frais de notaire auraient été entièrement pour toute recharge.

[171] Hypothèque légale de la femme mariée sur les biens de son mari – domaine d'application, assiette. CA du Littoral. Arrêt n° 79/c du 16 février 1990. Aff. Mme T. née T.M. c/ M r T.J.M. Par Me Pierre Boubou, docteur en droit, avocat. J.P. n° 9, p.22.

[172]Voir *infra* n° 465 à 468.

[173] En effet, la course au paiement en priorité n'existe pas uniquement lors des répartitions consécutives à une liquidation ou à la vente d'un bien, mais bien avant au moment des engagements. Ce qui justifie que des mesures soient prises afin d'éviter tout concours au paiement ultérieur. En effet, certains créanciers peuvent se retrouver déclassés par les privilèges des autres. Certaines mesures complémentaires permettent

réserve de propriété, le crédit-bail, le pacte commissoire, l'attribution judiciaire, et le droit de rétention. Ces éléments reposent tous plus ou moins sur l'instrumentalisation du droit de propriété pour qui l'exclusivité est une caractéristique. L'essor contemporain de la propriété-sûreté apparaît comme un atout pour l'attractivité économique : l'exclusivisme rassure le créancier en le mettant à l'abri du concours. Ainsi pour éviter tout concours, le droit de propriété peut être réservé (1) ou cédé (2) à titre de garantie.

1. La propriété retenue à titre de garantie

112. Deux institutions juridiques retenues par le droit des sûretés de l'OHADA permettent de rendre compte de la propriété réservée en garantie : la clause de réserve de propriété et le crédit-bail. Leur étude appelle une triple remarque : elles ne peuvent être constituées par voie de justice, elles permettent au créancier de ne pas entrer en concours avec les autres créanciers du débiteur, avant la réforme de l'AUS, elles étaient traitées uniquement dans l'AUDCG.

113. La clause de réserve de propriété, lorsqu'elle est stipulée au contrat, subordonne le transfert de propriété au paiement intégral du prix convenu. Elle permet d'agir en revendication sur les marchandises ou les biens livrés[174]. Dans ce sens, les parties peuvent convenir librement de reporter le transfert de propriété au jour du paiement complet du prix. La propriété retenue à titre de garantie est qualifiée sans détour de véritable sûreté réelle. Surtout, l'article 2373, alinéa 2 du Code civil français stipule que « *la propriété de l'immeuble peut également être retenue en garantie* ».

114. En général, la clause de réserve de propriété peut porter sur les choses mobilières ou immobilières. Concrètement, l'utilisation de la clause de réserve de propriété immobilière en garantie d'un financement immobilier implique la mobilisation par le vendeur auprès du prêteur de sa créance de prix de vente et de la propriété-sûreté qui en est l'accessoire. À cette condition, la propriété réservée pourrait, à l'instar de l'antichrèse, jouer le rôle d'un *outsider* du droit des sûretés immobilières. Cependant, il est entendu que, rattachée à l'origine dans

---

cependant au créancier d'échapper à cette règle, notamment les crédits-sûretés. Voir BOUGEROL-PRUD'HOMME (L.), Exclusivité et garanties de paiement, préf. P. Crocq, LGDJ, 2012, n° 64, p. 48.

[174] Voir GHESTIN (J.), « Réflexion d'un civiliste sur la clause de réserve de propriété », *D.* 1981 ? CHRON, p. 1.

la vente commerciale limitée aux marchandises, elle ne concerne en droit OHADA que les objets mobiliers.

115. Entre autres moyens, les entreprises peuvent utiliser la technique de crédit-bail, qui constitue un contrat par lequel un établissement de crédit achète des biens d'équipement ou du matériel d'outillage afin de les louer à un utilisateur, assorti à terme d'une option d'achat à un prix résiduel[175]. L'opération de crédit-bail est avant tout une technique de financement garantie par la propriété que le crédit-bailleur conserve sur la chose pendant le temps de location[176]. Ce mode d'acquisition transfère la commande au bénéfice de la société de crédit-bail, qui deviendra juridiquement propriétaire du bien avant de le donner en crédit-bail à l'entreprise[177]. Le contrat d'achat est établi au nom du bailleur. Au terme de la location, le preneur a en face de lui une triple option : soit renouveler le contrat avec de nouvelles conditions pour une nouvelle période, soit acquérir les biens en levant l'option de la promesse unilatérale de vente qui lui a été faite par l'établissement financier au départ, soit mettre fin définitivement au contrat en remettant le matériel avec paiement des arriérés. Et c'est là la difficulté, si tant est que l'établissement financier soit resté propriétaire des biens.

116. Pour être opposables aux autres créanciers ou ayants cause à titre onéreux du débiteur-preneur, la réserve de propriété et le contrat de crédit-bail, doivent être publiés. L'initiative de la publicité incombe à l'entreprise créancière. En ce qui concerne le matériel professionnel et l'outillage, la publicité doit être conforme aux règles applicables au gage[178]. Pour s'assurer le paiement ou le respect de ses engagements par le preneur, le vendeur ou crédit-bailleur prend en général d'autres

---

[175]Le prix d'achat à l'échéance tient compte au moins pour partie des versements effectués à titre de loyers.

[176]Voir COLLART DUTILLEUL (F.) et DELEBECQUE (P.), *Contrats civils et commerciaux*, Précis Dalloz, 5e éd., 2001, p. 731, n° 833.

[177]Voir DE JUGLART (M.) et IPPOLITO (B.), *Traité de droit commercial, Banques et bourses*, t. 7, 3e éd., Montchrestien, 1991, p. 373, n° 315.

[178]La publicité du contrat de crédit-bail est faite selon les règles prévues aux articles 49, 61 et 62 de l'AUDCG dans un registre spécial tenu au greffe du tribunal compétent dont dépend le constituant. Le rang des créanciers est réglé par l'ordre de leur inscription.

sûretés[179]. Ainsi les propriétés réservées permettent d'éviter le concours des créanciers[180].

117. L'efficience qui caractérise la clause de réserve de propriété se retrouve avec plus de force encore dans la propriété transférée aux fins de sûreté ou fiducie-sûreté.

2. La propriété cédée à titre de garantie

118. La cession de propriété se rencontre dans l'hypothèse de l'attribution judiciaire et celle du pacte commissoire, et permet d'éviter tout concours. Les deux constituent une dation en paiement forcé pour l'un, consentie dès la conclusion du contrat et sous condition suspensive de non-paiement de la créance garantie pour l'autre[181]. Pendant longtemps, cette dernière modalité a été prohibée, car on craignait que le créancier ne s'appropriât des biens du débiteur dont la valeur fut supérieure au droit garanti. De nos jours, l'AUS ouvre cette possibilité et prévient tout risque d'abus en exigeant au jour du transfert une évaluation du prix du bien à dire d'expert. En tout état de cause, l'attribution en pleine propriété même conventionnelle se fait par voie judiciaire. Mais rien n'est dit pour le cas où l'un des créanciers gagistes demanderait l'attribution judiciaire ou le jeu d'un pacte commissoire, en particulier s'il est d'un rang inférieur[182].

119. On pourrait suggérer que le créancier premier en rang n'a rien à craindre de ceux qui viennent après lui. Sinon, à quoi bon installer un ordre ? Mais cette solution ne ferait que nourrir les hypothèses de conflits, puisque le privilège pour ce qui est des meubles est le plus souvent paralysé par le jeu de l'article 2279 du Code civil camerounais[183]. L'attribution judiciaire purgerait, s'il en existait, le droit de suite qu'a le créancier d'un rang supérieur. Juridiquement, le privilège est « *un droit, que la qualité de la créance donne à un créancier d'être préféré aux autres créanciers, même hypothécaires* ». Le droit de suite ne participe pas de l'essence du privilège, qui se réduit,

---

[179]Le banquier peut prendre comme sûretés, et ce qui semble généralement le cas, soit un cautionnement, soit une assurance ou bien un engagement de reprise du matériel par le fabricant.

[180]Il en est de même des cas des propriétés cédées en garantie.

[181]Voir MEHDI (B.), *La subordination financière*, thèse, *op.cit.* p. 34

[182]Sur la question, voir *infra* n° 290 à 298.

[183]C. civ., article 2279, alinéa 1er : « *En fait de meuble, la possession vaut titre* ».

en réalité, au droit de préférence[184]. Seules les hypothèques offrent à leur titulaire à la fois un droit de suite et un droit de préférence sur l'immeuble affecté à la garantie de sa créance[185].

120. Il est également permis de constater la cession de propriété dans l'institution du droit de rétention. Pour certains auteurs, « *le droit de rétention et la compensation ont en commun la même origine historique : l'exception de dol* »[186], parce qu'il serait contraire à la bonne foi d'exiger le paiement d'une créance, alors que l'on néglige soi-même de régler ses (propres) dettes. Ces deux techniques affectent en garantie d'une créance une dette réciproque, fongible pour la compensation, de restitution pour le droit de rétention.

121. Le droit de rétention n'est évidemment pas une sûreté personnelle, pas plus qu'il n'est une sûreté réelle, faute d'octroyer à son bénéficiaire le droit de suite et le droit de préférence. Pourtant, il constitue sans aucun doute une garantie pour celui qui en dispose. Il faudrait plutôt dire qu'il n'est pas une sûreté identique aux autres : il assure la sécurité du créancier, mais il n'est pas un instrument de crédit, parce qu'il traduit de la part de son titulaire le refus de consentir des délais au débiteur[187]. Il n'est valide qu'en tant qu'il est établi une relation entre la chose retenue et la créance ainsi garantie. On parle alors de connexité. Sans elle, il n'y a pas d'exclusivité, faute de droit de rétention. La connexité juridique du droit de rétention est définie comme étant celle pour laquelle « *la créance et la détention sont issues d'un même contrat, voire d'un même quasi-contrat* »[188].

122. Le droit de rétention se caractérise par un effet d'exclusivité au bénéfice du créancier, soit rétenteur, soit compensateur. Dans ce cas, en refusant de restituer le bien, le créancier crée une pression vigoureuse non seulement sur le débiteur, si l'objet est indispensable à l'exercice de son activité, mais aussi sur les autres créanciers, s'il a une valeur

---

[184]Voir MESTRE (J.), PUTMAN (E.) et BILLIAU (M.), *Traité de droit civil. Théorie générale. Droit commun des sûretés réelles*, LGDJ, 1996, n° 135, p. 119.
[185] Voir TERRÉ (Fr.) et SIMLER (Ph.), *Droit civil. Les biens,* 8e éd., Dalloz, 2010 n° 45, p. 51.
[186]Voir GHESTIN (J.), BILLIAU (M.) et LOISEAU (G.), *Traité de droit civil. Le régime des créances et des dettes*, LGDJ, 2005, p. 1010, n° 976.
[187]Voir DERRIDA (F.), « La dématérialisation » du droit de rétention », *in* Mélanges *P. VOIRIN*, LGDJ, 1967, p. 177, spéc. p. 207.
[188]Voir CABRILLAC (M. et S.), MOULY (Ch.) et PÉTEL (Ph.), *Droit des sûretés*, 9e éd, *Litec,* 2010, p. 458, n° 614.

supérieure au montant de sa créance. Cette contrainte ne peut pas être remise en cause, ni par des créanciers chirographaires ou munis de sûretés, ni par l'ouverture d'une procédure collective, ou encore par le tiers acquéreur de la chose retenue ainsi que son propriétaire[189]. En dépit d'une interdiction des paiements antérieurs ou de l'éventuel faible rang du créancier rétenteur dans une procédure de classement, toutes ces personnes auront intérêt à régler le rétenteur qui sera ainsi désintéressé.

123. L'exclusivité paraît très forte dans le droit de rétention. Mais un créancier rétenteur n'est pas à l'abri de conflits, en particulier en matière de gage avec entiercement. Que doit faire le tiers détenteur en cas d'instructions contraires venant de la part de deux créanciers bénéficiaires du gage, et donc d'un droit de rétention, tendant les unes à la libération des marchandises, les autres à leur conservation, alors qu'aucune de ces personnes n'a été payée.

124. La gamme des sûretés nommées en OHADA s'est définie en référence à la liberté contractuelle qui répond aux critères d'efficience économique. Mais l'efficience postule également que les parties sont libres d'imaginer d'autres sûretés, mieux adaptées à leurs besoins, pour autant que celles-ci présentent une véritable originalité. Les prêts du secteur financier étant assez particuliers, l'importance de la prévention de l'endettement dans ce secteur est corrélative à la pratique de certaines garanties spécifiques.

Section 2. La pratique bancaire de certaines garanties spécifiques

125. L'OHADA organise des sûretés réelles ou personnelles. L'efficience économique est-elle véritablement réduite par cette frilosité à l'égard de l'admission de sûretés nouvelles ? Il n'en est rien, parce qu'un éventail de sûretés nommées permet désormais de satisfaire la plupart des aspirations des créanciers. À la veille de la réforme des sûretés en France, le Professeur KANAYAMA avait même, au nom de la liberté de création de nouveaux droits personnels, suggéré que soit reconnue une « *obligation de garantir* », transcendant la distinction

[189]Voir AYNÈS (L.) et CROCQ (P.), *Les sûretés – La publicité foncière*, 5e éd., *Defrénois,* 2011, p. 199, n° 448.

classique des obligations de faire, ne pas faire et donner[190]. Et au lendemain de celle-ci, un auteur a même défendu la possibilité pour les contractants d'aménager de nouveaux contrats de couverture[191]. La pratique bancaire emploie d'autres types que sont des garanties spécifiques. Les techniques suggérées pèchent souvent par manque d'originalité par rapport aux nommées. Généralement, ces garanties constituées s'adaptent aux caractères généraux du crédit et évitent qu'un obstacle se dresse à la mobilisation éventuelle ou à la circulation de la créance garantie. Si l'une de ces pratiques dérive du droit public des affaires du nantissement des créances de marchés publics (II), la plupart résultent du droit privé à l'instar de la domiciliation des salaires, du crédit documentaire, de l'assurance-crédit ct de l'escompte des effets de commerce (I).

I. La pratique des multiples garanties spécifiques au droit privé

126. Pour assurer le retour des sommes mises à la disposition des clients, la banque exige, régulièrement aux entreprises bénéficiaires du marché, des sûretés à l'instar de l'hypothèque, le cautionnement ou la réserve de propriété sur les biens à livrer. Mais ceux-ci ne disposent pas toujours de garanties suffisantes pour obtenir des emprunts auprès des établissements de crédit afin de financer leur marché. Même quand ils en disposent, le banquier craint les lourdes procédures à engager pour leur réalisation en cas d'impayés ; d'où la naissance de certaines formes de garanties dans la pratique. Leur étude en profondeur relève d'une mission sérieusement difficile. Nous nous contenterons d'en énumérer quelques-unes. Si certaines sont issues du droit commun des contrats (A), d'autres relèvent du droit spécial des affaires (B).

A. Les garanties du droit commun des contrats

127. De nombreuses garanties de droit commun sont utilisées dans la pratique bancaire. Nul doute qu'il est tenu compte de la simplicité de

---

[190]KANAYAMA (N.), « De l'obligation de « couverture » à la prestation de « garantir » », Mélanges Ch. Mouly, t. 2, Litec, 1998, p. 375 et s., spéc. p. 385 ; KANAYAMA (N.), « Donner et garantir - un siècle après ou une autre histoire », Mélanges GHESTIN (J.), LGDJ, 2001, p. 473 et s., spéc. p. 485 ; CALOT-FOUTRY (S.), *La nature juridique de l'obligation de garantie*, Mémoire de DEA, Université du Droit et de la Santé de Lille 2, 1998-1999 : selon cet auteur qui approuve les théories de KANAYAMA, toute obligation de garantie serait duale et comporterait une obligation de couverture et une obligation de règlement.
[191]Voir MAZEAUD (Ph.), *L'obligation de couverture*, Thèse, Paris I, 2009.

constitution et de la facilité de réalisation. De la sorte, le banquier tient compte des divers moyens qui sont mis à sa disposition pour assurer le remboursement du crédit qu'il consent à son client. Nous en examinons deux : la pratique interne de la domiciliation bancaire des salaires (1) et celle du crédit documentaire à l'international (2).

1. La pratique interne de la domiciliation bancaire des salaires

128. Cette pratique s'applique beaucoup plus aux crédits consentis aux particuliers. Il s'agit d'une « *attestation de virement irrévocable des salaires ou des revenus* » signée entre la banque et un salarié qui s'engage à faire virer son salaire à un compte ouvert à la banque[192]. En application de la décision à caractère général numéro 6/76 du 30 août 1976 fixant les modalités d'octroi des petits crédits d'équipement et d'investissement, modifiée par la décision à caractère général numéro 2/83 du 9 août 1983, les crédits accordés par les banques et établissements financiers pour l'acquisition des véhicules automobiles, du petit équipement et de terrain, pour l'amélioration de l'habitat ainsi que pour les obligations familiales (...), sauf disposition réglementaire contraire, peuvent être garantis par une attestation de virement irrévocable des salaires ou des revenus. Lorsque le prêt est accordé au ménage, les revenus du conjoint peuvent également entrer dans le calcul de la quotité cessible du demandeur[193].

129. Le banquier trouve dans cette pratique une sécurité appréciable. La domiciliation des salaires et de certaines créances lui confère une quasi-certitude d'être remboursé : les mensualités dues au titre du prêt sont généralement prélevées quelques jours seulement après le virement au compte du salaire ou du traitement[185], si bien que le compte présente un crédit suffisant pour permettre le prélèvement[186]. Le client demandeur de crédit est-il tenu exclusivement de domicilier ses salaires et revenus chez ce banquier ? Plus clairement, commet-il une faute s'il domicilie ses salaires et traitements chez un autre banquier ? Dans la pratique, une clause allant dans ce sens est insérée dans le contrat de crédit. Et en cas de violation par le client, le banquier est admis à invoquer la déchéance du terme et à exiger un remboursement immédiat au motif que la « *dignité du crédit est altérée* »[187], d'où la révocation du crédit. Mais la solution est incertaine lorsqu'il n'existe pas de clause expresse prévoyant une telle éventualité.

---

[192]Voir PELTIER (F.), *Introduction au droit du crédit, Banque*, 2e éd., 1990, p. 57.
[193]Article 6 de la Décision à caractère général n° 02/83 du 9 août 1983.

130. Dans la pratique, la banque délivre une attestation de domiciliation bancaire au salarié qu'il présente à son employeur. C'est ce dernier qui en retour s'engage à virer le salaire de son employé à la banque, au compte ouvert dans ses livres et à maintenir cette domiciliation tant que le crédit n'est pas remboursé. Dans la convention de crédit, une disposition mentionne que cette attestation de virement qu'a signée l'employeur à l'ordre de son employé constitue une garantie de remboursement de la dette. Il faut noter que certains employeurs vont refuser de prendre de tels engagements sous prétexte de la libre disposition que le salarié a de son salaire. Ce dernier pouvant à tout moment révoquer sa décision et se faire payer sous une autre forme alors que l'employeur s'était engagé, par exemple par une compensation entre lui et l'entreprise. L'employeur craint de voir plus tard sa responsabilité engagée.

131. En tout cas, la décision de l'OHADA a été de limiter les sûretés personnelles dans leur accroissement. La solution idéale pour régler cette équivoque définitivement consisterait à procéder à une cession de créances à titre de garantie des revenus par un acte sous seing privé ou authentique qu'on devrait notifier à l'employeur par lettre recommandée avec accusé de réception. Dans cet acte, il serait important pour le banquier, d'insérer que le changement de domiciliation bancaire ne devra se faire que sur présentation à l'employeur d'une attestation de non-redevance de la banque. Ce n'est qu'après cette étape que l'attestation de virement irrévocable trouvera toute sa raison d'être.

132. Il est vrai que l'attestation de virement irrévocable marque l'adhésion de l'employeur à l'octroi de crédit et favorise son remboursement et dans une mesure l'assurance que l'employeur pourra maintenir le client à son poste. Toutefois, l'employeur ne sera tenu de virer que si l'employé a effectivement travaillé. Il reste libre de rompre le contrat de travail avec son employé. En tout cas, attestation de virement irrévocable ou pas, l'employeur est tenu de respecter l'acte de cession de créances à titre de garantie. Relevons déjà qu'avec la pratique actuelle des greffes, l'incertitude plane sur le prix de l'enregistrement des actes de nantissement ou de cession au RCCM[194]. Il est important de relever que l'enregistrement d'un acte de cession de créances à titre de garantie au RCCM n'est qu'une condition de son

[194]Voir *infra* sur L'inscription directe de la cession au RCCM n° 160 et s.

opposabilité à d'éventuels tiers à qui le salarié aurait cédé la même créance. Il n'est donc pas une condition de validité. Pour ne pas rendre la procédure d'octroi du prêt lourde, il y a lieu de faire table rase de cette étape d'autant plus que les salariés, même dans notre contexte ne sont pas aussi très importants. La notification de l'acte à l'employeur peut se faire par voie d'huissier ou pas.

133. En optant pour la cession des revenus à titre de garantie, on se rapproche de plus en plus du crédit documentaire qui se pratique à l'international.

2. Le crédit documentaire à l'international

134. Le crédit documentaire est « *l'opération par laquelle une banque appelée banque émettrice ou banque apéritrice accepte, à la demande d'un acheteur appelé donneur d'ordre ou ordonnateur, de mettre des fonds à la disposition de vendeur appelé bénéficiaire contre remise de documents constatant la bonne exécution d'une vente* »[195]. Comme son nom l'indique, le crédit documentaire est un financement accordé sur la base des documents. Ces documents sont ceux qui représentent les marchandises faisant l'objet de l'importation. Ils sont de différentes sortes, ils peuvent être des factures commerciales, des polices d'assurance, des connaissements, etc. Il est un instrument de règlement du prix de prestation commerciale. L'ouverture du crédit documentaire met en présence quatre partenaires : l'acheteur et sa banque, le vendeur et une banque établie dans son pays. Le degré d'engagement de cette dernière varie selon l'accord des parties[196]. D'ordinaire, c'est une technique de crédit qui a pour base première la fonction de paiement. La diversification de son usage a permis d'en faire une opération de crédit même si évidemment le produit sert à

---

[195] cf. BOUDINOT (V.), *Pratique du crédit documentaire*, 1re éd., Sirey 1978 ; BOURDEAUX, *Le crédit dit acheteur international*, Economica, 1995 ; CAPRIOLI, *Le crédit documentaire : évolution et perspective*, Litec 2005 ; COSTA, *Le crédit documentaire comparatif*, LGDJ 1998 ; EISEMANN, *Le crédit documentaire dans le droit et dans la pratique*, Delmas et Cie Bordeaux 1963 ; STOUFFLET, *Le crédit documentaire*, Sirey, 1957 ; Vasseur (M.), « Réflexions sur le crédit documentaire à paiement différé », *D.* 1987, Chron. 59.

[196] Lorsqu'il n'est là que pour notifier le crédit à l'exportateur bénéficiaire, c'est le cas lorsque le bénéficiaire et la banque émettrice du crédit ne sont pas de la même nationalité, il ne prend aucun engagement vis-à-vis du bénéficiaire. Par contre, lorsqu'on est en présence d'un crédit documentaire confirmé, la deuxième banque prend un engagement ferme qui s'ajoute à celui de la banque émettrice au profit du bénéficiaire.

assurer le paiement de la transaction commerciale et une garantie de crédit.

135. La garantie de crédit documentaire ne peut être mise en place que du moment où le rapport donneur d'ordre et banquier vis-à-vis de son client est constitutif d'une ouverture de crédit. Cette ouverture de crédit est faite sur demande du donneur d'ordre à son banquier selon les termes convenus dans le contrat de base. Ce dernier fournit à son client un formulaire comportant les éléments d'information indispensables à ce sujet. Ainsi, lorsque le banquier ouvre le crédit, sa nature révocable[197] ou irrévocable[198] doit être déterminée. Sont également déterminées les conditions du crédit, puis les vérifications faites des documents exigés à cet effet.

136. En cas de conformité des modalités de crédit, le banquier adresse un accréditif au bénéficiaire-vendeur exportateur. Il est à noter que ce dernier ne peut en aucun cas se prévaloir des rapports contractuels existant entre les banques ou entre le donneur d'ordre et la banque émettrice[199]. L'ouverture du crédit constitue l'un des droits fondamentaux du banquier. Ce dernier doit s'entourer d'un certain nombre de garanties pour s'assurer du remboursement. Il peut s'entourer des garanties telle l'obligation pour le donneur d'ordre de lever les documents, de rembourser la banque[200], le paiement des diverses commissions, le remboursement des avances qu'il a été amené à faire et, également, à fournir d'autres garanties exigées par la banque.

137. Les différentes étapes d'un crédit documentaire sont le plus souvent les suivantes : l'exportateur (fournisseur) et l'importateur conviennent des modalités de paiement par crédit documentaire ; l'importateur donne l'ordre à sa banque d'émettre un crédit documentaire que l'on suppose irrévocable ; la banque de l'importateur émet un accréditif au profit de l'exportateur (bénéficiaire) ; l'exportateur remet à sa banque les documents qui permettent d'appréhender la marchandise et

---

[197]Lorsqu'il y a mise du crédit auprès du client sans engagement du banquier.

[198]Lorsqu'il y a engagement personnel du banquier vis-à-vis de son client, ce qui peut s'analyser en une promesse de crédit par signature ; d'où son caractère autonome et indépendant.

[199] Article 6 des Règles et Usances Uniformes (RUU) relatives aux crédits documentaires (Révision de 1983, Traité de droit commercial, Banque et bourse, *op. cit.*, pp. 496-510).

[200]Article 16-a des RUU, ce qui est normal en matière de crédit bancaire.

d'estimer sa qualité et sa quantité parmi lesquels le connaissement, qui représente la marchandise transportée.

138. Pour honorer son propre engagement, le banquier est tenu au préalable de lever les documents qui lui sont présentés. La réalisation du crédit effectuée par lui peut se faire soit par paiement à vue, par acceptation – comme une lettre de change – soit par paiement différé, soit par négociation[201]. Le banquier qui fait toutefois un paiement utile doit mettre en œuvre les garanties constituées pour le remboursement. Les documents remis au banquier lors de la réalisation du crédit documentaire lui confèrent une sécurité indéniable.

139. En effet, sa garantie est principalement constituée par le droit de gage sur la marchandise que lui reconnaissent les usages dès que les documents lui sont remis. Aussi, le dépôt de garantie exigé par le banquier à son client peut lui être d'un grand bénéfice. Si les documents sont formellement conformes à ce qui est précisé dans l'accréditif, les deux banques sont tenues de lever les documents et de verser le montant du crédit documentaire au bénéficiaire. Il est à noter que ce dernier ne peut en aucun cas se prévaloir des rapports contractuels existant entre les banques ou entre le donneur d'ordre et la banque émettrice[202].

140. En pratique, le problème des garanties constituées ne se pose que lorsque le client ne procède pas au remboursement des fonds mis à sa disposition par le banquier. Le banquier qui a payé le vendeur détient les documents représentatifs de la marchandise. Ces documents lui transfèrent de plein droit la propriété des marchandises[203]. Le banquier peut aussi demander au donneur d'ordre de lever les documents ayant

---

[201]À cet effet, le banquier n'acceptera pas la traite, mais seulement l'escomptera sans disposer de recours contre le tireur ou les porteurs de bonne foi.

[202]Article 6 des Règles et Usances Uniformes relatives aux crédits documentaires (Révision de 1983, Traité de droit commercial, Banque et bourse, *op. cit.*, pp. 496-510).

[203]Il peut en être ainsi du connaissement maritime dont la remise équivaut au transfert de la possession de la marchandise. Le banquier qui endosse le connaissement au profit du donneur d'ordre sans avoir été remboursé perd son gage et la caution qui s'est portée garante du paiement du prix peut se sentir du même coup libérée. Aussi, le connaissement maritime est négociable ; il indique l'état apparent de la marchandise lors de sa prise en charge par le transporteur. C'est pourquoi il est exigé qu'il soit net ou « *clean* ». Mais les autres documents (factures, lettre de transport aérien, connaissement de transport combiné, facture de douane et autres) n'ont pas la même valeur. Leur remise à l'acheteur n'entraîne pas transfert de propriété. Ils ne sont pas négociables, bien que représentant la marchandise (Lettre de Transport Aérien, lettre de voiture) que s'il est ainsi stipulé.

permis l'ouverture de crédit. En contrepartie, ce dernier peut lui proposer les traites émises sur ses acquéreurs, ses propres clients, et acceptées par eux. Ainsi, le banquier remplace son droit de gage sur les marchandises par le droit personnel contre les tirés accepteurs. Au cas où le donneur d'ordre n'honore pas ses engagements, le banquier est admis à procéder à la réalisation des garanties constituées lors de l'ouverture du crédit.

141. De cette analyse, il ressort que le crédit documentaire est un moyen très efficace permettant tant au vendeur exportateur qu'à l'acheteur importateur de mobiliser la créance marchandise et d'obtenir du crédit. Mais avec la situation de nos petites et moyennes entreprises financièrement très faibles, le coût de cette garantie est généralement craint. Les commerçants préfèrent prendre le risque d'envoyer de l'argent à leur fournisseur et d'attendre la marchandise. Ils estiment que les commissions à payer dans les deux banques constituent un manque à gagner.

142. Le crédit documentaire remplit alors une triple fonction : celle de paiement, celle de financement et celle de garantie. Sa fonction première est le paiement alors que ce n'est pas le cas de la lettre de crédit stand-by, un instrument très récent pratiqué dans le commerce international. Elle est née à la fin du vingtième siècle et sa pratique gagne du terrain dans les opérations de financement du commerce international[204]. À cet effet, est considérée comme lettre de crédit stand-by, un engagement pris par une personne appelée « *émetteur* » - en général une banque - de payer sur instruction d'une autre appelée « *donneur d'ordre* », une certaine somme d'argent contre remise par le bénéficiaire de documents conformes en apparence aux stipulations de la lettre de crédit[205]. Ce qui suppose que le banquier appelé en paiement ne peut opposer les exceptions tirées de son rapport avec le donneur d'ordre. Elle est à ce titre très proche d'une lettre de garantie, car le banquier s'engage du même coup à s'exécuter en cas de défaillance du débiteur. Les conditions d'acceptation des documents sont prévues dans les Règles et Pratiques Internationales relatives aux Stand-by (RPIS) de la Chambre de Commerce Internationale[206].

---

[204]La lettre de crédit stand-by est née de la pratique aux États-Unis, et est plus basée sur les principes de l'autonomie de ses volontés.

[205]Voir MOUSSERON (J. M.) et autres, *op. cit.*, p. 409, n° 997-1.

[206] L'émetteur a sept jours au maximum pour l'examen des documents. Des évènements prévoient la possibilité de notifier un refus de paiement en cas

B. Les garanties du droit spécial des affaires

143. Le droit spécial des affaires indiquerait des règles régissant l'activité économique dans un cadre juridique uniformisé au-delà du cadre de l'OHADA. Tel l'exemple CEMAC/UEMOA, du droit des assurances CIMA, du droit de la propriété incorporelle de l'OAPI et du droit de la CIPRES. Certaines de ces règles offrent au banquier des garanties efficaces pour le crédit tel qu'on peut le voir avec la pratique des assurances (1) et des escomptes d'effets de commerce (2).

1. La pratique de l'assurance-crédit

144. Connue sous le nom de couverture de la garantie de crédit, l'assurance-crédit est un contrat par lequel un assureur garantit un créancier contre le risque de non-recouvrement de sa créance. La garantie est due contre le versement d'une rémunération ou prime à l'assureur, dont le montant est fonction non seulement de l'importance et de la durée du crédit, mais aussi de la nature du risque[207]. L'assurance-crédit demeure une opération d'assurance couvrant les risques engendrés par l'octroi du crédit[208].

145. L'assurance-crédit est donc un élément essentiel de l'infrastructure économique. Elle permet aux exportateurs ainsi qu'à leurs banques d'accepter les risques liés aux opérations de commerce extérieur, tout en évitant les risques de sinistre catastrophiques. Elle permet également aux entrepreneurs d'emprunter des fonds pour créer ou développer leurs entreprises, voire pour couvrir des risques divers. Ainsi peuvent être couverts par l'assurance-crédit les risques commerciaux d'une part, et les risques politiques d'autre part. En ce qui concerne les risques commerciaux, il s'agit principalement de la défaillance et de l'insolvabilité du débiteur au moment du paiement. La

---

d'irrégularité, de fraude ou de date expirée. La lettre standby doit comporter une date et une heure d'expiration et indiquer si les droits de tirage sont transférables : Voir GARSUALT et PRIAMI, *Les opérations bancaires à l'international*, Banque Éditeur, Collection Banque ITB, 2001, p. 162.

[207]La technique des assurances est de manière indéniable très prisée dans la pratique du commerce international, où elle couvre des risques divers et variés. Son expansion sur le plan interne laisse apparaître que c'est un moyen permettant au banquier de sécuriser même les petits crédits qu'il accorde soit aux entreprises, soit aux ménages.

[208]À la seule différence qu'elle n'est malheureusement pas soumise aux dispositions du Code CIMA. Cette assurance est prise auprès de certains établissements de crédit par le mécanisme de la banque-assurance qui est une opération de banque selon le Décret n° 90/1469 portant définition des établissements de crédit au Cameroun.

défaillance concerne le non-paiement de la créance à l'échéance. À la demande du créancier, l'assureur garantit le paiement de la créance à l'échéance par le débiteur. Cette garantie est transmise au tiers porteur de la traite et prend la forme cambiaire de l'aval[209].

146. Les échanges commerciaux nationaux et internationaux étant pour la plupart financés par les banques, la sécurité des fonds décaissés doit être mise en avant. Ainsi, une police d'assurance est souscrite pour l'ensemble des créances en jeu. Elle est souscrite par le créancier ou le fournisseur, et transmise au banquier au moment où celui-ci décide de mobiliser la créance de son client. En pratique, ce qui est transmis au banquier, ce n'est point la police, mais le droit à indemnité qui y est rattaché[175]. Ce qui fait que l'assurance ne couvre que le risque d'insolvabilité définitive et laisse le souscripteur - fournisseur ou client de la banque - supporter une partie du non-paiement.

147. Le risque d'insolvabilité du débiteur peut être constaté par une procédure collective ouverte à l'encontre du débiteur ou simplement par l'écoulement d'un délai de carence prévu dans la police d'assurance. *« L'assurance insolvabilité »* est une technique financière encore en pleine expansion. Pour l'instant et sur le plan interne, elle ne concerne que les opérations de crédit à court terme entre commerçants. Elle n'est pas encore utilisée en matière de crédit à la consommation. En ce qui concerne les risques politiques, ils sont liés à des évènements naturels, à des troubles, guerres ou changements politiques remettant en cause les relations avec l'étranger. La conception des risques de guerre est très large. Il s'agit en effet de toute situation ou tout évènement susceptible de causer une instabilité dans un État[210]. D'autres risques politiques peuvent être liés au transit ou au transport[211], et également au transfert[212].

148. Dès que survient le sinistre[176], l'assureur est tenu de payer l'indemnité due au banquier. L'assureur qui a effectué un paiement est par priorité, subrogé dans les droits et actions de l'assuré[177], notamment ceux dérivés du contrat[178]. Ainsi, il dispose d'un recours contre le débiteur défaillant. L'assurance-crédit peut servir en définitive trois

[209]Pour plus de renseignements sur l'aval, voir *supra* n° 34 à 38.

[210]Il peut s'agir de guerre, soulèvement, révolte et autres.

[211]Grève ou lock-out entraînant la fermeture du port de livraison, ce qui peut entraîner ou occasionner le dépérissement des marchandises.

[212]Changement de la parité des monnaies modifiant le prix initialement prévu, il doit faire l'objet de stipulations particulières annexées au contrat principal.

objectifs : permettre de s'assurer que le paiement a toutes les chances d'être effectué sans problème ; rassurer la banque sur le fait que l'emprunteur est prudent et conscient de la nécessité de protéger son investissement contre des évènements qui risquent d'empêcher le remboursement ; enfin et surtout, faire office de garantie pour l'obtention d'un prêt.

149. Une autre forme non moins importante des assurances concerne l'assurance-vie. Elle est utilisée surtout dans le crédit aux particuliers, en particulier immobiliers. Elle est souscrite par le débiteur au bénéfice du banquier et garantit non pas le risque d'insolvabilité, mais celui de décès. Elle protège à la fois les héritiers et les banquiers exposés à une renonciation à la succession. Dans le cas typiquement camerounais, l'assurance-vie est le plus souvent utilisée pour l'obtention du crédit destiné à l'habitat social[213], l'acquisition des terrains et l'amélioration de l'habitat[214]. Il est prévu, que les parties- le banquier et son client - peuvent conclure d'un commun accord un remboursement trimestriel ou semestriel du prêt sans aucune charge supplémentaire pour le client[181]. Mais, il n'est prévu aucun organisme spécial chargé de veiller à la bonne marche de cette technique de garantie ou de sa mise en œuvre. Un effort se doit d'être fait à ce niveau comme ce fut le cas du FOGAPE[182] pour les petites et moyennes entreprises. En dehors des assurances, les parties peuvent convenir d'utiliser aussi comme garantie, l'escompte des effets de commerce.

2. L'escompte des effets de commerce

150. Un effet de commerce est un titre négociable qui constate l'existence au profit du porteur d'une créance à court terme et sert à son paiement. Il peut s'agir d'une lettre de change, d'un billet à ordre, d'un chèque ou d'un bordereau de nantissement. L'escompte est l'opération de crédit par laquelle un établissement de crédit, l'escompteur, avance au crédité titulaire d'une créance à terme, généralement une lettre de change (ou traite), le montant de celle-ci contre son transfert à titre de propriété, moyennant rémunération et sous réserve d'encaissement à

[213]Décision à caractère général n° 1/76 du 25 mars 1976 déterminant les garanties exigées des demandeurs de crédit pour l'habitat social, modifiée par décision à caractère général n° 1/92 du 10 avril 1992. Recueil des textes en matière bancaire au Cameroun, disponible à la bibliothèque de la BEAC, Douala.

[214]Décision à caractère général n° 6/76 du 30 août 1976, fixant les modalités d'action des petits crédits d'équipement et d'investissement, modifiée par la décision à caractère général n° 2/83 du 9 août 1983.

l'échéance. Sa pratique est le plus souvent liée à la relation commerciale existant entre le banquier et son client. Le banquier acquiert la propriété d'un effet de commerce en échange de la remise à son client d'une somme d'argent correspondant au montant de cet effet, diminué d'une rémunération prévue et de la juste compensation de ses coûts et frais[215].

151. Selon la pratique, le porteur de l'effet de commerce l'endosse en propriété à son banquier qui lui en verse immédiatement le montant nominal sous réserve de son encaissement à l'échéance[216]. En raison de sa fonction traditionnelle, l'escompte apporte aux entreprises une aide de trésorerie[217]. Elle doit permettre au banquier escompteur d'exiger le paiement d'un ou de plusieurs tiers[218] ; et elle doit être licite, c'est-à-dire représenter une véritable créance commerciale, et non constituer un effet de complaisance[219]. La propriété du titre lui étant acquise après paiement, le banquier peut en disposer à sa guise. Il a donc le choix entre l'escompter auprès d'une autre banque ou bien attendre l'échéance et le présenter à l'acceptation.

152. En général, le titre remis est représentatif d'une créance de marchandises. À ce titre, il est investi de la provision attachée à l'effet et il est fondé à la revendiquer à l'égard des tiers créanciers du tireur ou cessionnaires ultérieurs. L'escompte peut être isolé, mais très souvent il se fait par le biais d'une ligne d'escompte. Dès que l'effet est endossé, le contrat d'escompte se forme instantanément. Le banquier remet alors

---

[215]Le banquier escompteur court des risques, aussi bien du chef du tireur que du chef du tiré. Contre ces risques, le banquier peut se protéger en exigeant certaines sûretés. La constitution de cette sûreté consiste généralement pour le banquier à exiger du remettant qu'il lui consente une caution garantissant le remboursement des fonds avancés.

[216]L'endossement est une opération par laquelle le cédant d'un effet de commerce donne l'ordre au débiteur de payer le cessionnaire, au moyen d'une signature au dos d'un titre.

[217]Le nom du banquier escompteur doit dans ce cas figurer sur l'effet en qualité de bénéficiaire.

[218]En effet, l'engagement du banquier à consentir le crédit est fondé non seulement sur la solvabilité du remettant, garant de l'opération, mais aussi sur celle du débiteur principal ou de divers endossataires, si le titre est au porteur.

[219]Les traites de complaisance sont celles tirées sur une personne dont on n'est pas créancier en obtenant de cette dernière qu'elle consente à apposer son acceptation sur l'effet. L'acceptant de la traite peut le faire en connaissance qu'il ne paiera pas, ou du moins pas avec de l'argent qui viendra de ses poches (pure complaisance), ou bien accepter en tant qu'ami dans l'espoir que l'autre en fera autant pour lui : il y aura alors chevauchement, d'où le nom de cavalerie : on a dans ce cas les traites de cavalerie.

au client le montant de l'effet soit en espèces soit généralement par une inscription en compte courant. À l'échéance, le banquier présente l'effet en paiement chez le tiré ou le tireur. Si l'effet est impayé, le banquier exerce son recours cambiaire ou un recours de droit commun[220]. Il peut encore s'il est en relation de compte courant procéder à la contre-passation de l'effet qui est restitué au client. Le prix de l'escompte c'est-à-dire la rémunération du banquier prend la forme d'un intérêt calculé en fonction du temps compris entre le jour de l'escompte et l'échéance de l'effet. Le taux appliqué tient compte du crédit tiré et de celui du remettant. Cette rémunération est complétée par différentes commissions, à l'instar de la commission d'acceptation, ou de remise.

153. Le titulaire du marché a besoin des ressources, tant pour alimenter sa trésorerie et son fonds de roulement que pour obtenir les cautions et les garanties nécessaires. Dans ce cas, et afin de mener l'opération à son terme, il peut faire appel à des organismes financiers qui accordent des avances en contrepartie d'une cession des créances du titulaire du marché, ainsi que les garanties nécessaires.

II. La pratique du nantissement des créances de marchés publics

154. La définition de marchés publics met en exergue la présence de deux protagonistes au contrat en l'occurrence l'Administration et son cocontractant commerçant, sans faire appel au banquier fournisseur de crédit dont le rôle n'est pourtant pas négligé[221]. On se souvient que le législateur camerounais dans certaines dispositions du Code des marchés publics ne cesse de faire appel à son intervention en la matière.

155. Tout d'abord, son article 67 oblige tout titulaire d'un marché à fournir : • a) un cautionnement garantissant l'exécution intégrale des prestations, ci-après désignées « *cautionnement définitif* » ; • b) un cautionnement garantissant la bonne exécution du marché et le recouvrement des sommes dont il serait reconnu débiteur au titre du marché ci-après désigné « *retenue de garantie* » [222] . Ledit

---

[220]Voir *infra* N° 452 à 462.

[221]Aux termes de l'article 5 du Décret n° 2004/275 du 24 septembre 2004 relatif aux marchés publics au Cameroun, *op cit*, n° 9.

[222]Les entreprises titulaires d'un marché d'un montant au plus égal à 30.000.000 de FCFA peuvent être dispensées par le maître d'ouvrage ou le maître d'ouvrage délégué de l'obligation de fournir les cautionnements prévus à l'article 67 du Code des marchés publics. Article 72.

cautionnement peut bien être remplacé par la garantie d'une caution d'un établissement bancaire agréé conformément aux textes en vigueur, et émis au profit du maître d'ouvrage ou du maître d'ouvrage délégué ou par une caution personnelle et solidaire[223]. Tout organisme ayant produit une caution personnelle et solidaire, est tenu de s'engager à verser, sur ordre du maître d'ouvrage ou du maître d'ouvrage délégué et jusqu'à concurrence du montant garanti, les sommes dont le cocontractant de l'Administration viendrait à se trouver débiteur au titre du marché[224].

156. Ensuite, on peut lire dans les termes de l'article 82, que : « *1) sous réserve des dispositions découlant des accords ou conventions de prêt ou des conventions internationales, tout règlement relatif à un marché public intervient par transfert bancaire sur un établissement bancaire ou un organisme financier de droit camerounais agréé de premier rang conformément aux textes en vigueur ou par crédit documentaire. 2) Tout tirage sur crédit de financement extérieur est soumis au visa préalable de la Caisse Autonome d'Amortissement*[225]. *3) Toute modification de domiciliation bancaire ne peut être réalisée que par voie d'avenant* ».

157. L'article 83 enfin, dispose que des avances peuvent être accordées au cocontractant de l'Administration, en vue de la réalisation des opérations nécessaires à l'exécution des prestations prévues dans le marché si cela est prévu dans le marché concerné. Ces avances doivent être cautionnées à 100 % par un établissement bancaire de droit camerounais ou un organisme financier agréé de premier rang conformément aux textes en vigueur. Si toutes ces dispositions prouvent l'importance des établissements de crédit dans le cadre des marchés publics ; elles ne sont toujours pas suffisantes. Il faudrait remarquer que dans la situation actuelle des économies pauvres des

---

[223] Les petites et moyennes entreprises (PME) à capitaux et dirigeants nationaux peuvent produire à la place du cautionnement, soit une hypothèque légale, soit une caution d'un établissement bancaire conformément aux textes en vigueur, Article 70 alinéa 1 et 2 du Code des marchés publics.

[224] Lorsque le cocontractant de l'administration a rempli ses obligations contractuelles, le cautionnement est restitué ou la caution libérée selon les termes de l'article 70 alinéa 3 du Code des marchés publics.

[225] Lorsqu'un marché public provient des administrations publiques, on parle de financement sur fonds propres. Mais lorsqu'il est financé par les organisations internationales, on parle de financement extérieur. C'est l'exemple des marchés de la BM, du PNDP, du PACA…

États membres de l'OHADA ; la plupart des prestataires que sont les petites entreprises ne peuvent éviter le financement des établissements de crédit pour réaliser leur marché.

158. En effet, le paiement d'une prestation ne peut pas être effectué immédiatement. Il ne peut intervenir qu'après l'exécution de la prestation, c'est-à-dire l'accomplissement du service fait, selon une règle de comptabilité publique. En conséquence, le paiement n'est effectué que plus tard, après la transmission des pièces justificatives au comptable. C'est pourquoi le banquier ne s'intéresse en principe qu'au prix du marché pour assurer son remboursement sur le marché ainsi escompté. La technique généralisée à cet effet est l'émission d'une attestation de virement irrévocable par le maître d'ouvrage à l'endroit du banquier, à la demande du prestataire[226]. Il y a lieu d'assurer au dispensateur du crédit une meilleure protection sur le prix du marché, dans la mesure où le contexte actuel s'ouvre à la corruption flagrante et ambiante en matière des marchés publics.

159. Soit, le paiement est détourné avec la complicité du payeur de l'État en dépit de l'attestation de virement irrévocable par lui signée[227]. Soit, le banquier peut être confronté à une résiliation abusive du marché par le maître d'ouvrage de mauvaise foi *« qui n'a pas été entretenu par le bénéficiaire du marché »*. Il peut même arriver que le paiement attendu du maître d'ouvrage soit saisi par un tiers créancier du prestataire alors que le marché vient d'être exécuté. L'effet attributif immédiat de la saisie- attribution aura la priorité sur la domiciliation bancaire puisque les sommes qui devraient être virées dans le compte sont la propriété du prestataire du marché et non de la banque ayant financé l'exécution[228]. Ce n'est que lorsque les sommes passent dans le

[226]Régulièrement, cela se fait moyennant une commission ou alors une promesse d'argent au moment du paiement du marché. Une charge qui pèse déjà sur le prestataire qui prête déjà le flanc au détournement du prix du marché attendu par le banquier d'être reçu dans le compte par le fait de la domiciliation bancaire.

[227]Il ne faudrait plus que des personnes privées se cachent derrière les prérogatives de la puissance publique pour créer de l'insécurité dans le monde des affaires.

[228]Il est bien possible qu'une saisie déguisée ou frauduleuse soit organisée entre le maître d'ouvrage, le payeur et le prestataire client de la banque. En tout cas en droit OHADA, il n'est pas difficile d'avoir un titre exécutoire. Aux termes de l'article 33 de l'AUPSR-VE, une sentence arbitrale ou un acte notarié revêtu(e) de la formule exécutoire suffit. Ce n'est pas avoir un arbitre ou un notaire qui peut faire problème si les deux parties conviennent.

compte bancaire du client dont le solde est débiteur que s'opère la compensation en raison des mécanismes du compte courant.

160. Il s'avère que le prix du marché à payer au cocontractant de l'Administration peut bien constituer une garantie[229]. Aux termes de l'article79-1 du Code camerounais des marchés publics, « *tout marché peut être donné en nantissement, sous réserve de toute forme de cession de créances* »[230]. L'avance de fonds peut être faite soit sous forme de crédit en compte, soit sous forme de découvert. Dans tous les cas, la garantie est assurée par la remise d'un « *exemplaire spécial de marché* » pour servir et valoir de nantissement. L'entreprise cède donc ses créances à son banquier à cet effet[231]. Ce mécanisme par lequel la banque obtient une garantie efficace est prévu par le droit OHADA[232].

161. La cession du prix du marché public peut être une modalité de cession de créances à titre de garantie. Elle ne peut être opposable aux tiers (B) que sous condition d'être bien constituée (A).

A. La constitution de la cession à titre de garantie du prix du marché

162. La cession, ou nantissement de créance, est le contrat par lequel le titulaire du marché public donne en gage à un établissement bancaire la créance qui résultera de l'exécution du marché public, en échange de

---

[229]Si l'on se réfère aux dispositions combinées de l'Acte uniforme OHADA sur les sûretés et du Code des marchés publics du Cameroun qui traitent de la cession de créances à titre de garantie ou alors du nantissement de créance.

[230] Pour lever toute équivoque entre les deux notions, on sous-entend que le nantissement de marchés publics est une forme de cession de créances. La cession de créances à titre de garantie est une des nouvelles prévisions observées de la révision de l'AUS.

[231]En effet, les paiements relatifs à l'exécution du marché, c'est-à-dire les créances que l'entrepreneur ou le fournisseur détient sur le maître d'ouvrage au titre du marché, constituent des titres de créances futurs et réels qui peuvent servir de gage pour obtenir des crédits bancaires.

[232]La question première que d'aucuns vont immédiatement soulever est celle de savoir si ce mécanisme est plus efficace que celui de la délivrance d'une attestation de virement irrévocable par l'administration contractante. Nous avons déjà dit que les sommes à virer sont encore la propriété du prestataire du marché et des manœuvres peuvent se passer entre lui et les agents publics pour le détournement du paiement. C'est ce qui est récurrent dans la pratique. Aussi il faut noter que certaines Administrations sont hostiles à cette pratique et refusent à tort ou à raison de délivrer ladite pièce.

quoi l'établissement bancaire le financera[233]. L'article 80 de l'AUS dispose : « *Une créance détenue sur un tiers peut être cédée à titre de garantie de tout crédit consenti par une personne morale nationale ou étrangère, faisant à titre de profession habituelle et pour son compte des opérations de banque ou de crédit* ». Le domaine de la cession du prix du marché doit être précisé (1). La cession de créances nécessite en même temps une forme écrite qu'il faut adapter dans le cadre du prix du marché (2).

1. L'exigence de la précision du domaine de la cession du prix du marché

163. Il résulte de l'article 80 de l'AUS ci-dessus cité que la cession de créances issue d'un contrat même non encore exécuté à titre de garantie est désormais possible en zone OHADA. C'est donc le cas des marchés publics dont la créance est future et dépend de la bonne exécution du marché. Il peut bien s'agir des marchés publics des travaux ; lesquels ont pour objet, soit l'exécution, soit conjointement la conception et l'exécution de travaux ou d'un ouvrage[234], soit la réalisation, par quelque moyen que ce soit, d'un ouvrage répondant aux besoins précisés par le pouvoir adjudicateur ; « *les marchés publics de fournitures ayant pour objet l'achat, le crédit-bail, la location ou la location-vente, avec ou sans option d'achat, de produits, quelle qu'en soit la valeur* » ; et enfin « *les marchés publics de prestation de service* ». Cela signifie qu'un marché qui n'est pas encore approuvé ne peut pas faire l'objet d'un nantissement, dans la mesure où le contrat n'est valable et définitif qu'après son approbation.

164. La cession de créances à titre de garantie serait une opération à trois personnes qui implique le cessionnaire qui est le créancier ou un tiers constituant, le débiteur qui est le cédant et enfin le tiers cédé, qui est le comptable assignataire qui prend en charge le versement des montants ordonnancés. Le cédant dans le cadre de la cession du prix du marché public reste le cocontractant de l'Administration ; toute personne physique ou morale partie au contrat en charge de l'exécution des prestations prévues dans le marché, ainsi que son ou ses représentant(s), personnel(s), successeur(s) et/ou mandataire(s) dûment

---

[233]Elle s'inspire de la cession de créance par bordereau *Dailly* connue en droit français et est réglementée par les articles 80 et suivants de l'AUS.

[234]Un ouvrage est le résultat d'un ensemble de travaux de bâtiment ou de génie civil destiné à remplir par lui-même une fonction économique et technique.

désigné(s). Les bénéficiaires en sont évidemment les banques et autres établissements de crédit. D'après les termes de l'article 80 de l'AUS, la cession de créances est une sûreté qui ne peut être consentie qu'au profit des personnes morales effectuant des opérations de banque ou de crédit. Il faut, pour déterminer ces personnes, se référer aux dispositions nationales ou communautaires concernées. Dans le cas des pays de l'OHADA, les opérations de banque qui englobent les opérations de crédit peuvent être effectuées soit par les établissements de crédit ; soit par les établissements de microfinance[235].

165. En application de l'article 79 de l'AUS, les créances données en garantie sont celles détenues sur un tiers qui est le débiteur cédé. S'agissant du débiteur cédé, il s'agit du maître d'ouvrage qui est le chef de département ministériel ou assimilé, chef de l'exécutif d'une collectivité territoriale décentralisée, directeur général et directeur d'un établissement public et d'une entreprise du secteur public et para public, représentant l'administration bénéficiaire des prestations prévues dans le marché. La notion de pouvoir adjudicateur comme celle d'entité adjudicatrice, autrefois dénommée « *personne responsable du marché* », recouvre l'État, les collectivités territoriales, mais également les organismes de droit public dont les collectivités locales, les associations en tant qu'émanation de ces collectivités ou ces organismes s'agissant des secteurs classiques et les entreprises publiques s'agissant des secteurs spéciaux. Il est légitime de s'interroger sur une interprétation trop extensive de cette prescription dans la mesure où certains services administratifs d'un Service Public Industriel et commercial peuvent avoir à passer des contrats publics. Les conditions de validité de la cession de créances à titre de garantie sont contenues dans l'article 81 de l'AUS.

2. L'adaptation de la forme écrite de l'acte à la cession du prix de marché

166. Il importe au préalable de noter que l'acte de cession ne doit pas se confondre avec le contrat de marché qui est la cause de la relation d'affaires. Les conditions de validité de la cession de créances à titre de

[235] Confère, pour le cas de la CEMAC, le Règlement COBAC R-2009/02 du 1er avril 2009 portant fixation des catégories des établissements de crédit, de leur forme juridique et des activités autorisées, pour le cas de l'UEMOA, la loi bancaire uniforme de 1990. Voir par ex. le règlement COBAC 01/02 du 13 avril 2002 relatif aux conditions d'exercice et de contrôle de l'activité de microfinance dans la Communauté économique et monétaire de l'Afrique centrale.

garantie sont contenues dans l'article 81 de l'AUS qui précise que « *La cession de créances à titre de garantie doit être constatée dans un écrit comportant à peine de nullité, les énonciations suivantes : 1°) le nom ou la dénomination sociale du cédant et du cessionnaire ; 2°) la date de la cession ; 3°) et la désignation des créances garanties et des créances cédées. Si ces créances sont futures, l'acte doit permettre leur individualisation ou contenir des éléments permettant celle-ci, à l'instar de l'indication du débiteur, le lieu du paiement, le montant des créances ou leur évaluation et, s'il y a lieu, leur échéance* ». Les énonciations de cet article ci-dessus présentées sont claires. La cession de créances à titre de garantie doit être écrite. Le contenu de l'écrit est bien énuméré. Les éléments qui le constituent varient selon que la créance cédée à titre de garantie est présente ou future. Mais, quelle que soit la nature de la créance cédée, l'absence d'un de ces éléments constitutifs de l'écrit est sanctionnée par la nullité de l'acte.

167. La cession couvre le principal et s'étend aux accessoires de la créance. Ceux-ci sont, de ce fait, également transférés à titre de garantie et sont opposables aux tiers sans autre formalité que celles prévues pour la cession[236]. Dès la date de la conclusion du contrat de cession, le cédant ne peut plus, sans l'accord du cessionnaire, modifier l'étendue des droits attachés à la créance cédée[237]. Force obligatoire du contrat oblige. La réalisation du nantissement de créance proprement dite prend en compte les spécificités d'une sûreté sur créance. Dans ce sens, deux hypothèses sont envisageables. La première est celle dans laquelle la créance nantie arrive à échéance avant la créance garantie. Dans ce cas, précise l'article 134 alinéa 1, « *le créancier nanti conserve les sommes à titre de garantie (...) à charge pour lui de les restituer au constituant si l'obligation garantie est exécutée. En cas de défaillance du débiteur de la créance garantie et huit jours après une mise en demeure restée sans effet, le créancier nanti affecte les fonds au remboursement de sa créance dans la limite des sommes impayées* ».

168. La réalisation de la créance ne peut pas être l'occasion d'un enrichissement sans cause du créancier nanti. Ce dernier devra percevoir la créance nantie jusqu'à due concurrence de la créance garantie et devra restituer au constituant le surplus. Toute clause tendant à lui permettre de garder le surplus est réputée non écrite[238]. Certains

---

[236]Article 82 de l'AUS.
[237]Article 82 alinéa 2 de l'AUS.
[238]Article 135 de l'AUS.

évènements survenus au cours de l'exécution du marché peuvent affecter les droits du créancier nanti. Ils exonèrent de ce fait l'administration cédée. Il est bien malin pour les banquiers de réserver par une clause dans la convention de nantissement leur droit de recours contre le débiteur[239]. La seconde est celle dans laquelle la créance garantie vient à échéance avant la créance nantie. Le législateur offre au créancier nanti plusieurs possibilités. Il peut solliciter l'attribution judiciaire de la créance nantie. Il peut exiger l'attribution de la créance dans les conditions prévues par la convention : c'est la mise en œuvre d'un pacte commissoire. La stipulation d'un pacte permet de conjurer les aléas des procédures judiciaires tout en protégeant les droits du constituant[240].

169. Il importe de préciser aussi que dans la convention de cession de créances, il sera possible et même conseillé comme nous le verrons d'insérer une clause compromissoire afin de soumettre les litiges pouvant naître à l'arbitrage[241]. La clause d'arbitrage est alors accessoire de la créance escomptée ou cédée à titre de garantie. La compétence de l'arbitre n'a pu être retenue pour déterminer les droits des parties en cas de nullité du contrat principal que parce que la convention d'arbitrage qui fonde la compétence de l'arbitre est indépendante du contrat nul. Même contenue dans un même document que le contrat principal, la clause compromissoire a un objet spécifique qui est le droit d'ester en justice. Sur le terrain de la compétence pour juger, la convention d'arbitrage fonde la compétence de l'arbitre pour statuer sur le différend soumis à l'arbitrage. L'article 11 de l'AUA dispose que le tribunal arbitral statue sur sa propre compétence, y compris sur les questions

---

[239]On peut lire dans les conventions d'escompte établies par certains établissements de microfinance que : « ... *en cas d'exécution partielle ou de non-exécution du marché s'étalant sur une durée de deux mois maximum à compter du délai d'exécution du marché, l'EMF se réserve le droit d'exiger du client le remboursement des sommes à lui allouées en principal, intérêts et accessoires ou de réaliser toutes les sûretés réunies à cet effet* ».

[240]Le créancier nanti peut enfin attendre simplement l'échéance de la créance nantie (article 134 al. 2 AUS).

[241]L'avantage déjà est que l'expert arbitre peut de temps en temps se muer en conciliateur. Nul n'ignore la cherté de la conciliation dans la protection des relations d'affaires.

relatives à l'existence ou à la validité de la convention d'arbitrage ; ceci en vertu du principe de la « *compétence-compétence* »[242].

170. Le financement des marchés publics par le biais de la cession de créances à titre de garantie ou du nantissement se réalise donc selon un processus facile, mais il est assujetti à certaines formalités de publicité pour être opposable aux tiers.

B. L'opposabilité de la cession du prix du marché à titre de garantie

171. Le contrat de cession d'une créance naissant du contrat de marché public, à titre de garantie, prend immédiatement effet entre les parties à la date de sa conclusion[243]. La date de naissance, d'échéance ou d'exigibilité de la créance cédée n'a aucune influence sur cette prise d'effet entre les parties. Elle doit être notifiée au débiteur cédé qui est l'administration contractante (1) et faire l'objet d'un enregistrement au Registre du commerce et du crédit mobilier (2).

1. La notification de la cession au maître d'ouvrage

172. Le débiteur de la créance cédée resté dans l'ignorance de la cession ne peut se voir opposer la cession de créances. Pour que celle-ci lui soit opposable, elle doit lui avoir été notifiée ou alors que ledit débiteur soit intervenu dans l'acte de cession[244]. C'est à ce niveau que la signature par le maître d'ouvrage d'un avis de virement irrévocable devrait trouver ses lettres de noblesse. Mais il reste à se demander si l'administration contractante ici n'est pas un débiteur professionnel au sens de l'AUS[245]. Lorsque le débiteur de la créance cédée est un débiteur professionnel, celui-ci peut, à la demande du cessionnaire, s'engager à le payer directement en acceptant la cession. Dans ce cas, le débiteur ne peut opposer au cessionnaire les exceptions fondées sur

---

[242] Voir BAYO BYBI (B.), « L'efficacité de la convention d'arbitrage en droit OHADA », *Revue de l'ERSUMA : Droit des affaires - Pratique Professionnelle*, n° 2 - Mars 2013, Doctrine, pp. 61-81.

[243] Article 82 alinéa 1 AUS.

[244] Article 84 alinéa 1 AUS. En dehors de ces deux voies d'information, il peut être considéré comme étant resté dans l'ignorance de la cession (article 84 al. 2) et est en droit par voie d'avenant de changer la domiciliation bancaire.

[245] Article 3 de l'AUS. Est considéré comme débiteur professionnel au sens du présent Acte uniforme, tout débiteur dont la dette est née dans l'exercice de sa profession ou se trouve en rapport direct avec l'une de ses activités professionnelles, même si celle-ci n'est pas principale.

ses rapports personnels avec le cédant, à moins que le cessionnaire, en recevant la créance, n'ait agi sciemment au détriment du débiteur[246].

173. Aux termes de l'article 85 alinéa 1 de l'AUS, cet engagement doit être constaté par écrit intitulé « *Acte d'acceptation d'une cession de créances à titre de garantie* ». À défaut de cet intitulé, l'engagement est nul. Les comptables ou payeurs de l'État sont donc en bon droit de dire ici que l'« *Attestation de Virement Irrévocable* » n'est pas une garantie de paiement. De même, cet écrit doit reproduire, à peine de nullité, en caractères suffisamment apparents, les dispositions prévues pour l'acceptation de la cession[247]. En l'absence de toute notification écrite du nantissement de créance au maître d'ouvrage débiteur ou de toute intervention de celui-ci à l'acte, la sûreté ne devrait pas lui être opposable au sens de l'Acte uniforme sur les sûretés[248]. Il est vrai, le droit des marchés publics précise que le changement de domiciliation bancaire ne peut se faire que par voie d'avenant[249]. On peut dès lors se demander si la notification de la cession de créances est une simple information ou alors requiert l'avis du débiteur cédé. Ce qui revient à se demander si cette convention est réellement tripartite. Ce qui est sûr, il est prévu une modification unilatérale de la domiciliation bancaire par le maître d'ouvrage.

174. On sait que l'Administration pourra être réticente surtout si l'acte de cession inclut une clause d'arbitrage. En tout cas, l'OHADA parle de notification. Celle-ci devrait se faire par acte extrajudiciaire et l'administration n'a aucun intérêt à s'y opposer puisque c'est le contrat de marché qui tient la cession et non l'inverse. Aussi ce n'est pas le contrat de marché public qui sera soumis à l'appréciation du juge, mais le contrat de cession de créances même si le premier reste sous-jacent. On peut bien craindre, en cas de litige né, de voir le juge, à la fois dans la procédure relative au contrat bancaire de financement et celle relative au marché public sous-jacent, décider de joindre des procédures multiples ayant trait au crédit et à l'opération financée par ce crédit, en

---

[246]En matière de marché public, l'acceptation s'est même déjà faite tacitement par la domiciliation bancaire qui en général est celle de la banque créancière. Mais si le législateur a prévu le nantissement à l'article 79 du Code des marchés publics, c'est parce qu'il était lui-même conscient des possibilités de détournements du paiement au détriment du banquier pourvoyeur des fonds.

[247] Article 85 alinéa 2 AUS.

[248] Article 132 alinéa 2 AUS.

[249]Acte contractuel modifiant certaines clauses du marché de base pour l'adapter à des évènements survenus après sa signature.

faisant fi du caractère indépendant de l'engagement pris par la banque. Il ne reste qu'à espérer des juridictions compétentes qu'elles fassent preuve de hardiesse, pour protéger les droits violés des établissements de crédit. Le droit des marchés publics cesserait ainsi d'être une limite pour la protection de la sécurité juridique et judiciaire.

175. D'après l'article 128, lorsque le nantissement a pour objet une créance future, le créancier nanti acquiert un droit sur la créance dès la naissance de celle-ci. Autrement dit, dès l'entrée de la créance dans le patrimoine du constituant, celle-ci est immédiatement grevée de la sûreté, sans qu'un acte spécifique soit nécessaire à cet effet. Il est dès lors possible que le banquier se substitue au cocontractant de l'Administration pour réclamer le versement d'un acompte au maître d'ouvrage [250] . Il s'agit du règlement partiel qui survient après l'accomplissement d'un travail ou d'une prestation. Il rémunère une partie des prestations déjà exécutées et figurant dans le décompte. C'est un versement obligatoire pour un service fait et de droit acquis selon le principe de réciprocité [251] . Tandis que l'acompte est une notion financière qui ouvre droit à un paiement, le décompte est une notion administrative qui débouche sur l'établissement de l'acompte. C'est un document qui retrace les opérations réalisées et matérialisées par les visas réglementaires prévus à cet effet (signatures du maître d'ouvrage, de l'architecte, de l'ingénieur, de l'entrepreneur…)[252].

176. Les sommes payées au cessionnaire au titre de la créance cédée s'imputent sur la créance garantie lorsqu'elle est échue. Le surplus, s'il y a lieu, est restitué au cédant. Toute clause contraire est réputée non

---

[250]Il est aussi important au moment de la signature de la convention de demander au client une procuration pour le suivi de l'exécution de la prestation du maître d'ouvrage, les clients ne maîtrisant parfois pas les méandres des procédures administratives. Le banquier pourra lui-même réclamer le procès-verbal d'implantation, le procès-verbal de calage de quantités selon qu'il s'agit du marché de construction du marché de fonds routier par exemple. Vu la difficulté qu'il peut avoir à accéder à certains chantiers après les 50 jours indiqués pour vérification du respect du plan de financement, il sera question de prendre copie des cahiers de chantier.

[251]La preuve du service fait est le procès-verbal de réception des travaux ou de livraison des matériels ou des prestations attendus.

[252]Article 84 du Code des marchés publics.-*1) Sauf dérogation prévue dans le cahier des clauses administratives particulières, le cocontractant de l'Administration peut obtenir le paiement d'acomptes périodiques.*

écrite[253]. À l'égard des tiers, la cession prend effet à compter de son inscription au RCCM.

2. L'inscription directe de la cession au RCCM

177. D'après les exigences de l'article 82 de l'AUS, le contrat de cession d'une créance, actuelle ou future, à titre de garantie, devient opposable aux tiers à la date de sa publication au registre du commerce et du crédit mobilier, quelles que soient la loi applicable à la créance et la loi du pays de résidence du débiteur. L'inscription assure la publicité de la sûreté et rend le nantissement opposable aux tiers. On peut craindre que la pratique de la corruption incite certains payeurs du Trésor à virer le paiement des marchés publics dans des poches autres que celles du banquier chez qui la domiciliation avait été indiquée dans les clauses initiales, ceci en violation de l'alinéa 3 de l'article 82 du Code des marchés publics qui dispose que « *Toute modification de domiciliation bancaire ne peut être réalisée que par voie d'avenant* »[254]. C'est pourquoi l'inscription doit être prise dès que le nantissement est constitué. On parle d'inscription initiale. À compter de cette date, le cédant ne peut plus, sans l'accord du cessionnaire, modifier l'étendue des droits attachés à la créance cédée. Une inscription subséquente doit également être prise en cas de modification portant sur le nantissement ou de radiation de celui-ci.

178. L'inscription accorde au créancier nanti un droit de préférence [255] . Ainsi lorsqu'il est en présence des créanciers chirographaires, il prime sur ces derniers. En cas de pluralité de créanciers nantis, chaque créancier exerce son droit de préférence dans l'ordre d'inscription de son nantissement. Le créancier inscrit le premier exerce d'abord son privilège sur l'intégralité de sa créance. Puis et surtout dans la mesure où l'exercice de ce privilège laisse un solde disponible, le deuxième créancier nanti se sert et ainsi de suite. On comprend l'importance de l'inscription. La mise en œuvre du droit de préférence du créancier nanti aussi peut s'exercer sur le montant de

---

[253]Article 86 de l'AUS.

[254]Ces personnes dignes de mauvaise foi ignorent toujours l'attestation de virement irrévocable par eux signé à la banque. Le nantissement est alors opposable dans ce cadre à tout autre établissement de crédit chez qui le virement sera fait.

[255]Voir MOULY (Ch.), « La transparence des sûretés réelles », in Les garanties et le crédit aux entreprises, CNC, septembre 1993 ; BEAUCHARD (J.), La publicité des garanties, Diagnostic et prospective, GP 1993 ; JACQUET (C)., Rapport sur le cautionnement, Travaux du Congrès des notaires, n° 41.

l'indemnité d'éviction en cas de résiliation du contrat de marché public[256].

179. Les modalités d'inscription au registre du commerce et du crédit mobilier sont celles prévues par les articles 51 à 66 de l'AUS et relatives au droit commun des inscriptions des sûretés mobilières. Par principe, le requérant doit s'adresser au greffe de la juridiction compétente ou de l'organe compétent dans l'État partie. Selon l'article 52 de l'AUS, il s'agit généralement du RCCM du lieu d'immatriculation de la personne débitrice, ou à défaut de son immatriculation, le RCCM du siège ou du domicile du constituant. C'est la deuxième hypothèse qui nous concerne, car la personne publique débitrice cédée n'est pas toujours une entreprise publique commerçante de sorte qu'on puisse parler de son siège social. Ainsi, il s'agit du lieu d'immatriculation de la personne bénéficiaire du marché pour l'inscription du nantissement de créance de marché public.

180. Il faut toutefois relever que la pratique interne notamment camerounaise des greffes exige que la convention de nantissement soit enregistrée aux impôts[257]. Des balbutiements sont relevés dans les centres d'impôts sur le taux effectivement applicable. Le plus élevé avoisine 0,5 % du montant de la créance nantie, par exemplaire de convention. L'expression « *timbre gratis* » dont parle l'article 546 alinéa 5 de la loi de finances 2017 n'indiquerait pas la gratuité de l'enregistrement[258]. Dans certains centres des impôts ou certains greffes, le nantissement des créances issues des marchés publics est ignoré. Tout ceci est de nature à décourager la pratique du nantissement. On comprend pourquoi les banquiers, généralement, soit par ignorance, soit délibérément, s'acquittent rarement de cette formalité auprès des services ci-dessus visés. Il est donc important que tant les juristes de banque, les inspecteurs des impôts, les greffiers de la section du RCCM

---

[256] Article 101 du Code des marchés publics. « *Nonobstant les dispositions de l'article 100 du présent Code, le maître d'ouvrage ou le maître d'ouvrage délégué peut, en cas de force majeure et après avis de l'autorité chargée des marchés publics, prononcer la résiliation d'un marché en l'absence de toute responsabilité du cocontractant de l'Administration, sans préjudice des indemnités auxquelles ce dernier peut prétendre.* »

[257] Article 546 al 5 de la loi de finances de l'exercice 2017.

[258] Art 260 du Code général des impôts 2017 : les contrats de concession de services publics sont enregistrés gratis, mais soumis au timbre gradué (voir les articles 585 et suivants du même Code pour la notion de timbre gradué).

et les hommes d'affaires rentrent à l'école du nantissement des marchés publics.

181. Aux termes de l'article 83 de l'AUS ancien, l'inscription conserve les droits du créancier pendant cinq années à compter de sa date. Son effet cesse si elle n'a pas été renouvelée avant l'expiration de ce délai. Autrement dit, l'effet de l'inscription continue après cinq ans si elle a été renouvelée avant l'expiration du délai pour une nouvelle durée de cinq ans. Ce délai est relativement bref si on le compare avec l'ancien délai prévu par l'article 28 alinéa 1 de la loi française *Cordelet* du 17 mars 1909. Ce texte prévoyait que l'inscription devait conserver les droits du créancier inscrit pendant une période de dix ans à compter du jour de sa date. Le législateur OHADA a réduit ce délai de moitié. La brièveté de celui-ci ne doit pas étonner ; elle correspond en général à des crédits à moyen terme compatibles avec ce genre de sûretés.

182. L'inscription garantit au même rang que le principal deux années d'intérêt[259]. C'est donc à partir de l'inscription que les droits du créancier sur le prix du marché nanti sont effectivement protégés.

183. On le comprend, considérations sociales et considérations économiques peuvent aller de pair. Comme l'ensemble du droit des contrats, les sûretés sont soumises à l'exigence de la bonne foi. Le créancier, quand il fait souscrire la garantie ou lorsqu'il la met en œuvre, doit tenir compte des intérêts du garant. Les sûretés réelles traditionnelles reposent sur la technique de choix entre préférence et exclusivité. Les praticiens exploitent plusieurs autres formes de garanties spécifiques. Plus fondamentalement, il a été démontré que le droit des garanties n'est pas véritablement contraire au principe d'égalité entre les créanciers[260].

---

[259]Article 90 alinéa 1 du Code des marchés publics.

[260] Voir CABRILLAC (M.), « Les ambiguïtés de l'égalité entre les créanciers », Mélanges Breton et Derrida, p. 31.

CHAPITRE 2

LA PROBLÉMATIQUE DE L'ÉGALITÉ ENTRE LES CRÉANCIERS EN DROIT DES GARANTIES

184. « *Sum cuique tribuere* », rendre à chacun sa part. Ce précepte moral d'origine romaine traduit, certainement le mieux de nos jours, l'idée première du droit qui est d'attribuer à chaque membre de la société ce qui lui est dû[261]. C'est cette idée qui transcende l'article 2093 du Code civil camerounais selon lequel « *les biens du débiteur sont le gage commun de ses créanciers ; et le prix s'en distribue entre eux par contribution, à moins qu'il n'y ait entre les créanciers des causes légitimes de préférence* ». Ce texte introduit le concours, qui naît de la rencontre du droit de gage des créanciers avec la masse des biens de leur débiteur commun. Il se poursuit par la présentation des idées d'égalité entre créanciers et de leur hiérarchie éventuelle à l'aide des droits de préférence. Cet enchaînement n'est pas dû au hasard, car la hiérarchie ne peut pas être pensée si l'on ne part pas de l'égalité, sinon ce ne serait que sombrer dans l'injustice. La hiérarchie porterait en elle les germes de l'oppression et de l'injustice.

185. En droit privé, le fondement de l'égalité est peu traité, peut-être parce qu'il est plus philosophique que juridique, plus probablement parce qu'il n'y en a pas. En effet, pendant des siècles, la perspective *jusnaturaliste* a pensé l'égalité comme une émanation, tantôt de la Mère Nature, tantôt de l'essence de l'Homme[262]. Pourtant, les faits sont têtus et il était difficile d'apercevoir dans une société d'ordre le moindre semblant d'égalité. L'approche positiviste a ainsi trouvé la source de l'égalité dans l'article 1er de la Déclaration de 1789 selon lequel « *les hommes naissent libres et égaux* ». Cependant, elle ne fait que déplacer la question, qui revient à déterminer quel est le fondement de cet article.

---

[261]Le premier, le Christ dans l'Évangile l'avait déjà exprimé à sa façon il y a bien longtemps. À une question qui lui avait été posée de savoir s'il était permis ou non de payer le tribut à César, celui-ci répondait en effet : « *Rendez donc à César ce qui est à César, et à Dieu ce qui est à Dieu* ». Matthieu 22, 15-21.

[262]Voir MAZIÈRE (P.), *Le principe d'égalité en droit privé*, préf. B. Teyssié, PUAM, 2003, p. 24, n° 15.

Évoquer les auspices de l'Être suprême sous lesquels la déclaration est rédigée conduit à replonger dans le droit naturel[263] ; il vaut mieux n'y voir qu'une pure création de la raison humaine, qui se suffit à elle-même, justifiée pour cause d'équité. « *L'égalité mise en place relève dès lors d'une morale que l'on pourrait qualifier de conventionnelle, bien plus qu'immanente, résultat d'un consensus formé autour de la notion de justice, par lequel s'entretient l'illusion d'une réflexion jusnaturaliste* »[264].

186. L'égalité implique l'identité à un égard, mais pas à tous, sinon ces deux notions se confondraient. Lorsqu'elle est arithmétique, l'égalité s'identifie à l'égalitarisme. « *S'il n'y a égalité que sous un rapport déterminé, les mêmes êtres et les mêmes choses peuvent être différents ou inégaux sous d'autres rapports*[265] ». L'égalité consisterait à traiter également les choses égales et inégalement les choses inégales. Autrement dit, si toutes les personnes sont égales en droit, rien n'interdit de traiter différemment des personnes se trouvant dans des situations distinctes[266]. Cette forme d'égalité se rencontre en droit des affaires OHADA où les créanciers sont traités par échelons selon que l'ordre de paiement est la suite d'une vente de biens saisis ou d'une liquidation judiciaire. Quand elle est proportionnelle, l'expression d'égalité au mérite est souvent ici rencontrée. Le paiement par contribution au marc le franc des créanciers venant à rang égal en est un exemple[267].

187. À cette conception classique de l'égalité au mérite, la question de l'égalité des chances se pose : qui mérite son mérite ? Que celui-ci soit acquis (capital culturel) ou inné (talent particulier), personne n'est en mesure de le justifier. Nul n'a fait l'effort de naître dans une famille bourgeoise ni d'avoir un don pour les mathématiques ou le sport. L'égalité des chances peut être formelle ou substantielle. Dans le premier cas, elle signifie l'accès possible de tous aux positions sociales les plus élevées. Dans le second, elle vise à rendre tout un chacun

---

[263] *Ibid.*, n° 29, p. 33.

[264] Voir MAZIÈRE (P.), *Le principe d'égalité en droit privé, op cit.* p. 36.

[265] Voir FREUND (J.), *Politique et impolitique*, Sirey, 1987, p. 180.

[266] Voir RAWLS (J.), *Théorie de la justice, trad.* AUDARD (C.), Seuil, 1997 ; *La justice comme équité, une reformulation de la « théorie de la justice »*, trad. GUILLARME (B.), *La Découverte*, 2003.

[267] En matière immobilière, il peut y avoir répartition au marc le franc en cas d'insuffisance de deniers pour désintéresser les créanciers venant à rang égal. Voir dans leurs dispositions finales, les articles 225 et 226 de l'AUS et les articles 166 et 167 de l'AUPCAP.

capable de les atteindre. Les concours, en particulier ceux des grandes écoles, sont un bon exemple du premier type d'égalité, parce que n'importe qui peut les présenter. Sous la deuxième dimension, ils ne le sont pas, puisque l'on y retrouve systématiquement les catégories sociales les plus favorisées. Il est plus fréquent, dans un contexte de pauvreté visible, d'intégrer une grande école lorsque l'on est issu d'un milieu favorisé que d'un milieu populaire[268].

188. L'égalité des chances, dans son aspect substantiel, permet de justifier la différence de traitement dans la mesure où elle vise à rétablir cet équilibre des forces entre les protagonistes en compétition. Une application dans la fonction publique a consisté à multiplier les voies d'admission parallèles, dont la contractualisation et l'équilibre régional. Elles ne prétendent pas mettre fin à une inégalité naturelle, mais seulement procéder à la correction de l'inégalité juridique. En effet, même si les hommes naissent libres et égaux, les inégalités, appelées pudiquement distinctions sociales, sont admises en tant qu'elles sont fondées par l'utilité commune[269]. À chacun selon son mérite, pourrait-on dire.

189. En droit interne, l'égalité est un principe à valeur constitutionnelle[270]. « *Le principe d'égalité devant la loi implique qu'à situations semblables il soit fait application de solutions semblables* »[271]. En outre, il ne s'oppose pas à ce que le législateur règle de façon différente des situations différentes, encore moins à ce qu'il déroge à l'égalité pour des raisons d'intérêt général. Ce dernier constitue un argument puissant dans la répartition discriminatoire des prix en droit des affaires OHADA[272]. À la lecture des articles 148 et 149 de l'AUS bien évidemment, on oppose les créanciers privilégiés aux créanciers chirographaires. Le passif préférentiel concerne les privilèges du Trésor, des caisses de sécurité sociale, des salariés, du

---

[268]Voir ALBOUY (V.) et WANECQ (Th.), « Les inégalités sociales d'accès aux grandes écoles », *Eco. et Stat.*, 2003, n° 361, p. 27.

[269]Déclaration des droits de l'homme et du citoyen, article 1er : « *Les hommes naissent et demeurent libres et égaux en droits. Les distinctions sociales ne peuvent être fondées que sur l'utilité commune* ».

[270]Voir le préambule de la constitution de 1996 au Cameroun.

[271]Voir PHILIP (L.), « La portée du contrôle exercé par le Conseil constitutionnel », *RDP*, 1974, p. 531.

[272]Voir NEMEDEU (R.), « Le principe d'égalité des créanciers : vers une double mutation conceptuelle (Étude à la lumière du droit français et OHADA des entreprises en difficulté) », *RTD com.*, 2008, p. 241, spéc. p. 265.

vendeur de meubles... Par ailleurs, si les dettes bancaires ou financières ne sont pas toujours privilégiées (créancier hypothécaire, privilège du prêteur de deniers[273]), elles ne sont jamais sans garanties (propriété-sûretés, sûretés personnelles, sûretés réelles). L'addition de ces chiffres montre que le passif prioritaire (privilégié et garanti) caractérise l'essentiel de l'endettement total d'une société en cessation de paiements. Ainsi, l'ouverture de la procédure collective ou la pluralité de saisies entraîne l'application immédiate de la règle du concours entre les créanciers. Dès lors, on se demande si le droit des garanties OHADA rime avec l'égalité de chance entre créanciers.

190. Il ressort certainement de la lecture combinée des articles 9 et 75 de l'AUPCAP que la décision d'ouverture d'une procédure collective suspend ou interdit l'exercice des voies d'exécution tendant à obtenir le paiement des droits et créances exercés par les créanciers antérieurs à cette décision d'ouverture. Ils subissent pour ainsi dire la discipline collective, synonyme d'égalité[274]. On assiste donc à un certain principe d'égalité des créanciers en cas d'ouverture des procédures collectives (section 1). Toutefois, l'ordre créé pour la répartition est sans aucun doute légal et a pour limite basse le créancier chirographaire. C'est pourquoi on relève une certaine inégalité de créanciers dans les ordres de paiement en droit OHADA (section 2).

Section 1. Le principe d'égalité manifesté à l'ouverture des procédures collectives

191. Les procédures collectives sous-entendent une gamme de règles procédurales dérogatoires pour l'essentiel à celles de la procédure civile de droit commun en raison des objectifs et des finalités à elles assignés[275]. En effet, chacun des créanciers peut individuellement,

---

[273]Notons que le privilège du prêteur des deniers n'existe pas en droit OHADA. Il faudrait recourir au droit national notamment au Cameroun, avec la Loi n° 2009/009 du 10 juillet 2009 relative à la vente d'immeubles à construire (article 33). Pour un plus grand commentaire lire : NGNINTEDEM (J-C) « Le crédit immobilier face aux enjeux de la promotion immobilière : le choix des garanties dans le cadre de la vente d'immeubles à construire du secteur protégé au Cameroun », Mélanges offerts au Professeur TIENTCHEU NJIAKO André, PUA, 2015.

[274]Voir KANTE (A.), « Réflexion sur le principe de l'égalité entre les créanciers dans le droit des procédures collectives d'apurement du passif (OHADA) », *EDJA* n° 56, www.ohada.com/ohadata D-06-47.

[275]Dans son article inaugural (article 1er), l'AUPCAP révisé affirme clairement la volonté qui est celle du législateur OHADA : « *préserver les activités économiques et*

exercer une procédure d'exécution sur un bien quelconque de ce dernier. Le paiement est alors le prix de la course. Le désordre règne dans les poursuites. Ainsi, le créancier le plus diligent pourra obtenir un paiement intégral de sa dette, au détriment de tous les autres qui seront impayés. Cependant, l'insolvabilité de son partenaire économique est un véritable danger. Le monde du commerce reposant sur le crédit et la confiance en l'autre, la défaillance d'un agent de la chaîne économique peut, par contagion, provoquer des défaillances en série.

192. L'impayé, dont est victime un agent, peut lui interdire de faire face à ses propres engagements. Outre l'idée qu'une procédure dite collective ne peut s'accommoder de l'exercice désordonné ou anarchique des poursuites individuelles, l'esprit du législateur est d'éviter la paralysie du processus d'assainissement et de redressement envisagé par la mise en œuvre des voies d'exécution pouvant aboutir à la vente des biens nécessaires à la continuation de l'activité de l'entreprise[276] ; car cette dernière a besoin de toutes ses ressources pour espérer un éventuel sauvetage. C'est pourquoi le droit des procédures collectives instaure une discipline collective des créanciers en les soumettant au principe d'égalité. En vertu de ce principe, tous les créanciers, à partir de l'ouverture des procédures collectives subiront une atteinte à leurs droits à partir d'une organisation collective, peu importe qu'ils soient munis de sûretés ou pas. On relève donc dans le cadre l'OHADA une certaine fragilisation des sûretés par les procédures collectives (I). Mais, la règle n'est pas absolue. Certains facteurs remettent véritablement en cause

---

les niveaux d'emplois des entreprises débitrices, de redresser rapidement les entreprises viables et de liquider les entreprises non viables dans les conditions propres à maximiser la valeur des actifs des débiteurs pour augmenter les montants recouvrés par les créanciers et d'établir un ordre précis de paiement des créances garanties ou non garanties ; définir la réglementation applicable aux mandataires judiciaires ; définir les sanctions patrimoniales, professionnelles et pénales relatives à la défaillance du débiteur, applicables aux dirigeants de toute entreprise débitrice et aux personnes intervenant dans la gestion de la procédure ».

[276] À partir d'un arsenal initial de 258 dispositions, la réforme du 10 septembre 2015 a porté le contenu de cet important texte à 378 dispositions, soit un nombre de 120 dispositions nouvelles. Au regard de l'AUPCAP initial du 10 avril 1998, l'AUPCAP nouveau innove par la détermination de son champ d'application, l'institution de la faculté pour toute entreprise de demander, avant toute cessation de ses paiements, l'ouverture d'une procédure de médiation, l'institution d'une procédure simplifiée de règlement préventif, de redressement judiciaire ou de liquidation des biens ainsi que l'institution de la procédure préventive de conciliation .

cette égalité qu'instaurent les procédures collectives entre les créanciers (II).

I. La fragilisation des sûretés à l'ouverture des procédures collectives

193. L'ouverture d'une procédure collective qu'elle soit *stricto sensu* (redressement judiciaire et liquidation des biens), ou *lato sensu* (conciliation et règlement préventif), emporte toujours création d'une situation nouvelle[277]. À cet effet, l'égalité reste le principe directeur de la procédure[278]. C'est la traduction de cette approche égalitaire des procédures collectives qui se manifeste par les nullités de la période suspecte [279], l'arrêt du cours des intérêts et des inscriptions, la suspension des poursuites individuelles et l'obligation de déclarer sa créance pour être admis au passif du débiteur, la continuation des contrats en cours, l'apurement du passif. Les voies d'exécution subissent pour ainsi dire l'influence des procédures collectives. Même les sûretés garantissant des créances antérieures dans l'AUPCAP révisé sont fragilisées, parce qu'elles ne peuvent plus être réalisées librement par leurs titulaires. Cet état nouveau créé par le jugement d'ouverture[280] de la procédure collective affecte donc l'efficacité des sûretés qu'elles soient personnelles (A) ou réelles (B).

A. La fragilisation des sûretés personnelles

194. Sous l'empire de l'AUPCAP originel du 10 avril 1998, il était possible pour les créanciers de réaliser leurs sûretés personnelles nonobstant que le débiteur soit soumis à une procédure collective. S'agissant du cautionnement par exemple, certains[281] ont pu à cet effet soutenir la thèse de l'altération du caractère accessoire du

---

[277]MATSOPOULOU (H.), « L'incidence d'une procédure collective sur l'exercice de l'action civile », *JCP G*, n° 39, septembre 1998, p. 1639.

[278]Voir POLLAUD-DULLIAN (Fr.), « Le principe d'égalité dans les procédures collectives », *JCP G*, 1998, I, 138, p. 972.

[279]Les nullités de la période suspecte assurent l'égalité en interdisant les paiements anormaux de dettes échues et les paiements de dettes non échues.

[280]On parle souvent de jugement déclaratif, en ce sens qu'il constate un état de difficulté antérieur. Mais en réalité, il est constitutif d'un état nouveau opposable à tous ; voir SAINT ALARY-HOUIN (C.), *Droit des entreprises en difficulté*, Montchrestien, Domat, 6e éd., 2009, p. 256, n° 428.

[281]MAWUNYOAGBENOTO (K.), *Le cautionnement à l'épreuve des procédures collectives*, Thèse en cotutelle, Université du Maine, Le Mans-France et Université de Lomé-Togo 2008, p. 24.

cautionnement, parce que les cautions ne bénéficiaient guère des avantages accordés au débiteur en difficulté. Le législateur OHADA des procédures collectives du 10 avril 1998 semble avoir privilégié l'objectif de paiement des créanciers en préservant l'efficacité des sûretés personnelles dont la fonction est de garantir le créancier contre le risque de non-paiement du débiteur[282]. Par contre, la fragilisation des sûretés personnelles est bien manifestée dans la réforme de l'Acte uniforme sur les procédures collectives (1). Mais il s'agit d'une fragilisation qui a des limites (2).

1. Les manifestations de la fragilisation

195. L'observation du dispositif OHADA des procédures collectives laisse apparaître que la quantité et la qualité des avantages accordés aux personnes physiques coobligées ou ayant consenti une sûreté personnelle ou ayant affecté ou cédé un bien en garantie varient en fonction de la nature de la procédure ouverte contre le débiteur. Lorsque l'on a affaire à des procédures préventives à caractère libéral et volontariste, des tiers, personnes physiques, ayant consenti des sûretés peuvent se prévaloir des dispositions de l'accord de conciliation (procédure préventive à caractère amiable et confidentiel) et celles du concordat préventif adopté dans le cadre du règlement préventif (procédure préventive à caractère judiciaire et public) ; ce qui n'est pas le cas dans la procédure de redressement judiciaire dont les dispositions du concordat ne profitent guère aux personnes ayant consenti un cautionnement ou affecté ou cédé un bien en garantie.

196. En droit OHADA, la conciliation et le règlement préventif sont des procédures préventives destinées à sauvegarder les entreprises en difficulté et à apurer leur passif avant la cessation des paiements. La conciliation n'est pas à proprement parler une procédure collective de paiement, elle a un caractère confidentiel et amiable. Elle a néanmoins été consacrée et réglementée par le nouvel AUPCAP, ce qui aurait pu au demeurant fonder une révision de l'intitulé de l'AUPCAP. Certes, son ouverture n'affecte pas au premier abord l'efficacité des sûretés, mais la recherche de l'accord qui marque son dénouement et la bonne exécution de celui-ci dépendront en grande partie de la neutralisation des droits des créanciers qu'ils soient chirographaires ou titulaires de

[282]En ce sens, LEVOAAWONO (S. P.), « La poursuite de la caution d'une entreprise en difficulté en droit OHADA », Banque et Droit, p. 7.

sûretés. Dans cette perspective, une forme particulière de suspension des poursuites a été prévue à l'article 5-7 de l'AUPCAP révisé.

197. Selon cet article, un créancier appelé à la conciliation pendant la période de recherche de l'accord qui met en demeure ou poursuit le débiteur verra le paiement de ses sommes réclamées, reporté et les poursuites engagées, suspendues par le Président du tribunal, à la demande du débiteur, après avis du conciliateur. La règle est applicable à tous les créanciers titulaires de sûretés ou non et vise à restaurer une certaine égalité des créanciers. Malheureusement, cette faveur n'a pas été étendue aux personnes ayant consenti une sûreté personnelle ou ayant affecté ou cédé un bien en garantie. Cette omission de l'avis d'un auteur paraît davantage comme le fruit d'une inadvertance n'exprimant pas réellement la volonté du législateur[283].

198. En revanche, le dernier alinéa de l'article 5-12 de l'AUPCAP révisé dispose : « *les personnes ayant consenti une sûreté personnelle, ou ayant affecté ou cédé un bien en garantie, et les coobligés peuvent se prévaloir des dispositions de l'accord* ». Cette disposition s'inscrit non seulement dans la logique de l'incitation au recours à la procédure de conciliation, mais aussi de la facilitation de l'exécution de l'accord amiable conclu. Les éventuelles poursuites intentées par les créanciers ou les garants de la dette d'autrui contre le débiteur auraient pour effet de rendre l'exécution de l'accord impossible. L'alinéa 5 de l'article 9 étend le bénéfice de la suspension des poursuites individuelles aux personnes physiques coobligées ou ayant consenti une sûreté personnelle ou ayant affecté ou cédé un bien en garantie.

199. Dans la même veine, mais à une différence près de l'article 5-12 de l'AUPCAP révisé, l'article 18 fait bénéficier aux tiers ayant garanti la dette d'autrui les délais et remises du concordat préventif. Cette disposition est à mettre en perspective avec celle de l'article 9 qui leur permet de bénéficier de la suspension des poursuites individuelles. Dans le cadre du règlement préventif précisément, le débiteur va bénéficier des mesures susceptibles de redresser sa situation. C'est dans cette optique que le concordat est formé. On est donc face à l'exclusion de la caution des mesures concordataires et celui de la réfutation du caractère accessoire du cautionnement dans le cadre des mesures

---

[283] AKONO ADAM (R.), « Les sûretés à l'épreuve de la réforme OHADA des procédures collectives du 10 septembre 2015 », à Paraitre à la RDAI. *Op.cit.*

concordataires[284]. Conformément au principe de l'accessoire, il va sans dire que la caution doit supporter les conséquences d'un acte à la conclusion duquel elle n'a nullement pris part.

200. Dans les procédures collectives curatives que sont le redressement judiciaire et la liquidation des biens, il existe des dispositions qui étendent les mesures de faveur du débiteur principal en cessation des paiements aux garants de la dette d'autrui. L'extension de ces mesures constitue un obstacle à la réalisation des sûretés personnelles par leurs titulaires. L'article 75-1 de l'AUPCAP révisé élargit le cercle des bénéficiaires de la suspension des poursuites individuelles en ces termes : « *la décision d'ouverture du redressement judiciaire suspend toute action contre les personnes physiques coobligées ou ayant consenti une sûreté personnelle, ou ayant affecté ou cédé un bien en garantie à compter dudit jugement et durant l'exécution du concordat de redressement judiciaire. Toutefois, les créanciers bénéficiant de ces garanties peuvent prendre des mesures conservatoires* ».

201. Cette disposition exclut expressément la liquidation des biens, ce qui se comprend, car cette procédure ne vise pas prioritairement, à l'instar du redressement judiciaire, le sauvetage de l'entreprise débitrice. Comme relevé précédemment, l'extension des mesures de faveur du débiteur aux garants de la dette d'autrui comme les cautions[285], le plus souvent dirigeants sociaux, ou un de leurs proches vise à les inciter à saisir rapidement la juridiction compétente aux fins d'ouverture d'une procédure qui permettrait le redressement de l'entreprise. Le redressement judiciaire est une de ces procédures. On donne encore la chance au débiteur, bien qu'il soit déjà en cessation des paiements, de se redresser, de préserver son activité économique et de maintenir les niveaux d'emplois[286].

---

[284] Voir KOFFI MAWUNYO (A.), *Le cautionnement à l'épreuve des procédures collectives* ; thèse pour l'obtention du diplôme de Doctorat, Université de Lomé, 2008, 454 p.

[285] Voir SIMO KAMGANG (C. G.), Le cautionnement dans l'Acte uniforme révisé portant organisation des procédures collectives d'apurement du passif de l'OHADA, Mémoire Master Recherche, Université de Ngaoundéré, 2016, 98 p.

[286] AKONO ADAM (R.), « Les sûretés à l'épreuve de la réforme OHADA des procédures collectives du 10 septembre 2015 », à paraitre à la RDAI, *op. cit.*

202. En ce sens, les sûretés personnelles obéissent à un traitement à géométrie variable[287]. Leur neutralisation étant assurée tant qu'il existe des chances de sauver l'entreprise et prenant fin au contraire, dès lors que l'on bascule dans une procédure liquidative, essentiellement consacrée au paiement des créanciers. Le législateur OHADA des procédures collectives du 10 septembre 2015, en paralysant l'effet des sûretés personnelles entend inciter les chefs d'entreprises individuelles, les dirigeants sociaux, le plus souvent garants des dettes des structures à la tête desquelles ils sont, à saisir le plus rapidement la juridiction compétente aux fins d'ouverture d'une procédure préventive ou de sauvetage. Un dirigeant social garant des dettes de son entreprise sera dissuadé de saisir rapidement le juge avant que sa situation ne soit irrémédiablement compromise lorsqu'il sait qu'il sera immédiatement poursuivi en paiement par les créanciers à l'ouverture de la procédure collective.

203. Ainsi, le droit des procédures collectives n'est plus, *a priori*, un droit de recouvrement des créances. Le souci d'assurer la survie ou la rédemption économique de l'entreprise innerve l'ensemble des dispositions dans lesquelles des mesures de faveur sont accordées au débiteur principal pour sauver son activité. C'est justement ces raisons qui ont motivé le législateur OHADA des procédures collectives à fragiliser le cautionnement bénéficiant à un créancier confronté à un débiteur soumis soit à une conciliation, soit à un règlement préventif soit à un redressement judiciaire. Toutefois à bien lire l'article 75-1, la fragilisation des sûretés personnelles n'est pas absolue.

2. Les atténuations à la fragilisation des sûretés personnelles

204. Les deux sûretés personnelles régies par l'AUS sont le cautionnement et la garantie autonome. Ces deux sûretés à s'en tenir à la lettre des dispositions de l'AUPCAP révisé obéissent pour ce qui est de leur neutralisation à un régime commun. L'alignement du régime juridique de la garantie autonome à celui du cautionnement vise comme indiqué plus haut à éviter les stratégies de contournement des créanciers. Cependant, cette uniformisation qui, au demeurant, relativise les distinctions classiques admises en droit des sûretés ne fait pas perdre à la garantie autonome sa spécificité. Cette dernière

[287] AKONO ADAM (R.) « Les sûretés à l'épreuve de la réforme OHADA des procédures collectives du 10 septembre 2015 », *op. cit.*

contrairement au cautionnement conserve sa réelle efficacité[288]. En considération de cette donnée, il est permis de penser que les garanties et contre-garanties autonomes conserveront leur efficacité dans les procédures collectives[289]. Dès lors, les créanciers titulaires de cette sûreté pourront exercer leurs poursuites contre les garants autonomes, et se faire payer en totalité. Le caractère autonome de cette sûreté n'a pas été remis en cause par le droit des procédures collectives. Seuls les garants-personne physique sont protégés par les dispositions incitatives de l'AUPCAP révisé.

205. La procédure de conciliation fait néanmoins exception, parce que toutes les personnes, sans distinction de leur nature ayant consenti une sûreté personnelle ou ayant affecté ou cédé un bien en garantie et les coobligés peuvent se prévaloir des dispositions de l'accord de conciliation homologué. Tous les « *garants* » du débiteur pourront en ce cas se prévaloir des remises de dettes ou des délais convenus dans l'accord de conciliation. Mais l'usage de la formule générique par certaines dispositions de l'AUPCAP révisé, selon laquelle, « *les personnes physiques coobligées ou ayant consenti une sûreté personnelle ou ayant affecté ou cédé un bien en garantie [...]* » traduisant le traitement homogène qui gouverne l'ensemble des sûretés consenties par des tiers, ne devrait guère conduire à intégrer la garantie autonome parmi les sûretés personnelles dont l'efficacité est restreinte par des dispositions incitatives précédemment examinées.

206. Le garant-personne physique n'est souvent que le dirigeant de l'entreprise cautionnée qui ne doit pas « *craindre les répercussions de l'ouverture de la procédure sur sa situation personnelle* » ou celle de

---

[288]L'autonomie de la garantie autonome ou de la contre-garantie indique que le garant ou le contre-garant contracte un engagement juridique nouveau dont l'objet est indépendant de celui de l'obligation garantie issue du contrat de base. Le législateur OHADA des sûretés en raison de la gravité de cette garantie ne donne pas la possibilité aux personnes physiques de la souscrire. Les garanties et contre-garanties autonomes ne peuvent être souscrites par les personnes physiques sous peine de nullité. Article 40 de l'AUS.

[289]Selon la Cour de cassation française, le défaut de déclaration ne fait pas perdre le bénéfice de la garantie à première demande et celle professionnelle. Voir dans le cas de la garantie à première demande, Cass. com., 30 janv. 2001, Bull. civ. IV, n° 25 ; RTD com., 2001, p. 753, obs. M. Cabrillac ; D. 2001, somm., p. 3426, obs. A. Honorat ; dans le cas de la garantie professionnelle, Cass. ass. plén., 4 juin 1999, Bull. inf. C. cass., 15 juillet 1999, concl. Joinet et note Toitot ; D. aff., 1999, p. 1082 et s., note A. L. ; RTD civ. 1999, p. 665 et s., obs. P. Crocq ; Banque et Droit, n° 67, sept-oct. 1999, p. 46 et s., obs. N. Rontchevsky.

ses proches : le législateur craint en effet par-dessus tout que le dirigeant ne diffère la déclaration judiciaire de ses difficultés, voire de sa cessation des paiements dans le seul but d'échapper à des poursuites immédiates en qualité de caution personnelle de son entreprise ; un tel retard neutraliserait en effet l'objectif d'un traitement anticipé des difficultés du débiteur conçu comme un bénéfice, un refuge pour le débiteur malchanceux.

207. Par ailleurs, les créanciers bénéficiant de ces garanties peuvent prendre des mesures conservatoires[290]. Au regard de cette dérogation, on peut se poser la question de savoir si un créancier est en droit d'exercer une action en justice en vue d'obtenir un titre exécutoire contre une personne physique coobligée ou ayant consenti une sûreté personnelle ou ayant affecté ou cédé un bien en garantie nonobstant l'ouverture du redressement judiciaire. Cette question remet au goût du jour la difficile articulation du droit des procédures civiles d'exécution avec le droit des procédures collectives. L'intérêt de la question réside surtout dans l'obligation faite par l'article 61 de l'AUPSR-VE au créancier, à peine de caducité, d'introduire une procédure ou d'accomplir les formalités nécessaires à l'obtention d'un titre exécutoire dans le mois qui suit la mesure conservatoire lorsqu'elle a été pratiquée sans un titre exécutoire. Eu égard à cette interrogation, il est judicieux d'admettre que le créancier qui a pris une mesure conservatoire peut obtenir un titre exécutoire, mais sa mise en œuvre est suspendue à compter du jugement d'ouverture du redressement judiciaire et durant l'exécution du concordat. C'est dire que le créancier doit attendre le terme du concordat de redressement judiciaire ou en demander la résolution pour mettre en œuvre le titre exécutoire.

208. Le dernier alinéa de l'article 77 de l'AUPCAP révisé étend l'arrêt du cours des intérêts aux personnes physiques garantes de la dette d'autrui aussi bien dans la procédure de redressement judiciaire que celle de la liquidation des biens. Les créanciers titulaires de sûretés personnelles verront la substance de leurs créances diminuée à cause de cette règle. Autant on peut comprendre l'élargissement de la règle de l'arrêt du cours des intérêts aux personnes physiques garantes de la dette d'autrui dans le redressement judiciaire, autant on s'interroge sur les raisons qui ont conduit le législateur OHADA à l'étendre dans la

---

[290] Voir article 75-1 de l'AUS.

liquidation des biens. On peut regretter, avec une doctrine autorisée[291], l'extension du bénéfice de l'arrêt du cours des intérêts au cas de la liquidation des biens, car il n'y a aucune raison pour qu'un chef d'entreprise ayant laissé la situation financière de sa société se détériorer au point qu'elle doive être liquidée soit ainsi protégé.

209. En effet, l'AUS a pris soin de préciser, en son article 13, que le cautionnement est un engagement par lequel la caution paie en cas de défaillance du débiteur. Au nom de ce principe selon lequel l'engagement de la caution doit se mesurer en fonction de celui du débiteur principal ou, encore, l'accessoire doit suivre le sort du principal, l'AUS dispose que la caution ne peut pas être tenue d'une façon plus onéreuse que le débiteur principal ; son engagement ne peut excéder ce qui est dû par le débiteur principal au moment des poursuites[292]. De plus, le créancier ne peut poursuivre la caution sans mettre préalablement en cause le débiteur principal[293]. Par ailleurs, la caution peut soulever toutes les exceptions inhérentes à la dette et qui appartiennent au débiteur principal[294].

210. En cas d'ouverture de la procédure collective contre la caution, le créancier peut-il produire sa créance au syndic alors que sa dette n'est pas encore exigible envers le débiteur principal ? Le caractère accessoire ne permettrait pas en principe de poursuivre la caution sans la faillite du débiteur. Autrement dit, il serait difficile d'attaquer la caution alors que le créancier est encore en de très bons termes avec le débiteur principal. Seulement en cas de perte de sa garantie, le créancier peut exiger de son débiteur principal qu'il lui fournisse une garantie équivalente. On relève cependant en matière de règlement préventif que la requête du débiteur est accompagnée de… 6°) l'état détaillé, actif et passif, « *des sûretés personnelles et réelles, données ou reçues par l'entreprise et ses dirigeants* »[295].

211. Aussi, dès l'ouverture du redressement judiciaire ou de la liquidation des biens, il est procédé par le syndic à l'inventaire des biens du débiteur, ainsi que « *des sûretés qui les grèvent* », en sa présence ou

---

[291] CROCQ (P.), « Des créanciers et des contractants mieux protégés », *in Modernisation de l'Acte uniforme sur les procédures collectives*, Dossier spécial, Droit et Patrimoine, p. 64.
[292] Article 7, alinéa 3 AUS.
[293] Article 13, alinéa 2, de l'AUS.
[294] Article 18 AUS.
[295] Article 6-1 de l'AUPCAP.

dûment appelé par lettre au porteur contre récépissé ou par lettre recommandée avec demande d'avis de réception ou par tout autre moyen laissant trace écrite[296]. Le garant ne pourra notamment se prétendre libéré par une clôture de la liquidation pour insuffisance d'actif qui n'entraîne pas d'extinction de son obligation. Menacé par un sort enviable réservé aux créanciers lorsque le sauvetage du garant paraît possible, le sort du créancier est au contraire largement douteux lorsque ce sauvetage semble improbable, voire impossible, c'est-à-dire en cas de liquidation.

212. On énoncera pour simple mémoire les principales règles qui leur sont applicables : le créancier peut théoriquement se voir imposer une substitution de garanties par le juge. Il supporte les délais des plans de sauvegarde ou de redressement de la caution. La caution ne pourra pas se prétendre libérée par le simple fait de sa liquidation. Le droit de préférence des créanciers munis de sûretés réelles spéciales sur le prix des biens cédés s'exerce dans l'ordre prévu aux articles 166 et 167 ci-dessous[297].

B. La fragilisation des sûretés réelles

213. La réforme de l'AUS du 15 décembre 2010, nous l'avons vu, fait apparaître l'existence de deux types de sûretés réelles : celles fondées sur le droit de préférence et celles conférant une situation d'exclusivité à leurs titulaires. Ces dernières sont réputées efficaces. Elles résisteraient mieux aux atteintes résultant de l'ouverture d'une procédure collective. Un créancier qui aura choisi une sûreté exclusive se trouverait selon toute vraisemblance en position de force en cas d'ouverture d'une procédure collective[298]. Les sûretés réelles fondées sur le droit de préférence subissent par contre des atteintes sérieuses du fait de l'ouverture d'une procédure collective[299]. Cependant, l'AUPCAP révisé a maintenu un ensemble de mécanismes qui existaient déjà dans l'AUPCAP originel du 10 avril 1998 qui, tantôt

[296]Article 63 de l'AUPCAP.

[297]Article 133 al 4 de l'AUPCAP.

[298]En ce sens, DAMMANN (R.) et LE BEUZE (G.), « Réforme des sûretés et des procédures collectives : quelles sûretés choisir ? », *Cahiers de droit de l'entreprise* n° 2, mars 2007, dossier 9.

[299]On suppose que si ces garanties avaient été actives, elles auraient constitué à coup sûr de sérieux obstacles à l'atteinte des objectifs de service public économique assignés aux procédures collectives.

neutralisent les sûretés réelles préférentielles (1), tantôt neutralisent les sûretés réelles exclusives (2).

1. Les atteintes à l'efficacité des sûretés réelles préférentielles

214. L'efficacité d'une sûreté réelle se mesure en droit commun en fonction des prérogatives qu'elle confère à son titulaire, en l'occurrence, le droit de préférence et le droit de suite. Une sûreté efficace est celle dont la constitution et la réalisation sont simples et ne génèrent guère de difficulté majeure aux créanciers. Or, en matière de droit des entreprises en difficulté, l'efficacité d'une sûreté réelle est bien souvent fonction de sa résistance aux sujétions et contraintes résultant de l'ouverture de la procédure collective. Les attributs qui fondent l'existence des sûretés réelles sont altérés par les règles caractéristiques de la discipline collective.

215. Tout d'abord, le législateur OHADA du 10 septembre 2015 a respectivement réécrit les articles 9 et 75 de l'AUPCAP qui organisent l'arrêt des poursuites individuelles et des voies d'exécution dans les procédures de règlement préventif et collectif curatives (redressement judiciaire et liquidation des biens). Le champ d'application de l'arrêt des poursuites individuelles et des voies d'exécution a été étendu. L'interdiction des poursuites individuelles de l'article 9 s'applique à toutes les créances[300] chirographaires et à celles garanties par un privilège général, un privilège mobilier spécial, un gage, un nantissement ou une hypothèque, à l'exception des créances de salaires et d'aliments. Elle concerne aussi bien les demandes en paiement des créances antérieures à l'ouverture de la procédure que les voies d'exécution, les mesures conservatoires, y compris toute mesure d'exécution extrajudiciaire. S'agissant des mesures d'exécution extrajudiciaire, on pense justement au pacte commissoire et à l'attribution judiciaire du bien objet de la garantie. Ce sont des modes

---

[300]La réforme de l'AUPCAP du 10 septembre 2015 a mis fin à la suspension des poursuites à géométrie variable. Avec cette innovation, il ne sera plus possible au débiteur, lors de l'introduction de la requête aux fins d'ouverture du règlement préventif d'indiquer les créances pour lesquelles il demande la suspension des poursuites individuelles. Désormais, la suspension des poursuites tendant à obtenir le paiement des créances nées antérieurement à la décision d'ouverture s'étend à toutes les créances et non plus seulement à celles visées dans la requête comme c'était le cas dans l'AUPCAP originel du 10 avril 1998. Même les créances antérieures de nature cambiaire tombent sous le coup de la suspension des poursuites individuelles résultant de l'ouverture d'un règlement préventif, voir CCJA, 2e Ch., 18 mai 2017, n° 128/2017, LEDAF, 01/10/2017, n° 9, p. 3, note A. GOUËZEL.

alternatifs d'exécution forcée qui ne sauraient tenir en échec, faute d'un texte d'exception exprès, les règles impératives du droit des procédures collectives.

216. L'article 75 rénové vise, contrairement à l'ancienne rédaction de l'AUPCAP originel du 10 avril 1998, toute action en justice de la part de tous les créanciers composant la masse tendant à la résolution d'un contrat pour défaut de paiement d'une somme d'argent. Ainsi, si l'action en résolution a été introduite avant le jugement d'ouverture, elle ne peut être poursuivie. Seule une clause résolutoire acquise, en raison du principe général des *droits acquis* avant le jugement d'ouverture ou une résolution judiciaire définitive, échappe à l'arrêt des poursuites individuelles. Aussi, l'arrêt et l'interdiction des procédures d'exécution s'étendront désormais aux procédures de distribution n'ayant pas produit un effet attributif avant le jugement d'ouverture, ce qui aurait pour effet notamment d'éviter que les sommes séquestrées au jour de la décision d'ouverture échappent à la procédure. Les actions fondées sur le non-respect d'une obligation de faire peuvent être poursuivies à condition que celles-ci n'aient pas indirectement pour objet de condamner le débiteur au paiement d'une somme d'argent.

217. Malgré le silence de l'article 75 sur la mention précise des mesures d'exécution extrajudiciaire dans son domaine d'application, il est de bon droit d'admettre que toute procédure d'exécution de la part des créanciers dans la masse est visée sans distinction de leur nature. Entrent ainsi dans le champ d'application de l'arrêt des poursuites individuelles et des voies d'exécution, toutes les mesures d'exécution forcée qu'elles soient judiciaires ou extrajudiciaires. L'argument selon lequel le pacte commissoire en raison de son automaticité en cas de défaillance du débiteur dérogerait à la règle de l'interdiction des poursuites individuelles et des voies d'exécution de l'article 75 nous paraît insuffisant[301]. Considéré comme une voie d'exécution simplifiée,

---

[301] Selon le professeur CROCQ (P.) (« Des créanciers et des contractants mieux protégés », *in Modernisation de l'Acte uniforme sur les procédures collectives*, Dossier spécial, Droit et Patrimoine, *op. cit.*, p. 64), le pacte commissoire joue d'une manière automatique et garde son efficacité malgré l'ouverture d'une procédure de redressement judiciaire ou de liquidation des biens, c'est la raison pour laquelle l'article 75 de l'AUPCAP, contrairement à l'alinéa 2 de l'article 9 ne comporte aucune disposition visant les mesures d'exécution extrajudiciaire. Le créancier n'a pas de poursuite à exercer pour que son pacte se réalise en matière mobilière. À rebours de cette thèse, l'on soutient avec les autres (LE CORRE (P.M), « L'attribution judiciaire de l'immeuble hypothéqué en liquidation judiciaire », obs. sous T. mixte

un procédé alternatif de réalisation des sûretés réelles conventionnelles[302], le pacte commissoire ne saurait échapper à la rigueur de la discipline collective.

218. Ensuite, les créanciers composant la masse à l'exception de ceux d'aliments, doivent, sous peine de forclusion, produire leurs créances auprès du syndic. L'obligation de production des créances antérieures en temps utile n'est prévue que dans le cadre des procédures de redressement judiciaire et de liquidation des biens. C'est une formalité sans laquelle, les créanciers ne peuvent jouir de leurs droits. Les créanciers qui n'ont pas précisé dans leur déclaration la nature de la sûreté dont la créance est éventuellement assortie sont considérés comme chirographaires. L'AUPCAP révisé dans nombre de ses dispositions reconnaît à certains créanciers dans la masse des avantages au moment de l'acquittement de leur obligation de production. Les créanciers publics par exemple (Fisc, Trésor, Douane, Organismes de sécurité et de prévoyance sociales) ont d'une part la possibilité de produire leurs créances à fin d'admission provisionnelle et « *sous réserve des créances non encore établies et des redressements ou rappels individuels* »[303], d'autre part leurs créances ne peuvent être contestées que dans les conditions résultant des textes spéciaux qui leur sont respectivement applicables[304].

219. Les créanciers dont les sûretés ont été publiées doivent être personnellement avertis d'avoir à produire leurs créances. Par conséquent, leur délai de production ne commence à courir qu'à compter de la notification dudit avertissement[305]. Ces faveurs donnent l'impression d'une revalorisation de la condition juridique des

---

com. Saint – Pierre, 1er mars 2016, n° 2015/003678, Baidjibay Distribution c/ Selearl Hirou es qual., *in Droit des entreprises en difficulté*, Chron. août 2015-septembre 2016, D. 2016, p. 1894) que le pacte commissoire et l'attribution judiciaire sont des modes alternatifs de réalisation des sûretés réelles qui ne sauraient mettre en échec les règles impératives du droit des entreprises en difficulté qui participent de la discipline collective. En ce sens, voir aussi Com. 28 juin 2017, n° 16-10.591, D. 2017. 1356, obs. A. Lienhard ; D. 2017. 1941, obs. P. M. Le corre.

[302]Sur les mécanismes alternatifs de réalisation des sûretés réelles conventionnelles en droit OHADA, voir NJEUFACK TEMGWA (R.), « Réflexion sur les procédés alternatifs de réalisation des sûretés réelles conventionnelles en droit OHADA », *RRJ* 2012-2, p. 1001.

[303]Article 80 de l'AUPCAP révisé.

[304]Article 85 de l'AUPCAP révisé.

[305]Article 79 de l'AUPCAP révisé.

créanciers munis de telles sûretés. Ils échapperaient de ce fait, à la rigueur de la discipline collective. Sans nier la pertinence et la portée de ces mesures de faveur, il est à reconnaître que l'existence de celles-ci n'autorise guère les créanciers à réaliser leurs sûretés réelles. Tous les créanciers dans la masse, titulaires ou non de sûretés réelles, sont soumis à la discipline collective.

220. Pour terminer, tous les créanciers qu'ils soient chirographaires ou munis de sûretés réelles sont soumis aux dispositions du concordat. L'homologation du concordat qu'il soit préventif[306] ou de redressement judiciaire[307] rend celui-ci obligatoire à l'égard de tous les créanciers antérieurs à la décision d'ouverture, quelle que soit la nature de leurs créances. Les sûretés réelles sans disparaître ne peuvent être réalisées qu'en cas d'incident (résolution ou annulation) survenu lors de l'exécution du concordat. La mise en veilleuse des sûretés réelles pendant l'exécution du concordat participe du meilleur redressement de l'entreprise débitrice. Les faveurs reconnues à des créanciers, bénéficiant de sûretés réelles spéciales selon lesquelles ils « *ne sont obligés que par les délais et remises particuliers consentis par eux [...]* » ne font pas recouvrer à ces dernières leur efficacité. Certes, les sûretés de ces créanciers sont prises en compte, mais elles ne peuvent être réalisées aussi bien pendant le temps que dure la procédure collective que lors de l'exécution du concordat. Même les sûretés exclusives n'échappent véritablement pas à l'emprise des procédures collectives.

2. L'influence des procédures collectives sur les sûretés exclusives

221. L'AUS révisé a consacré deux propriétés-sûretés à savoir : la réserve de propriété et la propriété cédée à titre de garantie. Ces sûretés confèrent au bénéficiaire une situation d'exclusivité positive en lui permettant d'être le seul créancier à pouvoir exercer un droit sur le bien affecté en garantie. L'AUS dans sa version du 15 décembre 2010 a également innové en ce qu'il a renforcé l'efficacité du droit de rétention en plaçant son bénéficiaire dans une situation d'exclusivité négative puisqu'il lui permet de refuser à tout autre créancier la possibilité

[306]Article 18 de l'AUPCAP révisé.
[307]Article 134 de l'AUPCAP révisé.

d'exercer un droit sur le bien retenu, tant que lui-même n'est pas intégralement payé[308].

222. Lorsqu'une procédure collective est ouverte, le créancier rétenteur est parmi tous les autres créanciers, « *celui qui tire le mieux les marrons du feu* ». Que ce soit pendant la période de continuation d'activité, de l'exécution d'un concordat, ou encore au cours de la liquidation des biens, le droit de rétention paraît invincible[309]. Cette résistance du droit de rétention à la procédure collective est traditionnelle et s'explique par le pragmatisme du droit des procédures collectives[310]. Le bien retenu est entre les mains d'un tiers, et dès lors qu'il est utile à la continuation de l'activité, il doit pouvoir être récupéré par les organes de la procédure[311]. Ce retrait n'est possible qu'à condition de désintéresser totalement le rétenteur. En ce sens, l'article 149 de l'AUPCAP révisé permet au syndic, après avoir été autorisé par le juge-commissaire de retirer contre remboursement de la dette au profit de la masse, le gage, le nantissement ou le droit de rétention conventionnel constitué sur un bien du débiteur[312].

223. Cette efficacité reconnue aux sûretés exclusives, exonère-t-elle leur titulaire de respecter les règles instituées par le droit des procédures collectives ? L'article 78 de l'AUPCAP révisé soumet à la production des créances, tous les créanciers qui forment la masse à l'exception de ceux d'aliments. Les créanciers qui forment la masse, appelés encore

---

[308]Voir CROCQ (P.) (dir.), *Le nouvel acte uniforme portant organisation des sûretés. La réforme du droit des sûretés de l'OHADA*, p. 156 ; pour le même auteur, « Les sûretés fondées sur une situation d'exclusivité et le projet de réforme de l'acte uniforme portant organisation des sûretés » p. 79.

[309]Pour ce qui est du droit français, voir LE CORRE (P. M.), « L'invincibilité du droit de rétention dans les procédures collectives de paiement », *D.* 2001, p. 2815.

[310]ROUSSEL GALLE (Ph.), « Les sûretés réelles et le droit des entreprises en difficulté », *Rev. dr. banc. et fin.* n° 19.

[311]En ce sens, voir ZOLEKO (C. M.), *Le droit de rétention dans les procédures collectives*, Mémoire Master-Recherche, 2012, Université de Ngaoundéré, p. 47.

[312]Le dernier alinéa de l'article 42 et l'article 43 de l'ancien AUS du 17 avril 1997 disposant respectivement « [...] *Le créancier doit renoncer au droit de rétention si le débiteur lui fournit une sûreté réelle équivalente* », « *Si le créancier ne reçoit ni paiement ni sûreté, il peut après signification faite au débiteur et au propriétaire de la chose, exercer ses droits de suite et de préférence comme en matière de gage* » ont été supprimés. Une telle affirmation allait à l'encontre de la véritable nature du droit de rétention qui repose sur une possibilité de blocage du bien. La reconnaissance d'un droit de suite et de préférence au droit de rétention par assimilation au gage lui a fait perdre une grande part de son efficacité et de son utilité pour le créancier.

« *créanciers dans la masse* » sont ceux dont les créances sont nées antérieurement à l'ouverture d'une procédure collective curative. Aucun obstacle juridique n'empêchant de considérer le rétenteur ou le réservataire comme un créancier dans la masse, on pourrait dès lors soutenir qu'il est tenu de produire sa créance auprès du syndic s'il veut opposer son droit à la procédure collective.

224. S'agissant des propriétés-sûretés, si la propriété réservée offre au créancier un droit de revendication lui permettant de faire front aux procédures collectives, la propriété cédée reste fragilisée malgré sa caractéristique de sûretés exclusive. L'ouverture de la procédure collective du cédant postérieure à la date d'une cession de créances ne saurait empêcher le paiement du cessionnaire par le débiteur cédé. Cette créance est considérée comme déjà sortie du patrimoine du cédant. Cependant, la confrontation sérieuse du régime juridique applicable à la cession de créances à titre de garantie avec les règles du droit des procédures collectives laisse apparaître que l'innocuité de celles-ci n'est pas totale à l'égard des créanciers cessionnaires.

225. Premièrement, la cession de créances à titre de garantie ne peut être inscrite au Registre du commerce et du crédit mobilier après l'ouverture de la procédure collective. Cette interdiction trouve son fondement à l'article 73 précité de l'AUPCAP qui prévoit l'arrêt du cours des inscriptions des sûretés après l'ouverture d'une procédure de redressement judiciaire ou de liquidation des biens. Deuxièmement, le cessionnaire ne saurait échapper aux contraintes et restrictions résultant de l'ouverture de la procédure collective à l'égard du débiteur cédé. Lorsque ce dernier est lui-même soumis à une procédure collective, le cessionnaire en tant que créancier dans la masse est contraint de respecter les exigences relatives à la suspension des poursuites individuelles, à l'interdiction des paiements et à la production des créances applicables à ladite procédure. De même, un cessionnaire qui n'a pas été rempli de ses droits par le paiement effectué par le débiteur cédé sera contraint de produire sa créance auprès du syndic de la procédure collective du cédant s'il souhaite obtenir paiement du montant restant dû par ce dernier[313]. Le transfert fiduciaire devient opposable aux tiers à la date de sa notification à l'établissement teneur du compte, pourvu que les fonds soient inscrits sur le compte bloqué[314].

---

[313]En ce sens, voir Cass. com., 20 oct. 2009, n° 08-18. 233, Rev. dr. banc. et fin., Janv. 2010, comm. 9, A. Cerles.
[314]Voir l'article 89 de l'AUS révisé.

Dès lors, à partir du jugement d'ouverture de la procédure collective du constituant, le créancier titulaire de cette sûreté serait soumis à l'obligation de production de sa créance[315].

226. S'agissant du droit de rétention, il est suggéré de distinguer selon qu'est mis en cause un droit de rétention accessoire d'une sûreté réelle spéciale ou un droit de rétention autonome. S'agissant du droit de rétention, accessoire d'une sûreté réelle spéciale tel un gage, ou un privilège mobilier spécial, la mention de la sûreté devra être faite par le créancier dans sa production, pour que celui-ci puisse se prévaloir de son droit de rétention[316]. À défaut, sa sûreté spéciale étant frappée d'inopposabilité, par conséquent le droit de rétention, qui n'en est que l'attribut, voit son efficacité neutralisée. Cependant, cette solution ne devrait pas conduire à dénier au créancier titulaire d'une sûreté réelle spéciale le bénéfice de son droit de rétention autonome. À l'instar de tout créancier, même chirographaire, ce dernier a la possibilité de faire valoir son droit de rétention autonome, plus considéré comme une simple garantie qu'une sûreté.

227. Néanmoins, il faudrait que les conditions de l'exercice de ce droit soient réunies[317]. En cas d'ouverture d'une procédure collective, ce droit ne peut être opposable à celle-ci que si la créance a été produite. Un créancier titulaire d'un droit de rétention autonome ou considéré indépendamment de toute sûreté spéciale, n'ayant pas produit sa créance, à la base de son droit ne peut l'opposer à la masse des créanciers et au débiteur. Pour être rétenteur, il faudrait au préalable justifier de la qualité de créancier, qualité dont ne peut plus se prévaloir à l'égard de la masse des créanciers et du débiteur, la personne qui n'a pas produit sa créance. Nul besoin, en revanche pour le créancier de faire mention de son droit de rétention lors de la production[318]. En effet,

---

[315]OYONO (M.), *La protection des sûretés réelles exclusives dans les procédures collectives en droit comparé franco-OHADA*, p. 252, n° 603.

[316]En ce sens, voir un arrêt de la Cour de cassation en date du 8 juin 1999, Com. 8 juin 1999, SA Alloin Transports c/ SA Esber, Bull. civ. IV, n° 125 ; Act. proc. coll. 1999-12, n° 160, obs. Vallansan ; RTD com. 1999. 968, obs. A. Martin-Serf et Ibid. 2000, p. 167, obs. Bouloc ; JCP 1999. II. 10121, Rapp. J. P. Rémery ; JCP 2000. I. 209, n° 18, obs. Delebecque ; Banque et droit 1999, p. 50, obs. Rontchevsky ; D. 2000. 388, obs. S. Piedelièvre ; D. 2000. 297, obs. B. Mercadal.

[317]Pour ce qui est du droit OHADA, voir les articles 67 et suivants de l'AUS révisé du 15 décembre 2010.

[318]Cette solution pourrait faire débat en droit OHADA. En effet, la qualification de sûreté réelle mobilière au droit de rétention (voir article 50 de l'AUS révisé le

l'opposabilité du droit de rétention à la procédure collective suppose l'existence d'un lien de connexité avec une créance, qui pour exister elle-même nécessite qu'elle soit produite.

228. De ce qui précède, il apparaît que les sûretés qu'elles soient personnelles ou réelles, garantissant des créances antérieures, subissent de sérieuses atteintes résultant de l'ouverture d'une procédure collective. Un ensemble de moyens légaux ont été mis en place pour neutraliser et évincer les sûretés dont la mise en œuvre s'avèrerait gênante à l'atteinte des objectifs des procédures collectives. Cette fragilisation touchant toutes les sûretés ramène une certaine égalité entre les créanciers. Cependant, cette égalité dans le droit des entreprises en difficulté est rapidement remise en cause dans ou par certaines procédures.

II. L'égalité remise en cause entre les créanciers dans les procédures collectives

229. La finalité de garantie postule la rigueur de l'exécution au moment précis où la sûreté personnelle doit remplir son office. Pourtant, le législateur a attiré les sûretés dans le périmètre des procédures collectives, attentant ainsi à leur efficience. Cependant, un droit des sûretés « *spécial* » s'édifie en s'imposant face au droit des procédures collectives. On note une certaine efficacité des sûretés dans la procédure de liquidation des biens (A). À cela s'ajoutent les mesures d'exécution spéciales accordées aux créanciers malgré l'existence de la procédure collective (B).

A. L'efficacité des sûretés dans la procédure de liquidation des biens

230. La liquidation des biens est une procédure collective destinée à la réalisation de l'actif de l'entreprise débitrice en cessation des paiements et dont la situation est irrémédiablement compromise pour

---

15 décembre 2010) pourrait entraîner un résultat favorisant la réduction de son efficacité. Certains pourraient déduire de cette qualification l'obligation pour le rétenteur de mentionner sa sûreté lors de la production de sa créance. Le raisonnement suivant la méthode syllogistique serait dès lors possible. On aurait dès lors ce schéma : *Tous les créanciers munis de sûretés réelles sont tenus de préciser la nature de la sûreté dont la créance est éventuellement assortie (la majeure, alinéa 2 de l'article 80 de l'AUPCAP révisé) ; or le droit de rétention est une sûreté réelle (mineure) ; donc le rétenteur est tenu de préciser son droit lors de la production (conclusion).*

apurer son passif. Procédure dont l'objectif poursuivi est le paiement des créanciers, il n'est plus de raison que l'on puisse remettre en cause l'efficacité des sûretés. Cette mesure est vérifiable, qu'il s'agisse des sûretés antérieures (1) que des créances postérieures (2) à l'ouverture de la procédure collective.

1. L'efficacité des sûretés antérieures à l'ouverture de la procédure

231. En principe, les sûretés devraient voir leur efficacité restaurée dans la phase de liquidation des biens, procédure qui poursuit l'objectif de paiement des créanciers. Les perspectives de sauvetage de l'entreprise débitrice n'existant plus, l'on ne voit plus de raison qui motiverait la paralysie des sûretés. Le cautionnement par exemple est paralysé dans les procédures qui visent le redressement de l'entreprise débitrice en ce que les cautions bénéficient des mesures de faveur comme la suspension des poursuites individuelles octroyées au débiteur principal en difficulté. Son efficacité est par contre restaurée dans la procédure de liquidation des biens, essentiellement consacrée au paiement des créanciers.

232. Dans cette procédure, les cautions sont privées des mesures de faveur octroyées au débiteur en cessation des paiements[319]. Cependant, les recours des créanciers ne sont possibles que si la caution n'est pas privée de ses propres recours après paiement à l'encontre du débiteur. En effet, la caution n'accepte de s'engager à l'égard du créancier que dans la perspective du recours qu'elle pourrait ultérieurement exercer contre le débiteur principal[320].

233. La caution, quoiqu'on en dise, est protégée puisque celle-ci peut éventuellement se prévaloir du bénéfice de subrogation conformément à l'article 30 de l'AUS. Il ressort de la lecture de l'article 30 de l'AUS du 15 décembre 2010 que la caution simple ou solidaire est déchargée quand la subrogation aux droits et garanties du créancier ne peut plus s'opérer, en sa faveur, par le fait du créancier. Toute clause contraire est réputée non écrite. La question qu'il y a lieu

---

[319]Sauf l'arrêt du cours des intérêts qui bénéficie aux cautions aussi bien dans la procédure de redressement judiciaire que celle de liquidation des biens (article 77 de l'AUPCAP révisé).

[320]CROCQ (P.), « Le droit des procédures collectives et le caractère accessoire du cautionnement », Mélanges Ph. Malaurie, Défrénois 2005, p. 175, n° 11.

dès lors de se poser est celle de savoir si l'impossibilité pour le créancier de participer aux répartitions et dividendes à cause du défaut de production de la créance peut être considérée par la caution comme la perte d'un droit ou d'un avantage effectif, susceptible de justifier sa décharge. En attendant la réponse que donneraient les juridictions des pays membres de l'OHADA, il est indiqué de retenir une interprétation large de l'article 30 précité[321]. Tout avantage susceptible d'être invoqué par subrogation (par exemple la perte d'une possibilité d'action en justice) devrait être pris en considération. L'application de l'article 30 ne devrait pas être réduite à la seule subrogation à un droit réel préférentiel ou exclusif comme l'a suggéré sous d'autres cieux une doctrine autorisée[322].

234. La notion de « *droits* » utilisée par l'article 30 de l'AUS[323] autorise à penser que la caution peut être déchargée de son obligation chaque fois qu'elle se trouve privée, par subrogation de droits, ou d'avantages que le créancier a perdus du fait de sa non - participation aux répartitions (sûretés, délais ou remises consenties au débiteur). En ce sens, il y a lieu d'approuver cet arrêt de la chambre commerciale de la Cour de cassation française, en date du 19 février 2013 qui, sans se référer à l'existence d'un droit préférentiel retient que « *Lorsque le créancier a omis de déclarer sa créance, peu importe la nature de celle-ci, la caution est déchargée de son obligation si cette dernière avait pu tirer un avantage effectif du droit d'être admise dans les répartitions et dividendes susceptibles d'être transmis par subrogation* »[324]. De cet arrêt, l'on considère que la caution peut tout aussi être déchargée de son obligation, si elle établit qu'elle aurait été payée en cas de déclaration par le créancier négligent d'une créance chirographaire.

235. La lecture combinée des articles 149 et 150 de l'AUPCAP laisse apparaître que les créanciers titulaires de sûretés réelles fondées

---

[321] En faveur de l'interprétation large de l'article 2314 du Code civil, voir PEROCHON (Fr.), *Entreprises en difficulté*, LGDJ, coll. Manuels, 2012, 9e éd., n° 1389.

[322]Voir CROCQ (P.), obs. sous com., 12 juillet 2011, op. cit., p. 782.

[323]Et celui 2314 du Code civil français (ancien article 2037 du Code civil).

[324]Cass. com. 19 févr. 2013, n° 11-28.423, D. 2013. 565, obs. A. Lienhard ; Gaz. Pal. 20-21 mars 2013. 20, obs. M.-P. Dumont-Lefrand ; LEDC 2 avr. 2013, n° 4, p. 2, obs. N. Leblond ; RLDC avr. 2013. 34, obs. G. Marraud des Grottes ; JCP E 2013. 1216, n° 7, obs. Ph. Pétel ; Dr. et proc. avr. 2013 ; JCP 2013. 585, n° 9, obs. Ph. Simler ; Bull. Jol. Entr. endiff., 01-mai 2013, n°3, p. 15, obs., L. Le Mesle ; RTD civ. 2013, p. 416, obs. P. Crocq.

sur le droit de préférence recouvrent leur droit de poursuite individuelle si le syndic n'a pas pu entreprendre, dans le délai de trois mois suivant la décision prononçant la liquidation des biens, la réalisation de ces garanties. Cependant, cette restauration paraît relative puisqu'elle est soumise à des conditions imposées par le droit des procédures collectives. Non seulement les créanciers habilités à reprendre les poursuites individuelles sont ceux dont les créances ont été produites, mais aussi cette reprise est subordonnée à l'inertie du syndic pendant trois mois suivant la décision de liquidation des biens. Ainsi, tout début d'exécution à l'instar d'une mesure conservatoire de la part du syndic priverait les créanciers de ce droit. Tout est fait pour que le droit de poursuite individuelle des créanciers privilégiés soit subsidiaire.

236. La reprise des poursuites ne se fait pas en dehors du cadre de la procédure collective. En ce sens, l'alinéa 2 de l'article 149 met à la charge du créancier qui entend reprendre son droit de poursuite l'obligation de rendre compte au syndic. Ce qui implique à notre sens que les sommes résultant de la vente initiée par le créancier ne lui reviendront pas, mais seront recueillies et réparties par le syndic conformément aux prescriptions de l'AUPCAP. Le rétablissement subsidiaire des poursuites n'a pas pour but de satisfaire l'intérêt personnel d'un créancier poursuivant[325]. En réalité, cette restauration n'est pas la restitution du droit de poursuite individuelle, mais la mise en mouvement *ut singuli* de la procédure collective[326]. Autrement dit, « *l'exercice de l'action collective est individualisé, mais son profit demeure collectif* »[327]. Cependant, les créances postérieures en raison de leur potentielle utilité à la procédure collective bénéficient d'un traitement de faveur.

---

[325]En ce sens, Cass. com., 19 décembre 1995, Bull. civ. 1995, IV, n° 305 ; D. 1996, jurispr., p. 145, note M. J. Campana ; D. 1996, somm. p. 390, obs. S. Piedelièvre ; RTD Com. 1996, p. 533, obs. A. Martin-serf ; Cass. com.19 janvier 1999, Act. proc. coll., comm.73.

[326]En ce sens, AMLON (G.), *Sauvegarde, redressement et Liquidation judiciaires-Créanciers antérieurs titulaires de sûretés réelles*, Jurisclasseur Civil Code, Fasc. unique, App. Art. 2323 à 2488, décembre 2006, p. 25, n° 65.

[327]FROEHLICH (PH.) ET SENECHAL (M.), « La loi de sauvegarde article par article, 2e partie, LPA 9 février 2006, numéro spécial, p. 41, cité (sic) par G. Amlon, article précité, n° 65.

2. L'efficacité des créances postérieures à l'ouverture de la procédure

237. La considération de faveur des créanciers postérieurs est indispensable, puisque, sans eux, il serait impossible de favoriser le financement de la poursuite de l'exploitation, de maintenir l'activité de l'entreprise, en vue de son redressement ou de sa liquidation organisée. Dans cette perspective, l'AUPCAP révisé a institué à l'image du droit français un privilège d'argent frais ou de *new money*, dont le but est d'inciter les partenaires de l'entreprise débitrice à contribuer à la poursuite de son activité et à sa pérennité. Ce privilège vient compléter le traditionnel régime de faveur octroyé aux *créances de la masse* que d'aucuns n'hésitent pas à qualifier de privilège des créances postérieures[328]. En principe, ces privilèges parce qu'étant au service des procédures collectives[329] résisteraient à la discipline collective. Il est vrai, l'examen du régime juridique réservé par l'AUPCAP révisé à ces sûretés légales laisse apparaître des insuffisances, lesquelles peuvent conduire à douter de leur efficacité et du caractère incitatif voulu par le législateur. De ces insuffisances, l'on peut relever celles liées au champ d'action du privilège d'argent frais d'une part et celles affectant son efficacité d'autre part.

238. S'agissant des premières insuffisances, l'on peut bien s'interroger sur la logique de l'exclusion de l'application du privilège de *new money* lors de l'ouverture subséquente d'une procédure judiciaire de sauvetage (règlement préventif et redressement judiciaire). Le cantonnement de l'effet du privilège d'argent frais à la liquidation des biens fait de cette sûreté une simple règle de classement. Il ne fait guère de doute que le privilège d'argent frais a une orientation incitative. Limiter son effet à la seule phase liquidative donne l'impression que le législateur OHADA privilégie la procédure de liquidation des biens, au détriment des procédures de sauvetage. En cas d'ouverture subséquente d'une procédure de règlement préventif ou de

---

[328]GOUËZEL (A.), « Le domaine du privilège d'argent frais et du privilège des créances postérieures en droit français et en droit OHADA », *Rev. proc. coll.* n° 2, mars 2017, étude 8, n° 1.

[329]Voir AKONO ADAM (R.), *Les privilèges dans les procédures collectives : Réflexions à partir des droits OHADA et français des entreprises en difficultés*, Thèse, Université de Ngaoundéré 2017 (Thèse ayant reçu le prix de la meilleure thèse de doctorat en droit des entreprises en difficulté, le prix Cyrille Biakiewicz 2018), p. 304 et s.

redressement judiciaire, il convient de penser que ce sont les dispositions concordataires qui s'appliqueront et non le classement attractif établi par les nouveaux articles 166 et 167 de l'AUPCAP révisé[330]. Toute chose qui est de nature à décourager les apporteurs de capitaux à intervenir le plus rapidement possible dès l'apparition des premières difficultés de l'entreprise débitrice. Ce privilège à notre sens aurait été plus attractif, si un rang très favorable comme c'est le cas en phase liquidative fût aussi prévu dans le cadre des procédures judiciaires de sauvetage (règlement préventif et redressement judiciaire).

239. L'autre insuffisance liée au champ d'action du privilège de *new money* est son apparente limitation à la deuxième phase des procédures de conciliation (phase de l'accord de conciliation), de règlement préventif (phase du concordat préventif) et de redressement judiciaire (phase du concordat de redressement judiciaire). Comme formulé, les articles 5-11, 11-1, 33-1 ne semblent prendre en compte que les secondes phases de ces procédures. À ce propos, il apparaît que l'AUPCAP révisé, pour ce qui est du privilège de conciliation, s'est inspiré *mutatis mutandis* des solutions résultant de la version initiale de la loi française du 26 juillet 2005. Le législateur du 10 septembre 2015, n'a pas tenu compte des innovations apportées en la matière par l'ordonnance française n° 2014-326 du 12 mars 2014 portant réforme de la prévention des difficultés des entreprises et des procédures collectives[331], qui privilégie, non seulement, les apports consentis dans l'accord, mais aussi ceux consentis dans le cadre de la procédure de conciliation. Ce qui permet d'englober les apports consentis en cours de négociation, dès lors que l'accord est ensuite homologué. Cette attitude législative est critiquable, parce que réductionniste.

240. S'agissant des secondes insuffisances, il ne fait pas de doute que l'efficacité du privilège de l'argent frais issu de l'AUPCAP révisé reste limitée, parce qu'elle ne confère pas, à la différence du privilège

---

[330]Ces articles accordent le premier rang aux créanciers bénéficiant du privilège de *new money* prévu par les articles 5-11, 11-1 et 33-1 de l'AUPCAP révisé.

[331]Sur cette ordonnance, voir entre autres, LE CORRE (P.M), « Premiers regards sur l'ordonnance du 12 mars 2014 réformant le droit des entreprises en difficulté », *D.* 2014, p. 733 ; LUCAS (F. X.), « Présentation de l'ordonnance portant réforme de la prévention des difficultés des entreprises et des procédures collectives », *BJE*, 01 mars 2014, n° 22, p. 111 ; ROUSSEL GALLE (Ph.), « La réforme du droit des entreprises en difficulté par l'ordonnance du 12 mars 2014… », *Rev. soc.* 2014, p. 351.

dont bénéficient les créanciers postérieurs à l'ouverture de la procédure le droit d'être payé à l'échéance. Le rang très favorable, qui est octroyé au privilège de l'argent frais par les articles 166 et 167 de l'AUPCAP révisé, et qui d'ailleurs, fait sa primauté par rapport aux autres sûretés risque d'être assez théorique[332]. À s'en tenir à la lettre des dispositions des articles 5-11, 11-1 et 33-1 de l'AUPCAP révisé, il est permis de penser que les créances éligibles au privilège d'argent frais du droit OHADA des procédures collectives seront soumises aux règles de la discipline collective, notamment à l'obligation de production des créances antérieures en temps utile. Or, le législateur OHADA du 10 septembre 2015, aurait pu donner la possibilité aux créanciers bénéficiant du privilège de *new money* d'être payés hors concordat, un peu comme l'a fait le législateur français du 12 mars 2014. Aussi, l'efficacité reconnue aux sûretés fondées sur une situation d'exclusivité (droit de rétention, propriétés- sûretés) remettra en cause d'une manière ou d'une autre la primauté de rang des privilèges d'argent frais.

241. L'articulation du privilège d'argent frais avec le régime de faveur des *dettes de la masse* de l'article 117 ne paraît pas aisée[333]. En effet, cet article n'a pas été supprimé[334], ce qui signifie que les apporteurs de crédits, répondant à ses conditions pourraient tout aussi en bénéficier. Il y a dès lors un risque de double emploi. Certes, le domaine de l'article 117 est plus ouvert, puisque toutes les créances régulières, postérieures nées de la continuation de l'activité et toute activité régulière du débiteur ou du syndic sont éligibles, y compris les concours financiers. Mais, tout laisse penser que les créanciers

---

[332]Selon le Professeur BLANC (G.), la primauté du privilège d'argent frais est plus théorique en droit français qu'en droit OHADA, voir son article « Les nouveaux privilèges de l'argent frais : Fondements et Pratiques », Colloque international, *La réforme des procédures collectives d'apurement du passif OHADA : Approche comparée droit français et droit OHADA*, 5 et 6 octobre 2016, Cité des Sciences et de l'industrie, à Paris, sous le parrainage de l'ERSUMA-OHADA et de PLANET-PLUTONIC.

[333]GOUËZEL (A.), « Le domaine du privilège d'argent frais et du privilège des créances postérieures en droit français et en droit OHADA », *op. cit.*, n° 7.

[334]L'article 117 de l'AUPCAP, a été légèrement réécrit, au lieu de « *créances contre la masse* », utilisé par l'AUPCAP originel du 10 avril 1998, l'AUPCAP révisé préfère plutôt l'expression de « *créances de la masse* ». Ce qui, de notre point de vue, ne change pas fondamentalement grand-chose, les deux expressions étant considérées par la doctrine (voir SAWADOGO (F. M.), *OHADA, Droit des entreprises en difficulté*, Bruylant, Bruxelles, Unida, Juriscope, 2002, p. 250 et s.) comme des synonymes.

postérieurs préféreront tous invoquer l'article 117 au lieu de l'article 33-1, parce que les *créances de la masse* sont payables à l'échéance. En visant spécifiquement les apporteurs de *new money*, avec comme corollaire l'octroi d'un rang très favorable[335], le législateur du 10 septembre 2015 a voulu certainement s'inscrire dans la logique d'incitation au sauvetage des entreprises débitrices. Il convient d'admettre que l'article 33-1 de l'AUPCAP révisé ne viserait que les créanciers qui seraient véritablement utiles au redressement de l'entreprise. L'objectif est de les inciter à participer au concordat de redressement judiciaire qui va permettre d'assurer le sauvetage de l'entreprise débitrice. Ce qui en va différemment de l'article 117, qui paraît beaucoup plus large, en admettant par exemple dans son périmètre des créances délictuelles, de restitution et des sanctions pécuniaires, etc. Le législateur du 10 septembre 2015 aurait selon un auteur, gagné en simplicité, en cohérence et en efficacité en choisissant tout simplement une réécriture de l'article 117 de l'AUPCAP[336].

242. En effet, seules les voies d'exécution exercées par les créanciers antérieurs sont arrêtées, les créanciers postérieurs dont les droits sont nés en conformité avec le dessaisissement (l'acte est passé par le syndic ou par le débiteur et le syndic) en principe priment sur tous les créanciers dans la masse. On estime, en effet, que leurs prestations ont profité à la masse. De toute façon, celle-ci est engagée à travers son représentant. Aux termes de l'article 117 de l'AUPCAP, toutes les dettes nées régulièrement, après la décision d'ouverture, de la continuation de l'activité et de toute activité régulière du débiteur, sont des créances contre la masse et sont payées par privilège et par préférence aux créanciers qui composent la masse. Ces créances dites de la masse au sens de l'article 117 de l'AUPCAP n'auront pas à subir la suspension pour le recouvrement de leurs créances nées régulièrement de la continuation de l'activité postérieurement au jugement d'ouverture.

243. De plus, le législateur a expressément prévu pour les créanciers postérieurs dont le droit est né après l'homologation du concordat, une protection efficace, selon les termes de l'article 143 de l'AUPCAP, applicable au concordat préventif, toujours par renvoi de l'article 21,

---

[335] Voir Les articles 166 et 167 de l'AUPCAP révisé.

[336] À ce propos, voir AKONO ADAM (R.), « Les clairs-obscurs du régime de faveur des créances postérieures en droit OHADA des procédures collectives : Réflexions à la lumière du droit français des entreprises en difficulté », *RRJ* 2014-2, p. 909, n° 45.

alinéa 2 : « *les actes faits par le débiteur entre l'homologation du concordat et sa résolution ou son annulation ne peuvent être déclarés inopposables qu'en cas de fraude aux droits des créanciers et conformément aux dispositions relatives à l'action paulienne* ». Ainsi, les inopposabilités de la période suspecte[337] ne peuvent en aucun cas frapper les droits de ces créanciers, sauf à celui qui veut contester ces droits d'apporter la preuve que le débiteur a agi dans l'intention de nuire aux siens propres ou, au moins, qu'il avait la conscience du préjudice causé ; des preuves qui ne sont pas faciles à établir. Cette solution se justifie par la nécessité de maintenir le crédit de l'entreprise afin de s'assurer la sauvegarde de l'activité. Dès lors, seuls les créanciers postérieurs impayés peuvent agir en paiement de leurs créances, et ce, en usant des voies d'exécution, le cas échéant. L'entreprise doit se procurer du crédit, il faut rassurer les partenaires même au détriment des intérêts de la caution.

B. L'accord des mesures d'exécution spéciales malgré la procédure collective

244. À compter de la décision d'ouverture de la procédure collective, tous les créanciers antérieurs ne peuvent plus exercer de poursuites individuelles, ni réclamer le paiement de leurs créances, ni effectuer des saisies. L'arrêt des poursuites et des voies d'exécution est une règle d'ordre public [338] fondée aussi bien sur la volonté de soumettre l'ensemble des créanciers antérieurs aux mêmes contraintes que celle de protéger l'entreprise. L'entreprise a besoin du répit nécessaire pour son redressement. Les actions isolées des créanciers, bien que titulaires de causes de préférence, agissant en rang dispersé pourraient compromettre le redressement de l'entreprise. Toutefois, les procédures collectives restent-elles inefficaces lorsqu'il s'agit de la saisie-attribution des créances à qui la loi accorde un effet immédiat (1). Mais loin de celle-ci, la loi reconnaît un droit de revendication au créancier à l'ouverture des procédures collectives (2).

---

[337]Article 67 et s de l'AUPCAP.

[338]Voir entre autres, Civ. 1re, 6 mai 2009, Bull. civ. I, n° 86 ; D. 2009. AJ 1422, obs. Delpech ; RTD Com. 2009. 546, obs. Loquin ; Act. proc. coll. 2009, n° 182, obs. Mastrullo ; JCP E 2009. 1814, n° 2, obs. Pétel ; Rev. proc. coll. 2010, n° 9, obs. Staes ; Com. 12 janv. 2010, D. 2010. AJ 263, obs. Lienhard.

1. L'accord de l'effet immédiat à la saisie-attribution des créances

245. La saisie-attribution sur laquelle la survenance ultérieure d'un jugement de redressement ou de liquidation judiciaire n'a aucune influence, fut-il prononcé le jour même où la voie d'exécution est exercée ne suspend pas de poursuites individuelles[339]. C'est la règle de l'effet attributif immédiat de la saisie-attribution. Cet effet est d'ailleurs l'un des points qui distinguent la saisie-attribution de l'ancienne saisie-arrêt dans la mesure où il la rend plus efficace. La créance objet de la saisie est immédiatement attribuée au saisissant, à concurrence du montant de sa créance, ce qui met le saisissant à l'abri du concours d'autres créanciers dès l'acte de saisie[340].

246. Alors que le créancier, par la voie de la saisie-attribution qui est une procédure efficace, cherche à recouvrer sa créance, il peut arriver que son débiteur, de son côté, connaisse une situation particulièrement difficile conduisant les tribunaux à ouvrir à son endroit soit une procédure collective qui a pour effet d'interdire, dès son ouverture, le paiement des créances antérieures. Dans une telle configuration, la saisie-attribution, selon l'article 154 de l'AUPSR-VE, emporte, à concurrence des sommes pour lesquelles elle est pratiquée ainsi que tous ses accessoires, mais pour ce montant seulement, attribution immédiate au profit du saisissant de la créance saisie, disponible entre les mains du tiers[341]. Cette saisie peut donc faire échec à la suspension des poursuites et par conséquent à l'égalité des créanciers d'autant plus que « *même si le débiteur saisi a élevé une contestation dans le mois de la dénonciation de la saisie et qu'un jugement de redressement judiciaire est prononcé dans ce délai, le créancier pourra conserver le profit de la saisie si cette contestation est par la suite rejetée...* »[342].

247. Le créancier dès les premières minutes qui suivent la déclaration du banquier est investi d'un droit de propriété sur le montant

---

[339]Cour d'Appel de Caen, 10 octobre 1995.

[340]De par son effet attributif, la saisie-attribution est à rapprocher de l'avis à tiers détenteur qui est réservé à l'administration fiscale.

[341]Voir GNAGNE (Y.N), *La saisie-attribution à l'épreuve de la procédure collective*, thèse de Master 2 professionnel Droit des affaires et fiscalité, Juin 2012, Université Paris 1 ; 69 p.

[342]Voir DERRIDA (F.) cité par FOSSO (Y.R.), Procédures collectives et voies d'exécution OHADA, Mémoire de DEA, FSJP, Université de Dschang, 2001, p. 30. Dans le même sens, CA de Lyon, 8 février 1995.

appréhendé. Il se produit un transfert immédiat et instantané du montant appréhendé du patrimoine du débiteur saisi vers celui du saisissant[343]. Pour la juridiction communautaire, il s'agit d'une « *attribution immédiate et de plein droit qui rend le saisissant créancier du tiers saisi* » [344]. Toutefois, le mécanisme de l'attribution immédiate ne signifie pas que le saisissant devient déjà propriétaire du montant à lui attribuer. Le montant appréhendé attribué sort fictivement du patrimoine du débiteur saisi, mais il n'a pas encore de place dans le patrimoine du saisissant. Il reste aux *« portes »* de ce patrimoine et la loi confère au banquier un droit de garde jusqu'à l'expiration du délai de contestation et de régularisation des opérations en cours.

248. M. Maurice SOH fait une belle analyse de ce mécanisme lorsqu'il conclut que « *la somme saisie-attribuée serait dans une situation de flottaison d'appartenance entre l'acte de saisie et l'expiration du délai imparti pour contester, car extraite du patrimoine du débiteur, elle n'est pas encore effectivement entrée dans le patrimoine du créancier, le paiement étant différé et le banquier étant demeuré le gardien* »[345]. Cette doctrine mérite approbation en ce sens qu'admettre que l'effet attributif de la saisie attribution emporte transfert direct et immédiat de la propriété de la créance saisie au profit du créancier poursuivant, serait admettre que les créanciers du saisissant peuvent, à leur tour, pratiquer une saisie- attribution de la créance se trouvant encore entre les mains du banquier et ainsi de suite. Ce qui aboutirait à « *des saisies pratiquées à l'infini tant que le banquier tiers saisi n'aura pas procédé effectivement au paiement du saisissant* »[346].

249. Non seulement le saisissant a un droit immédiat sur le montant appréhendé, mais encore il bénéficie d'un droit exclusif. Cette

---

[343]Seule une créance disponible peut être attribuée au saisissant, ce qui exclut donc, non seulement la créance qui a déjà fait l'objet d'une saisie conservatoire, mais aussi la créance qui a déjà été cédée à un tiers.

[344]Voir CCJA, Arrêt n° 028/2004 du 15 juillet 2004, Collection du Recueil de JP. de la CCJA, Vol.1, 2003-2005 p.35.

[345]Voir SOH(M.), *Les saisies des avoirs bancaires*, Mémoire d'auditeur de justice, ENAM Yaoundé, juillet 1999, p. 33.

[346]Voir ONANA ETOUNDI (F.), *L'incidence du droit communautaire OHADA sur le droit interne de l'exécution des décisions de justice dans les États-parties*, Thèse de Doctorat d'État en Droit des Affaires, Université de Yaoundé II, Faculté des Sciences Juridiques et Politiques, janvier 2005, p.242.

exclusivité crée un véritable privilège pour le saisissant[347] au point qu'il est permis de se demander si un concours de saisies ou la survenance d'une procédure collective peut avoir une influence sur le montant attribué. Le législateur communautaire répond à cette question à travers l'article 155 de l'AUPSR-VE selon que les saisies sont simultanées ou non. En effet, aux termes de l'alinéa 1er de ce texte : « *Les actes de saisie signifiés au cours de la même journée entre les mains du même tiers sont réputés simultanés* ». Ce principe de règlement de la « *querelle* » entre saisies intervenues à la même date est conforme au bon sens et à l'équité, dans la mesure où, ayant manifesté le même degré de diligence, ces créanciers méritent d'être encouragés[348]. Il y a là un avantage considérable pour le créancier saisissant qui échappe au droit de la procédure collective et passe devant tous les créanciers de la faillite.

250. Par conséquent, le montant appréhendé résiste à cet événement intervenu dans la vie du débiteur saisi. Ce n'est que si la saisie-attribution est pratiquée postérieurement à l'ouverture de la procédure collective qu'elle est perturbée par cette dernière, à cause de la suspension des poursuites individuelles édictée par l'article 9 de l'AUPCAP. Tout paiement de dette dans ce cas par le débiteur constituerait un acte inopposable à la masse des créanciers[349]. C'est la seule hypothèse de concours de saisies qui puisse agir sur le montant puisque « *la signification ultérieure d'autres saisies ou de toute autre mesure de prélèvement, même émanant de créancier privilégié ne remettent pas en cause...* » l'attribution du montant appréhendé[350].

---

[347]Voir DONNIER(M.), *Voies d'exécution et procédures de distribution*, éd. Litec, 1996, p.322, n° 988

[348]Ainsi, tout jugement de redressement ou de liquidation judiciaires prononcé, alors que la saisie était déjà pratiquée, ne remet pas en cause le montant appréhendé, puisque ce dernier était sorti du patrimoine du débiteur mis en cause. Il en est de même si le tribunal qui déclare ouverte la procédure collective fixe, dans son jugement, une date de cessation des paiements antérieure à celle de la saisie-attribution, car cette dernière ne peut être remise en cause. Il suffit donc que l'acte de saisie ait été signifié avant l'acte d'ouverture de la procédure collective.

[349]Article 67 et s. de l'AUPCAP relatifs aux inopposabilités.

[350]Il peut s'agir de saisie attribution, de saisie conservatoire ou d'un avis à tiers détenteur (ATD). Ces mesures ne sont pas nulles, mais seulement. L'alinéa 2 de l'article 155 de l'AUPSR-VE lorsque le législateur prévoit que la signification ultérieure « *d'autres saisies... ne remettent pas en cause cette attribution, sans préjudice des dispositions organisant les procédures collectives* ».

251. La question qui reste cependant posée est celle de savoir, si un avis à tiers détenteur, signifié le même jour qu'une saisie-attribution, prime sur cette dernière. Face au silence du législateur OHADA, la CCJA, saisie de la question, a émis l'avis selon lequel l'avis à tiers détenteur, qui est un moyen dont dispose l'administration fiscale pour le recouvrement des dettes fiscales[351], s'analyse comme une saisie entre les mains des tiers dont les effets s'identifient à ceux de la saisie-attribution de créances[352]. En cas de signification d'un avis à tiers détenteur et d'un acte de saisie-attribution, le même jour, l'administration fiscale et le créancier saisissant seront payés au marc le franc, si le montant appréhendé ne permet pas de les désintéresser totalement. Elle ne dispose plus d'un privilège lui permettant de dominer les autres créanciers.

252. Au-delà du privilège de saisie-attribution, le législateur OHADA reconnaît au créancier réservataire le droit de revendiquer son bien lorsque le débiteur est en difficulté.

2. L'accord de l'action en revendication au créancier réservataire

253. L'AUPCAP révisé, contrairement à son devancier du 10 avril 1998 semble préserver l'efficacité de la réserve de propriété. En ce sens, l'article 101 de l'AUPCAP révisé donne la possibilité à tout propriétaire des meubles d'exercer son action en revendication dans un délai de quatre-vingt-dix (90) jours suivant la deuxième insertion de la décision d'ouverture de la procédure de redressement judiciaire ou de liquidation des biens dans un journal d'annonces légales de l'État partie concerné.

254. Le créancier réservataire étant un propriétaire, il est en droit de récupérer son bien se trouvant dans le patrimoine du débiteur bien que la présence de celui-ci ait créé à l'égard des tiers une solvabilité apparente. Il bénéficie d'un droit de revendication à l'ouverture de la procédure collective. La protection du créancier réservataire dans l'AUPCAP révisé apparaît encore plus renforcée avec la suppression de la condition liée à l'existence du bien en nature dans le patrimoine du débiteur pour sa revendication. On se souvient de ce que, sous l'empire

[351]Voir les articles 1352, 1353 et 1354 du Code Général des Impôts.
[352]Voir CAMPBELL (A-A) ; « Saisie des comptes des banques : la saisie des comptes des banques entre les mains de la Banque Centrale », *Séminaire AJBEF à Cotonou du 24 au 26 juin 2002.*

de l'ancien AUPCAP, le créancier réservataire avait certes le droit de revendiquer son bien mobilier lorsque le débiteur était soumis à une procédure de redressement judiciaire ou de liquidation des biens, mais l'exercice de son action était subordonné à l'existence du bien en nature dans son patrimoine. C'est dire que le bien revendiqué devait être celui qui avait été vendu à l'acheteur sans qu'il ait subi de modifications.

255. Cette exigence qui ne tenait pas compte de la dimension économique de la réserve de propriété avait été vivement critiquée par la doctrine[353]. Il suffisait qu'un équipement ou un appareil soit implanté au sol ou incorporé à perpétuelle demeure, formant avec le reste du matériel ou le fonds de commerce un bloc indivisible, pour que l'action en revendication devienne irrecevable[354]. La subordination de la revendication à l'existence du bien en nature faisait de la réserve de propriété une sûreté aléatoire et inefficace[355]. Pour remédier à cette insuffisance, l'AUPCAP révisé a réécrit son article 103 qui dispose désormais « [...] Peuvent être également revendiqués les marchandises et les objets mobiliers faisant l'objet d'une réserve de propriété selon les conditions et avec les effets prévus par l'Acte uniforme portant organisation des sûretés [...] ». Cette disposition autorise à penser qu'il est dorénavant possible de revendiquer des biens fongibles et incorporés faisant l'objet d'une réserve de propriété conformément aux dispositions des articles 76 et 77 de l'AUS révisé.

256. Le créancier bénéficiaire d'une clause de réserve de propriété portant sur un bien fongible est en droit de revendiquer un bien de même nature[356]. L'AUPCAP dans son ancienne version subordonnait néanmoins l'exercice de l'action à l'existence du bien en nature dans le

---

[353]SOUPGUI (E.), « La protection du créancier réservataire contre les difficultés des entreprises dans l'espace juridique OHADA », *Rev. proc. coll.* n° 5, septembre 2009, étude 28.

[354]Voir en ce sens, TGI Ouagadougou, jugement n° 701, 26 juin 2002, Société des Ciments d'Abidjan (SCA) c/ Syndics liquidateurs de la Société des Ciments et Matériaux du Burkina (CIMAT), www.ohada.com, Ohadata J-04-42.

[355]En ce sens, SOUPGUI (E.), « La protection du créancier réservataire contre les difficultés des entreprises dans l'espace juridique OHADA », *op. cit.*, n° 41.

[356]Voir SOINNE (B.), « Le démantèlement du droit de la revendication », *Rev. proc. coll., n°* 1994- 4, p. 471 et s.; BAUDRAN (A.-S.), « Quelques développements sur la revendication des biens fongibles en droit des procédures collectives », *Rev. proc. coll.,* n° 2004-1, p. 5 et s.; PEROCHON (F.), *La revendication favorisée, D.* 1994, chron., p. 251 et s ; LAUDE (A.), « La fongibilité », *RTD com.*, 1995, n° 2, p.307 et s.; Cass. com., 13 nov. 2002, *JCP E* 2003, n° 17-18, p. 764 et s. note FORGES.

patrimoine du débiteur à l'ouverture de la procédure[357]. Cette condition risquait de paralyser l'action des fournisseurs du matériel professionnel et des marchandises. En effet, l'utilisation de certains équipements nécessite une solide implantation au sol ou une incorporation à d'autres appareils. Ces biens sont attachés à perpétuelle demeure, formant avec le reste du matériel ou le fonds de commerce un bloc indivisible. Le matériel qui était un meuble lors de la vente devient un immeuble par destination, conformément aux articles 524 et 525 du Code civil camerounais. Dès lors, l'action en revendication devient irrecevable, car le nouveau statut du bien l'exclut du champ d'application de l'article 103 de l'AUPCAP.

257. La subordination de la revendication à l'existence du bien en nature faisait alors de la réserve de propriété une sûreté aléatoire. Selon l'expression des auteurs faisant autorité, la réserve de propriété devenait « *un billet de loterie gratuit* »[358]. Il suffisait pour le débiteur d'aliéner le bien dont la propriété est réservée et de le remplacer par un bien identique, pour paralyser l'action en revendication. Il était par ailleurs difficile pour le créancier de prouver que les marchandises en stock sont effectivement celles qu'il avait livrées.

258. Pour inciter les créanciers à faire davantage confiance à leurs partenaires, l'Acte uniforme dans sa version nouvelle a supprimé cette condition étendant ainsi leur droit de revendication sur les biens semblables. Certes, la solution préconisée susciterait quelques difficultés en cas de pluralité de créanciers réservataires. Devrait-on procéder à une répartition proportionnelle du stock restant entre tous les créanciers ou admettre une seule revendication et rejeter les autres ? Suivant cette thèse, les créanciers réservataires perdent leur droit de propriété sur les biens fongibles qu'ils ont remis et deviennent de simples créanciers du détenteur. En effet, du fait du mélange du bien fongible avec d'autres biens identiques, le créancier réservataire perd son droit de propriété auquel se substituerait un droit réel sur la chose d'autrui[359].

---

[357]Article 103 alinéa 1er de l'AUPCAP.

[358]Voir CABRILLAC (M.) et MOULY (C.), ouvrage précité, n° 728.

[359]Les choses fongibles ou choses de genre sont définies comme celles qui, « n'étant déterminées que par leur nombre, leur poids ou leur mesure, peuvent être employées indifféremment l'un pour l'autre dans un paiement » CORNU (G.), *Vocabulaire Juridique*, Paris, PUF, 3e éd., p. 134. Toutefois, certains auteurs font une différence

259. S'il fallait admettre une seule revendication, quel serait le critère de choix ? Faut-il favoriser le plus ancien ou le plus récent des créanciers réservataires ? En retenant le créancier le plus ancien, on pénaliserait le plus récent, auteur de la dernière livraison en date, qui est vraisemblablement le véritable propriétaire des marchandises. En privilégiant le plus récent des créanciers réservataires, on créerait un préjudice au plus ancien, dont la vente des marchandises a certainement permis au débiteur de se réapprovisionner. Pour des raisons d'équité et de justice, il semble à notre sens, comme le proposait déjà un auteur[360], plus indiquer de procéder à une répartition proportionnelle du stock de marchandises ou de la somme résultant de sa vente entre tous les créanciers réservataires. Cette solution préserve le crédit en multipliant les chances de paiement de tous les créanciers réservataires.

260. Il n'en demeure pas moins que l'exercice de la revendication fait naître une situation complexe. Logiquement, le revendiquant qui récupère son bien est tenu de restituer les acomptes déjà versés par le débiteur défaillant, en prenant en compte l'amortissement du bien. L'acquiescement de la revendication et l'offre de paiement mettent un terme à la procédure engagée par le créancier. En revanche, le rejet de la demande ouvre la phase contentieuse devant le tribunal. L'intervention du juge dissipe le soupçon de pacte commissoire qui plane sur les sûretés-propriétés. Le revendiquant est admis, à titre provisoire, si le tribunal ne peut statuer au fond sur les réclamations avant la clôture de la procédure. La juridiction compétente se prononcera sur le bien-fondé de la revendication. La tâche n'est pas aisée, car l'enchevêtrement et la justesse des délais d'action et de réaction du créancier réservataire sont susceptibles de l'égarer dans les méandres de la procédure avec pour conséquence, la perte de son droit de propriété.

261. L'analyse des droits du créancier exclusif sur le bien réservé ou à lui cédé ou sur son équivalent en espèce montre que la sûreté propriété est efficace. Très souvent, le bien litigieux est nécessaire à la poursuite des activités de l'entreprise en difficulté. Pour éviter que son retrait ne compromette le redressement, le syndic proposera de payer le reliquat dû. Cependant, compte tenu de la situation financière défavorable, il

---

entre les choses fongibles et les choses de genre; FORGES (F.), note sous Cass. com., 13 nov. 2002, *JCP* E, 2003, n° 17-18, p. 765.

[360]Voir SOUPGUI (E.) « La protection du créancier réservataire contre les difficultés des entreprises dans l'espace juridique OHADA ». Penant n° 870, p. 66.

arrive que le syndic fasse une proposition de paiement échelonné du reliquat, pour éviter l'asphyxie de l'entreprise. Le créancier altruiste pourrait l'accepter pour permettre le redressement de l'entreprise et la sauvegarde des emplois. Si l'entreprise revient à meilleure fortune, il aura contribué de manière significative à son sauvetage sans « *laisser des plumes* »[361]. Le juge statuant sur la revendication, procédera à l'évaluation du bien. La revendication éteint la créance à concurrence de la valeur du bien restitué. Le créancier exclusif bénéficie du droit de revendication du bien, et en cas de destruction ou de revente, son droit est reporté sur l'indemnité d'assurance ou sur le prix de revente[362].

262. Le créancier peut dans certaines conditions prétendre à l'équivalent de son bien en espèce qui pourrait être le prix de revente ou l'indemnité d'assurance. En cas d'aliénation du bien, peut être revendiqué, contre le sous-acquéreur, le prix ou la partie du prix dû si celui-ci n'a pas été payé en valeur ni compensé en compte courant entre le débiteur et le sous-acquéreur. Cependant, il peut arriver que, pour des raisons diverses, le redressement soit converti en liquidation sans que ce créancier compréhensif ait été totalement désintéressé. Certes, il ne pourra plus revendiquer le bien, néanmoins il reste un créancier exclusif.

263. Aux difficultés d'ordre procédural se greffe la réalité implacable de l'assiette de la revendication. En effet, la notion de créancier revendiquant, ne se réduit pas uniquement à celle du réservataire. Elle doit à notre avis s'étendre à celle de tout créancier ayant porté sa sûreté sur la propriété d'un bien et non simplement sur le prix de la vente dudit bien. Ainsi, au-delà du créancier réservataire à qui devrait s'ajouter celui ayant reçu une propriété à titre de garantie, les créanciers munis de sûretés réelles, qui choisissent de les réaliser par des modes alternatifs de réalisation des sûretés que sont le pacte commissoire et l'attribution judiciaire de la sûreté, ne devraient pas se sentir frustrés dès l'ouverture des procédures collectives.

264. Enfin, le choix d'une sûreté ne se fait plus au hasard. Les créanciers tiennent compte de sa capacité à déroger aux règles

---

[361]Article 167 de l'AUPCAP. Voir dans ce sens SAWADOGO (F. M.), OHADA, Droit des entreprises en difficulté, coll. D.U.A., Bruylant, Bruxelles, 2002, n° 260; CHAPUT (Y.), « La réforme de la prévention et du traitement des difficultés des entreprises », *JCP. G.*, 1994, n° 90.

[362]Voir SOUPGUI (E.) « La protection du créancier réservataire contre les difficultés des entreprises dans l'espace juridique OHADA. » ; *préc.*

constitutives de la discipline collective. Les sûretés qui semblent être épargnées par la rigueur du droit des procédures collectives se logent à la fois dans la catégorie des sûretés personnelles et celle des sûretés réelles. L'examen du droit OHADA révèle l'existence des sûretés qui échapperaient aux contraintes imposées par les procédures collectives. Ces sûretés spéciales ne sont pas sans conséquence sur les ordres de paiement des créanciers qui sont déjà marqués par une inégalité des chances.

Section 2. L'inégalité des chances observée dans les ordres de paiement en OHADA

265. L'ordre de paiement tient-il compte du droit à l'égalité entre les créanciers lors du concours sur les actifs du débiteur ? Cette question est d'autant plus importante qu'elle intéresse toute forme de société. En effet, dans une société à responsabilité limitée, les répartitions consécutives à une liquidation judiciaire constituent le moment où la fiction de la personnalité morale cesse. La société débitrice sait pertinemment que ses associés seront les créanciers résiduels, puisqu'ils ne récupéreront leur mise initiale qu'après le paiement des dettes sociales[363]. À l'inverse, lorsque la société est à responsabilité illimitée, les associés ne sont pas les créanciers résiduels, mais les débiteurs ultimes. Le concours serait devenu inégalitaire dans la mesure où même les titulaires de sûretés réelles seraient concernés en raison de la multiplication des privilèges[364].

266. Nous analyserons les instruments de l'armature législative sur l'ordre de distribution dans le cadre de l'OHADA dans le but d'en ressortir cette politique spécifique d'établissement d'une certaine hiérarchie de paiement entre créanciers (I) afin d'évaluer les conséquences de cet accord des droits spéciaux à certains créanciers (II).

I. L'établissement d'une certaine hiérarchie de paiement entre créanciers

267. L'établissement d'une hiérarchie entre les créanciers en droit OHADA s'est initialement fait par l'attribution d'une priorité,

---

[363]Voir MEHDI (B.), *La subordination financière*, thèse, Université Paris Dauphine, 26 novembre 2012, p 34

[364]Les sûretés exclusives contrairement à celles préférentielles sont hors classement.

technique qui remonte à la Rome antique[365]. En droit OHADA, cette origine perdure à travers les institutions de l'hypothèque, du gage, du nantissement et des privilèges [366]. Lors des répartitions, cela se manifestera par le classement des sûretés réelles, qui prévoit une cascade de subordination entre le créancier au rang le plus fort et celui au rang plus faible. Les créanciers sont classés en référence à cet ordre selon le cas, soit par un tiers (la personne chargée de la vente), soit par un juge aux répartitions en cas de désaccord[367]. Cependant, il faut relever que cet ordre n'a d'intérêt que pour celui qui en bénéficie et tant pis pour ceux qui se trouvent à l'échelon le plus bas. Être le créancier résiduel signifie bien souvent être le créancier impayé. Le paiement de ce dernier devra respecter l'ordre hiérarchique établi par le droit OHADA. Un cadre juridique en est créé qui régit l'ordre entre créanciers au profit de celui qui, parmi eux, parvient à se soustraire à l'égalité qui les frappe tous (A). Cette hiérarchie peut entraîner des conflits entre créanciers lors des répartitions qu'il faut traiter (B).

A. Le cadre juridique du classement des créanciers lors du paiement

268. La répartition vise à classer les créanciers venant au concours sur le patrimoine d'un débiteur. Elle implique donc une pluralité de prétentions différentes, l'idée d'un ordre n'ayant aucun sens dans le cas où le débiteur n'a qu'un seul créancier[368]. Le concours est bien le fruit de la rencontre entre le droit de gage de plusieurs créanciers et les biens d'un débiteur commun[369]. C'est le lieu de souligner que l'AUPSR-VE ne connaît le privilège du premier saisissant qu'en matière de saisie-attribution des créances[370]. L'analyse des règles montre que le créancier

---

[365]Voir OURLIAC (P.) et DE MALAFOSSE (J.), *Histoire du droit privé*, t. 1er. Les obligations, PUF, 1961, n° 318, p. 333.

[366]Voir l'AUS.

[367]Article 326 de l'AUPSR-VE.

[368]Il n'y a ni égalité, ni supériorité ou infériorité avec soi-même.

[369]Article 2093 du Code civil précité.

[370]Relevons que le créancier peut pratiquer une saisie-attribution sur les créances d'argent aux termes de l'article 153 de l'AUPSR-VE. L'acte de saisie emporte, à concurrence des sommes pour lesquelles elle est pratiquée ainsi que tous ses accessoires, mais pour ce montant seulement, attribution immédiate au profit du saisissant de la créance saisie, disponible entre les mains du tiers. Les sommes saisies sont rendues indisponibles par l'acte de saisie. Cet acte rend le tiers personnellement débiteur des causes de la saisie dans la limite de son obligation (article 154). Toutefois, l'article 155 du même Acte dispose : « *Les actes de saisie signifiés au*

qui a effectué la saisie devra concourir avec les autres créanciers, tout au moins, ceux d'entre eux qui se seront faits connaître et auront manifesté leur volonté de se faire payer. Cet Acte uniforme donne des indications sur le classement entre créanciers alors que le débiteur est *in bonis*. On pense ici à l'ordre qui est constitué lors des répartitions consécutives à la vente d'un bien préalablement saisi (1). Cela n'est pas gênant si le débiteur est en mesure d'honorer ses engagements. En revanche, il en va autrement, si dans l'intervalle, le débiteur entre dans une procédure collective ou de dissolution de la société. Ce qui implique de déterminer l'ordre de paiement suite à une procédure de liquidation judiciaire (2).

1. L'ordre de paiement des créanciers après la vente des biens saisis

269. La procédure de distribution du prix sur saisie est fixée par les règles régissant les voies d'exécution sous réserve des dispositions de l'AUS concernant l'ordre de distribution [371] . Dans certains cas, l'intervention du tribunal est nécessaire, alors que dans d'autres elle est inutile. L'intervention de l'autorité judiciaire est exclue dans deux cas : lorsqu'il y a un seul créancier ; lorsqu'en cas de pluralité de créanciers, ceux-ci s'entendent sur la répartition[372]. La procédure contentieuse est donc celle suivie lorsqu'il y a plusieurs créanciers et lorsqu'il n'y a pas d'accord. En effet, si dans le délai d'un mois à compter du versement du prix de vente, les créanciers n'ont pu parvenir à un accord, il est possible de saisir le Président de la juridiction du lieu de la vente ou le juge délégué. Selon l'article 326 de l'AUPSR-VE, l'autorité judiciaire est saisie par le créancier le plus diligent.

270. L'acte de saisine comporte : l'indication de la date de l'audience ; la sommation faite aux créanciers de produire. Il faut ensuite une signification de l'acte de saisine au saisi. Les créanciers ont un délai de 20 jours pour effectuer la production ; le non-respect du délai est sanctionné par la déchéance[373]. Il est à signaler que l'audience

---

cours de la même journée entre les mains du même tiers sont réputés faits simultanément. Si les sommes disponibles ne permettent pas de désintéresser la totalité des créanciers ainsi saisissants, ceux-ci viennent en concours ».

[371] Elles ne doivent pas être confondues à celles précédemment étudiées sur la distribution des biens en matière de procédures collectives.

[372]Article 324 et s de l'AUPSR-VE.

[373]La production a consisté, pour le créancier, à indiquer le montant réclamé ainsi que le rang qu'il prétend avoir et à produire les pièces justificatives.

ne peut avoir lieu moins de 40 jours après la deuxième signification. Il est possible de déposer des dires au plus tard 5 jours avant la date de l'audience à laquelle il est procédé à la répartition ; lorsqu'il y a des dires, ceux-ci sont communiqués aux autres parties. La juridiction compétente ordonne la répartition le jour de l'audience. Mais il est possible, en cas de causes graves et dûment justifiées, d'ordonner la remise de la répartition et de fixer une nouvelle date. La décision de répartition ne peut être attaquée par la voie de l'appel que lorsque le montant de la somme réclamée est supérieur au taux des décisions judiciaires en dernier recours. Lorsqu'il est ouvert, l'appel doit être fait dans les 15 jours de la signification de la décision. Le paiement des créanciers se fait selon le classement établi par l'AUS.

271. Selon l'article 225 de l'AUS, les deniers provenant de la réalisation des immeubles sont distribués dans l'ordre suivant :

1°) aux créanciers des frais de justice engagés pour parvenir à la réalisation du bien vendu et à la distribution elle-même du prix ;

2°) aux créanciers de salaires superprivilégiés ;

3°) aux créanciers titulaires d'une hypothèque conventionnelle ou forcée et aux créanciers séparatistes inscrits dans le délai légal, chacun selon le rang de son inscription au registre de la publicité immobilière ;

4°) aux créanciers munis d'un privilège général soumis à publicité chacun selon le rang de son inscription au Registre du Commerce et du Crédit Mobilier ;

5°) aux créanciers munis d'un privilège général non soumis à publicité selon l'ordre établi par l'article 180 du présent Acte uniforme ;

6°) aux créanciers chirographaires munis d'un titre exécutoire lorsqu'ils sont intervenus par voie de saisie ou d'opposition à la procédure.

272. En cas d'insuffisance de deniers pour désintéresser les créanciers désignés aux 1°), 2°), 5°) et 6°) du présent article venant à rang égal, ceux-ci concourent à la distribution dans la proportion de leurs créances totales, au marc le franc.

273. Pour ce qui est de la répartition du prix des biens issus de la saisie mobilière, il faut se référer à l'article 226 de l'AUPSR-VE selon lequel sans préjudice de l'exercice d'un éventuel droit de rétention ou d'un droit exclusif au paiement, les deniers provenant de la réalisation des meubles sont distribués dans l'ordre suivant :

1°) aux créanciers des frais de justice engagés pour parvenir à la réalisation du bien vendu et à la distribution elle-même du prix ;

2°) aux créanciers de frais engagés pour la conservation du bien du débiteur dans l'intérêt des créanciers dont le titre est antérieur en date ;

3°) aux créanciers de salaires superprivilégiés ;

4°) aux créanciers garantis par un privilège général soumis à publicité, un gage, ou un nantissement, chacun à la date de son opposabilité aux tiers ;

5°) aux créanciers munis d'un privilège spécial, chacun suivant le meuble sur lequel porte le privilège ; en cas de conflit entre créances assorties d'un privilège spécial sur le même meuble, la préférence est donnée au premier saisissant ;

6°) aux créanciers munis d'un privilège général non soumis à publicité selon l'ordre établi par l'article 180 du présent Acte uniforme ;

7°) aux créanciers chirographaires munis d'un titre exécutoire lorsqu'ils sont intervenus par voie de saisie ou d'opposition à la procédure de distribution.

274. En cas d'insuffisance de deniers pour désintéresser les créanciers désignés aux 1°), 2°), 3°), 6°), et 7°) du présent article venant à rang égal, ceux-ci concourent à la distribution dans la proportion de leurs créances totales, au marc le franc.

275. Qu'on soit en matière immobilière ou en matière mobilière, il peut toujours arriver que le produit de la saisie ne suffise pas pour désintéresser intégralement tous les créanciers ayant un rang égal ; dans ce cas, la répartition se fera au marc le franc. Le paiement peut également se faire selon l'ordre établi pour les répartitions à la suite d'une procédure de liquidation judiciaire.

2. L'ordre de paiement des créanciers après la liquidation judiciaire des biens

276. S'agissant de la liquidation des biens, il en constitue l'unique finalité et met fin à la procédure. À ce stade de la procédure collective, les opérations de liquidation ont été achevées. Il n'est nullement question de négocier un plan de redressement, mais seulement de procéder au paiement des uns et des autres après la liquidation de l'actif social[374]. Le montant de l'actif, distraction faite des frais et dépens de la liquidation des biens, ainsi que des secours qui auraient été accordés au débiteur ou à sa famille, est réparti entre tous les créanciers dont la créance est vérifiée et admise[375].

277. Selon l'article 166 de l'AUPCAP, les deniers provenant de la réalisation des immeubles sont distribués dans l'ordre suivant :

1°) aux créanciers bénéficiant du privilège prévu par les articles 5-11[376]*, 11-1*[377] *et 33-1*[378] *;*

---

[374]Le Juge-commissaire ordonne, s'il y a lieu, une répartition des deniers entre les créanciers, en fixe la quotité et veille à ce que tous les créanciers en soient avertis. La part correspondant aux créances, sur l'admission desquelles il n'aurait pas encore été statué définitivement et, notamment, les rémunérations des dirigeants des personnes morales tant qu'il n'aura pas été statué sur leur cas, est mise en réserve.

[375]Article 165 de l'AUPCAP.

[376]Cet article dispose qu'en cas d'ouverture d'une procédure de liquidation des biens postérieurement à la conclusion d'un accord de conciliation homologué ou exéquaturé par la juridiction ou l'autorité compétente, les personnes qui avaient consenti dans l'accord un nouvel apport en trésorerie au débiteur en vue d'assurer la poursuite de l'activité de l'entreprise débitrice et sa pérennité sont payées au titre du privilège selon les rangs prévus par les articles 166 et 167 .

[377]En cas d'ouverture d'une procédure de liquidation des biens postérieurement à l'homologation du concordat préventif par la juridiction compétente dans les conditions prévues à l'article 15 ci-dessous, les personnes qui avaient consenti dans ce concordat un nouvel apport en trésorerie au débiteur en vue d'assurer la poursuite de l'activité de l'entreprise débitrice et sa pérennité sont payées au titre du privilège selon les rangs prévus par les articles 166 et 167. Les personnes qui fournissent dans les mêmes conditions, un nouveau bien ou service en vue d'assurer la poursuite de l'activité de l'entreprise débitrice et sa pérennité bénéficient du même privilège pour le prix de ce bien ou de ce service. Cette disposition ne s'applique pas aux apports consentis dans le cadre d'une augmentation du capital social du débiteur. Les créanciers du débiteur ne peuvent en aucun cas bénéficier de ce privilège pour des créances nées antérieurement à l'ouverture du règlement préventif.

[378]En cas de conversion d'une procédure de redressement judiciaire en liquidation des biens, les personnes qui avaient consenti dans le concordat de redressement judiciaire un nouvel apport en trésorerie au débiteur en vue d'assurer la poursuite de l'activité de l'entreprise débitrice et sa pérennité sont payées au titre du privilège selon les rangs prévus par les articles 166 et 167 ci-dessous. Les personnes qui fournissent un nouveau bien ou service en vue d'assurer la poursuite de l'activité de l'entreprise débitrice et sa pérennité bénéficient du même privilège pour le prix de ce bien ou de ce service. Cette disposition ne s'applique pas aux apports consentis dans le cadre d'une augmentation du capital social du débiteur. Les créanciers du débiteur ne peuvent en aucun cas bénéficier de ce privilège pour des créances nées antérieurement à l'ouverture du redressement judiciaire.

2°) aux créanciers des frais de justice engagés pour parvenir à la réalisation du bien vendu et à la distribution du prix ;

3°) aux créanciers de salaires superprivilégiés en proportion de la valeur de l'immeuble par rapport à l'ensemble de l'actif ;

4°) aux créanciers titulaires d'une hypothèque conventionnelle ou forcée et aux créanciers séparatistes inscrits dans le délai légal, chacun selon le rang de son inscription au livre foncier ;

5°) aux créanciers de la masse tels que définis par l'article 117 [379]*;*

6°) aux créanciers munis d'un privilège général selon l'ordre établi par l'Acte uniforme portant organisation des sûretés, à savoir, aux créanciers munis d'un privilège général soumis à publicité, chacun selon le rang de son inscription au Registre du commerce et du crédit mobilier, et aux créanciers munis d'un privilège général non soumis à publicité selon l'ordre établi par l'article 180 de cet Acte uniforme ;

7°) aux créanciers chirographaires munis d'un titre exécutoire ;

8°) aux créanciers chirographaires non munis d'un titre exécutoire.

278. En cas d'insuffisance de deniers, pour désintéresser totalement les créanciers de l'une des catégories désignées aux 1°, 2°, 3°, 5°, 6°, 7° et 8° du présent article, venant à rang égal, ceux- ci concourent aux répartitions dans la proportion de leurs créances totales, au marc le franc. Concernant l'application de cette disposition, il faut savoir que les créanciers d'un rang supérieur doivent être intégralement payés avant les créanciers du rang suivant et ainsi de suite. Certains rangs peuvent comprendre des créanciers qui eux-mêmes, font l'objet d'un classement particulier. Ainsi en est-il, par exemple, de la sixième catégorie consacrée « *aux créanciers munis d'un privilège général* » selon l'ordre établi par l'AUS.

279. Au sein de cette catégorie viennent d'abord les créanciers munis d'un privilège général soumis à publicité chacun selon le rang de son inscription au registre du commerce et du crédit mobilier, puis les créanciers munis d'un privilège général non soumis à publicité selon

[379] Cet article stipule que toutes les dettes nées régulièrement, après la décision d'ouverture, de la continuation de l'activité et de toute activité régulière du débiteur ou du syndic sont des créances de la masse, sauf celles nées de l'exploitation du locataire-gérant qui restent exclusivement à sa charge sans solidarité avec le propriétaire du fonds.

l'ordre établi par l'article 180 de l'AUS. Or, selon l'article 180, « *Sont privilégiés, sans publicité et dans l'ordre qui suit :*

1°) les frais d'inhumation, les frais de la dernière maladie du débiteur ayant précédé la saisie des biens ;

2°) les fournitures de subsistance faites au débiteur pendant la dernière année ayant précédé son décès, la saisie des biens ou la décision judiciaire d'ouverture d'une procédure collective ;

3°) les sommes dues aux travailleurs et apprentis pour exécution et résiliation de leur contrat durant la dernière année ayant précédé le décès du débiteur, la saisie des biens ou la décision judiciaire d'ouverture d'une procédure collective ;

4°) les sommes dues aux auteurs d'œuvres intellectuelles, littéraires et artistiques pour les trois dernières années ayant précédé le décès du débiteur, la saisie des biens ou la décision judiciaire d'ouverture d'une procédure collective ;

5°) dans la limite de la somme fixée légalement pour l'exécution provisoire des décisions judiciaires, les sommes dues aux organismes de sécurité et de prévoyance sociales ;

6°) dans la limite de la somme fixée légalement pour l'exécution provisoire des décisions judiciaires, les sommes dont le débiteur est redevable au titre des créances fiscales et douanières. »

280. Pour la plupart des catégories de créanciers, à savoir celles désignées aux 1°, 2°, 4°, 5° et 6° de l'article 166, lorsque les deniers sont insuffisants pour désintéresser tous les créanciers, ceux-ci concourent aux répartitions dans la proportion de leurs créances totales au marc le franc.

281. Selon l'article 167 de l'AUPCAP, les deniers provenant de la réalisation des meubles sont distribués dans l'ordre suivant :

1°) aux créanciers bénéficiant du privilège prévu par les articles 5-11, 11-1 et 33-1 comme ci-dessus indiqués ;

2°) aux créanciers des frais de justice engagés pour parvenir à la réalisation du bien vendu et à la distribution elle-même du prix ;

3°) aux créanciers de frais engagés pour la conservation du bien du débiteur dans l'intérêt du créancier dont les titres sont antérieurs en date ;

4°) aux créanciers de salaires superprivilégiés en proportion de la valeur du meuble par rapport à l'ensemble de l'actif ;

5°) aux créanciers garantis par un privilège général soumis à publicité, un gage, ou un nantissement, chacun à la date de son opposabilité aux tiers ;

6°) aux créanciers munis d'un privilège mobilier spécial, chacun sur le meuble supportant le privilège ;

7°) aux créanciers de la masse tels que définis par l'article 117 [380]*;*

8°) aux créanciers munis d'un privilège général selon l'ordre établi par l'Acte uniforme portant organisation des sûretés ;

9°) aux créanciers chirographaires munis d'un titre exécutoire ;

10°) aux créanciers chirographaires non munis d'un titre exécutoire.

282. En cas d'insuffisance de deniers pour désintéresser totalement les créanciers de l'une des catégories désignées aux 1°, 2°, 3°, 6°, 7°, 8° et 9° du présent article venant à rang égal, ceux-ci concourent aux répartitions dans la proportion de leurs créances totales, au marc le franc. Concernant l'application de cette disposition, les remarques faites et l'illustration conçue en matière immobilière *sont mutatis mutandis* valables en matière mobilière.

283. Pour le renvoi fait par le huitième rang à l'AUS, le recours à l'article 149 de l'AUS montre qu'il faut se référer à l'article 180 du même acte et suivre l'ordre que celui-ci fixe. Toutefois, on peut se demander s'il ne doit pas y avoir d'abord les privilèges généraux soumis à publicité selon l'ordre d'inscription, puis les privilèges non soumis à publicité dans l'ordre de l'article 180, exactement dans les mêmes conditions que pour les immeubles. Dans tous les cas dès la répartition ordonnée, le syndic adresse à chaque créancier admis, en règlement de son dividende, un chèque à son ordre tiré sur le compte ouvert spécialement à cet effet dans un établissement bancaire ou postal ou au Trésor public.

---

[380] Cet article dispose que toutes les dettes nées régulièrement, après la décision d'ouverture, de la continuation de l'activité et de toute activité régulière du débiteur ou du syndic sont des créances de la masse, sauf celles nées de l'exploitation du locataire-gérant qui restent exclusivement à sa charge sans solidarité avec le propriétaire du fonds.

284. Les développements ci-dessus montrent combien la situation des créanciers est susceptible d'être complexe si l'on est en présence de nombreux créanciers munis de sûretés différentes, et cela, malgré les efforts méritoires des Actes uniformes. Si l'on adopte une approche substantielle, il va falloir régler les conflits lors des répartitions.

B. Le traitement des conflits sur la répartition légale

285. Le souci premier de tout créancier serait de savoir que justice a été bien rendue, peu importe si le rang qu'il occupe a permis ou non son règlement total. Par la suppression de l'égalité entre créanciers, le droit des affaires a élaboré un ordre, qui doit conduire normalement au paiement prioritaire de certains d'entre eux. L'opposabilité de la répartition ne soulève aucune difficulté, puisqu'il existe un texte pour chaque droit de préférence. Elle est donc connue de tous, ce d'autant plus qu'elle se double parfois d'une publicité spécifique (hypothèque, nantissement, crédit-bail)[381]. Les conséquences de la disparition de ce droit sont tirées par le liquidateur ou le juge des répartitions. Alors une mauvaise appréciation sur l'ordre peut s'envisager, il est possible que ce classement ne soit pas respecté. Dans ce cas, les règles de la répétition de l'indu peuvent être utiles (1). Reste également à savoir comment régler le conflit entre créanciers hypothécaires à propos de l'attribution du bien hypothéqué (2).

1. Le paiement effectué au détriment de l'ordre légal des créanciers

286. L'assignation en répétition de l'indu d'un créancier moins bon en rang payé par un créancier à la priorité supérieure non désintéressé nous semble logique au regard du caractère légal établi par la loi. En combinant la répétition de l'indu et le principe de l'égalité entre créanciers, nous condamnons un tel paiement. Que l'on soit entre deux créanciers privilégiés ou entre un créancier privilégié et un créancier chirographaire, on a affaire au même phénomène : le paiement en violation de l'ordre établi. Même dans le cas contraire, entre deux créanciers de même rang devant se partager au marc le franc et dont l'un est réglé en violation de l'ordre qui les encadre, la solution devrait être identique. Il serait alors injuste qu'un créancier soit payé

---

[381]Et il est dès lors inutile de prendre des sûretés et d'interdire par la suite au débiteur d'en consentir aux autres créanciers de l'opération à financer. On a vu la détention abusive des titres fonciers des clients par les banques jusqu'à entier remboursement.

intégralement, alors que les autres ne le seraient pas, d'où le jeu de la répétition de l'indu.

287. Une autre raison serait que compter dans cette situation sur l'assurance professionnelle du liquidateur ne serait pas raisonnable dans la mesure où elle créerait un surcroît de contentieux. En effet, entre deux créanciers privilégiés, seule une action sera lancée. Toutefois, entre un créancier privilégié et plusieurs créanciers chirographaires, non seulement le créancier à la priorité oubliée adressera une demande d'indemnisation à l'assureur du liquidateur, mais il en sera également des autres créanciers chirographaires, qui disposeront, en outre d'un recours contre celui d'entre eux qui a été intégralement désintéressé. Afin de porter remède à cette situation, un auteur a suggéré de « *poser une règle aux termes de laquelle le paiement effectué est fait sous réserve d'erreurs dans les répartitions, ce qui d'une part ouvrirait au créancier injustement privé de son dû un recours contre le créancier injustement payé, et, d'autre part, éviterait des actions en responsabilité contre les mandataires, au seul prétexte qu'un créancier n'aurait pas dû être payé, ce qui a privé de son dû un autre créancier* »[382]. On ne peut que rejoindre cette proposition parfaitement raisonnable.

288. L'existence d'un conflit est toutefois plus palpable quand ce sont des créanciers venant à un rang identique qui sollicitent l'attribution, car ils doivent concourir au marc le franc. L'article 200, alinéa 2, de l'AUS, prévoit la consignation de la soulte par le créancier, lorsque la valeur de l'immeuble excède le montant de la créance garantie et qu'il « *existe d'autres créanciers hypothécaires* ». Ce texte aborde sommairement le problème du sort des créanciers hypothécaires autres que l'attributaire du bien en évoquant la consignation de la soulte.

2. Le sort des créanciers hypothécaires en cas d'attribution de l'immeuble

289. Lorsque le constituant consent sur le même immeuble plusieurs hypothèques parmi lesquelles il conclut avec l'un des créanciers le droit à l'un des deux modes alternatifs de réalisation, on se demande lequel

---

[382] Voir LE CORRE (P.-M.), *Droit et pratique des procédures collectives*, 6e éd., Dalloz, 2011, n° 591.51, p. 1495.

de ces créanciers hypothécaires devra bénéficier de l'attribution[383]. En effet, l'AUS, comme l'ordonnance française de 2006, portant réforme du droit des sûretés, n'a pas envisagé cette situation[384]. Deux solutions méritent un examen attentif. La première se fonde sur la date de l'inscription hypothécaire, tandis que la seconde repose sur la date d'exigibilité de la créance.

290. Le rang de l'inscription hypothécaire vient immédiatement à l'esprit en cas de coexistence de plusieurs créanciers hypothécaires. La raison est toute simple. En effet, traditionnellement, c'est au moment de la distribution du prix de vente sur saisie immobilière, seule voie de réalisation de l'hypothèque, que la coexistence des créanciers hypothécaires pose des problèmes. Le rang de l'inscription, déterminé en fonction de la date à laquelle elle a été prise, selon l'article 195 alinéa 2, de l'AUS, est le critère de distribution du prix[385]. C'est bien ce qui ressort d'ailleurs de l'article 225 du même Acte, notamment en son 3°, disposant, à propos des créanciers hypothécaires, que les deniers provenant de la réalisation des immeubles leur sont distribués « *chacun selon le rang de son inscription au registre de la publicité immobilière* ».

291. L'application du critère de la date de l'inscription hypothécaire permet au créancier hypothécaire de premier rang d'exclure tout autre créancier de rang inférieur. La doctrine française est majoritairement favorable à cette solution, soutenant qu'il faudrait « *réserver l'attribution judiciaire au créancier de premier rang* »[386]. Cette règle est applicable à toutes les configurations de conflit entre créanciers hypothécaires. Ainsi, qu'ils demandent tous l'attribution judiciaire ou l'attribution conventionnelle ou que l'un demande l'attribution et l'autre, la saisie immobilière, c'est le premier créancier inscrit qui

---

383 Sur les modes alternatifs de réalisations des sûretés, lire NJEUFACKTEMGWA (R.), « Réflexion sur les procédés alternatifs de réalisation des sûretés réelles conventionnelles en droit OHADA », *RRJ* 2012-2, p. 1001.

384 Cette réflexion pouvait également être envisagée pour ce qui est de l'attribution judiciaire d'un meuble remis en entiercement, à l'un des créanciers gagistes. Mais nous nous sommes limités aux créanciers hypothécaires en raison du fait qu'il s'agit d'un cas fréquent dans la pratique.

385 En matière mobilière, l'attribution du gage est selon l'ordre successif d'enregistrement ou à défaut celui de la constitution. Article 57 de l'AUS.

386 Voir YOUEGO (C.), « La réalisation de l'hypothèque en droit OHADA : Étude de l'AUS à la lumière du droit français », *Revue de l'ERSUMA : Droit des affaires - Pratique Professionnelle*, N° 3 - septembre 2013, Doctrine.

devrait l'emporter. Tout au plus, les créanciers évincés viennent en concours à la soulte si du moins la valeur du bien attribué au vainqueur est supérieure au montant de sa créance.

292. Pour les auteurs favorables au critère de l'exigibilité de la créance, en présence de plusieurs créanciers hypothécaires, la faculté d'attribution du bien devrait être ouverte à celui dont la créance devient exigible en premier lieu. Un créancier de rang inférieur pourrait donc avoir droit à l'attribution du bien malgré l'existence des créanciers d'un meilleur rang. La jurisprudence française a jugé ainsi, affirmant, bien avant l'ordonnance du 23 mars 2006 portant réforme des sûretés, que le droit à l'attribution du gage est indépendant des règles concernant l'ordre dans lequel s'exercent sur le prix les divers privilèges en cas de vente du bien nanti. Cette solution, reprise par la chambre commerciale dans un arrêt du 3 juin 2008 pour admettre l'attribution des parts sociales à un créancier nanti en second rang, devrait, selon certains auteurs, être étendue à toutes les sûretés réelles et notamment à l'hypothèque.

293. En ce qui concerne particulièrement le droit OHADA, il a été observé que le silence du législateur communautaire concernant la qualité de celui qui demande ou qui invoque l'attribution du bien hypothéqué signifie qu'une telle « *faculté est ouverte à tous les créanciers hypothécaires* ». Un créancier non prioritaire pourrait donc acquérir le bien hypothéqué, au risque de se voir opposer le droit de priorité du créancier non attributaire. Quel que soit d'ailleurs le critère d'attribution du bien, le problème du sort des créanciers hypothécaires non attributaires reste posé. L'article 200, alinéa 2 de l'AUS fait une simple allusion aux créanciers non attributaires du bien, en prévoyant la consignation de la soulte sans rien dire de la distribution entre les intéressés. En réalité, comme la doctrine le remarque si bien, le sort de ces créanciers dépend du critère d'attribution du bien, à savoir le rang de l'inscription hypothécaire ou la date d'exigibilité de la créance[387].

294. Lorsque le créancier de premier rang est attributaire du bien et que la valeur est supérieure au montant de sa créance, l'excédent est consigné au profit des autres créanciers hypothécaires. Si cette soulte permet de les désintéresser tous, ce sont alors tous les créanciers hypothécaires qui seront finalement - fort heureusement - satisfaits. Dans le cas contraire, la soulte étant insuffisante pour payer tous les

---

[387]Voir YOUEGO (C.), « La réalisation de l'hypothèque en droit OHADA, *op.cit.*

créanciers hypothécaires non attributaires, le problème du critère de distribution va se poser. Or, l'article 225, alinéa 1, 3° de l'AUS dispose, d'une façon générale, que « *les deniers provenant de la réalisation des immeubles » sont distribués aux créanciers titulaires d'une hypothèque « chacun selon le rang de son inscription au registre de la publicité immobilière* ». Parce qu'elle est calculée dans le cadre de l'attribution du bien, la soulte provient donc de la réalisation de l'hypothèque. Elle devrait en conséquence être répartie entre les créanciers non attributaires, selon l'ordre de leur inscription. Les créanciers non satisfaits ne pourront pas opposer leur droit de suite au créancier attributaire du bien sur la base de son rang meilleur. Ces créanciers insatisfaits deviendront de simples créanciers chirographaires de leur débiteur. L'hypothèque de second rang ne sera donc d'aucune utilité.

295. Dans l'hypothèse des créanciers non attributaires en cas d'attribution selon la date d'exigibilité de la créance, c'est le créancier de second rang qui, ayant obtenu l'attribution du bien en raison de la date d'exigibilité de sa créance, doit consigner le supplément de la valeur du bien au profit des autres créanciers hypothécaires. La distribution aura lieu en fonction du rang de chacun. Il n'y aura aucun problème si le montant de la soulte permet de les payer tous. Or, la soulte peut être insuffisante pour régler le premier créancier inscrit. Quelles en seraient les conséquences pour l'intéressé, voire pour le créancier attributaire du bien ? La réponse à ces questions est plutôt troublante. En effet, le créancier hypothécaire de premier rang reste titulaire d'un droit de suite qui n'est pas supprimé par l'attribution du bien au créancier de second rang. Fort de ce droit, il pourra saisir le bien attribué à son concurrent qui devra alors le désintéresser pour pouvoir conserver l'immeuble acquis. Ce conflit aurait pu être évité si l'attribution du bien hypothéqué avait pour effet de purger toutes les hypothèques inscrites sur le bien attribué. Or le législateur n'en dit rien, encore qu'une telle mesure soit fort regrettable.

296. Dans ces conditions, attribuer le bien en fonction de la date d'exigibilité ne présente aucune sécurité pour l'attributaire. En revanche, l'attribution selon le rang de l'inscription paraît beaucoup plus rationnelle pour le créancier de premier rang. Le créancier inscrit en second rang et en connaissance de l'existence d'une inscription prioritaire, prend et accepte le risque d'être évincé par le créancier prioritaire. Si le prix de vente d'un bien spécialement affecté à une sûreté est insuffisant à payer la créance en principal et intérêts, le créancier titulaire de cette sûreté est traité, pour le reliquat non payé de sa créance, comme un créancier chirographaire. Il faut donc noter que les nouveaux modes d'attribution instaurés par l'Acte uniforme sur le droit des sûretés ont vocation à s'appliquer uniquement en cas d'inscription d'une seule hypothèque sur l'immeuble et que l'efficacité de la réforme se trouve ainsi limitée.

297. Le recours à l'attribution judiciaire et sa généralisation à la matière immobilière seraient un « *gage* » important d'efficacité : il s'agit en effet d'une « *arme absolue* », parce qu'étrangère au classement des privilèges. Il peut même arriver que l'ordre légal du partage soit violé. Ce qui entraînerait des contestations et par conséquent des conflits. Si l'OHADA établit une hiérarchie entre les créanciers lors des partages, il va de soi que les conséquences en sont observées.

II. Les conséquences de la hiérarchisation du paiement des créanciers

298. Le concours entre créanciers a pour fonction de mettre en œuvre la procédure de distribution entre les créanciers. Et dans ce cas, ils seront satisfaits selon un ordre légal, de telle sorte que, les créanciers à qui un privilège est reconnu et ceux détenteurs d'une sûreté seront payés en priorité. Certes, la préférence organise une hiérarchie entre des prétentions concurrentes, sans écarter par principe aucune d'entre elles, puisque dans une certaine mesure c'est le paiement au marc le franc qui prévaut. Cette hiérarchie correspond *ipso facto* à la disparition du droit à l'égalité entre créanciers lors des répartitions (A). Il y a lieu de conclure que les créanciers ordinaires, dits chirographaires seront les plus mal placés quant au règlement de leurs créances. Cependant, certaines garanties indirectes leur sont offertes (B).

A. La suppression du droit à l'égalité entre créanciers lors des répartitions

299. Comme nous venons de voir, les dispositions du droit OHADA sur la distribution obligeraient un ou plusieurs créanciers à s'écarter en présence d'un créancier doté d'un droit de préférence. Dans ce cadre, la préférence n'est ni plus ni moins qu'une abdication à l'égalité, qui est imposée. Le droit des sûretés aborde la répartition sous cet angle et il propose quatre instruments qui y ont recours : le gage, le nantissement, l'hypothèque et le privilège. De plus, il l'encadre par l'adage selon lequel il n'y a pas de privilège sans texte. Avec ces instruments, l'OHADA octroie légalement des droits de préférence entre les créanciers en concours (1). En outre, elle accorde des privilèges à certains créanciers (2).

1. L'octroi légal des droits de préférence entre les créanciers en concours

300. Le droit de préférence est le droit pour certains créanciers d'échapper au concours des autres créanciers (ou de certaines catégories de créanciers) dans la distribution du prix de vente des biens du débiteur et d'être payés avant ceux auxquels ils sont préférés. Elle fonde un ordre hiérarchique entre les créanciers basé sur des jugements de valeur. En effet, ce qui est une préférence du point de vue du créancier privilégié est un déclassement pour celui qui subit la priorité. Ainsi, les créanciers chirographaires ont été privés de leur droit en faveur des créanciers munis d'une manière générale de sûretés ou de privilèges, de même que l'a été l'administration fiscale au bénéfice du syndic.

301. L'octroi d'un droit de préférence permet ainsi de matérialiser l'ordre souhaité entre des créanciers, et désormais, le rang de chirographaires devient le seuil le plus bas dans les répartitions. Son paiement est aménagé vers le bas. C'est ce qui manifeste une suppression de l'égalité entre créanciers parce qu'entre le créancier au premier rang (créanciers des frais de justice, salariés…) et celui au dernier (créanciers chirographaires), de nombreuses personnes peuvent s'intercaler (administrations publiques, créanciers gagistes ou hypothécaires…). L'AUS ne restreignant aucunement le nombre d'hypothèques pouvant être inscrites. « *Il y aurait le risque que la libre multiplication des droits réels vide la propriété de sa substance* »[388]. Comme l'a dit un auteur, la procédure de distribution est une garantie qui pèse comme une épée de Damoclès sur la tête du créancier chirographaire[389].

302. Toutefois, la hiérarchie est relative. Les créanciers chirographaires sont bien égaux entre eux. Cette égalité chirographaire n'est qu'une illustration particulière de l'égalité qui existe entre créanciers venant au même rang. Elle peut être rencontrée avec d'autres créanciers. Il suffit de penser à plusieurs prêteurs participatifs par

---

[388]Voir MALAURIE (Ph.) et AYNÈS (L.), *Les biens*, 4e éd., *Defrénois,* 2010 n° 358, p. 89.
[389]Voir MEHDI (B.), *La subordination financière*, thèse, *op. cit.* p. 34

exemple. En cas d'existence de prêts participatifs, ils bénéficient de l'extinction du droit à l'égalité de ces créanciers à leurs égards et leur deviennent supérieurs. Dès lors, ce n'est que si l'intérêt est identique qu'un retour à l'égalité absolue entre les créanciers peut être proposé, sinon l'égalité risque de rimer avec l'injustice. Quelque part, tout est comme s'il avait autant de droits à l'égalité qu'il n'y a de groupes de créanciers[390]. On se souvient qu'en cas d'insuffisance des deniers pour désintéresser totalement les créanciers de l'une des catégories désignées venant à rang égal, ceux-ci concourent aux répartitions dans la proportion de leurs créances totales, au marc le franc.

303. Il est vrai, sous un angle économique, l'égalité des créanciers n'est pas plus justifiée. En effet, si l'instauration d'une égalité certaine entre tous les créanciers promeut le crédit chirographaire, cela se fait aux dépens du crédit en général, car il est des créanciers qui ne consentent à s'engager qu'avec l'assurance d'être payé en priorité. Avec un crédit hypothécaire, le banquier n'accorde généralement son soutien qu'en contrepartie du rang le plus favorable sur l'immeuble[391].

304. Lorsqu'un créancier souhaite consolider son droit, un moyen classique s'offre à lui : l'octroi d'une sûreté réelle ou personnelle. Dans un cas, il améliore son rang dans d'éventuelles répartitions, dans l'autre, il accède à un patrimoine distinct de celui de son débiteur. Mais ce qui intéresse un créancier garanti est moins la personne du constituant de la sûreté que son patrimoine. C'est bien pour cela que, dans toute opération de crédit, la solvabilité de la caution est examinée avec autant de soins, si ce n'est plus, que celle du débiteur principal. Mais elle ne va pas jusqu'à l'octroi d'une priorité sur les créanciers du patrimoine de cette caution affecté, puisqu'il viendra au rang de chirographaire. D'où la pratique bancaire récurrente du cautionnement réel, qui vise soit un nantissement du compte de la caution à un certain montant plus ou moins égal au montant du crédit accordé, soit une hypothèque sur son immeuble.

305. « *Si la caution intéresse le créancier, c'est uniquement dans la perspective d'une appréhension patrimoniale* »[392]. C'est pourquoi en

---

[390]Voir CABRILLAC (M.), « Les ambiguïtés de l'égalité entre les créanciers », Mélanges A. Breton et F. Derrida, Dalloz, 1991, p. 37.
[391]Voir DUPICHOT (Ph.), *Le pouvoir des volontés individuelles en droit des sûretés*, préf. M. Grimaldi, éd. Panthéon-Assas, 2005 n° 775, p. 583.
[392]Voir REVET (Th.), « Rapport introductif », *in* « Dossier EIRL : la nouvelle donne pour l'entrepreneur »,

face d'une société unipersonnelle à responsabilité limitée, le banquier conditionne le plus souvent l'octroi de ses concours financiers à l'engagement personnel du dirigeant à les rembourser, le plus souvent sous forme de cautionnement hypothécaire et solidaire, réduisant ainsi ladite société à une simple entreprise individuelle. À partir du moment où il existe une division du patrimoine, il est tout à fait possible d'être à la fois caution et débiteur, chacun des engagements s'exerçant sur le patrimoine qui lui est afférent. Le régime de la société à responsabilité limitée est relativement simple. Toute personne ayant la fibre entrepreneuriale peut, si elle le souhaite, constituer une masse de biens dédiée à chacune des activités qu'elle a l'intention de mener. Elle doit réaliser une déclaration d'affectation à compter de laquelle les créanciers professionnels ne pourront exercer leur droit de gage que sur les biens qui s'y trouvent.

306. Par ailleurs en matière d'hypothèque, on sait très bien que c'est le mécanisme de l'inscription qui attribue le meilleur rang à celui dont l'inscription est la plus ancienne chronologiquement. Le rôle donné au temps ici n'est qu'une illustration de l'adage *prior tempore potior jure*. Le créancier inscrit en premier est en ainsi celui qui jouit le premier de l'extinction du droit à l'égalité des autres créanciers à son égard. À cet effet, lors d'un crédit immobilier, le prêteur de deniers accepte rarement d'octroyer ses concours sans bénéficier du rang le plus avantageux en cas de vente de l'immeuble hypothéqué. Il propose fréquemment l'échange avec les créanciers hypothécaires de rang supérieur ou les titulaires des privilèges du vendeur d'immeubles et de prêteur de deniers. Ainsi dénommée cession de rang ou cession de concurrence ou encore cession d'antériorité, cette convention n'affecte que les droits de préférence à l'exclusion des autres prérogatives attachées aux sûretés[393]. Pour les créanciers supérieurs, l'extinction de la créance inférieure leur est indifférente tant qu'elle ne s'accompagne pas d'une réduction de l'actif du débiteur contrairement à un règlement de cette créance avant celle de la créance supérieure.

307. La cession d'antériorité met en place un nouvel ordre entre des créanciers en modifiant celui qui préexistait. Cette forme de déclassement est donc une privation négociée du droit à l'égalité. Dans

---

Dr. et patr., avril 2011, p. 41, spéc. p. 44.

[393]Voir SIMLER (Ph.) et DELEBECQUE (Ph.), Droit civil. *Les sûretés. La publicité foncière, op. cit.*, n° 546, p. 497.

ce cas, elle est synonyme de renonciation. La cession d'antériorité n'est pas opposable, à défaut de mention en marge des inscriptions existantes, au cessionnaire du créancier hypothécaire ou à la caution de l'emprunteur[394]. Elle n'est efficace que dans la limite de la garantie conférée au cédant, le cessionnaire ne pouvant avoir plus de droits que ce dernier[395]. En cas d'extinction de la créance au regard de laquelle l'hypothèque avait été établie, le principe de spécialité de l'hypothèque conduit à la caducité de la cession d'antériorité faute de sûreté attributive de rang.

308. La cession d'antériorité, convenue entre créanciers hypothécaires, n'agit qu'entre eux, sans pouvoir modifier les droits ou les obligations des autres créanciers, elle n'opère donc que dans la limite de la plus faible des créances[396]. Quand la cession d'antériorité a lieu entre les créanciers les plus élevés en rang, il n'est jamais porté atteinte aux droits de ceux qui suivent, car peu leur importe l'ordre dans lequel les créanciers qui leur sont privilégiés sont payés. Cette décision ne sert que pour le cas où il existe un créancier intermédiaire entre les participants à la cession d'antériorité, en particulier si le montant de la créance du cédant est inférieur à celle du cédé.

2. L'accord légal des privilèges à certains créanciers

309. Le privilège peut être défini comme un droit que la loi donne au créancier, en fonction de la qualité de la créance, d'être préféré aux autres créanciers. Il se caractérise par deux éléments. Le premier est son origine légale. Les privilèges ont une seule source qui est la loi ; il n'y a pas de privilège sans texte. Le second est l'attribution en fonction de la qualité de la créance. Les privilèges bénéficient soit aux créanciers privés dont les créances sont modiques, mais dignes d'intérêt pour des raisons de dignité humaine ou de justice sociale, soit aux créanciers publics : trésor, sécurité sociale et ce, pour des raisons d'intérêt général.

310. Les privilèges confèrent essentiellement un droit de préférence qui permet au bénéficiaire d'être payé suivant l'ordre prévu par l'Acte uniforme pour le classement des différents créanciers[397]. Ils ne confèrent donc pas de droit de suite. L'Acte uniforme distingue

---

[394]Voir MEHDI (B.), *La subordination financière*, thèse, *op. cit.* p. 107.
[395]Cass. civ. 3e, 20 nov. 1973, Bull. III, n° 589, *Defrénois*, 1974, p. 552, note E. Franck.
[396]Voir MEHDI (B.), *La subordination financière*, thèse, *op. cit.* p 108.
[397]Article 225 et 226 AUS.

essentiellement les privilèges généraux qui portent sur l'ensemble de l'actif mobilier et immobilier du débiteur et les privilèges spéciaux qui sont essentiellement mobiliers et portent sur un meuble déterminé de l'actif du débiteur.

311. Les privilèges généraux ont pour assiette l'ensemble du patrimoine du débiteur, c'est-à-dire tous ses biens meubles et immeubles[398]. Ils sont indivisibles en ce sens qu'ils s'exercent sur tout élément d'actif pour la totalité de la somme qu'ils garantissent. Leur mise en œuvre est toutefois soumise à la règle de la subsidiarité en ce que l'exécution sera poursuivie d'abord sur les meubles du débiteur et c'est en cas d'insuffisance du prix reçu que l'exécution sera poursuivie sur les immeubles. Les privilèges généraux ne sont pas soumis à la publicité à l'exception du privilège des créances fiscales, douanières et des organismes de sécurité et de prévoyance sociale pour les sommes qui sont au-delà de celles fixées pour l'exécution provisoire des décisions judiciaires.

312. L'ordre des privilèges généraux, à l'exception des privilèges soumis à publicité, est déterminé par l'article 180 AUS. Cet ordre est le suivant :

1°) les frais d'inhumation, les frais de la dernière maladie du débiteur ayant précédé la saisie des biens ;

2°) les fournitures de subsistance faites au débiteur pendant la dernière année ayant précédé son décès, la saisie des biens ou la décision judiciaire d'ouverture d'une procédure collective ;

3°) les sommes dues aux travailleurs et apprentis pour exécution et résiliation de leur contrat durant la dernière année ayant précédé le décès du débiteur, la saisie des biens ou la décision judiciaire d'ouverture d'une procédure collective ;

4°) les sommes dues aux auteurs d'œuvres intellectuelles, littéraires et artistiques pour les trois dernières années ayant précédé le décès du débiteur, la saisie des biens ou la décision judiciaire d'ouverture d'une procédure collective ;

---

398 L'article 179 de l'AUS dispose que les privilèges généraux confèrent un droit de préférence exercé par leur titulaire suivant les procédures de distribution prévues par les articles 225 et 226 de l'AUS.

5°) dans la limite de la somme fixée légalement pour l'exécution provisoire des décisions judiciaires, les sommes dues aux organismes de sécurité et de prévoyance sociales ;

6°) dans la limite de la somme fixée légalement pour l'exécution provisoire des décisions judiciaires, les sommes dont le débiteur est redevable au titre des créances fiscales et douanières.

313. Les privilèges non soumis à publicité passent après les privilèges soumis à publicité. Aux termes de l'article 180 de l'AUS, les créances fiscales, douanières et de la sécurité sociale sont privilégiées sans exigence de publicité préalable pour la somme fixée par chaque État pour l'exécution provisoire des décisions de justice.

314. Le privilège des créances fiscales connu également sous le nom de privilège du fisc ou du trésor repose sur le fondement que l'État ou les collectivités publiques, c'est tout le monde et que ses créances, profitant à tous, doivent être recouvrées avant les autres. Ce privilège garantit en général le recouvrement de tous les impôts, droits, taxes et pénalités assis et liquidés par les services des impôts et les pénalités de recouvrement liquidées par les services des impôts et du trésor. Il couvre donc les contributions directes et taxes assimilées telles que l'impôt sur les sociétés, l'impôt sur les bénéfices, la taxe sur la valeur ajoutée (TVA), les taxes sur le chiffre d'affaires (TCA), l'impôt libératoire, etc. Il couvre également les contributions indirectes (droits d'enregistrement et de timbre, amendes pénales, *etc.*) ainsi que les frais de poursuite, les pénalités et éventuellement les majorations.

315. Le privilège de la douane, pour sa part, couvre les frais dus à l'État au titre d'opérations douanières notamment les droits, taxes, confiscations, amendes et restitutions[399]. Le privilège de la sécurité et de la prévoyance sociales bénéficie essentiellement aux organismes de sécurité et de prévoyance sociales pour les cotisations qui leur sont dues notamment par les employeurs et éventuellement par les travailleurs. Les créances fiscales, douanières et de la sécurité sociale peuvent toujours être privilégiées pour un montant supérieur à celui indiqué à l'article 180 5° et 6° de l'AUS. Seulement, dans ce cas, le privilège doit être inscrit dans les six mois de l'exigibilité de ces créances. Cette inscription permet aux créanciers du débiteur d'être informés du privilège et d'être fixés sur la véritable situation du débiteur.

---

[399]Voir article 307 du Code béninois des douanes.

316. L'inscription est prise au RCCM du greffe de la juridiction compétente et conserve le privilège pendant 3 ans à partir du jour où elle a été prise. Elle peut être renouvelée avant l'expiration du délai, à défaut de renouvellement, son effet cesse. En l'absence d'inscription, le fisc, la douane et les organismes de sécurité et prévoyance sociales resteraient, pour les sommes non publiées, de simples chirographaires.

317. Aux termes de l'article 182 de l'AUS, « *les créanciers titulaires des privilèges spéciaux ont sur les meubles qui leur sont affectés comme assiette par la loi un droit de préférence qu'ils exercent après saisie selon les dispositions prévues par l'article 226* ». L'Acte uniforme prévoit sept privilèges spéciaux : le privilège du vendeur de meubles, le privilège du bailleur d'immeuble, le privilège du transporteur, le privilège de l'auxiliaire salarié, le privilège des travailleurs et fournisseurs des entreprises de travaux, le privilège du commissionnaire et le privilège des frais de conservation. Il faut y ajouter le privilège du vendeur de fonds de commerce. Dans tous les cas, il s'agit de privilèges mobiliers c'est-à-dire qu'ils portent toujours sur un ou des meubles déterminés du débiteur[400]. Les privilèges spéciaux ne posent pas de problèmes de classement puisque chacun s'exerce sur un bien déterminé. Ils viennent cependant en concours avec d'autres sûretés. De même, il peut arriver que certains créanciers soient en concours lorsque leur privilège s'exerce sur le même bien. Dans ce cas, la priorité est généralement accordée au premier saisissant - celui qui en premier lieu a exercé une mesure de saisie sur le bien - ou à celui qui a la détention effective du bien.

B. Les garanties indirectes offertes au créancier chirographaire

318. Le Code civil prévoit trois types de mesures préventives de l'insolvabilité du débiteur : l'action oblique, l'action directe et l'action paulienne qui consistent à saisir les tiers. Il s'agit ici de contester *a posteriori* les conditions dans lesquelles les biens sont sortis du patrimoine du débiteur. De manière plus active, le créancier peut s'opposer à la sortie de ces biens du patrimoine de son débiteur ou du lieu où ce dernier les a déposés. Ces cas sont très difficiles à mettre en œuvre puisqu'ils sont soumis à des conditions rudes et nécessitent des preuves. Il s'agit des mesures de poursuites contre les tiers débiteurs du

[400] Articles 183 à 189 de l'AUS.

débiteur (1). Certaines clauses contractuelles peuvent inciter le débiteur au respect de ses engagements (2).

1. Les actions contre les tiers débiteurs du débiteur

319. En théorie, un créancier impayé n'a aucun droit contre des tiers, même s'ils sont la cause du débiteur insolvable ou récalcitrant. Mais il y a de nombreuses exceptions à ce principe. À la seule qualité de créancier sont attachés des moyens d'action contre certains tiers. Ainsi, au titre de son droit de gage général, le créancier peut agir contre les débiteurs de son débiteur, puisque les créances correspondantes font partie du patrimoine de celui-ci.

- **L'action oblique**

320. Selon l'article 1166 du Code civil camerounais, les créanciers peuvent exercer tous les droits et actions de leur débiteur, à l'exception de ceux qui sont exclusivement attachés à la personne. Si l'action oblique a pour objet d'assurer la protection du créancier, elle n'a de légitimité qu'autant qu'elle s'impose ; il faut donc que le débiteur soit tout à la fois négligent et insolvable. Si le débiteur est solvable, le paiement du créancier n'est pas compromis et il n'y a pas de raison de permettre au créancier de s'immiscer dans la gestion des biens de son débiteur ; le débiteur comme le tiers peuvent donc s'opposer à l'action. Il n'est pas nécessaire que le créancier dispose d'un titre exécutoire ; il ne doit pas davantage préalablement mettre le débiteur en demeure. Il n'est pas non plus indispensable de mettre le débiteur en cause, l'action étant tournée contre un tiers. Toutefois, cet appel à l'instance du débiteur est souhaitable et peut même s'avérer nécessaire si le créancier désire se faire attribuer dans la même instance les sommes que lui doit le débiteur.

321. S'agissant des actions en responsabilité, on distingue pour l'essentiel, selon qu'elles tendent à la réparation d'un préjudice moral ou matériel, seule la réparation du dernier pouvant faire l'objet d'une action oblique. Lorsque le créancier agit en revendication d'un bien que son débiteur avait négligé de défendre, le bien réintègre la fortune du débiteur. Une autre conséquence de cette idée de représentation est la possibilité pour le tiers d'invoquer à l'encontre du créancier toutes les exceptions qu'il aurait pu opposer au débiteur lui-même. Mais cette idée de représentation doit être nuancée. Tout d'abord, si le débiteur n'a pas été appelé à l'instance, la décision ne lui est pas opposable et il peut la contester par la voie de la tierce opposition. En outre, l'action de son créancier ne bloque pas son initiative, il peut parfaitement se réapproprier l'action engagée, voire transiger avec le tiers, à la seule condition que ce ne soit pas par fraude.

322. Une autre conséquence propre à l'action oblique et qui en marque les limites pour le créancier, c'est le caractère collectif de ses effets. Le créancier qui a agi n'a pas de droit préférable aux autres créanciers du débiteur inactif sur les éventuelles augmentations de sa fortune, il peut être amené à les partager avec les autres créanciers qui voudraient en profiter. Notons toutefois qu'il n'existe pas de publicité pour avertir d'une action oblique et que le créancier qui l'a exercée se trouve donc aux premières loges pour en tirer profit. Nul doute cependant que d'autres actions peuvent être plus efficaces, correspondant à d'autres situations, comme l'action directe.

- **L'action directe**

323. Le créancier, en agissant directement contre le « *sous-débiteur* », invoque à son encontre les termes d'un contrat à la formation duquel il n'a nullement participé, allant de ce fait à l'encontre de la règle générale fixée à l'article 1165 du Code civil camerounais. C'est sans doute par ce paradoxe, portant atteinte au principe fondamental de relativité des conventions que l'action directe est qualifiée d'*« institution curieuse, mal définie et presque inquiétante »*. Constituant une exception à l'article 1165 du Code civil camerounais, elle ne peut donc résulter que de textes exprès. Le Code civil consacre trois hypothèses d'action directe : au bénéfice du bailleur à l'encontre du sous-locataire[401], au bénéfice des ouvriers d'un entrepreneur à l'encontre du maître de l'ouvrage[402], du mandant contre le mandataire substitué[403]. En dehors du Code, de nombreuses hypothèses ont été consacrées par la loi, par exemple en matière de transport permettant au transporteur d'agir contre le destinataire[404].

324. Mais il y a surtout le cas, sans doute le plus connu, qui est la possibilité offerte à la victime d'un dommage d'agir directement contre l'assureur du responsable. Au lieu que le responsable agisse contre son assureur pour indemniser la victime, celle-ci agit elle-même, évitant des

[401]Article 1753 du Code civil camerounais.
[402]Article 1798 du Code civil camerounais.
[403]Article 1994 alinéa 2 du Code civil camerounais.
[404]Pour une analyse de l'action directe, Voir JAMIN (C.), *La notion d'action directe*, LGDJ, 1991.

délais et le concours d'autres débiteurs du responsable. Cette solution s'explique par la situation particulière puisque la créance de l'assuré ne s'explique que par le dommage subi par la victime et il serait choquant que l'assuré ou un autre de ses créanciers puisse en profiter. Dictée par le souci de protéger le créancier contre les risques d'insolvabilité du débiteur, cette action est complétée par une action plus générale où ce risque se réalise par le fait du débiteur lui-même, par fraude.

- **L'action paulienne**

325. L'action paulienne de l'article 1167 du Code civil camerounais permet au créancier d'attaquer les actes faits par le débiteur en fraude de ses droits. Si la fraude est établie, l'acte est déclaré inopposable au créancier qui a exercé l'action. Selon l'article 1167 du Code civil camerounais, les créanciers peuvent aussi, en leur nom personnel, attaquer les actes faits par leur débiteur en fraude de leurs droits. Le préjudice du créancier ne se rencontre que lorsque deux éléments se trouvent réunis : d'une part, il faut que le débiteur se soit appauvri, d'autre part il faut que cet appauvrissement s'accompagne de son insolvabilité. Il s'agit de tous les actes rendant plus incertain le recouvrement de sa créance par le créancier. En effet, le débiteur peut être plus fin et simplement soustraire à ses créanciers des biens aisément saisissables pour leur substituer des biens facilement dissimulables, tels du numéraire (ou des parts sociales) en échange d'un immeuble. Dans ce cas, l'acte passé pourra être contesté par la voie paulienne. Il en est aussi par exemple de la caution qui s'appauvrit sachant que le débiteur principal est en état d'insolvabilité.

326. Le problème est que rapporter la preuve de la fraude est très difficile dans les faits. Comment prouver que l'argent qui se trouve dans les comptes bancaires des enfants majeurs d'un débiteur lui appartient ? Les effets de l'action paulienne ont pour trait caractéristique que l'acte attaqué est déclaré inopposable au créancier qui a intenté l'action. *A contrario*, l'acte n'est pas nul. Cela signifie d'abord que le bien dont le débiteur avait voulu se défaire peut lui profiter, il peut demander son attribution et le tiers ne peut s'y opposer. Mais l'acte est valable à l'égard de tous les autres et donc à l'égard des autres créanciers du débiteur. Le créancier qui a agi par la voie paulienne est le seul à profiter des suites de son action, résultat beaucoup plus favorable que dans le cas de l'action oblique. Il ne subira pas le concours des autres créanciers sur le bien dont le débiteur avait tenté de se défaire.

327. Il faut relever que les actions susvisées ne font que renforcer le droit de gage général du banquier. Ainsi, le seul droit de gage général ne permet donc pas aux créanciers de se prémunir contre l'insolvabilité future du débiteur. C'est donc pour éviter ces lacunes qu'ont été instaurées les sûretés. Mais l'article 2093 du Code civil camerounais énonce que « *les biens du débiteur sont le gage commun des créanciers et que le prix s'en distribue entre eux par contribution* ». Le créancier chirographaire doit donc subir la loi du « *concours* » entre les différents créanciers.

328. En dehors des mécanismes du droit des obligations qui ont pour effet d'accroître les chances du créancier d'être payé, la pratique bancaire a également recours aux clauses conventionnelles incitatives.

2. Les clauses contractuelles incitatives au paiement

329. La plupart des contrats de prêt conclus entre un établissement bancaire, et un débiteur, dans le cadre de son activité professionnelle, contiennent désormais des clauses imposant au débiteur certains engagements « *de faire* » ou « *de ne pas faire* ». Ces stipulations ont un rôle souvent essentiel. Elles sont parfois qualifiées de « *sûretés négatives* » [405]ou de « *garanties indirectes* »[406]. Mais la terminologie de « garanties *indirectes* » est plus vaste et inclut d'autres techniques bancaires[407]. Ces formes de garanties se matérialisent par l'insertion aux conventions de crédit des clauses incitatives de paiement. À la différence des sûretés traditionnelles ou classiques, il s'agit plus des garanties complémentaires que des garanties de paiement. Ainsi, le créancier à travers l'insertion de ces clauses veut éviter la concurrence. Comme le souligne Yves CHAPUT : « *De la négation de droits concurrents naît une garantie* »[408]. Mais le principal inconvénient de cette forme de sûreté est qu'elle peut être d'une efficacité relative en

---

[405]CHAPUT (Y.), « *Les sûretés négatives* », Annales Faculté Droit Clermont, 1974, fasc. 11, p. 165et s.
[406]VASSEUR (M.), « *Les garanties indirectes du banquier* », colloques de Deauville, Rev. jur. com. février 1982, p. 104-120.
[407]VASSEUR (M.), *op. cit.*, p. 104-120 : Les « *garanties indirectes* » regroupent : - des moyens essentiellement préventifs : les engagements de faire ou de ne pas faire. - des techniques bancaires à base de compensation et la compensation elle-même. - des procédés grâce auxquels le banquier se ménage la possibilité d'obtenir son paiement d'une autre personne que le débiteur : Stipulation pour autrui et délégation. - la cession de créance à titre de garantie : Loi DAILLY du 2 janvier 1981.
[408]CHAPUT(Y.), « *Les sûretés négatives* », *op. cit.*, p. 166 à 195.

cas de non-respect de l'engagement pris par le débiteur. On peut retenir dans un contrat :

330. – la clause de sûreté négative : elle est une clause contractuelle par laquelle un débiteur prend des engagements de ne pas faire à l'égard de son créancier pour ne pas compromettre la valeur de son droit de gage[409]. Le débiteur peut ainsi prendre l'engagement de ne pas aliéner un bien, de ne pas constituer de sûreté sur un bien donné. Par la clause *pari passu*, le débiteur s'engage à ne pas accorder à un autre créancier une sûreté sans proposer au créancier garanti le même avantage. Un créancier peut également se voir conférer un droit de regard sur le patrimoine de son débiteur[410]. Par la clause de maintien de l'emprunt à son rang, le souscripteur s'oblige à octroyer au bénéficiaire des garanties similaires à celles qu'il peut consentir à des tiers[411]. Il peut s'agir de l'engagement du débiteur à ne pas vendre ou hypothéquer un bien sans le consentement du créancier ou sans l'avoir informé de ne pas déplacer le lieu de situation d'un fonds de commerce sans son autorisation ou son information... Il peut s'agir de l'engagement pris par un tiers de maintenir sa participation dans la société emprunteuse à un certain niveau… Cette forme de sûreté se rencontre notamment dans le domaine des relations entre la banque et sa clientèle de personnes morales : une société prendra, par exemple, l'engagement de ne pas distribuer de dividende pendant une certaine période ou tant qu'elle n'aura pas remboursé le banquier[412] ;

- la clause résolutoire : elle permet d'anéantir le contrat lorsque l'une des parties n'exécute pas son obligation. Ce faisant, elle délie l'autre partie de la sienne. Elle peut donc être très utile dans les contrats synallagmatiques[413] ;

---

[409]Voir CHAPUT (Y.), « Les clauses de garantie », *in Les principales clauses des contrats conclus entre professionnels,* PUF, Aix 1990, 119.

[410]Voir GUYON (Y.), « Le droit de regard du créancier sur le patrimoine et l'activité de son débiteur », *RJC* 1982, n° spécial, 12 et s.

[411]Voir SIMON (Ph.), « Financement d'entreprises : "le fil à la patte" des sûretés négatives », D. Aff. n° 21, 96, p. 635.

[412]L'engagement de la société accorde donc un droit de regard ou un droit de véto à la banque (celle-ci doit néanmoins faire preuve d'un minimum de prudence afin que ce droit de regard ou de véto ne soit pas interprété par la suite comme traduisant une gestion de fait de la société susceptible de justifier une condamnation au comblement du passif).

[413]Surtout lorsqu'ils sont à exécution successive.

- **la clause pénale** : clause qui permet de fixer conventionnellement le montant des dommages-intérêts forfaitaires qui seront dus par le débiteur d'une obligation inexécutée. Lorsque le montant de cette indemnité est relativement fort, la clause constitue un moyen de pression pour pousser le débiteur à s'exécuter ;

- **la clause de déchéance de terme** : elle prive le débiteur du bénéfice du terme en rendant la dette immédiatement exigible si le débiteur pose certains actes sans le consentement du créancier ;

- **la clause d'indexation** : elle protège le créancier contre la dépréciation monétaire en faisant varier le montant de la dette en fonction d'un indice choisi. Les parties n'ont pas une totale liberté pour le choix de l'indice, car non seulement il leur interdit de choisir certains indices (les indices généraux comme le niveau général des prix ou le SMIG), mais aussi l'indice qu'elles choisissent doit être en relation directe avec l'objet du contrat ou l'activité de l'une d'elles ;

- **la clause d'augmentation de la garantie** : elle oblige le débiteur à augmenter la garantie fournie en cas de survenance ou de réalisation d'un événement prévu au contrat ;

- **la clause de compensation** : la compensation est un mode d'extinction de deux obligations ayant pour objet de l'argent ou des choses fongibles, lorsque deux personnes deviennent respectivement créancières et débitrices l'une et l'autre. Si les deux obligations sont du même montant, l'extinction est totale ; si l'une des obligations est d'un montant supérieur à celui de l'autre, l'extinction se produit à concurrence de la plus faible (l'extinction d'une des deux obligations est donc partielle). Cet effet extinctif a généralement sa source dans la loi ou dans la convention des parties.

331. La compensation légale est régie par les articles 1289 et suivants du Code civil camerounais[414]. Quant à la compensation

[414]Elle a lieu de plein droit dès lors que les conditions prévues par la loi sont réunies, à savoir que les deux obligations réciproques doivent : * porter sur les choses fongibles, c.-à-d. des choses interchangeables ; * être liquides, c'est-à-dire d'un montant déterminé ; * être exigibles, c.-à-d. échues : la compensation légale ne peut donc pas avoir lieu si l'une des deux dettes est à terme. Mais elle est possible lorsqu'un délai de grâce a été accordé par le juge, car il s'agit alors d'un simple report d'échéance pour permettre au débiteur en difficulté de payer plus tard. Elle n'est pas possible si l'une des créances est insaisissable. Il convient de signaler que la

conventionnelle, il s'agit de celle qui est prévue par les parties elles-mêmes. Elles peuvent le faire notamment lorsque les conditions de la compensation légale ne sont pas réunies : par exemple, lorsque l'une des deux dettes n'est pas encore échue ou lorsque les deux ne sont pas fongibles. La liberté contractuelle leur permet de réaliser une compensation de leurs dettes réciproques malgré l'absence de cette condition (la seule condition incontournable est la réciprocité des dettes)[415]. Elle est d'une application fréquente dans le domaine bancaire ; par exemple lorsqu'une même personne a plusieurs comptes dans un même établissement de crédit, la banque pour se protéger du cas où l'un des comptes présentant un solde créditeur serait saisi en laissant un autre avec un solde débiteur peut insérer une clause de compensation dans la convention.

332. La liberté contractuelle permet ainsi d'insérer les clauses de nature à protéger en cas de non-paiement. Mais la liberté contractuelle ayant des limites, il ne suffit pas de stipuler ces clauses ; encore faudrait-il s'assurer qu'elles sont valables et opposables. Ce qui implique qu'elles soient équilibrées (pas de clauses abusives), claires, précises et apparentes (les plus importantes devant même être ressorties en caractères très apparents). Il faudrait donc s'assurer que le contrat engage le client : ce qui, lorsque cela est possible, devrait amener à privilégier les contrats signés du client.

333. Dans le cas où le banquier a même octroyé du crédit sans prendre aucune garantie, la loi lui accorde la mise en œuvre des procédures de recouvrement des créances et les voies d'exécution pour pouvoir entrer dans ses droits.

---

compensation légale ne peut opérer que si elle ne porte pas atteinte au droit acquis par un tiers et si les parties n'y ont pas renoncé, expressément ou tacitement.

[415]Si l'opération fait intervenir un tiers, il ne s'agit plus de compensation (il pourra s'agir de délégation, par exemple).

DEUXIÈME PARTIE

LA PROTECTION DU CRÉDIT BANCAIRE PAR L'ORGANISATION D'UN SYSTÈME DE GESTION DES IMPAYÉS

334. Les impayés constituent l'une des premières causes de vulnérabilité des entreprises. Leur survenance peut être le signe d'une détérioration de la trésorerie de votre client et même éventuellement être annonciatrice de difficultés plus graves. Si le créancier a la prérogative d'obliger son débiteur à exécuter son engagement à payer sa dette, les difficultés pratiques dans le processus de recouvrement qu'il peut rencontrer sont diverses[416]. On relève des déficiences dans l'organisation interne des entreprises créancières pour le suivi du recouvrement, l'inefficacité des procédures de prévention et de traitement de l'insolvabilité ; les lenteurs judiciaires liées aux renvois des audiences sur de longs délais, favorisant ainsi l'organisation par le débiteur de son insolvabilité. Les avocats abusent avec les demandes de renvoi et les oppositions non fondées qui sont utilisées pour retarder l'issue du procès.

335. Certains banquiers protègent leurs clients qu'ils informent en servant aux huissiers des formules telles que « *réponse suivra* » ou « *sous réserve des opérations en cours* ». Le véritable problème est qu'après tout le banquier a informé le débiteur, qui est allé vider ses comptes dans les autres banques où la saisie devrait se poursuivre. Voilà ce qu'on lui reproche exactement[417]. Le même jour, dans la seconde qui suit, il a déjà informé le débiteur. Le détournement d'objets saisis est devenu fréquent et non sanctionné, de sorte que personne ne fait plus de saisie-vente, le débiteur ayant tout le temps de déménager rapidement et de se rendre fugitif. Le banquier n'a jamais accompagné sa déclaration des pièces justificatives. Il y a entre lui et l'huissier une sorte de confiance qui ne dit pas son nom. Il y a de quoi. En tout cas, dans la même ville le même huissier qui vient saisir chez nous est celui avec qui le banquier a signé un contrat de partenariat. Même si on lui répond tardivement, il ne peut que difficilement mettre son intérêt en jeu pour sauver celui de son client.

---

[416]Sur ces difficultés, Voir SOUOP (S.) ; « La réalisation des garanties bancaires » (Communication faite à l'occasion d'un séminaire – avril 2008- du Centre Africain pour le Droit et le Développement -CA2D).

[417]Le banquier n'a jamais accompagné sa déclaration des pièces justificatives. Il y a entre l'huissier et lui une sorte de confiance. Dans tous les cas, dans la même ville le même huissier qui vient saisir chez le banquier est celui avec qui ce dernier a signé un contrat de partenariat. Même si on lui répond tardivement, il ne pourra que supporter. Il ne peut pas mettre son intérêt en jeu pour sauver celui de son client.

336. Le texte de l'AUPSR-VE a alors le défaut d'accroître les lenteurs judiciaires. Avant l'avènement du droit OHADA, on pouvait faire le commandement et 24 heures après procéder à la saisie ; le délai de huitaine prévu par l'OHADA est une faveur accordée au débiteur qui diminue le caractère dissuasif du commandement. Les ventes immobilières sont souvent bloquées en raison de la lenteur de l'administration à produire les titres fonciers ; ainsi les procédures de saisies immobilières sont compromises pour défaut de titres fonciers. L'alinéa 1er de l'article 253 de l'AUPSR-VE permet d'initier la procédure si l'on justifie avoir requis judiciairement l'immatriculation de l'immeuble. Toutefois, l'alinéa 2 du même texte dispose que la vente ne peut avoir lieu qu'après délivrance du titre foncier. Dans la pratique, les banques requièrent l'immatriculation et entament la procédure de saisie immobilière en espérant obtenir le titre foncier avant l'audience d'adjudication.

337. Concernant les créances dues par l'État et ses démembrements, les petites et moyennes entreprises se trouvent dans l'impossibilité de procéder à leur recouvrement, du fait des règles légales instituant une immunité d'exécution en faveur de l'État, des collectivités locales et des autres personnes morales de droit public. La complexité des procédures et le nombre de pièces à fournir ouvrent la porte à la corruption, du fait du pouvoir d'appréciation détenu par l'agent administratif. Une autre difficulté est celle de la localisation géographique du débiteur. La signification de l'acte d'huissier doit être faite, autant que possible, à personne, ou à domicile. On se rend compte que dès que le débiteur sent une pression déjà très forte, il change de domicile et se met le plus souvent en fuite. Le coût à payer aux détectives privés pour les retrouver revient très cher. La plupart des entreprises débitrices sont des établissements et des sociétés à responsabilité limitée unipersonnelles ou fonctionnent dans le secteur informel. Le poids de la culture et des traditions oblige à privilégier la confiance, la réputation et les liens de parenté qui constituent des obstacles au recouvrement forcé des créances.

338. Ces petites et moyennes entreprises reprochent également aux banques de ne pas leur faciliter la tâche, les procédures d'octroi de crédit sont trop longues et les garanties exigées trop lourdes. L'entreprise qui sollicite une caution bancaire pour l'obtention de marché peut attendre deux à trois mois, de sorte que le prêt accordé ne servira pas à la réalisation de l'ouvrage et l'entrepreneur va chercher d'autres moyens pour commencer les travaux. Les opérations effectuées pour le compte du client sont prises en compte avec un certain décalage par rapport à leur date d'effet en vue de rémunérer indirectement le service rendu par la banque en rallongeant la période de calcul des intérêts.

339. On le voit, les difficultés se présentent à tous les niveaux de la procédure de recouvrement. Pour mieux s'en sortir, il y a donc lieu de passer par une organisation rigoureuse de tous les circuits concernant l'activité de recouvrement qu'il soit amiable ou forcé. Le recouvrement se définit comme l'ensemble d'activités coordonnées et appliquées de manière adéquate et opportune pour parvenir à la récupération totale des prêts. Ainsi, le processus de recouvrement nécessite une interaction significative avec le client, en commençant par un examen minutieux de sa situation et en maintenant des contacts opportuns et fréquents tout au long de la durée du prêt. L'enjeu principal du recouvrement des créances étant de maîtriser les techniques appropriées dans l'optique de maîtriser le coût net du risque, éviter les provisions, faire respecter la banque, préserver les relations commerciales, améliorer le bénéfice de l'entreprise, maîtriser les frais généraux, produire la trésorerie, préserver les emplois des salariés et maintenir la bonne santé de l'entreprise.

340. Il faut présenter aux clients des options de paiement adéquates et opportunes dans chaque cas. C'est l'objet du cadre technique de gestion des créances en souffrance (chapitre 1). Le législateur de l'OHADA a à cette occasion aménagé des voies d'exécution pour vaincre la résistance de certains débiteurs (chapitre 2).

CHAPITRE 1

LE CADRE TECHNIQUE DE GESTION DES CRÉANCES EN SOUFFRANCE

341. Aux termes de l'article 2 du Règlement COBAC R- 2014/01, relatif à la classification, à la comptabilisation et au provisionnement des créances des Établissements de crédit, les établissements de crédit répartissent les créances détenues en portefeuille en créances saines, créances sensibles et créances en souffrance. Le classement des créances dans les catégories appropriées est effectué indépendamment des garanties dont elles sont couvertes.

342. Les créances saines sont celles dont le remboursement s'effectue conformément aux dispositions contractuelles et qui sont détenues sur des contreparties dont la capacité à honorer l'intégralité de leurs engagements actuels et futurs ne soulève aucun motif d'inquiétude (situation financière solide, actionnariat de qualité, situation et perspectives satisfaisantes du secteur d'activité, etc.). Sont également considérées comme créances saines les valeurs escomptées et non échues ; acceptées par le tiré et dont la bonne fin ne soulève pas de doute (effets commerciaux, mobilisation des créances sur l'étranger...).

343. Les créances sensibles sont celles dont le remboursement s'effectue conformément aux dispositions contractuelles, mais dont la capacité actuelle et future du bénéficiaire à rembourser intégralement et à bonne date soulève des motifs d'inquiétude du fait des considérations intrinsèques ou externes[418].

344. Les créances en souffrance sont constituées des créances immobilisées, des créances impayées et des créances douteuses[419].

345. Les créances immobilisées sont celles qui reposent directement sur l'État ou garanties par ce dernier, les avances sur les marchés publics inscrites au budget de l'État et nantis et dont les paiements sont domiciliés de façon irrévocable dans les livres de l'établissement du

[418]Article 5 du Règlement COBAC R- 2014/01.
[419]Article du Règlement COBAC R- 2014/01.

crédit, et les avances sur titre émises par l'État, échues plus de 90 jours, mais dont le remboursement sans être compromis ne peut être effectué immédiatement par l'État ou par le débiteur garanti. Un compte courant ou ordinaire de l'État ou garanti par celui-ci est considéré comme immobilisé, si bien que le recouvrement ne soit pas compromis, l'on n'y observe pas de mouvements significatifs depuis près de 90 jours[420].

346. Les créances impayées sont des sommes non payées à l'échéance normale. Elles sont notamment constituées :

- des échéances de crédits, autres qu'immobiliers, impayées pendant une durée inférieure ou égale à 90 jours ;

- des loyers de location-simple, de location avec option d'achat ou de crédit-bail mobilier et des échéances de crédits autres qu'immobiliers impayés pendant un délai inférieur ou égal à 180 jours ;

- des loyers de location-simple immobilière ou de crédit-bail immobilier et des échéances de crédits immobiliers impayés pendant un délai inférieur ou égal à 90 jours.

347. Sont également considérés comme impayés, les concours frappés de déchéance de terme depuis moins de trois (3) mois, pour tout motif autre que la survenance d'impayés. Par contre sont exclues des créances impayées, les échéances bénéficiant d'une prorogation de terme.

348. Les créances douteuses sont aux termes de l'article 9 du même règlement ; des concours de toute nature, même assortis de garanties, qui présentent un risque probable de non-recouvrement total ou partiel.

349. Les créances irrécouvrables sont les créances dont le non-recouvrement est estimé certain après épuisement de toutes les voies et moyens amiables ou judiciaires, ou pour toute autre considération pertinente[421]. Elles doivent être passées en perte pour la totalité[422].

---

[420] Sont considérés comme mouvements créditeurs significatifs, les mouvements enregistrés au crédit d'un compte courant ou ordinaire dont les montants cumulés couvrent au moins les intérêts, commissions et frais imputés à ce compte sur la période considérée.

[421] En pratique, la créance irrécouvrable doit avoir fait l'objet au moins d'une saisie conservatoire ou attribution des créances (comptes bancaires surtout) infructueuse ou d'un rapport de détective privé sur la localisation de la personne et des biens du débiteur rendu infructueux. À cet effet, un procès-verbal de carence est établi.

[422] Article 11 du règlement COBAC R- 2014/01.

350. La précision typologique effectuée sert à délimiter le domaine de notre étude en excluant de son champ certaines procédures de recouvrement. D'abord, le recouvrement des créances publiques, plus particulièrement les créances au profit de l'État. Il en est ainsi des procédures de recouvrement des créances fiscales, douanières et des cotisations sociales. Le point commun à ces différentes procédures est l'usage de règles exorbitantes du droit commun qui rompent le postulat d'une égalité de traitement devant l'impayé, au profit de l'Administration. Malgré l'hétérogénéité des situations présentées, le présent chapitre sera divisé en deux sections : la préservation permanente de la relation d'affaires (section 1) et la mise en œuvre de l'exécution forcée (section 2).

Section 1. La préservation permanente de la relation d'affaires

351. Malgré les mesures préventives et le suivi du portefeuille, des difficultés de recouvrement de créances peuvent survenir. Dans le cadre de l'évolution contemporaine du droit vers des modes de règlement plus consensuels au détriment du droit imposé, les procédures précontentieuses comme l'est le recouvrement amiable nous semblent destinées à une préservation permanente de la relation d'affaires. Dans ce cas, les responsables des entreprises essayent de recouvrer leurs fonds sans avoir recours à la procédure judiciaire alors qu'ils peuvent préférer ne pas attendre trop longtemps et donc recourir à la caution ou réaliser la garantie.

352. En effet, le recouvrement amiable est un moyen efficace pour comprendre les raisons de l'absence de paiement et pour instaurer un dialogue constructif avec le débiteur. Il est purement contractuel et permet la souplesse en évitant les rigidités inhérentes à une procédure judiciaire. Plus simplement, le débiteur et le créancier dans le recouvrement amiable ont un rôle actif alors que dans le cadre du recouvrement judiciaire, ils « *subissent les arcanes de la procédure* ». En tout cas, le créancier n'a pas forcément intérêt à refuser de participer au recouvrement amiable et laisser le débiteur de bonne foi tomber en cessation des paiements.

353. Dès lors que tout manquement contractuel constitue, dans la plupart des conventions de crédit, une cause de dénonciation de celui-ci (*event of default*), le prêteur a le droit de dénoncer le crédit et d'en exiger le remboursement immédiat, majoré des diverses pénalités généralement prévues en matière d'intérêt majoré ou de coûts additionnels. Le fait qu'une restructuration d'un crédit en difficulté de remboursement d'une ou plusieurs créances soit une solution intéressante pour les créanciers concernés et le débiteur relève d'une analyse au cas par cas. Une telle décision dépendra en réalité de l'opportunité stratégique et commerciale. Dès lors qu'une dénonciation du crédit entraîne généralement l'ébranlement de crédit de l'emprunteur, le prêteur risque d'être confronté à une situation de concours avec d'autres créanciers, situation qui pourrait ne pas lui être favorable.

354. Le prêteur peut donc être amené à constater que la dénonciation immédiate du crédit est inappropriée, eu égard notamment aux difficultés particulières liées à la réalisation de ses sûretés, voire au risque de mise en cause de sa responsabilité pour dénonciation abusive. Dans ce cas, le prêteur est généralement enclin à négocier avec l'emprunteur en vue de "restructurer" le crédit, en modifier les termes et conditions afin d'optimaliser les possibilités de remboursement. Pour mener sereinement ces négociations, il est d'usage que le prêteur et l'emprunteur concluent un moratoire temporaire au terme duquel, notamment, le prêteur renonce pendant une période déterminée à invoquer un cas de défaut et à suspendre les remboursements de capital ou d'intérêts.

355. Dans le cadre de la restructuration du crédit ensuite, l'on constate que les parties s'accordent généralement sur une prolongation de la durée du crédit et un allègement des contraintes de remboursement, moyennant toutefois la constitution de nouvelles sûretés, l'adaptation du taux d'intérêt et le paiement de frais de restructuration. Le prêteur tend également souvent à solliciter de nouveaux investissements ou engagements futurs de la part des actionnaires de l'emprunteur, voire l'obtention de nouvelles sources de financement auprès d'autres organismes bancaires ou institutionnels, moyennant éventuellement un partage de risques par l'effet d'une syndication du crédit. Le banquier peut alors prendre le risque d'un refinancement. Il est dès lors important de s'attarder tant sur les voies amiables de recouvrement des créances (I) que sur le cas spécifique de refinancement des entreprises (II).

I. Les techniques amiables de recouvrement

356. Des techniques alternatives au recouvrement contentieux sont utilisées indifféremment dans tous types de dettes. Mais le procédé contractuel topique est la transaction. Elle présente l'avantage économique évident d'un règlement rapide et peu coûteux. L'adage selon lequel il vaut mieux un mauvais arrangement qu'un bon procès connaît ici un regain de vitalité, l'objectif étant d'arriver à un arrangement qui satisfasse toutes les parties en présence. C'est donc une technique efficace de gestion des impayés. Nous ferons recours aussi bien à son importance (A) qu'à ses effets (B).

A. L'importance d'un accord transactionnel

357. Le Code civil camerounais en son article 2044 définit la transaction comme « *un contrat par lequel les parties terminent une contestation née ou préviennent une contestation à naître* » en se consentant des concessions réciproques. Jouera alors entre les parties une responsabilité de nature contractuelle. La transaction a un effet extinctif interdisant ainsi tout recours au juge ultérieur. C'est un contrat spécial qui doit présenter toutes les conditions de validité prévues pour le contrat à moins que la loi ait prévu autre chose[423] à savoir la capacité, le consentement, la cause et l'objet. On comprend bien qu'elle naît à la suite de différentes concertations entre créancier et débiteur. Une identification préalable des créances en souffrance en est nécessaire (1). L'article 2044 alinéa 2 du Code civil camerounais précise que la transaction doit être rédigée par écrit. Cet écrit permet de prouver l'existence d'un accord transactionnel entre les parties en cas de contestation par l'une d'elles. Son contenu mérite donc d'être précisé (2).

1. L'identification préalable des créances en souffrance

358. Il importe que les créances dont le remboursement ne se déroule pas dans les conditions initialement prévues, créances dites « *en souffrance* », soient bien identifiées par l'établissement prêteur et isolées dans ses comptes, afin, notamment, d'en assurer une gestion plus fine. En effet, les crédits qui font l'objet d'impayés ou dont le recouvrement apparaît compromis, doivent être isolés des autres créances. Présentant un risque de pertes plus ou moins élevé pour l'établissement, ils requièrent un surcroît d'attention et la mise en œuvre de procédures particulières. Pour cette raison, ils obéissent à des règles

[423]Article 1108 du Code civil camerounais.

spécifiques de comptabilisation (d'où la notion de déclassement des créances) et de provisionnement. L'ensemble de ces concours en souffrance doit faire l'objet d'un examen périodique au plus haut niveau de l'établissement ; c'est ainsi que doit exister un système de *reporting* interne, avisant régulièrement la direction générale de la composition et de l'évolution de ces encours, ainsi que des dispositions qui sont prises afin de les réduire et d'en atténuer les effets financiers.

359. Pour instaurer un dialogue, comprendre les raisons du non-paiement et aboutir à un accord, rien ne vaut l'entretien avec son débiteur. D'où le jeu préalable des relances commerciales. Il faudra alors parvenir à la relance qui varie suivant le type de client, le montant et l'ancienneté du retard. Elles doivent être graduelles et brièvement cadencées. Le *crédit manager* ou le juriste mettra en place le plan d'actions écrites et téléphoniques.

- **Les relances téléphoniques**

360. Intervenant quelques jours avant ou après la date d'échéance du paiement, la relance téléphonique est effectuée par le créancier. Au préalable, l'entretien téléphonique est bien préparé. Une voix trop forte ou agressive peut provoquer une résistance de la part du débiteur et nuire à l'aboutissement d'un accord. À l'inverse, une voix faible aura peu de chances d'atteindre son objectif par son manque de conviction. Surtout, le banquier doit être courtois et déterminé. Pour désamorcer le conflit, il doit écouter attentivement les remarques de son client, et les reformuler objectivement. Enfin, il ne devrait pas raccrocher sans avoir obtenu une promesse de son interlocuteur[424]. Ne pouvant s'appliquer à toute clientèle, le banquier établit la liste des personnes à appeler en priorité en fonction du montant de la dette et du niveau de risques du client[425].

- **Les relances-courriers**

361. Une lettre de relance est une lettre envoyée par un créancier, qui vise à rappeler à son destinataire qu'il a une dette. Elle est faite pour les mauvais payeurs ou pour confirmer des accords complexes et échelonnés sur la durée. La rédaction d'une lettre de relance n'obéit pas

---

[424]Si celui-ci se montre réticent, cadrez-le par des questions où il ne peut répondre que par l'affirmative (vous êtes honnête et respectez vos engagements ? nous avons toujours bien travaillé ensemble ?...), et n'hésitez pas à annoncer les répercussions que pourrait avoir son manque de coopération à l'exemple de la perte de confiance.
[425]Il y a lieu de noter dans un fichier les rendez-vous et promesses des clients.

à un formalisme particulier. Il est cependant important d'y retrouver certaines mentions telles : l'identité du créancier, l'adresse exacte du débiteur, le bref rappel de l'origine de la créance et le montant exact de ladite créance.

362. Lorsque le créancier transmet un document ou une lettre de relance, il pourra soit conserver la preuve de son envoi, même en l'absence de retour de l'avis de réception, soit établir l'envoi de la lettre par une décharge. Il importe également d'utiliser les lettres types graduelles pour les mauvais payeurs répétitifs.

- **Les relances «*face à face* »**

363. La visite au lieu de service, à domicile ou l'invitation du client dans les bureaux du créancier ont pour but de créer une communication directe avec son débiteur. Il sera question au préalable de bien préparer la rencontre, pour l'amener à prendre l'engagement ferme de vous octroyer ce qui vous est dû dans les meilleurs délais. Une descente chez le débiteur a l'avantage d'une alerte officieuse et aucun débiteur ne souhaiterait que son entourage soit au courant de ses dettes. Par contre, une invitation aux bureaux du créancier place le débiteur dans une position de faiblesse l'obligeant à être actif au jeu de la négociation des délais de paiement. En cas de complications, savoir faire jouer la menace d'un recouvrement contentieux et dire ce que l'on va faire[426]. Il est important de matérialiser les résolutions de la rencontre par un protocole d'accord.

2. Le contenu d'un protocole d'accord

364. Il n'y a aucune condition de forme nécessaire à l'établissement d'une transaction. C'est un acte de disposition c'est-à-dire une opération qui engage le patrimoine de la personne qui transige pour le présent et l'avenir. Tout créancier est libre de participer ou non à l'accord. Il peut également n'y participer que pour certaines créances et non pour les autres. En pratique, chaque créancier ne consent des sacrifices que dans la mesure où le débiteur consent un effort d'égale importance. L'accord porte pour l'essentiel, sur l'octroi de délais et le règlement des intérêts.

[426]Le recouvrement amiable relève plus de la psychologie du débiteur que du droit. Lire à ce titre « Les meilleures pratiques dans les stratégies de recouvrement », *accion insight*. 23 pages ; www.accion.org/insight.

365. Le contenu de l'accord est librement déterminé par les parties : octroi de délais, différé de remboursement, réduction du taux d'intérêt, remise de dette, changement de quantième. Pour assurer le respect de ces mesures arrêtées dans le protocole, un certain nombre de clauses résolutoires devront y être incluses. Selon certains usages, les intérêts de retard ne sont plus comptabilisés aux termes du protocole. Les banquiers procèdent généralement à l'arrêté du solde du compte débiteur. Contrairement à ce qui est souvent enseigné, le Code civil camerounais n'a pas interdit la capitalisation des intérêts. Son article 1154 la soumet simplement à certaines conditions, en disposant que : « *les intérêts échus de capitaux peuvent produire des intérêts, ou par demande judiciaire, ou par une convention spéciale, pourvu que, soit dans la demande, soit dans la convention, il s'agisse d'intérêts dus au moins pour une année* ». Par dérogation à l'article 1154, la capitalisation des intérêts opère de plein droit dans le compte courant, à l'occasion des arrêtés trimestriels ou semestriels de compte.

366. Une clause de retour à meilleure fortune serait applicable dans l'hypothèse où l'exécution du protocole d'accord ramènerait l'équilibre financier des comptes de l'entreprise. Elle permettrait au banquier qui a consenti des sacrifices financiers de recouvrer, selon des modalités qui pourraient être préétablies dans le plan, les sommes représentatives des abandons de créances qu'il a acceptés ou des agios suspendus. L'introduction d'une telle clause nous semble avoir une efficacité double.

367. En premier lieu, elle répondrait à des considérations d'équité. Il est normal, en effet, que les sacrifices financiers consentis par le banquier pour parvenir au sauvetage de l'entreprise soient compensés par le versement des sommes abandonnées en cas de retour à une meilleure situation financière de l'entreprise. L'argent mis à la disposition du débiteur provenant des comptes d'épargne rémunérés. L'on peut voir ainsi que des débiteurs demandent l'arrêt des agios et la signature d'un protocole d'accord pour essayer de maintenir leur marge ou leur profit. En temps normal, le maintien du profit ou de la marge nécessite toujours des investissements, des emprunts. Un débiteur peut délibérément refuser de payer à l'échéance, se retourner en amont, vers le créancier et lui demander un sacrifice, un allègement des échéances, voire une diminution des intérêts, même, à l'extrême, quelques sacrifices sur le capital qui leur est dû. Il va donc utiliser cet argent à d'autres fins.

368. Il est tout à fait évident que dans cette hypothèse le règlement amiable n'a pas lieu d'être prononcé et le banquier tout naturellement s'y opposera. Il ne souhaitera pas se laisser entraîner dans une procédure de sacrifices faits, non pas pour éviter la cessation des paiements, mais pour maintenir le profit d'une entreprise. On voit également en pratique, des dirigeants qui demandent le bénéfice du règlement amiable pour éviter une perte. Cette double attitude, soit le maintien de la marge bénéficiaire, soit l'évitement d'une perte qui dans un esprit de capitalisme libéral devrait être supportée par le dirigeant, peut amener les banquiers à refuser de participer à des règlements amiables.

369. En second lieu, le fait pour lui de conserver l'espoir, si le débiteur retrouve son équilibre financier, de récupérer les remises de dette qu'il a volontairement consenties, l'incitera à participer et à suivre de près les besoins immédiats et futurs de l'entreprise. Le banquier remplira alors pleinement son rôle d'aide au rétablissement de son débiteur, sans se contenter d'être un partenaire simplement passif. Cette interprétation peut trouver sa légitimité de spécificité de la relation bancaire entre le client et sa banque. Le droit bancaire « *est traditionnellement considéré comme une branche du droit commercial* ». La justification de ce rattachement, réside dans les termes de l'article 2 de l'AUDCG qui répute comme acte de commerce « *les opérations de banque* », ce qui a pour conséquence que les établissements de crédit sont des commerçants dès lors qu'ils accomplissent à titre habituel ces opérations de banque.

370. Pour autant, il ne conviendrait pas de fonder les règles de protection du client sur la seule qualité des parties. Considérer que la relation qui lie le banquier et son cocontractant constitue une branche du droit commun appliquée à l'économie et à la finance serait oublier la spécificité de cette relation. Il faut noter le fait que la relation bancaire qui peut lier le professionnel à des non-professionnels n'entraîne pas pour autant un rapprochement de la relation bancaire avec le droit de la consommation qui régit la relation entre professionnel et non-professionnel. Il est question ici d'un droit qui tire sa singularité davantage de la nature de l'activité que de la qualité des parties.

371. Par conséquent, l'emprunteur, l'investisseur, le professionnel qui ouvre un compte, la caution, etc., sont avant tout des clients. La notion de client est appréhendée comme le cocontractant du banquier, à travers une approche fonctionnelle de la relation. Il importe par conséquent d'appréhender les relations banque-clients avec pragmatisme : le banquier n'est pas un professionnel comme les autres, et le client n'est pas toujours un simple consommateur. Pour la microfinance, plusieurs raisons expliquent que la protection des consommateurs y soit particulièrement sensible. En effet, ce secteur s'adresse à des personnes plus ou moins éduquées et habitant dans des zones enclavées. De plus, elles souffrent fréquemment de discrimination qui les expose davantage aux abus et à la négligence des institutions chargées de faire respecter le droit, lequel n'est par ailleurs ni adapté, ni même appliqué. Enfin, étant les plus démunies économiquement, elles restent particulièrement exposées aux pressions extérieures ou aux aléas propres à leurs activités économiques.

372. À vrai dire, la banque peut être aussi fragile que le client qui ne peut honorer le remboursement de son prêt. En effet, l'accroissement des risques des produits proposés par le banquier et les opérations financières malheureuses que les banques sont amenées à réaliser sont de nature à fragiliser la situation financière de la banque. À la vue de tous ces éléments, les techniques de protection du client auraient comme finalité de ménager les intérêts du client sans pour autant léser ceux de la banque. Ainsi, les intérêts des deux parties semblent liés. En effet, la solvabilité du système bancaire est un bien public. De plus, au mépris des règles les plus sages de l'orthodoxie financière, beaucoup d'entreprises financent par des crédits courts, constamment renouvelés, des investissements longs. Il convient de distinguer à ce stade, le crédit bancaire du crédit fournisseur.

373. Les parties qui ont chacune renoncé à une partie de la transaction s'engagent à des obligations. En pratique, la caution doit absolument être, à notre avis, présente pour le succès du recouvrement amiable. Aussi, pour éviter l'action de la caution, il convient de l'inciter à participer à l'accord et d'introduire dans celui-ci une clause par laquelle les cautions renoncent au recours anticipé ainsi qu'au bénéfice de subrogation. En toute hypothèse, la caution peut théoriquement choisir de méconnaître le report d'échéance auquel elle n'a pas consenti. Elle peut ainsi, à l'échéance initiale, poursuivre le débiteur si elle a réglé le créancier. De tels recours priveraient partiellement le règlement amiable de son intérêt puisqu'ils supprimeraient le répit accordé à l'entreprise.

B. Les suites de la transaction

374. Le règlement amiable repose essentiellement sur l'accord conclu entre le débiteur et le créancier, lequel, homologué ou non, développe des effets pour le créancier. Pour ce faire, la démarche suivie nous amènera à comprendre que le recouvrement peut aboutir à l'homologation judiciaire de l'accord (1) et produire tous ses effets (2).

1. L'homologation judiciaire de l'accord amiable

375. L'accord amiable tire sa force obligatoire de la seule application de l'article 1134 du Code civil camerounais et produit donc valablement ses effets même s'il n'a pas été homologué. L'homologation traduit surtout l'approbation de l'accord par le président du tribunal, ce qui atteste de son sérieux et laisse sous-entendre par ailleurs que toutes les conditions légales ont été respectées. La décision d'homologation est prise en fonction de l'équilibre de l'accord, de son intérêt pour l'entreprise débitrice et du créancier. Elle ne saurait alors conditionner l'efficacité de la convention intervenue entre le débiteur et ses créanciers. Il faut reconnaître que, du point de vue strictement juridique, l'homologation ne paraît en elle-même aucunement altérer le caractère purement contractuel de la convention intervenue entre les parties. Celle-ci n'est pas l'œuvre du juge. Elle continue à obéir uniquement aux conditions générales de droit commun.

376. L'accord non homologué a la même force obligatoire entre les parties que l'accord homologué. Le juge n'exerce pour sa part qu'un contrôle d'opportunité, dans le cadre de son activité juridictionnelle : il ne fait rien d'autre que statuer sur une requête en matière gracieuse et ne tranche pas une contestation. Ainsi, l'accord n'en devient pas un contrat judiciaire. L'ordonnance du président, si elle donne force exécutoire à l'accord, n'est pas revêtue de l'autorité de la chose jugée et peut donc être attaquée. En tout, l'homologation ne purge pas l'accord amiable de ses vices éventuels : elle ne saurait, par exemple, faire obstacle à une action en nullité pour dol ou erreur. L'homologation ne saurait donc constituer un fait justificatif, et il convient de rester prudent quant à ses éventuelles vertus absolutoires. L'homologation ne saurait non plus, avoir pour effet de figer l'accord. Ainsi, toute modification ultérieure reste envisageable par les parties. Mais l'accord non homologué demeure psychologiquement suspect.

377. Avec une certaine marge d'approximation[427], on pourrait dire que l'homologation est, à l'accord de médiation, ce que la reconnaissance est à la sentence arbitrale. Le demandeur rechercherait l'onction du juge étatique, en dehors de toute préoccupation d'exécution forcée[428]. C'est vrai que même si l'homologation ne garantit pas au créancier signataire de l'accord amiable la sécurité qu'il serait en droit d'attendre, on comprend qu'elle exerce un contrôle sur la substance de l'accord et facilite l'exécution forcée.

2. L'exécution du protocole d'accord

378. En souscrivant au protocole d'accord, le débiteur prend généralement l'engagement de respecter tous ses termes conformément aux dispositions de l'article 1134 du Code civil camerounais. En acceptant de souscrire au recouvrement, le créancier va perdre pendant toute la durée de l'accord, la possibilité d'engager une procédure judiciaire à l'encontre de l'entreprise débitrice. La durée de la suspension est celle de l'exécution de l'accord. La solution a le mérite de la logique. On ne peut vouloir une chose et son contraire, la protection de la relation d'affaires et dans le même temps, la condamnation de l'entreprise à paiement.

379. Si une partie ne respecte pas ses engagements découlant de la transaction, on peut mettre en jeu la responsabilité de celle-ci[429]. On peut demander la résolution du contrat[430]. Lorsqu'elle est le fait du débiteur, l'inexécution démontre que, malgré les efforts du créancier, le recouvrement espéré n'a pas eu lieu. Du coup, la raison d'être du

---

[427]L'approximation s'explique par le fait que dans la pratique, les actes homologués par le juge peuvent se voir apposer la formule exécutoire s'ils doivent être exécutés et que législateur OHADA n'exclut pas l'apposition de la formule exécutoire au terme de la procédure d'homologation de l'accord de médiation.

[428]Encore que l'article 16, alinéa 6, de l'Acte uniforme relatif à la médiation n'exclue pas l'apposition de la formule exécutoire sur la décision qui fait droit à la demande d'homologation. Le législateur emploierait le terme « *homologation* » et non « *reconnaissance* », parce que le titre en cause est un contrat et qu'il est d'usage que les contrats qui recherchent l'onction du juge soient homologués et non reconnus. Il est entendu que l'*exequatur,* la reconnaissance ou l'homologation en cause dans cette communication sont traités dans le cadre de l'espace OHADA. Hors de cet espace, il faudrait recourir aux règles prévues par le droit de l'État dans lequel le problème se pose, car l'OHADA ne peut avoir aucune prétention à fixer les conditions et modalités d'efficacité des titres hors de son champ de compétence.

[429]Article 1147 du Code civil camerounais.

[430]Article 1884 du Code civil camerounais.

protocole d'accord disparaît. Il y a lieu de saisir le tribunal pour qu'il prononce, la résolution de celui-ci, ainsi que la déchéance de tout délai de paiement accordé. Il s'agit donc de procéder à l'effacement du passé, comme si l'accord amiable et la décision d'homologation n'avaient jamais eu lieu. La résolution est toujours judiciaire que l'accord soit homologué ou non. C'est pourquoi dans la pratique, les créanciers s'arrangent à ne jamais laisser un exemplaire du protocole au débiteur ou alors préfèrent une simple lettre d'engagement du débiteur à payer.

380. Conformément au droit commun, la résolution de l'accord amiable inexécuté entraîne sa disparition rétroactive. De ce fait sont anéanties les remises de dettes ou suspensions des agios et délais de paiement consentis par le banquier, qui recouvre ainsi l'intégralité de ses créances et sûretés, déduction faite des sommes déjà perçues. De même, les délais de grâce accordés au débiteur sont également anéantis. La transaction comme tout contrat a une force obligatoire[431] et a un effet relatif à l'égard des parties[432]. Toutefois, elle est opposable aux tiers. C'est le principe de l'effet relatif des conventions. Ainsi, en dépit du fait que l'accord amiable aura fait l'objet d'une homologation judiciaire, la suspension ne frappe que les droits du créancier, partie à l'accord. C'est dire que les autres créanciers du débiteur conservent leur droit d'action. Ce qui peut alors entraîner la faillite de l'accord.

381. La remise de dette ou alors la suspension des agios par clôture juridique du solde accordée au débiteur principal dans le cadre du règlement amiable, libère la caution par application de l'article 1287 du Code civil camerounais. Cette disposition ne peut être écartée, car la remise résulte d'un acte volontaire librement négocié entre le créancier et le débiteur. La caution pourra donc s'en prévaloir à l'égard du créancier poursuivant. S'agissant de l'octroi de délais de paiement et donc de la prorogation du terme, la solution est plus controversée. La caution pourrait théoriquement préférer s'en tenir au terme initial et payer à cette date ; mais dans le cas contraire, a-t-elle le droit de se prévaloir d'une prorogation de terme ? Il faut distinguer selon qu'il s'agit d'une caution simple ou d'une caution solidaire.

382. La première bénéficie de la prorogation du terme et pourra l'opposer au créancier qui lui réclamerait paiement. La seconde ne peut s'en prévaloir, car la logique de transaction pourrait dériver en une

[431]Article 1134 du Code civil camerounais.
[432]Article 1165 du Code civil camerounais.

soumission consentie à la volonté « *du plus fort* ». En cela, le règlement juridictionnel permet de garantir une certaine forme d'égalité, le juge faisant office d'arbitre impartial. En effet, le recouvrement ayant une nature contractuelle, rien n'empêche en application des principes généraux du droit des obligations qu'une renégociation entre les parties concernées puisse modifier l'une ou plusieurs des clauses et conditions du protocole d'accord notamment par voie d'avenant. En tout état de cause, il convient de souligner que le créancier doit faire preuve d'une certaine retenue et veiller à ne pas imposer des conditions trop dures au débiteur au risque de compromettre le succès de la procédure.

383. Le contenu de l'accord doit avoir un caractère exécutoire. L'accord reste un acte juridique résultant de la volonté d'une ou de plusieurs personnes. En tant que tel, il doit obtenir l'*exequatur* pour devenir un titre exécutoire. L'*exequatur*, sorte de « *bon pour exécution* », doit lui être accordé par le juge étatique, détenteur *de l'impérium*, au terme d'un contrôle très sommaire. En effet, comme la sentence arbitrale[433], l'accord est un titre privé, auquel le juge étatique ne peut conférer le bénéfice de l'exécution forcée qu'au terme d'un contrôle d'*exequatur*, fût-il sommaire.

384. Pour limiter au mieux le risque juridique et économique qu'il court en privilégiant le recouvrement à l'amiable, le plus souvent, le créancier va subordonner son acceptation en fonction de la qualité de certains partenaires d'affaires du débiteur. Son fournisseur ne doit pas cesser de livrer, un cocontractant ne doit pas suspendre une prestation indispensable, le bail commercial ne doit pas être dénoncé. Le débiteur devra donc logiquement assumer ponctuellement tous les aménagements de son activité tels que l'augmentation du capital social, la suppression de branches d'activités déficitaires, l'aliénation de certains éléments d'actifs, la compression de personnel par exemple.

[433] Au moment où le chantier de la révision des textes relatifs à l'arbitrage dans l'espace OHADA était engagé, la pratique de l'*exequatur* avait révélé beaucoup d'incompréhensions devant les juridictions nationales : ce qui était voulu comme un appui presque acquis du juge étatique à l'efficacité de la sentence arbitrale était devenu parfois un véritable chemin de croix pour le demandeur. Le législateur se devait de remettre les choses en ordre, et l'on peut estimer qu'il l'a fait. Voir TCHAKOUA (J.M.), « La pratique de l'*exequatur* des sentences arbitrales au Cameroun », *Juridis-Périodique* n° 96 (1013) p. 139.

II. La restructuration d'un crédit en difficulté de remboursement

385. Dès lors que tout manquement contractuel constitue dans la plupart des conventions de crédit une cause de dénonciation de celles-ci, le prêteur a le droit d'en exiger le remboursement immédiat, majoré des diverses pénalités généralement prévues en termes d'intérêt majoré ou de coûts additionnels. Toutefois, une dénonciation du crédit peut entraîner le prêteur dans une situation de concours avec d'autres créanciers, situation qui pourrait ne pas lui être favorable. Le prêteur peut donc être amené à constater que la dénonciation immédiate du crédit est inappropriée, eu égard notamment aux difficultés particulières liées à la réalisation de ses sûretés, voire au risque de mise en cause de sa responsabilité pour dénonciation abusive. Dans ce cas, le prêteur est généralement enclin à négocier avec l'emprunteur en vue de *« restructurer »* le crédit, d'en modifier les termes et conditions afin d'optimaliser les possibilités de remboursement.

386. Pour mener sereinement ces négociations, il est d'usage que le prêteur et l'emprunteur concluent un moratoire temporaire au terme duquel, notamment, le prêteur renonce pendant une période déterminée à invoquer un cas de défaut de paiement et à suspendre les remboursements de capital ou d'intérêts.

387. Dans le cadre de la restructuration du crédit ensuite, l'on constate que les parties s'accordent bien souvent sur une prolongation de la durée du crédit et un allègement des contraintes de remboursement, moyennant toutefois la constitution de nouvelles sûretés, l'adaptation du taux d'intérêt et le paiement de frais de restructuration. Le prêteur tend également souvent à solliciter de nouveaux investissements ou engagements futurs de la part des actionnaires de l'emprunteur, voire l'obtention de nouvelles sources de financement auprès d'autres organismes bancaires ou institutionnels, moyennant éventuellement un partage de risques par l'effet d'une syndication du crédit. Le banquier peut alors prendre le risque d'un refinancement (A). La conversion de créance en capital peut aussi être vue comme un remède dans le plan de restructuration d'une société débitrice (B).

A. L'accord d'un refinancement du crédit, une décision risquée

388. Si le crédit est octroyé aux entreprises in bonis sans difficulté majeure, force est de constater que le banquier est parfois réticent à apporter son concours à une entreprise en difficultés, car les banques estiment qu'« *il est dangereux d'être banquier en temps de crise* »[434]. C'est là un paradoxe apparent : c'est précisément en raison des difficultés financières que des crédits supplémentaires sont nécessaires, pour permettre aux entreprises de rééquilibrer leurs comptes[435]. Le risque est financier pour les banques[436]. En effet, même si le sauvetage de l'entreprise n'est pas un souci étranger aux banquiers, leur préoccupation demeure la protection de leurs crédits et l'absence de responsabilité pour les conséquences de leurs crédits.

389. Le fait qu'une restructuration d'un crédit en difficulté de remboursement d'une ou plusieurs créances soit une solution intéressante pour le ou les créanciers concernés et le débiteur relève d'une analyse au cas par cas. Une telle décision dépendra en réalité de l'opportunité stratégique et commerciale. Le banquier qui prend conscience des difficultés financières aiguës d'une entreprise cliente se trouve devant un dilemme : doit-il rompre l'ouverture de crédit et exiger le remboursement des crédits déjà octroyés ou doit-il au contraire maintenir les crédits accordés, voire en accorder de nouveaux ? Le choix du banquier est cornélien, car dans les deux cas sa décision comporte des risques. La responsabilité du banquier pour soutien abusif risque d'être mise en jeu (1). Au cas où ce refinancement se fait sous certaines conditions imposées à l'entreprise, la responsabilité peut être aussi engagée pour immixtion (2).

1. La responsabilité du banquier pour soutien abusif

390. Un chef d'entreprise ne peut décider d'une opération commerciale ou d'un investissement, sans être certain de disposer ultérieurement des capitaux nécessaires ; l'ouverture de crédit lui apportant cette certitude. Le crédit n'est toutefois pas encore accordé en lui-même, il le sera si le client le demande. Il est communément admis que l'ouverture de crédit a un caractère unilatéral, dans le sens où le client n'est pas obligé d'utiliser la ligne ouverte chez son banquier. Le banquier a une responsabilité contractuelle à l'égard de ses clients pour

---

[434] CHAPUT (Y.), « Le financement de la période d'observation et l'article 40 de la Loi du 25 janvier 1985 », *Les Petites Affiches*, n° 12, 27 janv. 1993, p.12.
[435] VALLENS (J.-L.), « Le sort des crédits octroyés aux entreprises en cas de procédures collectives », préc., p. 106.
[436] COURET (A.), « Endettement et financement de l'entreprise », *in* De l'endettement au surendettement des entreprises, des réalités financières aux contraintes juridiques, Colloque du 16 déc. 1998, Gazette du Palais 1999, p. 1361.

inexécution ou révocation injustifiée ou hâtive d'une ouverture de crédit[437]. La dénonciation par le banquier du crédit consenti au client n'est pas par elle-même fautive et peut même être prévue contractuellement par les conditions d'ouverture du crédit.

391. Toutefois, le maintien des crédits antérieurs ou l'octroi de nouveaux crédits sont bien souvent un moyen nécessaire, bien qu'insuffisant, pour sauver l'entreprise : à défaut, cette dernière dépose son bilan. Cependant, la situation est génératrice de complications pour le banquier. Si le banquier rompt l'ouverture de crédit, la brusque rupture engage sa responsabilité contractuelle à l'égard de l'entreprise, à moins que la situation de l'entreprise ne soit déjà irrémédiablement compromise[438].

392. Si à la suite du refinancement, le redressement de l'entreprise est réalisé, nul ne blâmera le banquier. En cas d'échec, au contraire, la tentative de sauvegarde n'aura fait que prolonger l'agonie de l'entreprise et entre-temps l'entreprise aura fait de nouvelles dettes et le dépôt de bilan fera un plus grand nombre de victimes, et au risque de non-remboursement des crédits, s'ajoute celui de voir les victimes, c'est-à-dire les créanciers du débiteur, demander réparation au banquier du préjudice qu'elles subissent[439]. En pratique, le banquier adopte une démarche qui est souvent subtile. En effet, ce dernier peut différer la rupture des relations jusqu'à ce que le compte soit en position créditrice et au besoin provoquer les remises qui apureront le débit en compte. La restructuration des crédits apparaît sur fond de crise. Elle est considérée comme révélatrice de l'état de cessation des paiements et le banquier signataire ne peut prétendre ignorer cet état[440].

---

[437]NYAMA (J. M.), « Réflexions sur la responsabilité du banquier », *Juridis Infos*, n° 9, janvier-février-mars 1992, p. 35.

[438]D'ALBOY (G.), « La rupture des concours bancaires », *Les Petites Affiches*, n° 28, 6 mars 1995, p. 4 ; GUYON (Y.), « La rupture abusive de crédit », *Revue de Droit Bancaire et Financier*, n° 6, novembre-décembre 2002, p. 369.

[439]Cette responsabilité civile du banquier pour soutien abusif répond aux conditions de droit commun qui sont définies par le Code civil. Selon le célèbre article 1382 du Code civil, « *Tout fait quelconque de l'homme qui cause à autrui un dommage oblige celui par la faute duquel il est arrivé à le réparer* ». Il faut tout d'abord qu'il y ait existence d'une faute, puis un préjudice et enfin un lien de causalité entre les deux. Si l'existence du préjudice peut-être facilement prouvée, la preuve de la faute et du lien de causalité n'en vont pas de même.

[440]L'entreprise qui demande la restructuration des crédits qui lui ont été consentis n'est pas par hypothèse en bonne santé financière. Elle ne peut pas faire face à ses

393. Il convient de remarquer qu'à côté de la responsabilité civile, le banquier encourt également une responsabilité pénale qui consiste en la complicité de banqueroute. Le banquier peut également voir sa responsabilité mise en jeu par des tiers, victimes de crédits qu'il a imprudemment accordés à l'un de ses clients[441]. En effet, le mauvais usage par la banque des fonds dont elle dispose peut nuire à une autre catégorie que ne protège pas la réglementation bancaire : les créanciers des bénéficiaires de crédit. Le concours apporté par une banque les intéresse dans la mesure où il peut influencer favorablement, mais aussi dans un sens défavorable, le crédit de l'entreprise commerciale.

394. Il arrive que l'ouverture de crédit ait pour seule conséquence de tromper les tiers en masquant la véritable situation du crédité. La somme prêtée peut également être engloutie dans des spéculations malheureuses et l'aisance momentanée qu'elle procure au bénéficiaire risque de l'inciter à relâcher la rigueur de sa gestion, de sorte que sa situation aura empiré[442]. Le crédit permet à l'entreprise de continuer, pendant quelque temps encore, son exploitation et créant une apparence de solvabilité, de faire de nouvelles victimes. Les créanciers du crédité, victimes de cette fausse apparence, perdront finalement leur créance dans la disparition inéluctable de l'entreprise ; ils peuvent légitimement demander réparation de ce préjudice[443]. Aux termes de l'article 118 de l'AUPCAP, les tiers, créanciers ou non, qui, par leurs agissements fautifs, ont contribué à retarder la cessation des paiements ou à diminuer l'actif ou à aggraver le passif du débiteur peuvent être condamnés à réparer le préjudice subi par la masse sur action du syndic agissant dans l'intérêt collectif des créanciers. La juridiction compétente choisit, pour la réparation du préjudice, la solution la plus appropriée, soit le

---

obligations telles qu'elles résultent des contrats de crédits antérieurs, et bien souvent, à la nécessité de rééchelonner les crédits antérieurs s'ajoutent la nécessité d'en consentir de nouveaux.

[441]La responsabilité du banquier est ici mise en cause dans le cadre d'une procédure collective par exemple pour prolongation artificielle de l'activité de l'entreprise irrémédiablement compromise.

[442]REIFEGERSTE (S.), « La rupture de crédit aux entreprises », *Les Petites Affiches*, n° 203, 09 octobre 2008, p. 14.

[443]Pour que la responsabilité du banquier soit mise en jeu, il n'est donc pas nécessaire que le banquier se soit rendu coupable d'une collusion frauduleuse, il suffit qu'il ait commis une faute au sens de l'article 1382 du Code civil. Le tribunal pourrait en effet considérer que l'entreprise était en état de cessation des paiements lors de l'octroi du crédit et qu'elle n'avait pas à être financée, ou encore que le soutien accordé a retardé l'ouverture de la procédure judiciaire et a constitué un moyen ruineux.

paiement de dommages-intérêts, soit la déchéance de leurs sûretés pour les créanciers titulaires de telles garanties[444].

395. Peuvent être déclarés inopposables à la masse des créanciers, s'ils lui ont causé un préjudice, les actes à titre onéreux si ceux qui ont traité avec le débiteur ont eu connaissance de la cessation des paiements du débiteur au moment de leur conclusion ; les paiements volontaires de dettes échues si ceux qui les ont perçus ont eu connaissance de la cessation des paiements du débiteur au moment des paiements[445].

396. Le banquier confronté à une entreprise en difficulté va devoir apprécier l'opportunité qu'il peut avoir ou non à le refinancer. Aux termes de l'article 14 du règlement COBAC précité, le reclassement d'une créance en souffrance restructurée ou rééchelonnée dans les encours sains ne peut intervenir que si :

-la contrepartie procède à un remboursement égal au moins au plus fort des montants suivants :

1. 20 % du montant de la créance arrêtée après négociation ;

2. le total des intérêts arriérés inclus dans la créance initiale avant négociation ;

-le remboursement est financé sur fonds propres de la contrepartie. Il ne doit pas faire l'objet de financement de l'établissement de crédit en faveur de personnes considérées comme un même bénéficiaire de ladite contrepartie.

397. Il devient plus judicieux de définir les devoirs qui incombent au banquier dans la distribution du crédit : la faute se définirait alors comme un manquement à un devoir préexistant. La doctrine a su distinguer deux devoirs : un devoir de discernement et un devoir de s'informer. Le banquier doit faire preuve de discernement lors de l'octroi du crédit, et au cas où le risque assumé n'aurait pas dû l'être, il ne peut pas s'abriter derrière une prétendue ignorance de la situation réelle de l'entreprise, il doit s'informer. En pratique, ces deux devoirs sont liés, car le discernement suppose la connaissance. L'évolution récente de la jurisprudence permet de découvrir à la charge du banquier,

---

[444]On se souvient que la période suspecte commence à compter de la date de la cessation des paiements et prend fin à la date de la décision d'ouverture du redressement judiciaire ou de la liquidation des biens. Articles 67 et 68 de l'AUPCAP.
[445]Article 69 de l'AUPCAP.

dans certains types de crédit, un devoir de surveillance de l'emploi des fonds prêtés.

398. Au final, en plus du risque économique qui pèse sur le banquier lors d'une opération de crédit (recouvrement du crédit consenti), un risque supplémentaire d'ordre juridique pèse sur le banquier. La banque peut ainsi se voir reprocher, tantôt de refuser à son client un crédit sur lequel il pouvait compter, tantôt d'avoir octroyé ce même crédit créant ainsi malencontreusement une apparence de prospérité trompeuse. Ce qu'on attend du banquier, c'est de faire preuve de prudence et de discernement lorsqu'il est sollicité par un client ; c'est aussi bien entendu de renoncer à toute opération illicite voir simplement peu orthodoxe[446]. La responsabilité du banquier est généralement mise en cause à l'occasion de la défaillance d'une entreprise cliente ; lorsque cette dernière est soumise à une procédure collective[447]. Elle est visée aux articles 118[448] et 183[449] de l'AUPCAP. De même, l'article 22 alinéas 2 et 3 de l'ordonnance n° 85/002 du 31 août 1985 relative à l'exercice de l'activité des établissements de crédit au Cameroun prévoit la responsabilité bancaire dans l'octroi des crédits[450].

399. Il est donc indispensable que lors de la restructuration du crédit, la banque puisse porter un jugement sur l'état financier et comptable de

[446]NYAMA (J. M.), *Droit bancaire en zone CEMAC*, nouvelle éd., presses de l'UCAC, Yaoundé-Cameroun, février 2015, p. 396 ; ADELINE (A.), « Responsabilité civile du banquier dispensateur de crédit : le droit anglais », *Banque*, n° 573, sept. 1996, p. 60.

[447]DE SERVIGNY (A.), *Le risque de crédit : nouveaux enjeux bancaires*, 2e éd., Dunod, Paris, 2003, p. 26 ; LUCAS (F.-X.), « Risques et responsabilités induits par les procédures collectives », Revue de Droit Bancaire et Financier, n° 1, janvier 2013, p. 356.

[448]Aux termes de cet article, « *les tiers créanciers ou non qui, par leurs agissements fautifs, ont contribué à retarder la cessation des paiements, à diminuer l'actif ou à aggraver le passif du débiteur peuvent être condamnés à réparer le préjudice subi par la masse sur action du syndic agissant dans l'intérêt collectif des créanciers* ».

[449]De la combinaison des articles 180 et 183 du nouvel AUPCAP, il ressort que le banquier, dirigeant de fait, peut être condamné à combler le passif de l'entreprise en difficultés.

[450]L'article 22, alinéas 2 et 3 de l'ordonnance de 1985 prévoit que l'établissement de crédit n'est tenu de respecter aucun délai de préavis, que l'ouverture de crédit soit à durée déterminée ou non en cas de comportement gravement répréhensible du bénéficiaire du crédit, ou au cas où la situation de ce dernier est irrémédiablement compromise, le non-respect de ces dispositions pouvant entraîner la responsabilité pécuniaire de l'établissement de crédit.

l'entreprise. On peut également constater des complications dans le cadre de la négociation du règlement amiable. Celles-ci tiennent essentiellement au risque que court le banquier d'être qualifié de dirigeant de fait.

2. La responsabilité du banquier, dirigeant de fait

400. Il arrive que des personnes qui n'ont pas été régulièrement nommées assument en pratique, des fonctions conférées par un mandat social : ce sont les dirigeants de fait. Il s'agit des individus qui exercent en toute indépendance et en toute souveraineté une action positive de gestion[451]. La direction de fait est une activité illicite susceptible d'engendrer des responsabilités, mais non de créer des droits[452]. Le principe de non-ingérence est fondamental en matière bancaire. Encore dénommé principe de non-immixtion, ce principe commande que les établissements de crédit n'interviennent pas dans les affaires de leurs clients. Ce principe se fonde sur le respect de la vie privée ; chacun étant maître de ses affaires, il doit les gérer comme il l'entend[453]. Il protège le client qui désire que son banquier ne se mêle pas de ses affaires. Le principe de non-ingérence dispense la banque de s'intéresser à la provenance des fonds et à leur destination. Il doit être neutre par rapport à la gestion du compte sauf en cas de fraude manifeste et sous réserve des règles en matière de blanchiment des capitaux. Il concerne d'abord le service de caisse c'est-à-dire les dépôts, les retraits ainsi que les encaissements. Il concerne ensuite les opérations de crédit. L'obligation de diligence ne l'invite à exécuter les instructions de son client que si elles sont claires et émanent effectivement de lui. En tout cas, l'obligation de diligence rencontre sur son chemin l'obligation de vigilance.

401. Cette obligation se double d'une obligation de secret du banquier. Par sa profession, il est détenteur des informations confidentielles sur son client voire sur des tiers. Il est dès lors tenu d'un devoir de discrétion, mais surtout du secret professionnel sanctionné pénalement. L'argent n'aime pas le bruit. La capacité d'un banquier à

---

[451] COUDERT (J.C.) et MIGEOT (P.), « Appréciation par l'expert du comportement du banquier dans la distribution du crédit », préc., p. 9.

[452] Pour les banques, la qualité de dirigeant de fait peut être utilisée contre elles en cas de soutien apporté aux entreprises en difficultés. Voir à cet effet, Tribunal de Libreville, 17 juin 1992, Affaire ABA C/Paribas Gabon et BICCI Gabon. Note DIOP-O'NGWERO, PENANT, n° 817, janvier-avril 1995, p. 99.

[453] BONNEAU (T.), *Droit bancaire*, *op.cit.*, p. 244.

pouvoir demeurer silencieux et furtif est un indice notable de sa crédibilité. Ce secret est institué dans l'intérêt du client, dès lors, celui-ci peut y renoncer. Puisqu'il s'agit de protéger un intérêt particulier, la loi autorise le banquier à s'en départir sans responsabilité aucune quand l'intérêt général le commande. Son domaine s'étend à toute personne qui, à quelque titre que ce soit, participe à la direction, la gestion d'un établissement de crédit ou est employé par celui-ci.

402. Mais il est limité par rapport à son objet c'est-à-dire qu'il ne concerne que les informations confidentielles, ce qui exclut les informations générales c'est-à-dire l'opinion de la place. De même, il ne peut être opposé à certaines personnes ou organismes tels le fisc, le trésor, les douanes, l'administration judiciaire, les organismes de contrôle de la profession bancaire notamment la COBAC et de lutte contre le blanchiment ou la corruption (COBAC, ANIF). Ainsi, ayant identifié leurs clients et leurs opérations, les établissements assujettis devraient automatiquement sans besoin d'analyse supplémentaire, déclarer ce qu'ils détectent de suspect à l'ANIF en bloquant ainsi les opérations. La violation de ces règles expose la banque et le personnel complice coupable aux sanctions civiles et pénales.

403. Il demeure que la banque est soumise en même temps au devoir de conseil, d'assistance et de contrôle, ceci d'autant plus que le banquier est de temps en temps un « *partenaire de gestion financière de l'entreprise et non plus simplement un simple prêteur de fonds* ». Si quelques conseils peuvent être donnés au client par son banquier, dans l'ensemble, une très grande prudence de la part de ce dernier demeure. Une banque peut très bien vouloir ne participer au règlement amiable que sous couvert de conditions résolutoires. Ainsi, ce dernier peut décider d'accorder des remises ou délais ou alors un refinancement que sous certaines conditions telles que l'assistance dans les achats, le paiement directement par lui entre les mains du fournisseur. Ces clauses résolutoires insérées dans l'accord constituent à notre avis un bon moyen d'inciter le chef d'entreprise à prendre de vraies mesures de redressement de son activité. Mais le banquier peut bien craindre que ses différentes interventions soient assimilées à une immixtion dans la gestion de l'entreprise[454]. En pratique, il est parfois difficile de faire la distinction entre ce qui ressort du rôle normal du banquier dispensateur

[454]CAMPANA (M.-J.), « La responsabilité civile du dirigeant en cas de redressement judiciaire », *Revue de Jurisprudence Commerciale*, 1994, p.136.

de crédit et du rôle de dirigeant de fait de la société à laquelle il prête de l'argent.

404. Sauf circonstances exceptionnelles, l'intervention du banquier s'explique non par la volonté de diriger l'entreprise, mais par celle de mieux garantir les crédits accordés. Ainsi, le fait pour la banque de surveiller l'usage qui est fait du crédit octroyé à la société ou d'exiger d'être seul banquier de celle-ci tant que les crédits sont utilisés ne fait pas d'elle un dirigeant de fait de l'entreprise. Il n'y a pas là une action positive, mais négative. Aussi, il nous semble que de telles exigences se justifient suffisamment par la volonté propre et légitime des prêteurs d'assurer la bonne fin de leur crédit, sans qu'il soit pour autant besoin de parler d'immixtion dans la gestion[455]. Toutefois, la banque sortirait de son rôle de bailleur de fonds lorsqu'elle impose des décisions, telle une modification de la structure juridique et financière de l'entreprise ou la suppression de telle branche d'activités, qui sont de véritables actes de direction de l'entreprise. Le banquier aura alors manqué à son obligation de non-ingérence et pourra pour cela subir des sanctions y afférentes[456].

405. Aux termes de l'article 183, alinéa 1er du nouvel AUPCAP, « *lorsque le redressement judiciaire ou la liquidation des biens d'une personne morale fait apparaître une insuffisance d'actif, la juridiction compétente peut, en cas de faute de gestion ayant contribué à cette insuffisance d'actif, décider à la requête du syndic, du ministère public ou de deux contrôleurs (...), ou même d'office, que les dettes de la personne morale seront supportées en tout ou partie, avec ou sans solidarité par tous les dirigeants ou certains d'entre eux* » : c'est la condamnation au comblement du passif[457]. L'action en comblement du passif est classiquement considérée comme une action en responsabilité civile aggravée. Elle a pour objet de sanctionner un dirigeant ou

---

[455]Lire à cet effet, NJOYA NKAMGA (B.), Les dirigeants sociaux, Thèse précitée, p. 70 et s.

[456]Mais, il faudra distinguer entre ce qui relève du devoir de conseil reconnu au banquier à l'égard de ses clients et ce qui tombe sous le coup de la sanction pour immixtion. Il appartiendra au tribunal de décider souverainement si les faits allégués sont suffisants pour retenir la qualité de dirigeants de fait.

[457]DAMMANN (R.) et PASZKUDZSKI (J.), « La condamnation du banquier à combler l'insuffisance d'actif (arrêt Banque Worms de la cour de cassation du 27 juin 2006) », *D.* 2006, n° 36, p. 2534.

personne assimilée malhonnête, de réparer le dommage subi par les créanciers incomplètement payés du fait de l'insuffisance d'actifs[458].

406. La faute civile du banquier peut également prendre une coloration pénale et entraîner des poursuites à l'encontre du banquier[459]. Aux termes de l'article 227 du nouvel AUPCAP, peuvent être coupables de délit de banqueroute, les personnes physiques exerçant une activité civile, commerciale, artisanale ou agricole et les associés des sociétés commerciales qui ont la qualité de commerçants[460].

407. Il est vrai que l'attitude du banquier dépend d'abord de la situation de l'entreprise et de ses chances de redressement. Cependant, compte tenu du risque encouru, sa décision est largement influencée par l'existence de garanties susceptibles de lui être accordées en cas d'échec. Il doit donc sécuriser son crédit. Les parties peuvent, sur la base de certaines considérations et conditions, décider de convertir la créance du prêteur en titres représentatifs du capital de l'emprunteur ; l'on dira alors qu'il s'agit d'une conversion conventionnelle de la créance en capital.

B. La conversion de la créance en actions : une décision d'opportunité

408. En cas de restructuration de crédit, le prêteur et l'emprunteur n'auront *a priori* pas comme première intention de convertir la dette en capital. La décision de procéder à une conversion de créance n'interviendra que dans des hypothèses limitées où une dénonciation immédiate du contrat de crédit par le prêteur ne lui permettrait d'obtenir qu'un recouvrement insuffisant de sa créance et où une restructuration des termes et conditions de la convention de crédit ne permettrait pas, à elle seule, à l'emprunteur de reprendre ses activités dans une perspective de profitabilité suffisante. Cette solution est très rarement envisagée dans la pratique étant donné que la prise de participation

---

[458]NJOYA NKAMGA (B.), Les dirigeants sociaux, Thèse de Doctorat, Université de Dschang, 2006-2007, p. 71.

[459]DE JUGLART (M.) et IPOLITO (B.), Traité de droit commercial banques et bourses, *op.cit.*, p. 418 ; LASSERRE CAPDEVILLE (J.), « La responsabilité pénale du banquier dispensateur de crédit », *in* LASSERRE CAPDEVILLE (J.) et STORCK (M.) (dir.), Le Crédit, Aspects Juridiques et Economiques, Dalloz, 2012, p. 25.

[460]Les associés de sociétés en nom collectif (SNC) et les commandités des sociétés en commandite simple (SCS).

implique la responsabilité du banquier dans la gestion de l'entreprise débitrice.

409. Rappelons qu'il peut bien arriver qu'en cas de redressement judiciaire d'une société, la conversion de dette en capital soit forcée ou imposée à un créancier. L'on dira alors qu'il s'agit d'une conversion forcée de la créance dans le capital de l'emprunteur. Nous ne nous penchons toutefois, dans la présente contribution, que sur l'hypothèse de la conversion conventionnelle. Cette solution sera donc envisagée en tenant compte des motivations et objectifs distincts. La conversion ne sera en effet envisagée par le prêteur que si l'opération présente une certaine opportunité financière, stratégique, voire commerciale. La cause du non-remboursement de la dette doit être prise en compte à l'exemple de la mauvaise gestion des dirigeants.

410. De son côté, l'emprunteur profitera de l'abandon, à tout le moins partiel, de sa dette à l'égard du prêteur pour tenter de retrouver de la profitabilité. La diminution de passif résultant de la conversion de la dette en capital diminuera sa charge d'intérêts et augmentera son *cashflow*. Sa crédibilité financière sera rétablie, voire renforcée. Cette nouvelle situation pourra également attirer des candidats acquéreurs ou permettre l'injection de nouveaux capitaux par des investisseurs. La restructuration par conversion de dette en capital peut prendre des formes diverses et variées. Les parties peuvent notamment envisager de créer une nouvelle société à laquelle les activités de l'emprunteur seraient apportées. Les actionnaires de cette société nouvellement constituée seront selon les cas, le management et les créanciers concernés.

411. Une autre technique consiste en ce que le prêteur cède sa créance (et tous les accessoires de celle-ci) aux actionnaires historiques de l'emprunteur, lesquels, en contrepartie, lui transfèrent des actions existantes de l'emprunteur dont le nombre sera fonction de leur valorisation. Dans un autre cas encore, il s'agit de procéder à l'augmentation du capital social. La conversion de la créance en capital se déroule dans le cadre de la réglementation en vigueur. Il y a lieu de respecter les règles du droit OHADA en la matière (1). S'agissant des établissements de crédit, les participations détenues par ces institutions sont expressément réglementées par le droit bancaire CEMAC (2).

1. L'augmentation possible du capital en droit des sociétés OHADA

412. L'apport de créance à une société anonyme est soumis aux dispositions communes relatives aux augmentations de capital prévues par l'AUSC-GIE, ainsi spécifiquement aux articles consacrés aux augmentations de capital par apport en nature. Nous nous référons dans la présente contribution uniquement aux dispositions relatives aux sociétés anonymes. Ces dispositions imposent que l'apport de créance et l'augmentation du capital corrélative soient approuvés par l'assemblée générale des actionnaires de l'emprunteur, conformément aux conditions requises pour la modification des statuts, et constatés par acte authentique. Le prêteur comparaitra à l'acte authentique et souscrira aux actions nouvellement émises. Chaque action correspondant à un apport en nature devant, être libérée d'un quart et entièrement libérée dans un délai de cinq ans à dater de la décision d'augmenter le capital. Concernant le cas particulier d'un apport de créance, la libération de l'apport s'opérera immédiatement et intégralement par simple compensation entre le montant de la créance et le montant de la souscription des actions nouvelles[461].

413. Cependant, la réalité est parfois complexe et la mise en place d'un accord amiable peut être source de difficultés, voire de déceptions pour lui. Il va falloir même faire toute une analyse financière de l'entreprise débitrice pour avoir son image réelle. L'information financière est un élément déterminant pour la banque dans l'appréciation du risque de l'emprunteur. Elle se présente sous forme quantitative et qualitative ; et peut-être aussi bien interne qu'externe à l'entreprise.

414. L'information financière interne à l'entreprise regroupe essentiellement les données quantitatives issues des états financiers et comptables de l'entreprise : bilans, comptes de résultats et d'exploitation et, subsidiairement, les documents annexes donnant certains détails sur les échéances de dettes, les créances, le tableau d'amortissement des immobilisations de l'entreprise, etc[462]. C'est sur la

---

[461] Rappelons en outre que, conformément à l'AUSC-GIE, tout apport en nature requiert l'établissement des rapports par le commissaire (ou un reviseur en absence de commissaire) et par le conseil d'administration, lesquels doivent être déposés au greffe du tribunal de commerce.

[462] L'analyse de ces informations conduit à l'élaboration de données plus synthétiques telles que le fonds de roulement, les besoins en fonds de roulement, les ratios

base de ces données quantitatives que les banquiers ont élaboré un certain nombre de techniques permettant d'apprécier le risque de l'emprunteur, en l'occurrence la méthode de « *creditscoring* » ou méthode d'analyse discriminante[463].

415. D'ordre quantitatif et qualitatif, l'information financière externe à l'entreprise regroupe les données en provenance des marchés financiers, des fournisseurs, du fisc, des organismes sociaux, de la centrale des risques, etc. Ces informations, très souvent subjectives et difficiles à recueillir, sont d'une importance fondamentale dans la décision du banquier. Une mauvaise appréciation de celles-ci par le banquier peut lui être préjudiciable, notamment en cas d'un éventuel redressement fiscal de l'entreprise ou d'un excès d'engagement de celle-ci auprès des fournisseurs. Ces différents aspects sont très souvent cause de défaillance de l'entreprise[464]. Même si les banquiers ont les moyens d'obtenir des informations sur l'entreprise auprès du fisc, des organismes sociaux ainsi que de la centrale des risques, ils sont incapables de connaître exactement le niveau d'engagement de celle-ci à l'égard de ses fournisseurs et prêteurs informels (tontines et autres associations).

416. Pour remédier à cette situation, la théorie générale de la firme propose un certain nombre de solutions susceptibles de réduire les asymétries d'information entre le créancier et l'emprunteur. Les modèles à signaux financiers ou modèles dits de « *signalisation* » sont ceux pour lesquels les promoteurs emprunteurs, mieux informés sur leurs projets, cherchent à signaler aux prêteurs les véritables

---

financiers, les tableaux de financement, *etc.*, permettant d'apprécier la solvabilité de l'entreprise, sa rentabilité, sa capacité de remboursement ainsi que son risque financier.

[463]Les banques camerounaises ont parfois du mal à collecter toutes les informations comptables et financières nécessaires, en raison du fait que très peu de PME tiennent régulièrement la comptabilité de leurs activités. Les entreprises n'ont toujours pas les moyens de se doter d'un outil informatique adéquat ni d'un personnel qualifié pour son utilisation. Aussi, le réseau télématique est peu fiable, ce qui réduit son champ d'utilisation.

[464]Outre la comptabilité qui permet de concevoir des données financières plus élaborées pour le banquier, il existe d'autres supports de gestion de l'information financière. Il s'agit des moyens technologiques tels que l'informatique et la télématique (téléphone, télex, télécopieur, Internet, *etc.*). Vu la célérité de ces instruments, ils interviennent aussi bien au moment de la décision d'octroi de crédit que dans le suivi de l'emprunteur.

caractéristiques de leurs entreprises[465]. Parmi les signaux couramment évoqués dans la littérature, on peut mentionner l'importance de l'apport personnel en capital détenu par le promoteur dans son affaire, la structure financière de l'entreprise et l'importance des dividendes versés aux actionnaires.

417. Les promoteurs dirigeants actionnaires qui ont de meilleurs projets d'investissement le signalent aux éventuels créanciers par une proportion importante du capital investi dans leurs projets[466]. Ainsi, il y aurait une relation positive et significative entre la valeur de l'entreprise et l'apport personnel en capital détenu par l'exploitant dans son projet. Ils définissent le type de firme qu'ils dirigent par la structure financière qu'ils lui donnent. La valeur de l'entreprise s'accroît avec le levier dans la mesure où l'augmentation de l'endettement ne fait pas qu'accroître le risque, mais signale aussi une plus grande productivité de l'entreprise. De ce fait, une corrélation apparaîtrait entre la valeur de la firme et le *ratio* d'endettement. Cependant, il existe un seuil d'endettement optimal correspondant à la valeur la plus élevée de la firme au-delà duquel un endettement additionnel ferait baisser la valeur de l'entreprise, lui faisant courir ainsi un risque de défaillance élevé.

418. Contrairement aux modèles à signaux financiers, où c'est l'emprunteur qui signale la qualité de son projet au créancier, à travers un certain nombre de variables de comportement, les modèles à mécanismes incitatifs sont ceux où c'est plutôt le créancier qui introduit dans les contrats de prêt des éléments qui incitent l'emprunteur à révéler sa qualité. Au rang de ces éléments figurent les garanties, les taux d'intérêt et la relation de clientèle. La garantie et le taux d'intérêt sont considérés ici comme un coût dans la mesure où, à un risque plus élevé, correspondraient une garantie ou un taux d'intérêt plus importants. Concernant le pouvoir dissuasif, l'exigence des garanties élevées par le prêteur obligerait l'emprunteur à ne pas détourner le crédit obtenu vers des utilisations autres que le projet initial. Pour ce qui est du pouvoir auto-sélectif, les garanties et les taux d'intérêt élevés exigés par le

---

[465] Un signal se définit comme une variable de comportement selon lequel les promoteurs de « *bons* » projets ont intérêt à rendre publiques les informations qui permettent aux créanciers de distinguer leurs projets des moins bons. Pour ce faire, ils vont utiliser une variable financière comme moyen de signalisation.

[466] L'apport personnel du promoteur dans le projet peut servir comme signal de la qualité de projet étant donné que la valeur de la firme s'accroît avec la proportion de la participation détenue par le promoteur dans le capital de l'entreprise.

prêteur amènent les seuls emprunteurs à risque élevé à solliciter des crédits, car les emprunteurs moins risqués se retirent purement et simplement du marché.

419. La théorie financière propose aussi l'instauration des relations de clientèle comme un moyen pour contrôler le risque de l'emprunteur[467]. Il s'agit ici d'utiliser les relations de long terme, qui peuvent s'établir dans le temps entre le créancier et l'emprunteur pour réduire le risque moral et la sélection contraire. Ces relations procèdent de l'observation du comportement de l'emprunteur au cours des périodes et se fondent sur les engagements, les promesses et la confiance des parties contractantes. Très souvent, il s'agit de lier ou de rendre le comportement du débiteur temporellement ou inter-temporellement cohérent. Dès lors, la question intéressante est la suivante : comment inciter un emprunteur à préférer une relation de long terme à des contrats à court terme renouvelés, qui laissent la porte ouverte à un comportement opportuniste, et obligent à une vérification coûteuse du résultat à chaque période ?

420. L'application des sanctions constitue des mesures incitatives pour l'emprunteur. Les emprunteurs potentiels ne doivent pas avoir la possibilité de substituer au crédit bancaire une autre source de financement. Si tel est le cas, ils pourraient rester indifférents à la menace de suspension de crédit ou d'exclusion du marché de crédit. Or, dans le contexte des économies contemporaines et notamment occidentales, où l'accès au marché des capitaux est relativement aisé et banalisé, l'instrument « *menace* » perd toute sa force en tant que mécanisme incitatif pour l'emprunteur avide de gains, car il peut recourir à ces marchés de capitaux pour se procurer les ressources dont il a besoin. Il est également important de relever que même dans la plupart des pays de l'Afrique subsaharienne où ces marchés sont en général quasi inexistants, la présence des circuits financiers informels (tontines et autres associations d'épargne et de crédit) qui accordent les crédits contribuerait à affaiblir cet instrument.

---

[467]La longévité d'une relation entre le prêteur et l'emprunteur renforcée par différents services financiers entretenus entre ces derniers est positivement corrélée à la décision d'octroi de crédit qui met ainsi en jeu la réputation des protagonistes en présence et s'appuie, pour ainsi dire, sur la confiance mutuelle. Cette réputation est importante, car il est possible de recourir à l'observation directe de la qualité de l'emprunteur avant de procéder au choix.

421. Il convient de signaler que lorsque l'emprunteur n'a pas de profit futur à préserver, il faudrait s'attendre à ce qu'une telle pénalisation n'ait que des effets incitatifs limités sur son comportement et qu'elle ne décourage pas véritablement ce dernier dans sa prise de risque. C'est pourquoi outre les signaux financiers et les mécanismes incitatifs analysés, d'autres signaux peuvent contribuer à réduire l'asymétrie de l'information sur le marché de crédit[468]. Cela confirme l'idée classique selon laquelle un patrimoine important en gage d'un emprunt ne signifie pas forcément un remboursement assuré, vu les difficultés qu'éprouvent très souvent les banquiers à réaliser la garantie en cas de défaillance de l'emprunteur. Ce qui laisse penser que le choix de projet rentable incite l'emprunteur de bonne moralité à honorer régulièrement ses engagements. Ce qui limite à la fois la sélection adverse et l'aléa moral.

2. Les prises de participation en droit bancaire CEMAC

422. Le règlement COBAC R-93/11 du 19 avril 1993 relatif aux prises de participation prévoit que *« les prises de participation ne peuvent être réalisées que sur les fonds propres de l'établissement de crédit et non sur les dépôts de la clientèle. De même, les participations ne peuvent excéder 15 % de ces fonds par opération et 45 % de fonds pour l'ensemble des opérations. On peut assimiler à ces prises de participation les concours que les établissements de crédit peuvent accorder aux actionnaires, associés, administrateurs. Leur montant ne peut excéder 15 % des fonds propres nets. Dès lors, en cas de prise de participation par conversion de la créance en capital, le prêteur – établissement de crédit – devra s'assurer de la non-violation de ces plafonds légaux »*.

423. Enfin, dès lors que le prêteur est bien souvent détenteur d'informations à caractère *« privilégié »*, communiquées par l'emprunteur sur la base des obligations d'informations contenues dans la convention de crédit, ou sur la base d'une divulgation volontaire à l'occasion des négociations de restructuration du crédit, le prêteur doit veiller, dans l'hypothèse où une partie des titres de l'emprunteur est cotée sur un marché, à ce que sa prise de participation dans le capital de

[468] Il s'agit, notamment, de la rentabilité du projet et de l'engagement de l'emprunteur envers les tiers (tontines et associations diverses, fournisseurs, Centrale des risques, État et organismes sociaux). Cela montre que l'attention du banquier peut être portée sur un projet rentable dont le promoteur présente un faible niveau de garanties.

l'emprunteur ne puisse être considérée comme une transaction sur titres qualifiée de délit d'initié[469]. Le délit d'initié concerne également les tiers, comme le candidat acquéreur d'une participation de la société. Les initiés primaires sont notamment ceux qui disposent directement de l'information grâce à leur proximité avec la société en question (à savoir par exemple le banquier). La loi n'exige comme intention que la conscience de disposer d'une information privilégiée[470].

424. La décision de convertir la dette en capital est une décision de pure opportunité commerciale et financière, devant être considérée, tant par l'emprunteur que par le prêteur, comme une option non négligeable à la renégociation ou à la dénonciation des contrats de crédit « *défaillants* ». Elle induit évidemment à ce titre d'importantes négociations commerciales, portant notamment sur le nombre et la catégorie des actions à émettre et le niveau de contrôle et d'intervention du prêteur dans le fonctionnement de la société après la conversion. Cette conversion va lui conférer des droits à l'encontre de la société, mais aussi des devoirs et éventuellement, des possibilités d'engagement de sa responsabilité. C'est souvent ce risque de responsabilité qui fait peur aux créanciers[471].

425. Le banquier doit intégrer le fait qu'il sera nécessairement amené à consentir dans certains cas de nouveaux financements à l'entreprise en difficulté. Il devra donc porter un soin particulier à l'examen des documents comptables de l'entreprise, pour éviter de se voir éventuellement reprocher d'avoir accordé un crédit de manière irréfléchie comme nous venons de décrire. Il pourra également, et cela se révélera vrai pour les entreprises de grande taille, être sollicité pour prendre une participation dans l'entreprise en souscrivant à une augmentation de son capital social dans le but de conforter ses fonds propres. Il pourra le faire soit en injectant de l'argent frais (ce qui est

---

[469]Pour rappel, il faut, pour que ce délit existe, que trois conditions soient remplies, à savoir qu'il existe une information privilégiée, que cette information soit connue d'un initié et que l'initié, possédant cette information privilégiée, se rende coupable de certains comportements déterminés (achat ou vente d'instruments financiers, communication d'information, *etc.*).

[470]Le délit d'initié est puni à l'article 135 du Code pénal d'un emprisonnement de 6 mois à 2 ans et d'une amende de FCFA 1 000 000 à 10 000 000.

[471]Il est clair que la conversion donne mandat à la banque d'influencer la direction de l'établissement, mais dans le sens de pallier l'incompétence ou la mauvaise gestion de certains dirigeants.

rare), soit en transformant une partie de sa créance. Il est de même possible que le banquier exige une transformation de la société ; par exemple un changement de la forme sociale limitée en une autre illimitée ou l'inverse selon le cas. La participation peut même être faite sous la condition d'une augmentation du capital social de la société débitrice où tous les actionnaires seront appelés à accroître le nombre ou la valeur de leurs actions.

426. En tout cas, le prêteur qui convertit sa créance en capital de l'emprunteur souhaitera vraisemblablement prendre un certain nombre de précautions afin d'optimaliser et de sécuriser son retour sur investissement à l'instar des actions privilégiées. Si le prêteur souscrit à des actions ordinaires avec droit de vote, il doit conventionnellement s'assurer qu'elles appartiendront à une catégorie d'actions et surtout, privilégiées ; à condition que celles-ci ne soient pas léonines. Ce régime distinct sera mentionné dans les statuts de l'emprunteur, lesquels seront modifiés à l'occasion de la procédure d'augmentation de capital, ou convenus dans une convention d'actionnaires. Dès lors qu'elle conditionne la restructuration du crédit, la création d'actions privilégiées au profit du prêteur relève -à n'en point douter - de l'intérêt social de l'emprunteur.

427. Le régime applicable à ces actions dépendra notamment du droit de vote qui leur sera attaché, ou non, selon le résultat des négociations entre parties. Ainsi, les actions sans droit de vote pourront conférer à leur titulaire le droit à un dividende non seulement privilégié, mais également « *récupérable* » si au cours d'un ou plusieurs exercices, la société ne distribue pas de dividendes. Dans ce cas, ces actions bénéficient d'un report automatique de leurs créances sur les bénéfices ultérieurs, sauf disposition contraire dans les statuts. Dans le même ordre d'idées, le prêteur pourrait exiger d'inclure, dans les dispositions statutaires relatives à la liquidation de la société, un remboursement prioritaire des actions privilégiées en cas de liquidation de la société. Il pourrait également être prévu que le partage du *boni* de liquidation soit procédé à l'avantage des actions privilégiées.

428. Par ailleurs, dès lors que le prêteur n'a pas vocation à demeurer actionnaire de la société sur le long terme, celui-ci peut également négocier un engagement conjoint de la société et de ses actionnaires de procéder à un rachat de ses actions exerçable à moyen terme à un prix convenu. Cette option lui garantira ainsi de pouvoir sortir de la société après l'expiration d'un certain délai ou lorsqu'une certaine condition s'est réalisée et de procéder à la dénonciation du crédit et de la réalisation des sûretés. Au-delà du régime patrimonial privilégié ou prioritaire qui peut être attaché aux nouvelles actions du prêteur, ce dernier peut notamment, aux termes d'une convention d'actionnaires, modaliser sa représentation au sein des organes de gestion de l'emprunteur en tenant compte des risques de la responsabilité particulière de dirigeant qui accompagne de tels mandats.

429. S'il est vrai que certaines obligations de l'emprunteur déjà contenues habituellement dans les conventions de crédits [472]peuvent également, dans une certaine mesure, constituer une sorte d'intrusion du prêteur dans la gestion de la société, il ne s'agit toutefois en réalité, bien souvent, que d'un simple droit de regard limité à certaines circonstances, sans véritable pouvoir de gestion de la société, bien éloigné de ce que sera l'implication du prêteur une fois qu'il aura pris le statut d'actionnaire. Ainsi, l'entrée du prêteur dans le capital de l'emprunteur peut avoir un effet "intrusif" dès lors que le prêteur souhaitera s'impliquer (avec plus ou moins d'intérêt) dans la gestion de la société quelle que soit sa proportion même minoritaire dans le capital, il pourrait exiger que lui soit conféré, au titre des droits attachés à sa catégorie d'actions, un droit de *véto* sur un certain nombre de décisions sensibles ou touchant à des investissements importants.

430. On constate qu'à l'occasion de restructuration de crédit, une technique parmi les solutions privilégiées a consisté à convertir tout ou partie des créances importantes en capital de l'emprunteur. Les recours internes et amiables ont été vains ? Si votre créancier est solvable et le montant dû important, il ne vous reste plus qu'à saisir la justice.

Section 2 : La mise en œuvre du recouvrement forcé

431. Le législateur OHADA met sur pied un véritable Code contenant une série de dispositions aux moyens propres à faciliter l'exécution non seulement des décisions de justice, mais aussi de tous les autres titres exécutoires : l'AUPSR-VE. Dans ce texte, il consacre un véritable droit substantiel à l'exécution des décisions de justice en

---

[472] Notamment l'obligation de délivrer des informations précises de manière périodique ou encore l'obligation de ne pas disposer d'actifs sans l'autorisation préalable du prêteur métier qui dépasse souvent son *core business* et ses compétences traditionnelles, et encourir une responsabilité qu'il ne souhaite sans doute pas devoir assumer.

généralisant l'exécution provisoire et en consacrant l'exécution forcée des décisions de justice et autres titres exécutoires. C'est ainsi qu'il ressort de l'article 28 de l'Acte uniforme sur les voies d'exécution qu'« *à défaut d'exécution volontaire, tout créancier peut, quelle que soit la nature de sa créance (...), contraindre son débiteur défaillant à exécuter ses obligations à son égard ou pratiquer une mesure conservatoire pour assurer la sauvegarde de ses droits* ». Nous nous appesantirons dans cette section sur l'efficacité du droit de l'exécution forcée d'une part (I) et sur l'organisation juridique de l'exécution forcée d'autre part (II).

I. L'efficacité du droit de recouvrement forcé

432. Au lieu de paiement judiciaire, on parle plus volontiers d'exécution forcée. En réalité, l'exécution forcée est une procédure, tandis que le paiement d'une dette est une modalité de son règlement. C'est le déclenchement de ce processus qui trouve son aboutissement dans l'action du débiteur. La question est de savoir si un débiteur qui n'exécute pas son obligation peut y être contraint. La force des obligations y pousse, mais le respect de la liberté individuelle, aujourd'hui très large, y met un frein. Cela conduit parfois à préférer l'exécution par équivalent, mais, en dehors de ces cas, l'exécution forcée peut intervenir. Quand on est en contentieux, le recouvrement amiable ne cesse pas, le tribunal n'est qu'une pression parallèle et alternative sur le débiteur. Le recouvrement forcé se soucie autant de la relation d'affaires que le recouvrement amiable. Il ne s'agit pas d'intimider le client débiteur. Dans le recouvrement on ne parle pas d'intimidation, mais de pression. C'est très souvent au cours des procédures que le débiteur paie. L'engagement d'une procédure de saisie n'a pas pour but de vendre le bien, mais de faire pression sur le débiteur autant que les lettres de relance et les descentes à domicile. Si avant la vente, le débiteur paie, la procédure prend fin.

433. Lorsqu'on a recours à un juge, c'est pour qu'il trouve le juste milieu entre la résistance du débiteur et la pression du créancier. Il arrive même qu'il se prononce en faveur du débiteur en lui accordant les délais de grâce s'il estime qu'il est de bonne foi ou si celui-ci fait des propositions sérieuses. Dans l'injonction de payer, le juge contribue parfois à la conciliation et le procès-verbal en est signé des parties et du juge. Les relations banques-clients mettent en présence des professionnels -qui englobent les entreprises individuelles, les personnes morales privées et publiques, les groupements divers, *etc.* qui ouvrent des comptes bancaires pour l'exercice de leur profession- d'une part, et de simples particuliers d'autre part. Ces personnes ont aussi des conseils, et parfois des services techniques. Il est donc évident qu'une créance bancaire injustifiée ne puisse pas être réglée. Le banquier doit pouvoir la matérialiser par l'obtention préalable du titre exécutoire s'il n'en a pas un (A). Une procédure spéciale en est prévue pour ce qui est du contentieux des instruments de paiement (B).

A. L'obtention préalable d'un titre exécutoire

434. L'article 33 alinéa 5 de l'AUPSR-VE dresse la liste des titres qui sont des ordres donnés par l'État à travers ses organes compétents pour la réalisation d'une obligation. Il envisage expressément la décision de justice, les actes notariés, les procès-verbaux de conciliation signés par les parties et le juge, les sentences arbitrales, actes et jugements étrangers autant qu'ils sont déclarés exécutoires par une décision juridictionnelle non susceptible de recours suspensif d'exécution de l'État dans lequel ces titres sont évoqués. Il en est également des décisions auxquelles la loi nationale attache les effets d'une décision judiciaire.

435. Pour que l'exécution forcée soit possible, il faut que la dette soit en état d'être exécutée. Il faut tout d'abord que la dette soit exigible, c'est-à-dire qu'elle ne doit pas être affectée d'un terme non échu. Il faut encore qu'elle soit liquide, c'est-à-dire qu'on en connaisse le montant. S'agissant de dommages-intérêts, cela suppose qu'ils soient évalués, évaluation qui ne peut relever de la seule appréciation du débiteur, mais doit être faite par le juge, voire par le contrat. Ces conditions tiennent, au fond à la dette, sur le plan procédural à la mise en demeure (1) et aux poursuites judiciaires (2).

1. La mise en demeure de payer

436. En cas d'inexécution d'une obligation, dans le silence du créancier, le débiteur peut croire que celui-ci lui accorde un répit. Pour l'alerter d'une prochaine procédure et pour donner une chance supplémentaire à l'exécution spontanée, le créancier doit le mettre en demeure[473]. La forme de la mise en demeure est libre. Elle peut résulter

[473]Cette exigence est générale, à quelques exceptions près en matière contractuelle, notamment en cas de stipulation contractuelle contraire ou même de saisie conservatoire.

d'un commandement de payer ou d'une assignation, actes d'huissier, mais elle peut également résulter d'acte purement privé[474]. Ce qui compte, c'est qu'elle soit claire, quant à l'identité des parties et quant à la nature de la dette et son montant. Elle doit encore préciser qu'elle vaut mise en demeure. Elle peut être faite par lettre missive ou sommation de payer, mais, dans un souci probatoire, une lettre recommandée avec avis de réception est préférable.

437. En pratique, tous ces actes ont souvent les mêmes effets. Toutefois, une sommation de payer peut avoir plus d'impact par son côté « *officiel* ». Elle présente également l'avantage d'être signifiée directement entre les mains de votre client, alors que le courrier recommandé de la mise en demeure peut ne pas être réclamé. La sommation de payer par voie d'huissier de justice est avantageuse par rapport à la simple mise en demeure, lorsque les sommes en jeu sont importantes ou que vous doutez de la bonne foi ou de la solvabilité de votre débiteur[475]. Dans le cas d'une mise en demeure, il est précisé dans la lettre recommandée le montant de la facture, mais également les intérêts de retard. En théorie, le montant des intérêts de retard exigible est celui stipulé dans la convention de crédit[476].

438. La mise en demeure, prémices d'une procédure contentieuse, présente plusieurs atouts. Elle permet de lancer un dernier *ultimatum* à votre client, d'être certain que celui-ci prendra connaissance du courrier et de poser les bases d'une démarche axée sur une pression psychologique plus forte. Au-delà de ces aspects pratiques, c'est également le moyen juridique de constater le refus opposé à vos précédentes demandes de paiement, de faire courir des intérêts moratoires, de solliciter des dommages-intérêts, et d'établir la preuve de votre volonté d'être payé.

---

[474]La mise en œuvre de la saisie immobilière ne nécessite pas l'appel préalable en cause du débiteur principal qui n'est pas propriétaire des immeubles. Voir CCJA, 2e ch., Arr. n° 014/2017, 23 févr. 2017, Aff. MOUSTAPHA TALL SA C /ECOBANK-SENEGAL).

[475]Sauf que l'intervention de l'huissier lui donne généralement droit à la réclamation des droits de recettes qui sont à la charge du débiteur selon le montant recouvré.

[476]On comprend que le banquier devrait au préalable inviter le client à l'arrêté contradictoire de son solde avec un préavis de clôture juridique du compte. Faute par lui de se présenter, il y a lieu de le réinviter cette fois-ci par voie d'huissier. S'il ne se présente toujours pas dans les délais prévus, la clôture juridique du compte est faite de façon unilatérale par le banquier.

439. La mise en demeure constitue le dernier stade amiable (aucun procès n'est encore engagé, la prescription n'est pas interrompue) et le premier stade judiciaire, elle est obligatoire avant toute assignation.

2. La poursuite judiciaire du débiteur

440. Le créancier impayé qui n'a aucun titre exécutoire a la possibilité de choisir entre l'injonction de payer et l'assignation en référé. Le rôle de l'avocat est ici primordial, car il pourra conseiller utilement son client créancier en fonction des pièces du dossier et notamment, l'orienter sur la procédure à adopter.

- **L'injonction de payer**

441. La procédure d'injonction de payer est allégée en faveur du créancier pour recouvrer sa créance. Après que l'article 1er de l'AUPSR-VE ait indiqué les caractères de la créance, à savoir la certitude, la liquidité et l'exigibilité, l'article 2 en précise la source[477]. Selon ce dernier article, la créance doit avoir une cause contractuelle, ou être matérialisée par un effet de commerce ou un chèque revenu impayé de l'encaissement faute de provision ou pour provision insuffisante[478]. Ne sont donc pas susceptibles de donner lieu à injonction de payer : les créances d'origine quasi-contractuelle, c'est-à-dire tirant leur origine de la gestion d'affaires, de la répétition de l'indu et de l'enrichissement sans cause ; les créances d'origine délictuelle, c'est-à-dire fondées sur le principe de la responsabilité civile ; les créances d'origine quasi-délictuelle, c'est-à-dire résultant d'une faute de négligence ou d'imprudence.

442. La procédure d'injonction de payer est mise en œuvre par simple requête du créancier adressée à la juridiction compétente[479]. Il

---

[477] *Seule la clôture du compte courant peut faire apparaître au profit de l'une ou de l'autre des parties un solde créditeur correspondant à une créance certaine, liquide et exigible. CCJA, Arrêt N° 022/2009 du 16 avril 2009, Aff. BIAO-CI S.A C/Société Ivoirienne de Groupement et de Gestion dite IGG SARL, JURIDATA N° JO22-04/2009.*

[478] Notons que lorsque l'engagement résulte des billets à ordre des chèques échus et revenus impayés, le recouvrement peut être poursuivi par la procédure d'injonction de payer sans qu'il soit nécessaire d'établir un protêt (Cour d'Appel OUAGADOUGOU, ch. Com., Arr. n° 035, 19 mars 2010, Aff. Cons Bank International C/ Société des Boulangeries 2000 ; Cour d'Appel OUEST CAMEROUN, Arr. n° 81/CIV, 26 oct. 2011, Aff. JEUNA THOMAS et ETS TSAMO Thomas C/ Sté la PASTA SA).

[479] En réalité au Président de ladite juridiction.

s'agira de la juridiction « *du domicile ou du lieu où demeure effectivement le débiteur ou l'un d'entre eux en cas de pluralité de débiteurs* ». Par une clause attributive de juridiction insérée dans un contrat, les parties peuvent déroger à ces règles de compétence. L'article 4 de l'AUPSR-VE énonce de manière limitative, les mentions que doit contenir la requête, à peine d'irrecevabilité : les noms, prénoms, professions et domiciles des parties ou, pour les personnes morales, leurs forme, dénomination et siège social ; l'indication précise du montant de la somme réclamée avec le décompte des différents éléments de la créance ainsi que le fondement de celle-ci[480].

443. Si la créance lui paraît fondée, le président de la juridiction compétente rend une décision faisant injonction au débiteur de payer une somme déterminée[481]. Cette décision est non avenue si elle n'a pas été signifiée au débiteur dans les trois mois de sa date. La requête et la décision d'injonction de payer sont conservées en minute entre les mains du greffier qui en délivre l'expédition au demandeur. Le greffier conserve également les copies certifiées conformes des pièces produites à l'appui et en restitue les originaux au demandeur. En cas de rejet de la requête, celle-ci et les pièces produites sont restituées au créancier, sans que le greffier ait besoin d'en garder les copies. La décision de rejet est sans recours pour le créancier.

444. Aux termes de l'article 7 de l'AUPSR-VE, l'expédition de l'ordonnance d'injonction de payer et la copie de la requête la chapeautant sont signifiées à chacun des débiteurs par acte extrajudiciaire, c'est-à-dire par voie d'huissier. À peine de nullité, cette signification doit contenir les mentions énoncées à l'article 8 du même Acte uniforme. Le débiteur présumé est ainsi informé des réclamations du créancier, et c'est également le cas dans la procédure tendant à la délivrance ou à la restitution d'un bien meuble déterminé.

[480]Le débiteur ne saurait valablement soutenir que le montant de la créance a été calculé de façon unilatérale dès lors qu'il était, par différentes lettres d'avertissement de la banque, informé de la détermination et de l'évaluation dudit montant et qu'il avait de ce fait la possibilité de réagir et de le contester (CCJA Arr. n° 008/2005, 27 janv. 2005, Aff. SGBCI C/ GETRAC).

[481]La créance résultant du solde débiteur d'un compte courant n'est pas certaine et liquide en l'absence d'une clôture contradictoire dudit compte (CCJA 2^{e}ch., Arr. n° 009/2013, 07 mars 2013, Aff. BIAO-CI C/ 1. La Société des Travaux Publics ZAROUR et CHOUR dite TPZC, 2 ZAROUR NAIF).

445. En l'absence d'opposition dans les quinze jours de la signification de la décision portant injonction de payer ou en cas de désistement du débiteur qui a formé opposition, le créancier peut demander l'apposition de la formule exécutoire[482]. L'article 16 dispose que celle-ci produit tous les effets d'une décision contradictoire et n'est pas susceptible d'appel. Dans le cadre de l'injonction de payer, il est prévu devant la juridiction de jugement, une procédure de conciliation préalable qui amène le président à dresser un procès-verbal. Le créancier aurait cependant pu opter pour la saisine du tribunal au moyen d'une assignation en paiement.

- **L'assignation en paiement**

446. L'assignation est un acte de procédure adressé par le demandeur au défendeur par l'intermédiaire d'un huissier de justice, pour l'inviter à comparaitre devant une juridiction. Rédigée avec soin par l'avocat du créancier, elle est l'acte contentieux le plus courant permettant ainsi au créancier poursuivant de faire citer son débiteur à comparaitre devant le Tribunal. L'acte d'assignation est déposé au greffe avec paiement du prix de la consignation. Le juge rendra une décision sur le fond du litige après contradiction des débats. L'assignation en référé est introduite dans le cas d'urgence, pour demander au président du Tribunal de prendre toutes mesures, conservatoires, de remise en l'état pour prévenir un dommage imminent ou pour faire cesser un trouble imminent[483].

447. Le président de la juridiction compétente statue par voie d'ordonnance de référé. C'est une décision provisoire rendue à la requête du créancier. Elle peut être modifiée ou complétée en cas de circonstances nouvelles. Au surplus, l'intérêt d'une procédure de référé, si les conditions en sont remplies, est pour le créancier d'obtenir une

---

[482]La certitude de la créance ne signifie pas son incontestabilité (CA BANGUI, ch. Civ & Com., Arr. n° 178, 10 juin 2011, Aff. Cons Bank International C/ Société des Boulangeries 2000 ; Cour d'Appel OUEST CAMEROUN, Arr. n° 81 /CIV, 26 oct. 2011, Aff. DIAYE HAMET C/ MOLA SAKO).

[483]Par cette procédure, le juge a la faculté d'accorder au créancier une provision qui peut représenter 100 % de la créance impayée. La condition essentielle de la saisine du juge des référés, est que la créance ne soit pas sérieusement contestable. En effet, le juge des référés est celui de l'évidence qui n'apprécie nullement la validité du contrat sur lequel repose la créance à recouvrer. Dès lors que l'obligation contractuelle qui lui est soumise est incomplète, ambigüe ou susceptible d'interprétation, le juge des référés se déclarera incompétent en invitant le créancier poursuivant à « *frapper à la bonne porte* », c'est-à-dire à saisir le Tribunal statuant au fond.

ordonnance de référé revêtue de l'exécution provisoire de plein droit. Cela signifie que l'appel de cette ordonnance devant la Cour d'appel par le débiteur ne peut en suspendre l'exécution. Il faut relever que dans la pratique, la requête est plus sollicitée que l'assignation parce qu'elle permet d'éviter les frais de consignation exigée pour des procédures qui ne reçoivent pas d'opposition. Sauf que de nos jours, certains tribunaux exigent que les conventions des comptes courants des débiteurs soient enregistrées.

448. Toutefois, l'émetteur d'effets de commerce s'inscrit pour sa part dans une relation particulière. Il mérite donc un plan de recouvrement assez spécifique.

B. Le contentieux des instruments de paiement

449. Les instruments de paiement sont fournis par la monnaie scripturale (fonds tenus en compte par les Établissements de crédit ou assimilés). Ils permettent le transfert des fonds tenus en compte suite à la remise d'un ordre de paiement. Il s'agit principalement des chèques, des effets de commerce, des cartes bancaires, de virements et des prélèvements. L'effet de commerce, pour commencer par lui, est un titre négociable constatant au profit de son porteur, une créance de somme d'argent, et utilisée pour son paiement. On distingue ainsi entre autres la lettre de change ou traite, le billet à ordre et le warrant.

450. L'utilisation des effets de commerce confère la qualité de commerçant à son porteur ; ce qui n'est pas forcément le cas en matière de chèque. Par ailleurs, le porteur d'un effet de commerce est le propriétaire ou le détenteur dudit effet à la suite d'une série d'endossements. À défaut de jouer le rôle d'instrument de paiement, ils servent très bien à la garantie des créances et dettes commerciales. Cette généralisation de l'utilisation des effets de commerce a d'ailleurs été renforcée dans notre système juridique par le Règlement CEMAC du 1er juillet 2004 qui a consacré dans son article 3 l'obligation de payer par moyen scriptural toute dette qui excède la somme de 500 000 FCFA ou qui a pour objet le paiement, par fraction, d'une dette supérieure à ce montant. Le chèque quant à lui est un moyen de paiement et non pas un moyen de crédit. Ce qui peut bien intéresser le recouvrement ici n'est que l'établissement du protêt (1) et le recours faute de paiement (2).

1. L'établissement du protêt faute de paiement

451. Conformément aux articles 114 alinéa 1er et 132 du Règlement, le protêt, faute d'acceptation ou de paiement est la constatation par un officier ministériel[484] à la demande du porteur, que le débiteur refuse de s'exécuter. Aux termes de l'article 4 de l'AUDCG, la lettre de change, le billet à ordre et le warrant constituent des actes de commerce par la forme. Les règles relatives au protêt, applicables en matière de lettre de change le sont aussi pour ce qui est du billet à ordre et du warrant. Ces dispositions ne sont pas trop distinctes de celles du protêt en matière de chèque. Le protêt est dressé par le notaire ou l'huissier de justice dans un délai bref suivant la date de l'échéance, soit l'un des 02 jours ouvrables qui suivent l'échéance. Le porteur est donc négligent :

1°) s'il n'a pas fait dresser le protêt faute de paiement dans le délai légal ;

2°) s'il n'a pas présenté le billet payable à vue dans le délai d'un an. Le protêt doit être dressé en principe au domicile du tiré ou à son dernier domicile connu.

452. Conformément aux articles 72 et 135 du Règlement, les personnes légalement responsables (exclusivement pour la lettre de change) sont tenues de laisser copies exactes des protêts, de remettre contre récépissé au greffier du tribunal du domicile du débiteur ou de lui adresser - par lettre recommandée avec accusé de réception - deux copies exactes des protêts dont l'une est destinée au parquet. Cette formalité doit être accomplie dans la quinzaine de l'acte ; à défaut de quoi ils pourront encourir des sanctions pénales, supporter les dépens, ou payer des dommages et intérêts envers les parties.

453. La caution qui a avalisé un débiteur ne peut être poursuivie qu'à la double condition que la défaillance du débiteur soit constatée par un protêt faute de paiement, s'agissant d'une lettre de change et portée à sa connaissance ainsi qu'une mise en demeure adressée à la caution sans effet[485]. En réalité, le protêt fonde le recours cambiaire du commerçant contre les signataires de l'effet de commerce.

---

[484] Huissier de justice dans la pratique, mais le notaire aussi pour ce qui est des autres instruments en dehors du chèque.

[485] Cour d'Appel d'Abidjan (COTE D'IVOIRE), 2e ch. civ. & com., Arr. n° 55 du 27 mai 2005, Aff. STE COTIVOIRIENNE D'ÉQUIPEMENT C/N- BIAO).

2. Le recours du porteur d'effet de commerce

454. Lorsqu'il existe, le protêt facilite la réclamation du paiement de la créance contre les différents signataires de l'effet de commerce. Pour faciliter la contestation de l'effet de commerce sans provision, le créancier doit établir une attestation établissant le défaut de paiement total ou partiel. Cet avis de défaut de paiement devrait être remis au débiteur. Cet avis ne saurait se substituer au protêt qui demeure le seul acte valable pour sauvegarder les recours cambiaires du bénéficiaire. Il est simplement établi pour fournir immédiatement au débiteur la preuve de sa défaillance. La notification en une forme quelconque, ou la signification du certificat de non-paiement au client par voie d'huissier, vaut commandement de payer. Le notaire ou l'huissier qui n'a pas reçu justification du paiement du montant réclamé et des frais dans un délai de 08 jours, à compter de la notification ou de la signification constate le non-paiement.

455. Le certificat de non-paiement notifié est remis au greffier en chef de la juridiction compétente ou à l'autorité judiciaire compétente de l'État qui, sans autre forme de procédure ni frais, y appose la formule exécutoire. Ce titre exécutoire permet de procéder à toute voie d'exécution. Aux termes des articles 55 et 118 du Règlement, le porteur peut exercer ses recours contre les endosseurs, le tireur et les autres obligés notamment l'avaliste. Celui qui a remboursé le montant dû peut exercer le même recours contre ses garants. La négligence du porteur relativise de manière substantielle la garantie de sa créance cambiaire. Il conserve cependant contre son endosseur « *un recours de droit commun fondé sur le rapport extra-cambiaire qui l'unissait à celui-ci* ».

456. Aux termes de l'article 67 alinéa 3 du Règlement, l'action du commerçant porteur d'un chèque contre le tiré se prescrit par un an à partir de l'expiration du délai de présentation. S'il agit en vertu d'une lettre de change, toutes actions y résultant contre l'accepteur se prescrivent par trois ans à compter de la date d'échéance[486]. En outre, les actions en recours du porteur d'un chèque contre les endosseurs, le tireur et les autres obligés se prescrivent par six mois à partir de l'expiration du délai de présentation[487]. Par contre, les actions du porteur d'une lettre de change contre les endosseurs et le tireur se prescrivent par un an à partir de la date du protêt dressé en temps utile,

[486] Article 155.

[487] Article 67.

ou de celle de l'échéance en cas de clause de retour sans frais. Par ailleurs, les actions en recours, contre les divers obligés, au paiement d'un chèque les uns contre les autres se prescrivent par six mois à partir du jour où l'obligé a remboursé le chèque ou du jour où il a été lui-même actionné. Il en est de même des actions des endosseurs d'une lettre de change les uns contre les autres et contre le tireur.

457. Face à la multiplicité et la diversité de ces délais, il incombe donc au commerçant qui souhaiterait recouvrer sa créance cambiaire d'après les mécanismes y relatifs d'être extrêmement vigilant. Quelle que soit la nature de l'effet de commerce, les prescriptions en cas d'action exercée en justice ne courent que du jour de la dernière poursuite judiciaire. Elles ne s'appliquent pas s'il y a eu condamnation ou si la dette a été reconnue par acte séparé[488]. L'interruption de la prescription n'a d'effet que contre celui à l'égard duquel l'acte interruptif a été fait. Néanmoins, s'ils en sont requis, les prétendus débiteurs seront tenus d'affirmer sous serment qu'ils ne sont plus redevables, de sorte que leurs conjoints, survivants, héritiers ou ayants cause, estimés de bonne foi ne doivent plus rien.

458. À notre avis, il semble que les procédures cambiaires ne sont pas plus simplifiées que celles de droit commun en l'occurrence la procédure simplifiée de l'injonction de payer. Seules les infractions en matière de chèques ont été prévues par la loi[489]. On ne saurait donc poursuivre au pénal un billet à ordre ou une lettre de change sans provision en vertu du principe de la légalité des délits et des peines. Sans oublier que les délais de prescription pour les actions cambiaires sont plus courts qu'en droit commun[490].

459. Il serait même aberrant d'envisager des saisies sur protêt sans au préalable tenter un règlement à l'amiable avec le débiteur. Il s'agit simplement d'une question de choix des procédures.

II. L'organisation juridique de l'exécution forcée

460. Le domaine de l'exécution forcée semble fortement limité par l'article 1142 du Code civil camerounais : « *Toute obligation de faire ou de ne pas faire se résout en dommages et intérêts, en cas*

---

[488] Articles 68 et 155 alinéa 3 et suivant.

[489] Voir les articles 237 à 242 du règlement sur les instruments de paiement et l'article 253 du Code pénal camerounais.

[490] Un an au lieu de cinq comme le prévoit l'AUDCG.

d'inexécution de la part du débiteur ». Rappelons toutefois que là où l'exécution forcée en nature est possible, ce sont les voies d'exécution qui interviendront avec leurs règles propres pour l'expulsion, la délivrance ou la restitution. Nous appréhenderons quelques questions techniques tenant à l'organisation juridique de l'exécution forcée que sont l'importance des mesures conservatoires et provisoires d'une part (A) et l'effectivité de l'exécution forcée d'autre part (B).

A. L'importance des mesures provisoires

461. Les mesures provisoires et conservatoires sont des décisions qui ne tranchent pas le fond du litige, mais statuent sur un ou plusieurs chefs de demandes qui nécessitent une solution urgente. Il s'agit en fait d'une illustration de l'adage selon lequel il vaut mieux prévenir que guérir. Notre objectif ici est d'encourager la voie de l'anticipation sur le recouvrement de leurs créances chirographaires impayées détenues par certains débiteurs de mauvaise foi. Dans cette occurrence, les sûretés judiciaires (1) et l'exécution provisoire (2) se posent *a priori* afin que le droit de gage général du créancier ne soit pas compromis par l'aliénation du bien ou sa dissimulation.

1. Les sûretés judiciaires

462. Les sûretés judiciaires sont une forme de protection anticipée, voire d'une mesure préventive accordée à un créancier apparent. Elles se spécifient donc par leur caractère provisoire. En pratique, le choix est plus orienté vers la saisie conservatoire des créances et surtout du compte bancaire[491]. Il est également possible de demander au juge de contraindre le débiteur à lui fournir une garantie pour sa créance qui peut être une caution, un gage, un nantissement ou alors une hypothèque. On peut dès lors s'interroger sur la nature conservatoire de ces sûretés judiciaires dont l'exemple de l'hypothèque judiciaire est ici assez illustratif.

463. Nous l'avons déjà vu, à défaut d'hypothèque conventionnelle ou légale, le créancier chirographaire peut obtenir, sur autorisation du juge, une hypothèque sur les immeubles de son débiteur. L'institution de cette forme d'hypothèque qu'on appelle encore hypothèque judiciaire conservatoire a deux justifications : d'une part, elle est un palliatif à la lenteur des procès et, d'autre part, elle permet la protection du créancier contre l'insolvabilité que le débiteur pourrait organiser

---

[491] Sur les développements sur la saisie conservatoire, voir *infra*, n° 501 à 508.

pendant l'instance en cours contre lui. Cette hypothèque permet donc de compenser, pour le créancier obligé de recourir à la justice, l'allongement des procédures judiciaires et d'éviter, même en dehors de toute procédure, que le débiteur n'organise son insolvabilité. Elle est réglementée par l'article 231 de l'AUS. Ses conditions ne sont pas les mêmes que celles de la saisie conservatoire même si leurs buts sont identiques.

464. Il convient d'abord de signaler que l'octroi de l'hypothèque judiciaire suppose que le créancier ne bénéficie pas déjà d'une hypothèque légale ou d'une hypothèque conventionnelle. La même solution est retenue en matière de saisie conservatoire où la saisie des biens meubles par un créancier hypothécaire ne peut se faire qu'en cas d'insatisfaction après une saisie immobilière. Elle est accordée par la juridiction compétente du domicile du débiteur ou du ressort dans lequel sont situés les immeubles à saisir. Ensuite, et même si cela ne ressort pas des textes, il faut que la créance soit fondée dans son principe et que son recouvrement soit menacé.

465. Pour que l'hypothèque judiciaire soit accordée, la créance doit être certaine, liquide et exigible. Enfin, l'hypothèque judiciaire est mise en œuvre en trois étapes : il faut d'abord une autorisation judiciaire qui aboutit ensuite à l'inscription provisoire avant que la procédure au fond ne soit éventuellement organisée. Ces éléments ne sont exigibles en matière de saisie conservatoire que lorsque le créancier ne dispose d'aucun titre exécutoire[492]. Dans les deux cas, le tribunal, au cas où l'action est fondée, transformera l'hypothèque provisoire en hypothèque définitive prenant rang à la date de l'inscription conservatoire ou provisoire.

2. L'exécution provisoire

466. Dans la procédure habituelle, l'exécution provisoire est le droit accordé par la loi ou par le juge à la partie qui a gagné le procès de poursuivre l'exécution de la décision, malgré l'effet suspensif du délai des voies de recours ordinaires ou de leur exercice. Il ne peut donc être fait aucun reproche au plaideur triomphant devant la juridiction de fond d'avoir procédé à l'exécution de la décision constatant ses droits. Mesure exceptionnelle dérogeant au droit commun du double degré de

---

[492]Faute d'exécution, le créancier qui a obtenu un titre exécutoire constatant l'existence de sa créance convertit la saisie conservatoire qui n'était qu'une mesure provisoire destinée à susciter au débiteur l'exécution volontaire de ses engagements.

juridiction, l'exécution provisoire n'est permise au juge d'instance que sous des conditions clairement déterminées par le droit interne de chaque État partie.

467. Il s'agit d'une mesure visiblement exceptionnelle, en ceci qu'elle émane nécessairement d'un juge qui statue en premier ressort ; et permet d'exiger d'un débiteur non encore définitivement condamné, l'exécution de la décision alors que la juridiction d'appel ne s'est pas encore prononcée sur la valeur de la condamnation. De même, le délai pendant lequel le pourvoi est formé n'empêche pas l'exécution de la décision. Dans certains cas exceptionnels expressément prévus par la loi, le pourvoi est suspensif d'exécution[493].

468. La solution traditionnelle retenue par l'article 32 de l'AUPSR-VE indique que les voies de recours n'ont pas d'effet suspensif et que tous les jugements et ordonnances produisent leurs effets avant l'expiration des délais de recours et même lorsque les recours sont exercés. Dans les traditions juridiques francophones, les titres par définition exécutoires par provision sont les ordonnances rendues en référé ou sur requête. Il faut préciser que les ordonnances de référé ou sur requête sont dispensées de la formule exécutoire lorsqu'elles sont exécutoires sur minute. Dans ces conditions, on estime que l'apposition de la formule par le greffe n'ajoute rien à la force exécutoire de la décision. Ces titres reçoivent la formule exécutoire par anticipation, c'est-à-dire sans attendre que la décision ait acquis force de chose jugée. Dans ce cas, l'ordonnance peut être exécutée immédiatement au seul vu de la minute, sans qu'il soit nécessaire de lever la grosse, ni même de procéder à une signification.

469. L'exécution provisoire ne peut se concrétiser que par la voie de saisies. En effet, l'exécution souhaitée est naturellement volontaire. À défaut, elle est forcée. L'exécution forcée se fait par voie des saisies qui sont considérées comme des mesures assurant l'effectivité des droits du créancier par la voie judiciaire[494]. Il s'agit des formes d'expropriation du débiteur à des fins d'intérêt privé puisqu'elles affectent, provisoirement ou définitivement, la propriété du débiteur sur ses biens. La saisie est alors conservatoire ou exécutoire selon que l'issue du procès est ou non heureuse.

---

[493] Article 258 du Code de procédure civile et commerciale applicable au Cameroun.
[494]Sur les différentes formes de saisies, voir n° 497 à 659.

470. Dès lors, la confusion est susceptible de se tisser entre la saisie conservatoire et l'exécution provisoire. On se demande bien si la saisie conservatoire n'est pas une mesure d'exécution provisoire de sorte que les deux puissent être confondues comme des jumelles. L'exécution provisoire à l'exception de l'adjudication des immeubles peut se poursuivre jusqu'à la vente[495]. Autrement dit, la saisie mobilière peut se faire provisoirement jusqu'à son terme alors que la saisie immobilière provisoire ne peut se limiter qu'à l'adjudication.

471. Le problème se pose de savoir si l'attribution de l'immeuble peut se poursuivre jusqu'à son terme en vertu d'un titre exécutoire par provision. Le silence du législateur communautaire sur ce point sème le doute sur le sens des articles 32 et 247 de l'AUS. Il s'agit en effet d'une illustration du caractère inachevé du droit OHADA, se traduisant par des lacunes du droit. À l'évidence, ces lacunes de la loi doivent donc être complétées par le juge qui l'applique ou l'interprète. Au plan juridique, on peut relever une certaine convergence entre la saisie classique et les formes d'attribution nouvelle.

472. Si les taux de retard de paiement dépassent les limites, la survie de l'entreprise peut devenir problématique. Somme toute, le créancier va toujours essayer, de par les conditions qui s'imposent, d'être un acteur actif du recouvrement amiable, l'issue de tout procès étant naturellement aléatoire à cause de sa complexité. La conviction du juge peut aussi être affectée par le contexte socio-économique. Mais si le débiteur ne coopère pas, la justice devient inévitable et seul le recouvrement forcé reste la seule voie à être exploitée. Le temps à mettre est supportable, car nul ne peut presser la justice. Relevons qu'ici la diligence des conseils dans le suivi formel du procès est toujours plus déterminante.

B. L'effectivité de l'exécution forcée

473. Après le temps du recouvrement amiable, il importe d'affronter celui de la réalisation des sûretés à la mesure de l'efficience économique. Pour en assurer l'effectivité de l'exécution forcée, le législateur camerounais a adopté des mesures incitatives au

---

[495]On relève aux termes des dispositions de l'article 32 du même Acte uniforme qu'« *à l'exception de l'adjudication des immeubles, l'exécution forcée peut être poursuivie jusqu'à son terme en vertu d'un titre exécutoire par provision à charge pour le créancier si le titre est ultérieurement modifié, de réparer intégralement le préjudice causé par cette exécution, sans qu'il y ait lieu de relever de faute de sa part.* ».

paiement (1). Le législateur OHADA l'a suivi en réglementant de façon ordonnée plusieurs mesures facilitant la réalisation des garanties (2).

1. Les incitations judiciaires au paiement

474. La loi n° 91-650 du 9 juillet 1991 portant réforme des procédures civiles d'exécution, dans sa section 6, traite de l'astreinte[496]. Le Code pénal camerounais quant à lui traite de la contrainte par corps.

- L'astreinte

475. Tout juge peut, même d'office, l'ordonner pour assurer l'exécution de sa décision. Le juge de l'exécution peut assortir d'une astreinte une décision rendue par un autre juge si les circonstances en font apparaître la nécessité. Cette mesure est indépendante des dommages-intérêts. L'idée sous-jacente à ces distinctions est que l'astreinte est un moyen d'obtenir l'exécution de la décision et non d'enrichir le créancier. En conséquence, autant il est important que l'astreinte soit persuasive lors de sa fixation, autant il est concevable de la réduire lorsque l'exécution a été obtenue. Parfaitement cohérente, cette dichotomie n'en a pas moins des limites puisque si l'astreinte doit être réduite son caractère comminatoire est fortement amenuisé.

476. L'astreinte est provisoire ou définitive. Elle doit être considérée comme provisoire, à moins que le juge n'ait précisé son caractère définitif. Une astreinte définitive ne peut être ordonnée qu'après le prononcé d'une astreinte provisoire et pour une durée que le juge détermine. Si l'une de ces conditions n'a pas été respectée, l'astreinte est liquidée comme une astreinte provisoire. L'astreinte, même définitive, est liquidée par le juge de l'exécution, sauf si le juge qui l'a ordonnée reste saisi de l'affaire ou s'en est expressément réservé le pouvoir. Le montant de l'astreinte provisoire est liquidé en tenant compte du comportement de celui à qui l'injonction a été adressée et des difficultés qu'il a rencontrées pour l'exécuter. Le taux de l'astreinte définitive ne peut jamais être modifié lors de sa liquidation. L'astreinte provisoire ou définitive est supprimée en tout ou partie s'il est établi que l'inexécution ou le retard dans l'exécution de l'injonction du juge provient, en tout ou partie, d'une cause étrangère. La décision du juge est exécutoire de plein droit par provision.

---

[496] Articles 33 à 37.

- **L'action pénale**

477. L'article 190 du Code pénal punit d'un emprisonnement de un à cinq ans et d'une amende de cinquante mille (50 000) à un million (1000 000) de francs CFA, celui qui détourne, détruit ou détériore des biens saisis ou placés sous séquestre. L'article 181 dudit Code puni d'un emprisonnement d'un à cinq ans, celui qui après une décision de justice, même non définitive, portant condamnation pécuniaire, organise son insolvabilité ou refuse d'exécuter une décision de justice devenue définitive ou celui qui fait entrave à son exécution sans se référer au juge de l'exécution. La peine d'amende est de deux cent mille (200 000) à dix millions (10 000 000) de francs CFA lorsque l'auteur de l'infraction est une personne morale. Désormais, il sera possible de déposer une plainte contre ces débiteurs malins qui s'arrangent à ne plus payer leurs dettes. Ils paieront d'abord avec leur liberté sans que cela n'éteigne la créance. Pour les fugitifs, un mandat d'arrêt est désormais possible. Aux termes de l'article 20 de la loi N°2019/021 du 24 décembre 2019 fixant certaines règles relatives à l'activité du crédit dans les secteurs bancaires et de la microfinance au Cameroun, *« (1) Est punie d'un emprisonnement de six (06) mois à cinq (05) ans et d'une amende de cent mille (100 000) à dix millions (10 000 000) de francs CFA ou de l'une de ces deux peines seulement, toute personne qui, de mauvaise foi, n'a pas remboursé le crédit qui lui a été accordé par un établissement assujetti »*[497]. La sanction prévue à l'alinéa 1 ci-dessus, peut également être prise en cas de moratoire non respecté.

478. Entre la saisie et la privation de la liberté, le créancier va faire son choix pour recouvrer ce qui lui est dû. La possibilité de contraindre par corps le condamné qui n'exécute pas les décisions de justice prononcées contre lui et la possibilité de condamner à une peine d'emprisonnement le défaut de remboursement du crédit invitent à réfléchir sur la place et le rôle que la politique bancaire du Cameroun réserve à la liberté : cette dernière est-elle devenue la maîtresse du jeu, qui détermine le débiteur au règlement de sa dette ? Une analyse plus

---

[497] Selon l'article 29 du Code pénal : *« Au sens de la présente loi, la mauvaise foi s'entend notamment comme le fait de : consentir des libéralités sur les biens composant son patrimoine, dans le but de tromper l'établissement assujetti dont il est débiteur, sur sa situation financière ; donner, livrer, transférer, grever, soustraire ou dissimuler tout ou partie de ses biens pour ne pas s'acquitter de la dette contractée à l'égard d'un établissement assujetti ».*

attentive confine à une conclusion selon laquelle la condamnation pénale est nécessairement mise au service du remboursement de la dette. Mais c'est avec la modération qui convient à un tel usage. Car le principe reste le recouvrement par la voie civile et l'infraction devrait cesser à toute étape de procédure lorsque le débiteur a payé sa dette. Les débiteurs sont plus banalement des personnes en difficulté financière qui cherchent à tirer profit des opportunités qui s'offrent, quitte à causer préjudice à leurs créanciers. Il faut donc tenir compte de cet état de fait et étendre la fraude à la conscience de causer un préjudice. Il n'est donc pas nécessaire d'établir l'intention frauduleuse, mais plus simplement la conscience du préjudice. Par ailleurs, l'insolvabilité peut encore être vaincue si le créancier respecte un certain ordre de saisie.

2. L'ordre juridique de réalisation des garanties en général

479. Tout d'abord, il n'y a pas lieu de distinguer selon que le créancier est muni de sûreté réelle spéciale ou simplement chirographaire. Le caractère privilégié ou chirographaire intervient seulement dans la distribution. Ce principe posé par l'article 28 alinéa 1er de l'AUPSR-VE, est cependant écarté dans certains cas. Ainsi selon l'article 28 alinéa 2 de l'AUPSR-VE, « *sauf s'il s'agit d'une créance hypothécaire ou privilégiée, l'exécution est poursuivie en premier lieu sur les biens meubles et en cas d'insuffisance de ceux-ci, sur les immeubles* ». Néanmoins, il peut décider d'attaquer en premier lieu les immeubles du débiteur en procédant par une inscription hypothécaire forcée.

480. Dans la pratique, par faiblesse du débiteur, certains banquiers se focalisent sur les comptes bancaires avant toute réalisation de la sûreté. Supposons un client qui a détourné le paiement d'un marché financé par son banquier. Pour la cause, ses créances sont par la suite saisies dans une autre banque. Il est difficile pour lui de faire opposition à la saisie, car nul pouvant se prévaloir de sa propre turpitude. Le banquier fera mieux de brandir la menace de le poursuivre au pénal pour détournement du paiement, de procéder par la suite à la réalisation de l'hypothèque, et de réclamer les intérêts moratoires dus au taux légal. La difficulté qu'on a dans le cas de la saisie des meubles avant l'hypothèque, c'est de savoir dans quelle procédure insérer les frais de procédure et les honoraires d'avocat qui auraient fait la saisie illégale puisque personne ne pourra dire au juge qu'il a enfreint les dispositions d'ordre public de l'AUPSR-VE.

481. Dans le même ordre d'idées, l'article 251 de l'AUPSR-VE prévoit que le créancier ne peut poursuivre la vente des immeubles qui ne lui sont pas hypothéqués que dans le cas d'insuffisance des immeubles qui lui sont hypothéqués, sauf si l'ensemble des biens constitue une seule et même exploitation et si le débiteur le requiert. Cela dit, il faut observer que même si les créanciers chirographaires peuvent procéder à une saisie, ils n'ont pas parfois intérêt à le faire. Tel est le cas lorsque le montant des créances hypothécaires ou garanties par un privilège dépasse la valeur de l'immeuble. Dans un tel cas en effet, le créancier chirographaire qui pratiquerait une saisie le ferait au seul bénéfice de ces créanciers.

482. Au créancier, on assimile bien entendu ses ayants cause universels ou à titre universel. Ceux-ci peuvent donc procéder à une saisie en cas de décès de leur auteur. Qu'en est-il des ayants cause à titre particulier ? Ils peuvent procéder à une saisie relativement à la créance qui leur est transmise (cessionnaire, endossataire) à la condition d'administrer la preuve de leur droit. Cette preuve est faite en fonction de la situation de l'intéressé : pour le cessionnaire ce sera la signification faite au débiteur cédé du titre ; pour l'endossataire ce sera la présentation de l'effet endossé. Il faut noter enfin que le représentant du créancier peut procéder à une saisie dans les mêmes conditions que le créancier représenté.

483. Traditionnellement, il est admis que si le débiteur ne peut forcer le créancier à recevoir en partie le paiement d'une dette, même divisible, il peut néanmoins obtenir des délais de grâce, entendons par là le report ou l'échelonnement du paiement des sommes dues que le juge peut accorder compte tenu de la situation du débiteur et en considération des besoins du créancier. C'est la substance même de l'article 39 de l'AUPSR-VE qui dispose notamment en son alinéa 2 : « *Toutefois, compte tenu de la situation du débiteur et en considération des besoins du créancier, la juridiction compétente peut, sauf pour les dettes d'aliments et les dettes cambiaires, reporter ou échelonner le paiement des sommes dues dans la limite d'une année. Elle peut également décider que les paiements s'imputeront d'abord sur le capital* ». Instaurée ainsi par l'AUPSR-VE, cette règle s'avère incontestablement protectrice des intérêts du débiteur.

484. Pour l'exécution forcée, le créancier doit justifier d'une créance certaine, liquide et exigible. C'est ce qui résulte de l'article 31 qui réserve cependant le cas de l'appréhension et de la revendication des meubles. En effet, pour les saisies conservatoires, l'article 54 de l'AUPSR-VE parle de créance paraissant fondée en son principe ; une telle créance n'est pas certaine ; elle a seulement une apparence de certitude.

485. Le législateur africain poursuit sa pensée dans l'article 42 de l'AUPSR-VE. Après avoir posé à l'alinéa 2 dudit article que la décision du juge de l'exécution « *est susceptible d'appel dans un délai de quinze jours à compter de son prononcé* », il ajoute à l'alinéa 3 que « *le délai d'appel, comme l'exercice de cette voie de recours n'ont pas un caractère suspensif, sauf décision contraire spécialement motivée du Président de la juridiction compétente* ». En matière immobilière, l'alinéa 2 de l'article 247 du même texte allant dans le même sens, prévoit que la vente forcée d'immeuble peut exceptionnellement « *avoir lieu en vertu d'un titre exécutoire par provision (...), mais l'adjudication ne peut être effectuée que sur un titre définitivement exécutoire et après la liquidation* ». Comme on peut le constater, le législateur veut permettre au créancier de l'obligation d'exécution, notamment le justiciable qui a eu gain de cause, de parer au plus pressé et d'éviter que le débiteur n'entrave l'exécution future de la décision, notamment en exerçant les voies de recours dans un but dilatoire. Ne s'agit-il pas toujours de l'épreuve de vérité pour le créancier titulaire de sûreté ?

486. L'AUS a ainsi pris soin de préciser, à l'article 13, que le cautionnement est un engagement par lequel la caution paie en cas de défaillance du débiteur. Au nom de ce principe selon lequel l'engagement de la caution doit se mesurer en fonction de celui du débiteur principal ou, encore, l'accessoire doit suivre le sort du principal, l'AUS dispose que la caution ne peut pas être tenue d'une façon plus onéreuse que le débiteur principal ; son engagement ne peut excéder ce qui est dû par le débiteur principal au moment des poursuites[498].

487. De plus, le créancier ne peut poursuivre la caution sans mettre préalablement en cause le débiteur principal[499]. Par ailleurs, la caution peut soulever toutes les exceptions inhérentes à la dette et qui appartiennent au débiteur principal[500]. Cependant, rien ne précise si la

---

[498]Article 7, alinéa 3 de l'AUS.
[499]Article 13, alinéa 2 de l'AUS.
[500]Article 18 de l'AUS.

défaillance résulte d'un arrêt total de paiement du débiteur principal ou seulement des difficultés pour épargner le débiteur principal du paiement de sa dette. Il est important de souligner que la caution peut avoir fait l'objet d'autant de relances que le débiteur principal. De façon générale, on peut étendre la notion de caution à celle de tout garant ou aval voire l'assureur en cas de réalisation du sinistre.

488. La réalisation des sûretés réelles a été considérablement améliorée en droit positif. Les modes de réalisation du gage et de l'hypothèque ont connu une évolution synchrone qu'il s'agisse de la prohibition commune de la voie parée ou de la libération de l'attribution judiciaire ou conventionnelle. Certes, la clause dite de voie parée reste prohibée en matière de gage comme d'hypothèque en droit OHADA : il s'agit de la clause qui prétendrait autoriser le créancier à vendre le bien à l'amiable, sans observer les formalités légales, et avec le risque que celui-ci se contente d'un prix juste suffisant pour le désintéresser, au mépris du constituant et de ses autres créanciers. Partant, le créancier qui poursuit la réalisation du bien hypothéqué devra se conformer aux règles de la saisie immobilière.

489. La faculté d'attribution judiciaire du bien grevé en paiement, classique en matière mobilière, gagne une matière immobilière qui s'y était toujours refusée par le passé : dorénavant, tout créancier hypothécaire impayé peut demander en justice que la propriété de l'immeuble lui demeure en paiement, que la source de sa sûreté soit conventionnelle ou non. Il peut donc être convenu, lors de la constitution du gage, de l'hypothèque ou postérieurement qu'à défaut d'exécution de l'obligation garantie, le créancier deviendra propriétaire du bien par un pacte commissoire qui devra être publié.

490. Et c'est l'illustration de ce que l'immeuble devient, à certains égards, un actif patrimonial comme les autres qui ne devrait plus être justiciable d'un traitement particulier. En tout cas, en suivant la procédure classique de saisie immobilière, il est toujours possible que l'immeuble soit adjugé au profit du créancier à la somme de la mise à prix au cas où il n'y a aucun acheteur. On comprend que le but de tout recouvrement n'est pas la réalisation de la sûreté, mais l'exercice d'une pression sur le débiteur pour qu'il paie. Pour de fortes sommes garanties par des hypothèques de grande valeur, l'immeuble est adjugé au créancier et la revente est toujours difficile. Les fortes sommes sont immobilisées alors que l'entreprise a besoin de liquidités pour fonctionner. Serait-elle devenue une agence immobilière ?

491. Aussi, la saisie des biens meubles n'est pas toujours facile vu les nombreux cas de détournement enregistrés ; plus encore lorsque la saisie s'est poursuivie jusqu'à la vente, les enchères ne sont pas évidentes, car selon la majorité des personnes, acheter un bien saisi, c'est porter la poisse alors que pour certains c'est l'occasion de se faire de bonnes affaires. Enfin, un mouvement similaire de simplification a traversé le nantissement de créance : le créancier nanti peut se faire payer directement par le débiteur de la créance nantie ou conclure avec le constituant un pacte commissoire lui attribuant la propriété de la créance en cas de non-paiement. À la faveur de ces innovations, la réalisation pourra se faire de façon plus expéditive et épargner un temps précieux de nature - qui sait ? - à diminuer le coût du crédit fait au constituant : *time is money*.

492. Les modes de réalisation de la fiducie-sûreté sont également d'une grande efficience : ils font également la part belle aux stipulations contractuelles. Le législateur distingue avec finesse suivant que le fiduciaire est ou non le créancier garanti. Dans le premier cas, le fiduciaire « *acquiert la libre disposition du bien* » mobilier ou immobilier cédé à titre de garantie : la propriété fiduciaire se convertira alors en une propriété ordinaire, suivant une automaticité qu'il reviendra aux parties d'arrêter. La mention d'une possible stipulation contraire du contrat de fiducie suggère que la convention pourrait aussi bien prévoir la vente du bien en cas de défaillance du débiteur. Dans le second cas, le créancier exigera du fiduciaire la remise du bien afin de pouvoir en disposer librement. Et à la condition expresse que la convention le prévoie, le fiduciaire pourrait être tenu plutôt de vendre le bien contre remise de tout ou partie du prix au créancier. Le législateur a donc su conserver à la fiducie-sûreté une remarquable souplesse de réalisation, encore supérieure à celle des sûretés traditionnelles. Ces modes de réalisation sont plus souples, voire expéditifs : mais ils n'en sont pas moins légitimés par de précieux garde-fous qui s'inscrivent dans la tradition d'équilibre du droit.

- Premier garde-fou : l'exclusion de la résidence principale du constituant du jeu de l'attribution, même judiciaire : sa réalisation devra nécessairement s'inscrire dans une procédure de saisie immobilière, le législateur ayant refusé de « *bousculer* » le constituant ; et dans le même ordre d'idées, on songe à l'impossibilité de recourir au pacte commissoire pour les gages garantissant des crédits à la consommation. Il n'en ira différemment qu'en matière de fiducie-sûreté : le constituant ayant perdu par hypothèse *ab initio* la propriété, nulle prohibition de la clause de voie parée ne saurait se concevoir et nulle saisie immobilière s'imposer ;

- Deuxième garde-fou : l'estimation impérative par expert, suivant le cas, du meuble - en l'absence de cotation officielle sur un marché organisé - ou de l'immeuble attribué judiciairement ou conventionnellement ou dont le bénéficiaire d'une fiducie-sûreté retrouve le droit de libre disposition ;

- ultime garde-fou, l'obligation faite au créancier attributaire de la propriété de reverser une soulte au débiteur, représentant l'excédent de la valeur du bien attribué sur celle de la créance garantie, soulte qui devrait être consignée par le créancier attributaire en présence d'autres créanciers titulaires de sûretés : une sûreté ne saurait en effet spolier son constituant ni être une source de profit pour le créancier, d'où l'application de ce principe général de restitution au réservataire de propriété impayé ainsi qu'au bénéficiaire d'une fiducie-sûreté. La prohibition du pacte commissoire s'expliquait d'ailleurs largement par le refus, non de l'attribution elle-même, mais de l'appropriation par le créancier d'un bien d'une valeur supérieure au solde de sa créance ; or, précisément, ce fondement de la prohibition fait défaut aujourd'hui.

493. Ces considérations d'équité élémentaire préviennent, au stade de la réalisation cette fois, tout gaspillage des richesses au mépris du constituant, mais aussi de ses autres créanciers. Considérations sociales et économiques de lutte contre le gaspillage du crédit se rejoignent ici : la sûreté qui spolie ne saurait être ni juste, ni efficiente. Il faut par ailleurs noter que l'exécution forcée n'est engagée que parce que le débiteur n'a pas réglé sa dette à l'amiable. À cet effet, il ne reste au banquier détenteur d'un titre exécutoire qu'à procéder aux voies d'exécution telles qu'aménagées par le droit OHADA.

CHAPITRE 2

LES VOIES D'EXÉCUTION TELLES QU'AMÉNAGÉES PAR LE DROIT OHADA

494. Qualifiées tantôt de *« mesures d'exécution »*, tantôt de *« procédures forcées de recouvrement ou d'exécution »* ou de *« procédures civiles d'exécution »*[501], les voies d'exécution se résument en un ensemble de mesures et de techniques juridiques mises à la disposition de tout créancier pour mettre sous-main de justice les biens appartenant à son débiteur dans le but d'être rétabli dans ses droits[502]. Dit autrement, ce sont des procédures légales par lesquelles le créancier impayé peut saisir les biens de son débiteur, et dans certains cas les vendre afin de se payer sur le prix de vente ou se les faire attribuer.

495. Le législateur OHADA a entendu attribuer la connaissance des litiges élevés dans le cadre ou à l'occasion de l'exécution forcée ou de la saisie conservatoire au Président de la juridiction compétente statuant en matière d'urgence tel qu'il émane de la détermination matérielle de l'article 49 alinéa 1er de l'AUPSR-VE. En dépit de l'insertion de la formulation très généreuse au Titre I consacré aux conditions générales communes à toute saisie [503], l'article 49 institue un juge exclusivement [504] compétent en matière de saisies mobilières. À l'intérieur de cet Acte uniforme, le législateur lui-même a procédé à une forme de ventilation de compétence. C'est ainsi qu'aux côtés du *« Président de la juridiction compétente »*, en matière de saisie immobilière, l'article 248 alinéa 1er du même Acte uniforme décide que *« La juridiction devant laquelle la vente est poursuivie est celle ayant*

[501]KUATE TAMEGHE (S.S.), *La protection du débiteur dans les procédures civiles d'exécution*, L'Harmattan, 2004, n°6, p. 19 ; n°56, p. 66.

[502] Les voies d'exécution seraient le versant procédural de la réalisation de toute garantie réelle. L'AUPSR-VE a pris le soin de distinguer entre les voies d'exécution et les procédures simplifiées de recouvrement des créances qui seraient une sorte de pression sur la personne même du débiteur en vue de l'emmener à s'exécuter sous la menace de l'obtention d'un titre exécutoire.

[503] cf. articles 28 à 53 de l'AUPSR-VE.

[504]Cette exclusivité n'exclut pas un partage de compétence entre ce juge et tout autre juge.

plénitude de juridiction dans le ressort territorial où se trouvent les immeubles ». La juridiction présidentielle a des attributions à la fois non contentieuses et contentieuses.

496. En matière non contentieuse, il pourra être requis dans certains cas pour l'autorisation de pratiquer une saisie aux jours et heures prohibés. Il y a lieu de préciser que l'article 46 de l'AUPSR-VE prescrit qu'« *aucune mesure d'exécution ne peut être effectuée un dimanche ou un jour férié si ce n'est en cas de nécessité et en vertu d'une autorisation spéciale du Président de la juridiction dans le ressort de laquelle se poursuit l'exécution* ». La même disposition édicte en son alinéa 2 : « *Aucune mesure d'exécution ne peut être commencée avant huit heures ou après dix-huit heures, sauf en cas de nécessité avec l'autorisation de la juridiction compétente et seulement dans les lieux ne servant pas à l'habitation* ».

497. En matière contentieuse, en s'affranchissant du tribunal, il est appelé à statuer sur les incidents touchant au fond du droit. Aux termes de la disposition citée, le Président connaît de « *tout litige ou toute demande relative à une mesure d'exécution forcée ou à une saisie conservatoire.* » Et cette formulation tranche avec celle empruntée par les législations nationales pour asseoir la compétence du juge des référés par l'amputation de l'épithète « provisoire ». Du coup, le juge de l'article 49 alinéa 1er de l'AUPSR-VE statue aussi à titre définitif. Comme l'a relevé la CCJA, l'article 49 de l'AUPSR-VE a un « large champ d'application »[505] qui inclut les litiges touchant au fond du droit[506].

498. L'AUPSR-VE comporte toute une série de dispositions consacrées aux procédés d'exécution forcée ; il s'agit des articles 28 et suivants fixant les règles applicables aux différents procédés d'exécution que sont les saisies[507]. Nous consacrerons ainsi une

---

[505] CCJA, Arrêt n° 008/2002 du 21 mars 2002 in, ETOUNDI (F. O.), « La problématique de l'unification de la jurisprudence par la Cour commune de justice et d'arbitrage», éd. Droit au service du développement, 2008, ville non précisée, pp. 135-143.

[506] Pour plus d'approfondissement sur les compétences juridictionnelles en matière de l'exécution forcée, lire TECHIOTSOP (C.), *Le système juridictionnel de l'OHADA, Étude à la lumière de la justice interne et européenne; thèse de doctorat PhD, op cit.* pp 67-82.

[507] Il serait trop prétentieux d'embrasser ici tout le droit de l'exécution forcée contenu dans l'AUPSR-VE. De nombreux ouvrages font plus ou moins le tour de la matière. Voir à cet effet ANOUKAHA (F.) et TJOUEN (A. D.), *Les procédures simplifiées de*

première étude aux règles générales applicables aux voies d'exécution (section 1). Par la suite, l'aspect pratique des problèmes que pose la saisie des comptes bancaires dans l'espace OHADA[508] nous emmènera à en consacrer spécifiquement une deuxième étude (section 2).

Section 1. Les règles générales applicables aux voies d'exécution

499. De la personne du débiteur sur laquelle elle portait à l'origine, l'exécution forcée ne porte plus aujourd'hui que sur les biens[509]. En principe, quiconque s'oblige oblige ses biens. Selon les articles 2092 et 2093 du Code civil camerounais, le patrimoine entier du débiteur est le gage commun de ses créanciers. À partir de là, il devrait pouvoir faire l'objet de différentes saisies au cas où il ne s'exécute pas[510]. À cette fin, l'AUPSR-VE organise toute une panoplie de saisies simples, rapides, d'une efficacité redoutable, adaptées à la nouvelle composition du patrimoine du débiteur (I). Mais ces voies de saisies trouvent leurs limites face aux dettes des personnes publiques (II).

I. La matérialisation des voies d'exécution par les saisies

500. Les saisies, si elles ne constituent pas les seuls moyens de contrainte sont à n'en point douter les plus usitées. Il existe d'autres modalités de l'exécution forcée portant tant sur les biens du débiteur que sur sa personne, notamment la condamnation du débiteur à des dommages et intérêts, l'astreinte et la contrainte par corps. Cette

---

recouvrement et les voies d'exécution en OHADA, PUA, 1999, 26 ; CUNIBERTI (G.), NORMAND (C.) et CORNETTE (F.), *Droit international de l'exécution. Recouvrement des créances civiles et commerciales*, LGDJ, coll. droit des affaires, 2011, DELLECI (J.-M.), *La réforme des procédures civiles d'exécution. Son application aux opérations de banque*, Édition Banque, 2e éd., DONNIER (M.), *Voies d'exécution et procédures de distribution*, éd. Litec, 1996.

[508] Elle occupe la première place des contentieux tant devant les juridictions nationales que devant la CCJA. Voir ONANA ETOUNDI (F.), Rapport de la journée du 19 juillet 2006 sur le thème, la pratique de la saisie attribution des créances en droit OHADA. Formation spécialisée des avocats, notaires, huissiers de justice et autres juristes à l'ERSUMA, Acte du séminaire du 17 au 21 juillet 2006 ; p 107.

[509] L'exécution sur la personne, encore appelée contrainte par corps ou « *prison pour dettes* », a été supprimée par une loi française du 22 juillet 1867 et est définitivement sortie du cadre de la procédure civile et commerciale. Toutefois, elle subsiste en matière pénale.

[510] Certains biens, pour des raisons d'humanité, de dignité, de décence et même d'intérêt général, sont pourtant exclus de la saisie et déclarés insaisissables.

dernière a été supprimée en matière civile et commerciale. Les saisies sont plus ou moins formalistes selon la nature des biens du débiteur. On retiendra en droit des affaires les saisies mobilières (A) et la saisie immobilière (B).

A. Les différentes saisies mobilières

501. Les saisies mobilières sont des mesures d'exécution portant sur des meubles corporels et incorporels du débiteur. Si le créancier veut placer les biens saisis sous-main de justice pour empêcher que le débiteur ne les aliène, il recourt à la saisie conservatoire. Si par contre, il vise l'entrée en possession immédiate de son droit, il recourt à l'une des saisies aux fins d'exécution. Au regard de la pratique bancaire récurrente, il est important de se pencher sur l'examen des saisies conservatoires (1) et les saisies à fin d'exécution (2).

1. Les saisies conservatoires

502. La saisie conservatoire est avant tout une mesure pouvant être prise par le créancier à défaut d'exécution volontaire de son débiteur. C'est aussi un moyen de précaution contre l'insolvabilité éventuelle du débiteur et de pression pour amener ce dernier à s'exécuter volontairement. On peut lire dans les termes de l'article 54 susmentionné que « *toute personne dont la créance paraît fondée en son principe peut, par requête, solliciter de la juridiction compétente du domicile ou du lieu où demeure le débiteur, l'autorisation de pratiquer une mesure conservatoire sur tous les biens mobiliers corporels ou incorporels de son débiteur, sans commandement préalable, si elle justifie de circonstance de nature à en menacer le recouvrement* ». Autrement dit, la saisie conservatoire n'est que mobilière. Le blocage des biens meubles suppose leur soustraction à l'entière disposition et au pouvoir de leur propriétaire. Pour cela, il faut et il suffit que les meubles corporels ou incorporels soient la propriété du débiteur, qu'ils soient entre ses mains ou détenus par un tiers.

503. Lorsque les biens se trouvent entre les mains du débiteur lui-même, le créancier qui ne dispose pas d'un titre exécutoire ou d'un titre dispensé de l'autorisation judiciaire est tenu de s'adresser au préalable au juge pour pratiquer cette forme de saisie[511]. Pour ce qui est de la saisie elle-même, il n'est pas nécessaire que la créance, cause de la saisie, figure automatiquement sur un titre exécutoire. La saisie est

[511]Article 54 de l'AUPSR-VE.

justifiée dès lors que la créance est fondée en son principe. La saisie est pratiquée après accomplissement des formalités légales requises tels que l'itératif commandement, l'indication des biens disponibles avec communication des procès-verbaux, l'inventaire des biens saisis et l'information faite au débiteur sur l'indisponibilité des biens saisis. Il est remis au débiteur saisi une copie conforme à l'original du procès-verbal de saisie et il y est fait mention de l'alinéa 10 de l'article 64 relatif aux sanctions pénales en cas de détournement d'objets saisis. Ceci constitue une infraction pénale aux termes de l'article 190 du Code pénal[512]. C'est une mesure louable, car elle aura pour effet de dissuader les éventuels débiteurs candidats au détournement desdits biens[513].

504. Pour ce qui est de la saisie faite entre les mains d'un tiers, le tiers détenteur des biens du débiteur doit déclarer à l'huissier ou l'agent d'exécution exerçant au nom et pour le compte du créancier, les biens indisponibles. Selon l'article 107 alinéa 2 de l'AUPSR-VE, « *en cas de refus de déclarer ou de déclaration inexacte ou mensongère, le tiers peut être condamné au paiement des causes de la saisie* ». Il peut aussi être condamné au versement des dommages-intérêts au créancier[514]. Toutefois, le tiers qui a payé dispose d'un recours envers le débiteur. Toute déclaration faite par le tiers doit être consignée dans un acte dressé par l'huissier qui, étant mandataire du créancier et exécuteur de la décision de justice, est tenu de rendre compte de sa mission au créancier.

505. Au cas où le débiteur possède des biens qui lui appartiennent, et qu'ils ne sont pas frappés d'indisponibilité, l'huissier dresse un procès-verbal de saisie et lui donne un exemplaire conforme à l'original et dénonce une copie de ce procès-verbal au débiteur dans un délai de huit jours. Le tiers est informé des sanctions qu'il encourt en cas de violation de l'indisponibilité des biens saisis. Toutefois, le débiteur qui concède une autre saisie sur les biens rendus indisponibles ne rend pas nulle cette dernière, mais simplement, celle-ci n'est pas opposable au

---

[512] Article 190 du Code pénal : Détournement des biens saisis. Est puni d'un emprisonnement de un à cinq ans et d'une amende de 50 000 à 1 000 000 de francs celui qui détourne, détruit ou détériore des biens saisis ou placés sous séquestre.

[513] Voir. ASSI-ESSO (A. M. H.) et DIOUF (N.), *op. cit.* p. 87, n° 162.

[514] Les dommages-intérêts peuvent lui être imputés au cas où son abstention a causé un préjudice au créancier ou si, son action vise à couvrir le débiteur en l'aidant à se soustraire à l'exécution de son engagement.

créancier qui reste prioritaire sur les biens saisis. Les deux créanciers, lorsque les formalités d'opposition sont remplies, entrent en concours.

506. Concernant les saisies conservatoires des biens meubles incorporels, il est question principalement des créances et des droits d'associés et valeurs mobilières. Pour ce faire, il faut nécessairement que la créance se trouve entre les mains d'un tiers débiteur du débiteur. Il peut s'agir des sommes du débiteur déposées dans un compte en banque[515], le tiers saisi étant ici le banquier. Il n'y a pas désignation de gardien puisque les fonds sont bloqués entre les mains du tiers et restent sous son entière responsabilité[516]. Le créancier doit donc saisir les fonds entre les mains du banquier pour assurer le paiement de sa créance[517]. Toutefois, et c'est une particularité de l'OHADA, la saisie conservatoire est limitée uniquement au montant pouvant couvrir des sommes pour lesquelles elle a été pratiquée ainsi que tous ses accessoires. Le créancier ne peut dans ce cas, saisir tout le contenu du compte de son débiteur. Il doit tout simplement bloquer le montant nécessaire pour couvrir sa créance et les charges qui grèvent l'opération engagée en intérêts et frais.

507. En ce qui concerne les droits d'associés et valeurs mobilières[518], il faut rappeler qu'il s'agit principalement des « *grosses fortunes* » dans des sociétés. L'acte de saisie doit être effectué « *soit auprès de la société émettrice ou de la personne morale, soit auprès du mandataire chargé de conserver ou de gérer ces titres* »[519]. La saisie rend indisponible les valeurs et droits saisis. Si le débiteur consigne une somme d'argent suffisante pour désintéresser le créancier, il peut obtenir la main levée de la saisie. Faute de le faire et, passé un délai de huit jours qui sont impartis pour demander la main levée de cette saisie, le créancier muni d'un titre exécutoire constatant l'existence de sa

---

[515]Arrêt CCJA n° 004/2002 du 10 janvier 2002, Banque of Africa Côte d'Ivoire dite BOA contre Banque de l'Habitat de Côte d'Ivoire dite BHCI.

[516]Voir ANOUKAHA (F.) et TJOUEN (A. D.), *Les procédures simplifiées de recouvrement et les voies d'exécution en OHADA*, PUA, 1999, p. 31, n° 74.

[517] Nous ne faisons ici allusion qu'à la saisie conservatoire des créances. Sur les règles de la saisie-attribution, voir *infra* n° 559 à 659.

[518]Les droits d'associés sont des titres sociaux émis par la société en contrepartie de leurs apports faits à la société. Il peut s'agir des actions ou des parts sociales selon le type de société. Les valeurs mobilières sont des actions ou obligations émises par les seules sociétés anonymes qui revêtent la forme soit des titres au porteur soit des titres nominatifs (article 744 et 745 de l'AUDC-GIE).

[519]Voir ANOUKAHA (F.) et TJOUEN (A. D.), *op. cit.*, p. 33, n° 77.

créance, convertit la saisie conservatoire qui n'était qu'une mesure provisoire destinée à susciter au débiteur l'exécution volontaire de ses engagements. De la sorte, si le débiteur saisi n'éprouve aucune gêne par l'indisponibilité qui frappe ses biens pour s'exécuter, le créancier va donc mettre fin à cette situation provisoire, qui donnera lieu le cas échéant à la saisie-vente par conversion.

508. Le créancier muni d'un titre exécutoire signifie à son débiteur ou au tiers détenteur un acte de conversion de saisie en saisie vente. Cet acte de conversion doit à peine de nullité contenir les mentions prévues à l'article 69 de l'AUPSR-VE. Pour le faire, l'huissier ou l'agent d'exécution agissant pour le compte du créancier doit réitérer l'itératif commandement. Après un délai de huit jours sans réaction de la part du débiteur[520], l'exécuteur de la saisie procède à la vérification des biens saisis avant la vente. Un délai d'un mois est accordé au débiteur pour procéder à la vente amiable. Pour ce qui est de la conversion de la saisie conservatoire des créances, l'acte de conversion doit, à peine de nullité, contenir les mentions de l'article 82 de l'AUPSR-VE[521]. La copie de l'acte est signifiée au débiteur qui dispose d'un délai de quinze jours pour contester l'acte de conversion. À l'expiration de ce délai, les créances saisies sont attribuées au créancier[522].

509. Pour la conversion de la saisie des droits d'associés et valeurs mobilières, l'acte doit d'abord être signifié au débiteur, et, par la suite, au tiers saisi. Si au terme d'un mois après la signification de l'acte, le débiteur ne procède pas à la vente amiable, les droits d'associés et valeurs mobilières sont mis en vente pour permettre au créancier de se faire payer sur le prix de leur vente. Le constat marquant que l'on peut faire réside dans le fait que l'issue de la saisie des droits d'associés et valeurs mobilières est pratiquement la même que celle des biens mobiliers corporels, alors que l'on se serait attendu à ce que son régime suive celui des créances. Ainsi, au lieu de les attribuer au créancier, le législateur a choisi de les faire vendre et le créancier ne se paie que sur le prix. Sans doute est-ce pour éviter que les créanciers n'acquièrent des

---

[520] Que la saisie soit faite entre ses mains ou celles d'un tiers détenteur du bien.

[521] Arrêt n° 306/RG/2003-2004 du 22 mars 2004 : Affaire SCB CL contre Sté COMSIP SARL, dans laquelle le juge d'appel a annulé la décision du juge d'instance dans laquelle le procès-verbal de saisie ne contenait pas les mentions relatives aux sommes réclamées en principal, intérêt et frais comme l'exige le texte. Il a donc ordonné de ce fait la mainlevée de ladite saisie.

[522] Article 82 alinéa 2 de l'AUPSR-VE.

titres sociaux et deviennent des clients ou fournisseurs de la vie de la société sans passer par la voie normale de l'acquisition des titres sociaux telle que prévue par les textes en vigueur[523]. C'est à notre sens une position louable qu'a adoptée l'AUPSR-VE prévoyant la vente desdits biens.

2. Les procédures à fin d'exécution

510. Le souci majeur du créancier est d'être payé. C'est tout à fait à dessein qu'il procède à la vente des biens de son débiteur à défaut de la vente volontaire de ce dernier. Les saisies à fin d'exécution concernent la saisie-vente[524], la saisie des récoltes sur pied[525], la saisie-attribution des créances[526], la saisie et cession des rémunérations[527], la saisie-appréhension et saisie-revendication des biens meubles corporels[528], la saisie des droits d'associés et des valeurs mobilières[529]. Nous nous limiterons ici aux dispositions générales de la saisie vente : notre dessein n'étant pas de faire une étude exhaustive sur les voies d'exécution, mais de montrer en quoi elles contribuent à la formation d'un ordre procédural, celui de l'OHADA. Il faut tout d'abord noter, qu'aux termes de l'article 56 de l'AUS, le créancier gagiste muni d'un titre exécutoire peut se faire attribuer par la juridiction compétente, l'objet du gage jusqu'à concurrence due et d'après estimation suivant les cours ou à dire d'expert.

511. La procédure de saisie peut se dérouler avec ou sans incident. En cas d'incident de saisie provoqué par le débiteur[530], l'AUPSR-VE prévoit que la contestation ne fait pas obstacle à la saisie vente, mais la suspend tout simplement pour les biens qui en sont l'objet. Lorsque l'incident provient d'un tiers qui prétend avoir des droits sur ce bien (propriété, usufruit ou sûreté, *etc.*), ce dernier doit saisir la juridiction compétente pour une action en distraction dudit bien. Mais lorsque l'action est intentée après la vente du bien querellé, l'action en

---

523 Les titres sociaux peuvent être acquis par le mécanisme de la souscription d'une partie du capital social d'une société et la réalisation de cet apport ou par celui de l'appel public à l'épargne dans le strict respect des règles prescrites par l'AUSC-GIE.

524 Articles 91 à 146 de l'AUPSR-VE.

525 Articles 147 à 152 de l'AUPSR-VE.

526 Articles 153 à 172 de l'AUPSR-VE.

527 Articles 173 à 217 de l'AUPSR-VE.

528 Articles 218 à 235 de l'AUPSR-VE.

529 Articles 236 à 245 de l'AUPSR-VE.

530 L'incident peut être relatif soit à la saisissabilité, soit à la propriété du bien. Article 139 de l'AUPSR-VE.

distraction devient irrecevable. Seule subsiste « *l'action en revendication* » du bien[531]. Et lorsque l'incident est provoqué par les créanciers au cas où par exemple l'un d'eux a engagé une procédure de saisie vente, les autres ont intérêt à se joindre à lui pour le partage du prix de vente, car souligne l'article 91 alinéa 2, « *tout créancier remplissant les mêmes conditions peut se joindre aux opérations de saisie par voie d'opposition* ». Dans cette situation, le créancier qui n'a pas par lui-même initié la procédure de la vente doit dans son intérêt, s'allier au créancier premier saisissant pour se faire également payer dans le prix de vente.

512. Dans le même ordre d'idées, il n'aura pas à écarter les créanciers désireux de se joindre à l'action qu'il a lui-même entamée. Tout compte fait, en l'absence de tout incident de saisie, l'Acte uniforme introduit la saisie-vente par un commandement de payer adressé au débiteur. Il importe que la saisie soit effectuée indépendamment de savoir si les biens se trouvent entre les mains du débiteur ou d'un tiers détenteur. Dans tous les cas, l'innovation de l'Acte uniforme consiste à offrir au débiteur la faculté de choix entre deux modalités de vente de ses biens : la vente amiable et la vente forcée. Le créancier doit, avant la vente aux enchères publiques, laisser au débiteur le temps nécessaire[532] lui permettant de procéder à la vente amiable de ses biens. L'intérêt d'une telle vente résulte de l'absence de publicité. Ce qui permet au débiteur en toute discrétion de procéder à la vente de ses biens saisis pour éviter de divulguer ses difficultés financières qui peuvent n'être que passagères.

513. En dehors de la discrétion, la vente amiable permet de réaliser un meilleur prix du bien saisi[533], dans la mesure où seul le débiteur connaît la valeur de ses biens et peut facilement en négocier le prix d'acquisition et si possible procéder à la vente à réméré[534]. Le débiteur gagnerait beaucoup à recourir à cette forme de vente volontaire qui lui éviterait de payer en plus de sa dette les frais de procédure légale

[531]Article 142 alinéa 1.

[532]Au sens de l'article 116 de l'AUPSR-VE., ce délai est d'un mois.

[533]ASSI ESSO (A. M.) et DIOUF (N.), *op. cit.*, p. 130, n° 269.

[534]La vente à réméré est définie par l'article 1659 du Code civil camerounais comme le pacte par lequel le vendeur se réserve la faculté de reprendre la chose vendue, moyennant la restitution du prix principal et le remboursement des frais. Mais il peut arriver que le vendeur opère un transfert au bénéfice de l'acheteur de la propriété de son bien, aux seules fins de garantie.

occasionnés par la vente aux enchères, engagée par le créancier poursuivant. Toutefois, la vente amiable est subordonnée à trois conditions préalables[535] :

- avoir préalablement été portée par l'huissier à la connaissance du créancier saisissant et des autres créanciers opposants qui ont un délai de quinze jours pour prendre parti de l'accepter, de refuser ou de se porter acquéreurs, le défaut de réponse équivaut à l'acceptation de la vente amiable ;

- avoir lieu dans un délai d'un mois à compter de la date de la notification du procès-verbal de saisie, délai augmenté de quinze jours impartis aux créanciers pour donner leur réponse ;

- ne conférer le transfert de la propriété et de la délivrance des biens aux acquéreurs qu'après consignation du prix entre les mains de l'huissier ou de l'agent d'exécution ou au greffe de la juridiction compétente, au choix non du débiteur, mais du créancier saisissant dans un délai offert par l'acquéreur.

514. Le débiteur doit dans son intérêt personnel, satisfaire à ces conditions pour être à l'abri de toute surprise. Il doit aussi informer le créancier de l'évolution et des modalités de vente, ainsi que d'éventuelles propositions de prix qu'il obtient[536]. Le créancier a, face à cette situation, trois options : accepter la vente, la refuser ou bien se porter lui-même acquéreur du bien en question. C'est le refus du débiteur de vendre à l'amiable, l'échec de la vente amiable ou une vente amiable non suivie de consignation du prix dans le délai convenu qui entraînent automatiquement la vente forcée aux enchères publiques.

515. La vente forcée ne peut porter que sur des biens mobiliers corporels. Ces derniers recouvrent tous les biens meubles meublants, voitures, biens consomptibles à l'exception de ceux déclarés insaisissables par la loi. Pour la saisie en vue de la vente, l'huissier ou l'agent d'exécution mandaté par le créancier, est tenu de servir au débiteur un commandement de payer. Faute d'exécution, il se rend sur les lieux aux délais prévus par les textes en vigueur où il sert une fois de plus un itératif commandement. Face à l'impuissance du débiteur de s'exécuter, il dresse un procès-verbal des objets saisis au cas où il y aurait des biens saisissables. Le créancier ne peut demander le

---

[535] Articles 116-118 de l'AUPSR-VE.

[536]Article 117 de l'AUPSR-VE.

déplacement de ces biens que si une cause légitime rend cela nécessaire. Par la suite, la vente forcée suppose l'accomplissement de certains préalables qui consistent en deux opérations fondamentales : la publicité de la vente et le récolement.

516. En ce qui concerne la publicité, à l'expiration du délai d'un mois et demi, et quinze jours au moins avant la date fixée pour la vente, le créancier doit procéder à la publicité de la vente. En même temps et dix jours au moins avant la date fixée pour la vente, l'huissier de justice doit aviser le débiteur des jours, lieux et heures fixés pour la vente par lettre recommandée avec demande d'avis de réception ou par tout moyen laissant trace écrite. L'huissier qui a accompli toutes ces formalités de publicité doit dresser un procès-verbal de constat ou un certificat d'apposition de placards. Au sujet du lieu de la vente, il importe de préciser que la vente peut avoir lieu soit là où se trouvent les biens, soit dans une salle ou un marché public dont la situation géographique est la plus appropriée pour solliciter la concurrence à moindres frais[537]. Dans tous les cas, l'huissier ou l'agent d'exécution est tenu de choisir le lieu qui est susceptible d'offrir d'après lui, le meilleur prix à la vente.

517. Quelle peut être l'issue de la procédure en l'absence de l'accomplissement de ces formalités ? Malheureusement, l'AUPSR-VE est resté muet sur la question. À notre sens, l'absence de publicité ne rend pas nulle la saisie-vente, mais elle peut permettre tout simplement au débiteur d'engager la responsabilité de l'huissier ou de l'agent d'exécution négligent[538]. Le récolement quant à lui consiste simplement au décompte des biens saisis et à leur vérification pour déterminer si aucun d'eux n'a été détourné ou détruit. L'article 124 de l'AUPSR-VE prescrit ainsi à l'agent chargé de la vente de certifier la consistance et la nature des biens saisis avant la vente et dresser un procès-verbal sur lequel sont marqués les objets manquants ou dégradés[539]. Le récolement doit être fait avant l'ouverture de la vente. Dès lors que le créancier procède à cette vérification, peut s'ouvrir la vente proprement dite.

---

[537]Article 120 de l'AUPSR-VE.

[538]Il s'agira en quelque sorte d'engager la responsabilité du créancier étant donné que l'huissier agit au nom et pour le compte du banquier qui est son mandant. Il reviendra au banquier d'apporter la preuve que l'huissier n'a pas agi dans le cadre de ses fonctions. Ce sera dans tous les cas une responsabilité délictuelle.

[539]Article 124 de l'AUPSR-VE.

518. La vente est effectuée aux enchères publiques par l'huissier de justice en sa qualité de commissaire-priseur. L'adjudication est faite au plus offrant après trois criées et le prix est payé comptant, faute de quoi le bien est vendu à la folle enchère[540] de l'adjudicataire. La vente doit être arrêtée dès lors que le prix des biens vendus assure le paiement du montant des causes de la saisie et des oppositions, en principal, intérêts et frais. Il est nécessaire que le prix soit suffisant pour désintéresser le créancier dans sa créance et tous ses accessoires. Dans ce cas, les biens non vendus sont restitués au débiteur.

519. La facilité par laquelle le législateur OHADA a organisé la réalisation des biens mobiliers corporels et incorporels milite largement en faveur d'un créancier qui n'a pour unique souci que de rentrer dans ses fonds. Cependant, il n'en est pas de même de la réalisation des immeubles qui semble plus complexe.

B. La saisie immobilière

520. La saisie immobilière est un acte grave pour le patrimoine d'un individu. À ce sujet, l'article 246 de l'AUPSR-VE prévoit que le créancier ne peut faire vendre les immeubles appartenant à son débiteur qu'en respectant les formalités prescrites. Cet article précise en outre que toute convention contraire est réputée non écrite. Ainsi, l'AUPSR-VE condamne la clause de voie parée qui est un acte par lequel le débiteur consent à l'avance, au créancier, le droit de vendre l'immeuble à son profit en le dispensant de respecter la procédure légale de vente aux enchères publiques à la barre du tribunal.

521. Entré en vigueur le 15 mai 2011, l'AUS a réformé l'exécution de l'hypothèque en consacrant l'attribution judiciaire ou conventionnelle du bien hypothéqué. Ces nouvelles voies de réalisation de l'hypothèque sont offertes au choix du créancier hypothécaire en même temps que la saisie immobilière. La procédure normale de saisie immobilière (1) et les procédés d'attribution de l'immeuble hypothéqué (2) nécessitent d'être étudiés.

---

[540] La folle enchère signifie que si en remettant le bien aux enchères, aucun enchérisseur ne propose un prix au moins égal à celui proposé par l'éventuel adjudicataire, il est condamné à payer d'avance l'éventuelle différence. Article 125 de l'AUPSR-VE.

1. La saisie immobilière classique

522. La saisie immobilière consiste à mettre l'immeuble en question sous-main de justice en vue de la préparation de la vente. Le créancier qui ne dispose pas d'un titre exécutoire ne peut envisager aucune saisie immobilière. Toutefois, la poursuite peut être engagée en vertu d'un titre exécutoire par provision, ou pour une créance en espèce non liquidée ; mais l'adjudication ne peut être effectuée que sur un titre définitivement exécutoire et après liquidation[541]. De la sorte, l'existence d'un titre exécutoire suppose l'existence de la créance. Quant à la liquidité, pour que l'adjudication ait lieu, la créance doit être liquidée. Cette disposition évite alors la braderie des immeubles du débiteur au cas où il y aurait multitude de saisies alors que la créance s'avère dérisoire quant à son montant. Au cas où l'immeuble en question n'est pas immatriculé, le créancier est tenu de requérir cette immatriculation à la conservation foncière après avoir reçu une autorisation de justice[542]. Cette décision n'est susceptible d'aucun recours[543].

523. Lorsque plusieurs créanciers poursuivent le même débiteur, il y a, le plus souvent jonction des poursuites pour simplifier la procédure et réduire les frais. Cette procédure de jonction varie selon que la saisie porte sur le même bien, ou sur les biens non saisis par la première saisie, ou est pratiquée sur des immeubles différents. Lorsque la saisie porte sur les mêmes biens immeubles, le second créancier ne peut diligenter une procédure indépendante de la première : c'est la règle « *saisie sur saisie ne vaut* ». La procédure est toujours poursuivie par le premier saisissant et désormais, il ne pourrait plus rayer sans le consentement des créanciers postérieurs[544]. En ce cas, le second commandement sera publié, mais uniquement pour les biens non visés par le premier. En ce qui concerne les saisies portant sur des immeubles différents, l'AUPSR-VE prévoit que si les biens concernés sont dans le même ressort, il y aura, alors, jonction des procédures, à la requête de la partie la plus diligentée. Le premier saisissant continuera les poursuites.

---

541 Article 247 de l'AUPSR-VE.

542 Article 253 alinéa 1er de l'AUPSR-VE.

543 *Ibid.* Mais, dans certains cas, les décisions judiciaires rendues sur saisie immobilière peuvent être frappées d'appel ; article 336 de l'AUPSR-VE. Voir également, arrêt CCJA n° 013/2002 du 18 avril 2002, Banque Internationale du Commerce et de l'Industrie de Côte d'Ivoire (BICICI) contre DOUM M'BANDY, Boucherie moderne de Côte d'Ivoire dite Boucherie DOUM M`BANDY.

544 Voir les articles 302 à 304 de l'AUPSR-VE.

524. Si les immeubles sont situés dans des ressorts différents, pas de jonction possible ; sauf si les immeubles visés font partie d'une même exploitation. Dans le cas où le premier saisissant n'obtempère pas à la continuation de poursuites après la jonction ou en cas de collusion, fraude, négligence ou toute autre cause de retard à lui imputable, le second saisissant peut demander par écrit adressé à la juridiction compétente, ceci 8 jours après une sommation restée infructueuse de continuer les poursuites. En cas de subrogation, la procédure est reprise par le subrogé ; et le premier saisissant est déchargé des obligations qui pesaient sur lui. À partir de ce moment, la poursuite se fait « *aux risques et périls du subrogé* »[545].

525. Le commandement signifié au débiteur ou le cas échéant au tiers détenteur doit, pour être efficace, contenir obligatoirement la reproduction ou la copie et le montant de la dette[546], ainsi que les noms, prénoms, adresses du créancier et du débiteur et s'il s'agit d'une personne morale, ses forme, dénomination et siège social ; la copie du pouvoir spécial de saisir donnée à l'huissier ou à l'agent d'exécution par le créancier ; l'avertissement que faute de payer dans un délai de vingt jours, le commandement pourra être transcrit à la conservation foncière et vaudra saisie ; l'indication de la juridiction où l'expropriation sera poursuivie ; le numéro du titre foncier et l'indication de la situation précise des immeubles faisant l'objet de la poursuite.

526. Le commandement tel que servi au débiteur doit être publié. La publication consiste en la mise d'une copie du commandement à la disposition du conservateur foncier après qu'il ait visé l'original présenté par l'huissier de justice. Dans le souci de protection des tiers[547], le commandement leur est signifié avec sommation soit de payer l'intégralité de la dette en principal et intérêts, soit de délaisser l'immeuble hypothéqué [548]. Le créancier dispose alors ici d'une

---

[545]Voir les articles 305 à 307 de l'AUPSR-VE.

[546]Cour d'Appel DOUALA, n° 306/RG/2003-2004 du 22 mars 2004, suscité : le procès-verbal de saisie ne contient pas les dispositions relatives aux sommes réclamées en principal, intérêts comme l'exige le texte ; il ordonne de ce fait la mainlevée de la saisie.

[547]Il s'agit des éventuels acquéreurs et détenteurs de l'immeuble.

[548]Article 255 de l'AUPSR-VE. Lorsque le « tiers détenteur » accepte de subir la saisie immobilière, sa qualité de tiers ne tient plus. Pour plus de détails, LEMO (L.), *Le titre exécutoire et les tiers,* thèse, Université de Ngaoundéré, 2017, pp. 93 et s; du

possibilité de se faire payer sans recourir à la vente forcée de l'immeuble, à condition que le tiers paie les frais nécessaires et suffisants à l'apurement de la dette. Toutefois, le tiers qui a payé est subrogé dans les droits du créancier.

527. En cas de non-paiement, le commandement vaut saisie à compter de son inscription. L'immeuble et ses revenus se trouvent par ce même fait immobilisés et indisponibles[549]. Dès lors commencent les formalités relatives à la vente. Il est surtout question de la rédaction et du dépôt du cahier de charges et de la publicité de la vente. L'avocat[550] du créancier saisissant est tenu de rédiger et de signer un cahier de charges, qui précise les conditions et les modalités de la vente de l'immeuble saisi qui doit être déposé au greffe du tribunal au *maximum* dans un délai de cinquante jours à compter du jour de la publication du commandement.

528. Aux termes de l'article 267 de l'AUPSR-VE, le cahier de charges doit, à peine de nullité, contenir l'intitulé de l'acte, l'énonciation du titre exécutoire en vertu duquel les poursuites sont exercées, l'indication de la juridiction ou du notaire convenu entre le poursuivant et le saisi, l'indication du lieu où se tiendra l'audience éventuelle ; les nom, prénom, profession, nationalité, date de naissance et domicile du créancier poursuivant ; les nom et adresse de l'avocat poursuivant ; la désignation de l'immeuble ; les conditions de la vente ; le lotissement s'il y a lieu ; la mise à prix fixée par le poursuivant qui ne peut être inférieure au quart de la valeur vénale de l'immeuble. Dans les huit jours au plus tard après le dépôt du cahier, le créancier fait sommation au saisi et aux autres créanciers inscrits de prendre communication, au greffe, du cahier et d'y faire inscrire leurs dires et conclusions[551] qui seront jugés à l'audience éventuelle, dans le strict respect des droits de la défense.

529. La publicité quant à elle consiste à attirer les personnes intéressées par l'adjudication et à permettre au créancier d'obtenir le

même auteur, « Le saisi : Essai de systématisation de la qualité de débiteur en droit de l'exécution », *Civil Procedure Review, v.7, n.2, may-aug 2016,* pp. 20 et s.

[549]Articles 262 et suivants de l'AUPSR-VE.

[550]Le législateur a imposé dans le cadre de la saisie immobilière la constitution d'avocat. Par exemple, l'article 254-6 prévoit que, à peine de nullité, le commandement doit contenir la constitution de l'avocat chez lequel le créancier poursuivant élit domicile.

[551]Articles 269 et 270 de l'AUPSR-VE.

plus haut prix. Ceci dans la mesure où les conditions prévues pour l'adjudication au cahier de charge seraient connues de toutes. Elle est réalisée trente jours au plus tôt et quinze jours au plus tard avant l'adjudication par l'insertion d'un extrait du cahier de charges, sous la signature de l'avocat poursuivant, dans un journal d'annonces légales et par apposition des placards à la porte du domicile du saisi, de la juridiction compétente ou du notaire convenu ainsi que dans les lieux officiels d'affichage de la commune de situation de l'immeuble[552]. L'expropriation de l'immeuble saisi ne peut intervenir qu'après accomplissement des formalités de publication en vue de la vente.

530. Selon l'article 277 de l'AUPSR-VE, l'extrait à publier doit, à peine de nullité, contenir les noms, prénoms, professions, domiciles ou demeures des parties et de leurs avocats, la désignation des immeubles saisis, telle qu'insérée dans le cahier de charges, la mise à prix, lieu et heure de la vente, de la juridiction compétente ou du notaire convenu devant qui elle aura lieu. La vente aux enchères publiques est l'instant capital où se réalise la mise en œuvre effective de la garantie immobilière. C'est l'aboutissement normal de la procédure de saisie.

531. La vente aux enchères publiques doit avoir lieu à la barre du tribunal ou en l'étude du notaire convenu[553]. Le tribunal en question est le tribunal de grande instance du lieu de situation de l'immeuble. En ce qui concerne la date, l'article 268 de l'AUPSR-VE précise qu'elle ne peut être fixée quarante-cinq jours au moins et quatre-vingt-dix jours au plus tard à compter du dépôt de cahier de charges. Il est clair ici que l'Acte uniforme a redouté une extrême accélération de la procédure et une lenteur excessive, si l'on se réfère à l'ancienne législation camerounaise en la matière qui prévoyait que la vente pouvait « *avoir lieu dans un délai maximum de quatre-vingt-dix jours à compter du dépôt de cahier de charges* » à peine de nullité[554]. Le législateur antérieur ne redoutait donc pas la précipitation.

532. L'adjudication est l'instant où se déroule effectivement la vente de l'immeuble saisi. C'est le moment où le débiteur ou le tiers doit être définitivement exproprié. Elle se fait aux enchères publiques, qui sont des offres de prix successives, de plus en plus croissantes, et qui sont présentées au nom des personnes qui désirent acquérir l'immeuble. La

---

[552]Article 276 de l'AUPSR-VE.
[553]Article 282 alinéa 1er del'AUPSR-VE.
[554]Article 404 CPC.

personne qui fait l'offre la plus élevée est déclarée adjudicataire. L'adjudication n'est faite qu'après l'extinction des trois bougies allumées successivement. Elle est constatée par décision judiciaire ou procès-verbal du notaire au profit soit de l'avocat, dernier enchérisseur, soit au profit du créancier poursuivant pour le montant de la mise à prix[555]. En principe, toute personne intéressée peut enchérir. Mais l'interdiction d'enchérir faite aux personnes insolvables est sans effet dans la mesure où l'on retrouve dans les cahiers de charges la clause de style « *nul ne peut enchérir sans le versement préalable d'une caution égale au montant de la mise à prix sauf dispense de l'avocat poursuivant* »[556].

533. L'adjudicataire devenu propriétaire de l'immeuble est tenu de tous les droits et de toutes les obligations contenues dans le cahier de charges et spécialement celui du paiement du prix. En effet, s'il est le seul créancier inscrit ou privilégié, il n'est tenu que du paiement des frais et de l'excédent de sa créance. Le créancier qui verra l'immeuble adjugé à son profit ne paiera que la partie supérieure à sa créance. Dans le cas où il y a plusieurs créanciers, il est tenu de reverser tout le prix convenu entre les mains de justice ou du notaire à l'étude duquel la vente a eu lieu en vue du partage.

534. L'adjudication de l'immeuble au profit du créancier pourrait s'analyser comme une sorte de compensation entre sa créance et la dette correspondant au prix de vente de l'immeuble qu'il doit payer. L'adjudicataire dispose d'un délai de vingt jours pour présenter la quittance et les pièces justificatives indiquant qu'il s'est acquitté de toutes les exigences du cahier de charges. À défaut, et passé ce délai, la folle enchère pourra être poursuivie[557]. Toutefois, le transfert de propriété ne s'effectue pas automatiquement, car il peut y avoir surenchère qui est une possibilité donnée par la loi à ceux qui estiment que l'adjudication n'a pas donné un résultat suffisant, de provoquer une nouvelle adjudication en vue d'obtenir un plus haut prix[558].

535. Toute personne intéressée peut provoquer la surenchère. Elle doit intervenir dans un délai de dix jours à compter de la date de

---

[555] TGI de DOUALA, n° 772 du 04 septembre 2003, SGBC contre MAVEM AFRIQUE (inédit), dans laquelle l'extinction des bougies sans enchérisseur a permis l'adjudication de l'immeuble au profit de la SGBC en tant que créancier poursuivant.
[556] Voir ASSI ESSO (A. M. H.) et DIOUF (N.), *op. cit.* note sous n° 512, p. 220.
[557] Article 290 al. 5 de l'AUPSR-VE.
[558] ANOUKAHA (F.) et TJOUEN (A. D.), *op. cit.* p. 59, n° 140.

l'adjudication. Le non-respect de ce délai est sanctionné par la forclusion. La surenchère doit être du dixième du prix principal de la vente[559]. Les accessoires et les frais ne sont pas pris en compte. La déclaration de surenchère est mentionnée sans délai dans le cahier de charges. Lorsqu'elle n'est pas contestée, elle débouche sur une nouvelle adjudication : le souci étant de tirer de la vente un plus grand prix. Au cas où aucune nouvelle enchère n'atteint le prix de la première majorée du dixième, le surenchérisseur est déclaré adjudicataire.

536. La folle enchère est ouverte à tout débiteur ou créancier, si l'adjudicataire manque à ses obligations. C'est-à-dire si, dans les vingt jours suivant l'adjudication, il ne justifie pas qu'il a payé le prix et les frais et satisfait aux conditions du cahier des charges, ou si, dans les deux mois suivant l'adjudication, il ne fait pas publier la décision d'adjudication à la conservation foncière[560]. Dans cette hypothèse, une nouvelle vente aux enchères est organisée, pour mettre à néant l'adjudication précédente. Cette vente récente est de nouveau soumise à diverses formalités relatives à la publicité et aux notifications à effectuer auprès des intéressés[561].

537. Si toutefois, le premier adjudicataire, dit fol enchérisseur, justifie avant la revente qu'il a exécutée ses obligations, et à condition qu'il consigne une somme suffisante pour faire face aux frais de la procédure de folle enchère, il n'y a pas de nouvelle adjudication[562]. Si la nouvelle adjudication a lieu, mais qu'il n'est pas porté d'enchère, la mise à prix peut être réduite, dans la limite d'un quart de la valeur vénale de l'immeuble. Si, malgré cette réduction de la mise à prix, aucune enchère n'est à nouveau portée, le créancier qui a intenté la procédure de folle enchère est déclaré adjudicataire, pour la première mise à prix[563]. Le fol enchérisseur ne peut enchérir sur la nouvelle adjudication. Il est cependant tenu des intérêts de son prix jusqu'à la date de la nouvelle adjudication. En outre, il est tenu de la différence entre son prix et le prix de la deuxième adjudication, lorsque celui-ci est plus faible. En revanche, si le deuxième prix est plus élevé que le premier, la différence ne lui profite pas[564].

---

[559]Article 287 de l'AUPSR-VE.

[560]Article 314 de l'AUPSR-VE.

[561]Articles 317 et 319 de l'AUPSR-VE.

[562]Article 320 de l'AUPSR-VE.

[563]Article 322 de l'AUPSR-VE.

[564]Article 323 de l'AUPSR-VE.

538. Au-delà de ces incidents qui peuvent naître du concours de plusieurs créanciers, il existe d'autres incidents faisant obstacle à la vente forcée. Tout d'abord, lorsqu'un tiers qui se prétend propriétaire de l'immeuble cherche à le soustraire à la saisie par une demande en distraction, sa demande peut être présentée après l'audience éventuelle, mais seulement jusqu'au huitième jour avant adjudication. La demande en distraction suspend les poursuites si elle porte sur la totalité des biens. En cas de distraction partielle, le poursuivant est admis à changer la mise à prix portée au cahier de charges. L'article 308 de l'AUPSR-VE donne le droit de soulever au seul propriétaire d'écarter les tiers.

539. Ensuite, tout intéressé peut solliciter du tribunal compétent l'annulation de la saisie. Lorsqu'il s'agit d'une demande dirigée contre la procédure suivie à l'audience éventuelle, elle peut être présentée après l'audience éventuelle, mais seulement jusqu'au huitième jour avant l'adjudication. L'article 313 de l'AUPSR-VE admet la demande en nullité de la décision judiciaire ou de procès-verbal notarié d'adjudication. Ladite demande doit être adressée dans le délai de quinze jours à compter de l'adjudication. La demande en nullité est prononcée, si celui qui s'en prévaut prouve qu'il a subi un grief. Une liste limitative est dressée par l'article 299 de l'AUPSR-VE dans la mesure où la nullité n'est pas subordonnée à un grief, lorsque la formule en cause n'est pas visée par le texte.

540. Au-delà de la saisie immobilière, la réalisation de l'hypothèque est un aspect particulièrement important de la réforme des sûretés dont on se rappelle qu'elle a été justifiée par les nombreux écueils de la saisie immobilière.

2. L'attribution de l'immeuble hypothéqué

541. Aux termes de l'article 198 de l'AUS, « *le créancier hypothécaire impayé peut demander en justice que l'immeuble lui demeure en paiement* » ; l'article 199 de l'AUS énonce, quant à lui, qu'« *il peut être convenu [...] que le créancier deviendra propriétaire de l'immeuble hypothéqué* ». Malgré quelques différences de forme, les deux textes offrent au créancier la faculté de choisir l'un des modes de réalisation de l'hypothèque. La méthode suivie pour consacrer les deux modes d'attribution du bien à côté de la saisie vente classique de l'immeuble dans l'Acte uniforme relatif aux sûretés découle de la volonté du législateur de simplifier la procédure de réalisation des hypothèques. Le créancier a donc le choix soit entre l'attribution judiciaire et la vente forcée. Il n'a cependant aucun choix dans les cas où l'attribution du bien est interdite, la saisie immobilière restant alors la seule voie d'exécution de l'hypothèque.

542. La liberté de choix offerte au créancier hypothécaire n'exclut pas le contrôle judiciaire qui reste indispensable, bien que limité à la vérification des conditions des modes de réalisation de l'hypothèque. En effet, saisi d'un litige relatif à la mise en œuvre de l'un des deux modes d'attribution du bien, le juge aura à vérifier les conditions d'existence du droit d'option. Les articles 198 et 199 de l'AUS excluent du champ de l'attribution judiciaire ou conventionnelle l'immeuble à raison de sa fonction, la saisie étant la seule voie de réalisation de l'hypothèque. L'attribution judiciaire est, selon le premier texte, inapplicable à « *la résidence principale du constituant* », tandis que l'attribution conventionnelle de l'immeuble « *à usage d'habitation* » est interdite par le second. La faculté visée expressément ou implicitement par ces articles s'entend de la « *possibilité légale de choisir entre faire et ne pas faire* ».

543. Le droit d'option subsiste tant que sa créance n'est pas intégralement réglée. Le créancier peut donc abandonner une voie au profit d'une autre. Alors que l'article 198 relatif à l'attribution judiciaire est muet sur la mise en demeure, l'article 199 l'impose en disposant que c'est « *à l'issue d'un délai de trente jours suivant une mise en demeure de payer par acte extrajudiciaire demeurée sans effet* » que le créancier fait constater le transfert de propriété. Le problème se pose de savoir si, dans le silence de l'article 198, la mise en demeure est également un préalable à la mise en œuvre de l'attribution judiciaire du bien. En exigeant la mise en demeure préalable à l'attribution conventionnelle, l'article 199 alinéa 2, de l'AUS reprend l'idée traditionnelle selon laquelle un créancier doit nécessairement réclamer sa créance, faute de quoi, son silence vaut prolongation tacite de l'échéance. Cette formalité est utile pour plusieurs raisons. Elle permet au créancier d'exiger de son débiteur l'exécution, sous la menace des sanctions encourues. Outre la constatation de la défaillance du débiteur, elle témoigne de la bonne foi du créancier qui s'abstient de mettre les sanctions à exécution sans que la défaillance soit avérée.

544. Au-delà de l'utilité de la mise en demeure pour le créancier, cette formalité doit surtout être perçue comme une charge imposée au créancier hypothécaire qui choisit l'attribution conventionnelle. Cette qualification de charge se justifie au regard de l'article 199. En effet, ce texte ne se contente pas d'imposer l'accomplissement de cette formalité préalable ; il prend soin de préciser la forme de la notification par acte extrajudiciaire, et fixe en outre la durée d'un mois pendant laquelle le créancier « *est invité à patienter sans pouvoir entreprendre aucune voie de contrainte* ». Le législateur OHADA entend marquer sa fermeté par de telles précisions, bien qu'il faille apparemment nuancer cette analyse par le constat de son silence sur le contenu de l'acte et sur le point de départ du délai d'un mois d'attente.

545. Le silence du législateur sur les points précités sème le doute sur le sens de ce silence du point de vue de la technique législative et, par voie de conséquence, sur la portée de l'exigence de la mise en demeure en matière d'attribution conventionnelle. Il s'agit en effet d'une illustration du caractère inachevé du droit OHADA se traduisant par des lacunes du droit. Si, à l'évidence, ces lacunes de la loi doivent donc être complétées par celui qui l'applique ou l'interprète, on se demande par quelles règles remédier aux insuffisances de l'article 199 concernant la mise en demeure. Le problème est d'autant plus sérieux qu'il n'existe aucune disposition générale du droit OHADA sur cette formalité. Mais étant donné que l'on a affaire à un mode d'attribution relevant de la liberté contractuelle, les parties auraient la libre appréciation du contenu de la mise en demeure, tandis que le point de départ du délai d'attente pourrait être la date de la réception de la notification puisque la mise en demeure est faite dans l'intérêt du débiteur.

546. En tout état de cause, concernant la mise en demeure, la libre appréciation du contenu ne devrait pas autoriser une clause contraire aux objectifs poursuivis par le législateur qui, en imposant cette formalité, a voulu favoriser le paiement sous la menace de la sanction et éviter que le débiteur perde trop facilement, par une voie de justice privée, un bien chargé de signification socio-économique et sentimentale. C'est pour cela qu'on pourrait d'ailleurs se demander si l'exigence de la mise en demeure ne serait pas en elle-même d'ordre public[565]. Par une interprétation *a contrario* de l'article 199 alinéa 2 de l'AUS, on peut considérer qu'en exigeant la mise en demeure que dans le cas de l'attribution conventionnelle, le législateur OHADA a laissé toute la latitude aux parties pour prévoir cette formalité en matière d'attribution judiciaire dans le contrat d'hypothèque. La clause de mise

[565]Voir YOUEGO (C.), *op cit.*

en demeure en préciserait les conditions, les formes de la notification et la date d'effet. Mais même en l'absence d'une telle clause, la mise en demeure est le meilleur moyen de preuve de la défaillance du débiteur. Cette formalité serait donc en réalité nécessaire pour les deux modes d'attribution.

547. Les deux modes d'attribution, conventionnelle ou judiciaire, procédés simplifiés d'exécution de l'hypothèque, exposent le débiteur au risque de la spoliation par le créancier hypothécaire en position de force. Cette crainte justifie l'article 200, alinéa 1er de l'AUS qui, reprenant l'article 2460, alinéa 1er du Code civil français, énonce que « *Dans les cas prévus aux deux articles précédents, l'immeuble doit être estimé par expert désigné amiablement ou judiciairement* ». L'obligation de faire évaluer le bien est formulée d'une façon particulière par le législateur communautaire qui se contente d'imposer aux parties le recours à l'expertise. Il leur interdit en conséquence d'évaluer elles-mêmes, quelles que soient leurs compétences personnelles en la matière. Le choix de l'expertise amiable implique par ailleurs que les parties s'accordent sur la définition de la mission de l'expert et la prise en charge des frais et des honoraires. Mais l'article 200, alinéa 1er, de l'AUS semble autoriser le juge à procéder à la désignation d'office d'un expert. Il en sera probablement ainsi lorsque le juge sera saisi de l'attribution judiciaire. Finalement, dans les deux cas d'attribution du bien hypothéqué, l'intervention de l'expert n'est facultative ni pour les parties ni pour les juges.

548. Néanmoins, certains éléments nécessaires à l'efficacité de l'évaluation ne sont pas du tout envisagés par le législateur. Tel est le cas, notamment, des qualités de l'expert, des conditions d'exécution de sa mission et de la date à laquelle l'expertise doit avoir lieu. Sur ce dernier point, on peut penser que, dans le souci de renforcer la protection du constituant, voire de moraliser les relations du crédit, l'évaluation doit intervenir avant la constatation du transfert de la propriété du bien par acte notarié ou par décision judiciaire. Quant à la date exacte de l'évaluation, elle fait partie des questions nécessitant l'accord des parties. Le seul problème - et non des moindres - sera la situation de faiblesse du constituant lors de la négociation de ces éléments. L'inégalité des parties risque de jeter le doute sur l'impartialité de l'expert et l'objectivité de sa décision. D'où la question de savoir quelle valeur accorder à l'évaluation faite par l'expert.

549. Concernant la valeur de la décision d'évaluation, une question risque de se poser : cette décision s'impose-t-elle aux parties et au juge ? La réponse semble dépendre de la nature juridique de l'expertise que l'on a du mal à cerner, des hésitations étant possibles entre deux conceptions[566]. On peut en effet considérer l'expert comme un simple donneur d'avis contestable par les parties et modifiable par le juge.

550. L'article 200 alinéa 2 de l'AUS prévoit la consignation de la soulte par le créancier, lorsque la valeur de l'immeuble excède le montant de la créance garantie et qu'il « *existe d'autres créanciers hypothécaires* ». Quoi qu'il en soit, l'acte juridictionnel qui constate l'attribution du bien doit ensuite faire l'objet d'une inscription dans les registres ou livres fonciers pour en assurer la publicité et le rendre opposable aux autres créanciers du constituant. Dans les droits nationaux auxquels l'AUS renvoie, la forme du transfert de la propriété de l'immeuble est en général régie par des textes portant organisation du régime foncier. Ainsi, certains Codes fonciers et domaniaux disposent que le transfert doit être constaté par acte authentique ou sous seing privé déposé au rang des minutes du notaire ou d'un greffier-notaire[567].

551. Au plan juridique, on peut relever une certaine convergence entre la saisie immobilière et l'attribution du bien en ce sens que leur objectif est le même : la satisfaction du créancier avec extinction de sa créance. Mais, la satisfaction du créancier s'obtient par des voies propres à chaque mode de réalisation de l'hypothèque. Le créancier exerce sa préférence sur la valeur de l'immeuble saisi. En revanche, l'attribution de l'immeuble lui offre d'exercer sa préférence directement sur le bien dont il acquiert finalement la propriété sans passer par la saisie. Le droit des autres créanciers hypothécaires à l'excédent éventuel de la valeur du bien est subsidiaire par rapport à l'attribution.

---

[566]Aucune des deux thèses n'est satisfaisante au regard des objectifs de la réforme des voies de réalisation de l'hypothèque. Au contraire, elles démontrent que le risque de la spoliation du constituant subsiste et que l'évaluation peut être beaucoup plus complexe et coûteuse que l'on ne peut l'imaginer.

[567] Étant nécessaire à la publicité foncière, l'acte authentique n'est pas une condition de validité du transfert. Le défaut d'acte authentique n'est qu'un obstacle à la publicité. En effet, l'article 8 de l'ordonnance camerounaise n° 74-1 du 6 juillet 1974 fixant le régime foncier au Cameroun dispose que « *les actes constitutifs, translatifs ou extinctifs de droits réels immobiliers doivent à peine de nullité, être établis en la forme notariée* ».

552. Il ressort de ces développements que l'AUPSR-VE, a opéré une avancée marquante dans la sécurité du créancier notamment en matière de mécanismes de recouvrement des créances même si quelques limites peuvent en être relevées.

II. Les limites de l'exécution forcée contre la personne publique

553. C'est le juge national qui est juge du droit commun du droit des affaires. Cette ouverture du prétoire du juge national ne peut que faciliter la protection du droit des tiers[568]. Reste à savoir la juridiction qui serait compétente à statuer sur la responsabilité de l'État défaillant devant un contrat de marché public ayant fait l'objet de nantissement par exemple. S'agit-il du juge judiciaire ou du juge administratif ou encore du juge des comptes ou alors de l'Agence nationale de régulation des marchés publics [569] ? Aucune solution à cette question n'est certaine. Ceci est couvert par le principe d'autonomie institutionnelle et procédurale des États membres. On est aussi en droit de se demander s'il est possible de soumettre des contrats publics à l'arbitrage OHADA. Si oui cela concerne-t-il le contrat de marché public ou la convention de cession de créance fortement influencée par le premier ?

554. On le voit, des incertitudes planent en la matière sur la compétence juridictionnelle (A). Certainement, le juge compétent en OHADA peut bien prononcer des sanctions tant sur le terrain de la responsabilité administrative que de la réparation compte tenu du caractère délictuel ou quasi délictuel de la faute de l'Administration. Mais la portée de ses décisions sera limitée par les immunités des personnes morales de droit public (B).

A. Les incertitudes sur la compétence juridictionnelle

555. Le recours à l'Agence de Régulation des Marchés Publics pour un règlement amiable des litiges issus d'une convention touchant les marchés publics est souhaitable, mais non préalable à tout engagement

---

[568]Voir. PRISO ESSAWE (S.J.), *Intégration économique et droit en Afrique centrale. Étude de la zone UDEAC*, Université de droit, Montpellier I, 1997, p. 344.

[569]La régulation, le suivi et l'évaluation du système des marchés publics sont assurés au Cameroun par l'ARMP (Agence de Régulation des Marchés Publics). Article 154. Elle assure ainsi un climat de confiance entre les acteurs économiques et l'Administration et permet de disposer d'une proposition de solution dans un délai sensiblement plus court que par les autres voies amiables ou judiciaires.

d'une procédure contentieuse[570]. En tant que contrats administratifs, le contentieux des marchés publics en droit interne est partagé. Il appartient au juge administratif d'établir la responsabilité administrative et au juge judiciaire de prononcer l'indemnisation. Remarquons qu'il ne s'agit pas à ce niveau de statuer sur le contrat de marché public entre l'Administration et son cocontractant, mais de la convention tripartite de nantissement du futur prix de marché. On comprend donc que cette compétence reviendra à la juridiction compétente en matière commerciale telle que renvoient les articles 13 et 14 du Traité OHADA compte tenu du fait que celles des autres juridictions restent inadaptées au regard des exigences du droit des affaires (1). Les litiges relatifs aux marchés publics sont désormais susceptibles de faire l'objet d'un arbitrage en droit OHADA. Mais cela reste inhabituel chez les banquiers justiciables (2).

1. L'inadaptation de la compétence d'un juge autre que celui commercial

556. La juridiction envisagée dans son aspect organique doit être caractérisée par son indépendance à l'égard des autres pouvoirs, mais aussi par la nature des actes qu'elle prend qui d'une part ont autorité de chose jugée, et, d'autre part, sont susceptibles de passer en force de chose jugée. Ainsi, si l'organe est dit juridictionnel, ses décisions, qui sont des jugements, ne peuvent faire l'objet que de recours tels que l'appel, ou le pourvoi en cassation, ou encore l'opposition ou la tierce opposition. Cette caractéristique se retrouve dans l'OHADA, puisque le système de règlement de contentieux relatif à l'interprétation et à l'application des Actes uniformes concerne en première instance et en appel les juridictions des États parties et en cassation la CCJA[571]. On peut croire difficilement en la compétence de la Cour suprême en la matière, qu'il s'agisse du contentieux administratif ou des comptes sauf à la considérer comme juridiction de fond dont les décisions seront soumises au contrôle de la CCJA[572]. Tel n'est sans doute pas le souhait

[570] Article 91 du Code des marchés publics - *1) Les litiges résultant des marchés publics peuvent, en tant que de besoin, faire l'objet d'une tentative de règlement à l'amiable. 2) La tentative de règlement à l'amiable prévue à l'alinéa (1) ci-dessus reste sans incidence sur la procédure de règlement de droit commun, sauf dérogation découlant des accords ou conventions de prêt ou d'autres conventions internationales.*

[571] Articles 13 et 14 du Traité OHADA.

[572] Avec la constitution de 1996 et la loi n° 2006/016, la chambre administrative est confirmée en la qualité de juge de cassation pour connaître des pouvoirs formés contre

du législateur national lorsqu'il soumet les comptables publics à un régime de contrôle spécifique de la Cour suprême afin de lutter contre le détournement des derniers publics.

557. Conformément à l'article 39 de la constitution camerounaise de 1996, la Chambre des Comptes est compétente pour contrôler et juger les comptes de l'État et des entreprises publiques et parapubliques, ceci en premier et dernier ressort. En plus, la chambre des comptes joue le rôle de juridiction de cassation en matière des comptes. En effet, elle est compétente pour connaître des pourvois formés contre les décisions rendues en premier et dernier ressort par les tribunaux régionaux des comptes[573]. Des voies de recours sont ouvertes contre les arrêts de la chambre des comptes à savoir l'annulation devant l'Assemblée plénière contre les arrêts définitifs de ladite Chambre et la révision qui est de la compétence du Président de la Cour suprême. Et pourtant même les règles comptables des entreprises publiques relèvent de l'Acte uniforme sur le droit comptable. On se rend compte que la Cour suprême acceptera difficilement le contentieux des comptes publics en cassation à la CCJA. Quand bien même, il portera sur la responsabilité de l'État ou de ses démembrements du fait des manquements au droit des affaires.

558. Les règles de procédures administratives quant à elles pourront toujours ne pas satisfaire aux exigences de sécurité juridique et judiciaire comme voulu par le législateur de l'OHADA. En effet, de l'examen des textes et de la jurisprudence, on distingue dans le droit processuel administratif camerounais une étape précontentieuse où l'introduction d'un recours gracieux est indispensable pour déclencher la procédure de l'étape proprement contentieuse où l'on voit se dérouler les différentes phases de la procédure[574]. Véritable mécanisme de déclenchement du procès, le recours gracieux constitue une sorte de préalable de conciliation qui permettra peut-être aux particuliers d'éviter le recours aux juges ; un premier degré de règlement des litiges illustrant l'hypothèse d'une justice avant le juge dans laquelle l'autorité

---

les décisions rendues en premier et dernier ressort par les tribunaux inférieurs en matière de contentieux administratif.

[573] Article 10 de la loi de 2003/005, et article 39 a) 114 loi de 2006/016.

[574]Article 92 du Code des marchés publics « -*Tout soumissionnaire qui s'estime lésé dans la procédure de passation des marchés publics peut introduire une requête, soit auprès du Maître d'Ouvrage ou du Maître d'Ouvrage Délégué soit directement auprès de l'autorité chargée des marchés publics* ».

adressataire est amenée à arrêter définitivement la position de l'Administration sur la question litigieuse[575]. Si de cet échange un accord naît, aucun recours contentieux ne sera envisagé. Le recours administratif contribue ainsi à instaurer un « *dialogue entre l'Administration et l'administré permettant de dénouer le litige* »[576].

559. Évidemment, cette justice précontentieuse devrait satisfaire les exigences du procès équitable. Mais le régime juridique strict que revêt la règle du recours gracieux préalable est perçu comme une sorte de protection de l'Administration[577]. On s'en convainc lorsqu'on examine la sévérité observée par le juge administratif sur le problème de la rigidité des délais, lesquels sont assortis à la règle[578], l'exigence d'une identité d'objet entre le recours gracieux préalable et le recours contentieux et enfin le caractère d'ordre public affecté au recours. Mais retenir la compétence du tribunal judiciaire dans ce cas précis serait allé contre le statut de puissance publique de l'État qui confère une compétence exclusive aux tribunaux administratifs en cas de litige concernant l'Administration. Il aurait été important pour chaque État membre de l'OHADA de créer des juridictions spécifiques pour l'application du droit OHADA. Ce d'autant plus que le droit des États membres qui régit le fonctionnement des tribunaux est marqué par de profondes disparités lorsqu'on passe d'un pays à l'autre. Pour éviter d'être bloqué dans le choix de la juridiction compétente, il est préférable

---

[575]Telle est la finalité essentielle de cette règle explicitement affirmée par la Chambre administrative de la Cour suprême du Cameroun dans le jugement n° 65 du 22 avril 1975, EDIMO Jean Charles contre État du Cameroun.

[576]Voir CLUZEL (M.), *Le service public et l'exigence de qualité*, Dalloz, 2006, p 350.

[577]La notion du recours gracieux préalable a fait l'objet de deux études pionnières au Cameroun : Voir JACQUOT (H.), « Le contentieux administratif au Cameroun », *RCD*, n° 8, juil.-déc. 1975, pp. 113-139 et MESHERIAKOFF (S.-A.), « Le régime juridique du recours gracieux préalable dans la jurisprudence administrative camerounaise », *RCD*, Série 2, n° 15 et 16, 1978, pp. 42-55.

[578]La règle du recours gracieux est enserrée dans des délais précis variant en fonction du litige. L'article 12 de l'ordonnance n° 72/6 du 26 août 1972 prévoit :

1. qu'en cas de demande d'annulation, le recours gracieux doit être adressé à l'autorité habilitée à le recevoir, dans les 2 mois qui suivent la publication ou la notification à l'intéressé de la décision litigieuse ;
2. que lorsqu'il s'agit d'une demande d'indemnisation, ce recours doit être exercé dans les 6 mois qui suivent la réalisation du préjudice ou sa connaissance ;
3. qu'en cas d'abstention d'une autorité qui a compétence liée, le recours peut être intenté dans les 4 années qui suivent la date à laquelle ladite autorité s'est montrée défaillante.

de soumettre la convention de nantissement de créance des marchés publics à l'arbitrage.

2. La méfiance des banques à l'égard de l'arbitralité de leur litige

560. À défaut pour l'État d'indiquer clairement la juridiction compétente en matière commerciale, les parties à un éventuel litige peuvent désormais créer leur propre tribunal conformément au droit de l'arbitrage. Il est parfois préférable de se référer aux experts qui vont directement trancher le litige que de saisir le juge qui finira par vouloir consulter ces experts à qui on a refusé de confier la résolution du litige, surtout dans le domaine bancaire où de nos jours les clients ont de plus en plus tendance à contester le solde de leur compte et d'en solliciter une expertise financière.

561. Dans l'espace OHADA, les établissements bancaires et financiers privilégient le recours aux tribunaux étatiques et n'envisagent pas l'arbitrage comme mode principal de règlement des litiges[579]. *L'arbitrage serait-il une procédure inadaptée à la réalité des opérations de banque ?* Certes, les banques, comme toute autre entreprise peuvent avoir intérêt à ce que les détails de leurs opérations, leur gouvernance, budgets ou stratégies ne soient pas rendus publics. Mais les cadres de banque, décideurs ultimes du recours à l'arbitrage, doivent répondre de leur décision à l'égard de leur direction générale, du conseil d'administration et des actionnaires de la banque. En cherchant la réponse, il est utile de se rappeler que les marges réclamées par les banques ne constituent pas des gains nets. Une partie substantielle de ces marges est destinée à couvrir le coût engendré par l'obligation de respecter en permanence des exigences prudentielles qui obligent les banques à immobiliser leurs fonds propres à hauteur d'une valeur déterminée en fonction du montant du crédit consenti, qu'il s'agisse d'ailleurs d'un crédit par caisse ou par signature.

562. Pour beaucoup d'entre elles, il peut sembler difficile de miser le sort des sommes considérables sur la confidentialité d'une procédure qui peut facilement s'envoler en cas de recours contre la sentence,

---

[579] La même observation est faite concernant la médiation qui est le tout nouveau mode alternatif de règlement des différends que l'OHADA vient de réglementer (voir l'Acte uniforme sur la médiation du 23 novembre 2017 à Conakry). Il y a lieu d'en garder les analyses qui vont suivre.

partielle ou finale[580]. L'argument n'est pas du tout vrai étant donné que les juges de la CCJA peuvent être soumis à l'obligation de confidentialité[581]. Par ailleurs, il semble que l'arbitrage prive également les banques de l'usage de l'injonction de payer, voie procédurale publique et potentiellement usitée, pour inciter la contrepartie à s'exécuter rapidement ou de pousser à la transaction. Mais, le recours à un arbitrage avec un seul arbitre peut permettre de diminuer coûts et délais, bien qu'il fasse perdre l'aspect collégial du fonctionnement du tribunal, qui peut se révéler d'autant plus intéressant qu'il s'agira de traiter de questions complexes. Le choix doit donc être effectué en fonction des particularités de l'opération en cause.

563. Relativement à l'arbitrabilité des litiges touchant aux marchés publics, l'OHADA a opéré une mutation importante par rapport aux législations nationales antérieures qui généralement excluaient du domaine de l'arbitrage les causes qui concernent l'État, les collectivités locales et les établissements publics, bref toutes les personnes publiques susceptibles d'être parties prenantes dans les marchés publics. En effet, l'article 2 de l'Acte uniforme relatif à l'arbitrage a procédé à un élargissement du champ matériel de l'arbitrage relativement aux personnes publiques et aux marchés dans lesquels elles sont impliquées en disposant sans équivoque que « *toute personne physique ou morale peut recourir à l'arbitrage sur les droits dont elle a la libre disposition. Les États et les autres collectivités publiques territoriales ainsi que les Établissements publics peuvent également être parties à un arbitrage, sans pouvoir invoquer leur propre droit pour contester l'arbitrabilité d'un litige, leur capacité à compromettre ou la validité de la convention d'arbitrage* ».

564. Les personnes morales de droit public énumérées peuvent désormais compromettre aussi bien pour un arbitrage interne que pour un arbitrage international. Elles peuvent conclure un compromis ou une clause compromissoire. Il faut cependant signaler que le Traité et le

[580]Comité français de l'arbitrage ; groupe de travail sur l'arbitrage en matière bancaire et financière. Rapport final, 19 mai 2014.

[581]C'est certainement à cette fin que l'article 35 du Règlement de procédure prévoit la possibilité pour le Président de la Cour de prescrire la confidentialité des débats : « *L'audience est publique, à moins qu'il n'en soit décidé autrement par la Cour* ». La décision de *huis clos* comporte défense de publication des débats. Il n'est aucunement possible que le public porte son regard ni sur le cours de l'instance ni sur les décisions rendues comme si l'on avait été en matière civile. Les membres de ladite Cour sont tenues au secret professionnel sous peine de poursuites pénales.

Règlement d'arbitrage de la CCJA ne font pas référence à l'aptitude à compromettre des personnes morales de droit public. Mais, la solution de l'article 2 de l'AUA s'applique également à l'arbitrage CCJA. Par ailleurs, il faut relever que l'Acte uniforme reprend un principe général du droit qu'est le principe de bonne foi ou de l'*estoppel* qui veut que la personne qui compromet n'ait pas la possibilité de se retrancher derrière son ordre public interne pour échapper au règlement du litige par voie d'arbitrage. La notion de « *différend contractuel* » ouvre un champ plus large pour les utilisateurs potentiels de l'arbitrage en matière de cession de prix du marché. En effet, cette notion permet de soumettre à l'arbitrage des litiges commerciaux en rapport avec les marchés publics. Ces litiges arbitrables peuvent par conséquent être nés à l'occasion de la conclusion, de l'exécution ou de la rupture d'un contrat de marché public.

565. L'inadaptation des compétences des juges internes par rapport à l'arbitrage comme nous l'avons relevé, leur statut contrasté sur le plan de leur indépendance [582], la renonciation implicite à l'immunité souveraine par les personnes publiques, suffisent pour inviter l'arbitrage au menu des options procédurales à envisager par la banque lors du financement des marchés publics. Le meilleur investissement consisterait à former des arbitres à la matière bancaire ou des banquiers à la matière arbitrale. Les institutions d'arbitrage pourraient établir une liste d'arbitres qualifiés en matière bancaire et financière. Les juristes de banque gagneraient à être mieux outillés pour rédiger des conventions d'arbitrage adaptées à leurs opérations et de suppléer les règlements institutionnels ou les règles de procédure *ad hoc* et limiter tant les coûts que la durée de la procédure. En tout cas, la reconnaissance et l'exécution des sentences étrangères sont plus faciles que celles des jugements étrangers et surtout lorsqu'elles s'affrontent aux immunités des personnes morales de droit public[583].

---

[582] Le juge interne semble être lesté par une sorte de quasi-dépendance à l'égard de son environnement socioculturel et du pouvoir exécutif qui exerce sur lui une influence notable. DJUIDJE (B.), « Le statut du juge judiciaire camerounais : un tableau contrasté », *Annales de la Faculté des Sciences juridiques et politiques de Dschang*, tome 3, PUA, 1999, p. 52.

[583] La Convention de New York de 1958 sur la reconnaissance et l'exécution des sentences arbitrales étrangères. Elle s'applique aux sentences CCJA.

B. Les immunités d'exécution des personnes morales de droit public

566. L'immunité d'exécution ou immunité de saisie est une faveur exceptionnelle de la loi en vertu de laquelle certains débiteurs ne peuvent faire l'objet d'une exécution forcée. Du fait de cette immunité, les biens de ces personnes deviennent, en quelque sorte, insaisissables. Ce principe est énoncé par l'article 30 alinéa 1er de l'AUPSR-VE en ces termes : « *l'exécution forcée et les mesures conservatoires ne sont pas applicables aux personnes qui bénéficient d'une immunité d'exécution* ». À titre indicatif, ont été expressément visées à l'article 30 alinéa 2 dudit Acte uniforme les personnes morales de droit public[584] et les entreprises publiques, quelles qu'en soient la forme et la mission[585]. La question controversée qui se pose alors est celle de savoir quels en sont les fondements (1). On se demande aussi, en matière commerciale, s'il n'est pas souhaitable d'instituer une théorie de responsabilité directe de l'agent public fautif (2).

1. Les fondements de l'immunité d'exécution des personnes publiques

567. Normalement, l'application du principe de l'immunité d'exécution des personnes morales de droit public est fondée sur leur personnalité et elle seule. Quatre arguments sont généralement avancés pour la justifier : la solvabilité des personnes publiques, leur but

---

[584]Il est unanimement établi en droit interne tant en doctrine qu'en jurisprudence, et ce depuis bien avant l'entrée en vigueur de la loi uniforme que ces personnes sont l'État et ses démembrements que constituent les collectivités territoriales et les établissements publics, sans qu'il y ait lieu de distinguer s'agissant de ces derniers entre établissements publics administratifs (EPA) et établissements publics industriels et commerciaux (EPIC). En ce sens, Voir KENFACK DOUAJNI (G.), « L'exécution forcée contre les personnes morales de droit public dans l'espace OHADA », *RCA* n° 18, 2002, p. 2, www.ohada.com/ohadata D-08-48.

[585]Définies comme des entreprises publiques constituées sous la forme de personne morale commerçante de droit privé, elles sont constituées au Cameroun d'après l'article 31 de la loi n° 99/016 du 22 décembre 1999 portant statut général des établissements publics et des entreprises du secteur public et parapublic par les sociétés à capital public et les sociétés d'économie mixte. Les sociétés d'économie mixte sont des personnes morales de droit privé dotées de l'autonomie financière et d'un capital-actions détenu partiellement d'une part, par l'État, les collectivités territoriales décentralisées ou les sociétés à capitaux publics et d'autre part, par les personnes physiques ou morales de droit privé. Mentionnons que ce texte est remplacé par une loi plus récente, la loi n° 2017/010 du 12 juillet 2017 portant statut général des établissements publics.

d'intérêt général, le monopôle de la contrainte par la puissance publique, l'inopportunité des mesures de contrainte des particuliers contre les collectivités territoriales décentralisées et les établissements publics, l'État disposant de moyens nécessaires pour les contraindre, notamment par la mise en œuvre de ses pouvoirs de tutelle. La CCJA a la compétence pour déterminer si une personne morale entre dans la catégorie de personne publique devant bénéficier de l'immunité d'exécution. Elle n'attribue pas cette qualité aux sociétés d'économies mixtes même si le droit interne la leur en avait consacrée[586].

568. La situation est d'autant plus critiquable que le droit OHADA ne prévoit aucun moyen pour contraindre la personne publique à payer ses dettes. On assiste à une dévalorisation du titre exécutoire et, plus fondamentalement, à une fragilisation du droit de créance et du droit à la sécurité juridique. C'est peut-être pour cela que le législateur OHADA a cru devoir atténuer les méfaits de cette rigidité de l'immunité d'exécution. Ainsi, il innove en instituant une compensation légale : « *les dettes certaines, liquides et exigibles des personnes morales de droit public ou des entreprises publiques, quelles qu'en soient la forme et la mission, donnent lieu à compensation avec les dettes également certaines, liquides et exigibles dont quiconque sera tenu envers elles, sous réserve de réciprocité* »[587]. Dans ce sens, le législateur OHADA fait de la compensation un mode d'extinction légale des obligations financières réciproques entre les créanciers privés et les débiteurs publics[588].

569. L'institution de la compensation de dettes entre les personnes morales de droit public et leurs créanciers constitue une équation heureuse du législateur africain pour vaincre l'immunité des personnes morales de droit public. Mais, le bénéfice que les créanciers peuvent tirer de la compensation est aussitôt paralysé par ses conditions d'application[589]. Est-il donc possible pour une entreprise de ne pas

---

[586] Voir Arrêt n° 103/2018 du 26 avril 2018.

[587] Article 30 alinéa 2 de l'AUPSR-VE.

[588] L'article 1347 du Code civil issu de l'Ordonnance n° 2016-131 du 10 févr. 2016 portant réforme du droit des contrats, du régime général et de la preuve des obligations, JORF n° 0035 du 11 févr. 2016, dispose que « *La compensation est l'extinction simultanée d'obligations réciproques entre deux personnes* ». Sur la définition de la compensation, voir également : CORNU (G.), Vocabulaire juridique, 10e éd. PUF, Paris 2014, p. 212.

[589] Voir MARTOR (B.), PILKINGTON (N.), SELLERS (D.), THOUVENOT (S.), *Le droit uniforme africain des affaires issu de l'OHADA*, éd. Litec, Paris 2009, n° 1126.

payer des impôts sous prétexte de compensation d'une créance non payée par l'État du fait de son inexécution ? Le ministère des Finances refusera certainement lorsque l'affaire opposera l'entreprise à une autre personne morale de droit public à l'instar du Ministère des marchés publics[590]. Le législateur OHADA subordonne la compensation aux caractères réciproque et certain des dettes.

570. D'abord, la condition de la réciprocité des dettes posée par l'article 30 signifie que la compensation ne peut pas être efficacement évoquée par les acteurs économiques qui ne sont pas à la fois créanciers et débiteurs de la même personne publique. La compensation ne couvre donc pas toutes les catégories de créanciers. Outre cette limite, la pratique a développé d'autres contraintes, soit pour ne pas payer, soit pour retarder la compensation. À titre d'exemple, certaines personnes publiques, notamment l'État, subordonnent le paiement de leurs dettes à la présentation d'une attestation de régularité fiscale, alors même que cette exigence ne figure pas dans les textes organisant la compensation. En définitive, les difficultés d'application de la compensation montrent la nécessité de réformer le régime juridique des personnes morales de droit public en vue de faciliter le recouvrement de la dette publique intérieure dans l'espace OHADA. Les personnes morales de droit public, à l'instar des personnes privées, doivent respecter leurs engagements financiers.

571. Au plan international, l'immunité d'exécution profite également aux États étrangers et à leurs services et émanations[591], à leurs souverains ou chefs d'État, à leurs agents diplomatiques, et aux hauts fonctionnaires internationaux. Ces immunités en droit international ont un fondement textuel. Elles résultent des diverses conventions internationales donc les plus connues sont : les conventions de Vienne du 18 avril 1961 sur les relations diplomatiques, et du 24 avril 1963 sur les relations consulaires ou diverses conventions

---

[590]Les marchés publics sont soumis aux impôts, droits et taxes prévus par la législation fiscale en vigueur à la date de leur conclusion. Selon la nature de la prestation ou du bien objet de l'acquisition en cause, les marchés sur financement internes sont soumis à la TVA, aux droits d'enregistrement, à l'impôt sur le revenu et à tous les impôts et taxes de droit commun.

[591]Une émanation d'État est une entité chargée par l'État d'une mission de service public sous son contrôle et sa tutelle et qui ne dispose pas d'un patrimoine propre distinct de celui de l'État. Sur la notion d'émanation de l'État, Voir KENFACK DOUAJNI (G.), « Propos sur l'immunité d'exécution et les émanations des États », *RCA* n° 30, 2005, p. 3, www.ohada.com/ohadata D-08-59.

conclues sous les auspices de l'Organisation des Nations Unies ou de sa devancière, la SDN, et tout récemment la Convention des Nations Unies sur les immunités juridictionnelles des États et de leurs biens adoptée le 2 décembre 2004[592]. Pour ce qui est des fonctionnaires internationaux, plus précisément, le fondement de l'immunité d'exécution est contenu dans le Traité de base qui crée l'organisation internationale.

572. Sur le plan pratique, l'immunité d'exécution des États, souverains ou chefs d'État étrangers trouve sa justification dans le souci de chaque État de respecter la souveraineté et l'indépendance de l'autre et les règles de courtoisie ou de bienséance internationales. Il s'agirait en fait de ne pas troubler les relations internationales en compromettant, par des mesures d'exécution forcée, la souveraineté de l'État étranger. Ces mêmes raisons avancées permettent aussi de justifier d'ailleurs les immunités de juridictions de ces personnes qui leur permettent de dénier tout pouvoir aux tribunaux du *for* pour connaître l'instance qui serait engagée contre elle.

573. Toutefois, l'exécution est permise dans trois cas exceptionnels selon l'article 31 de la convention de Vienne du 18 avril 1961. Cet article dispose en effet en son al. 3 que : « *Aucune mesure d'exécution ne peut être prise à l'égard de l'agent diplomatique, sauf dans les cas prévus aux alinéas a), b) et c) du paragraphe 1 du présent article* ». Les alinéas a) b) et c) visés renvoient notamment aux créances résultant de l'exécution d'une activité professionnelle ou commerciale, quelle qu'elle soit, exercée par l'agent dans l'État accréditaire en dehors de ses fonctions officielles. Autrement dit, lorsqu'une personne morale de droit public bénéficiaire de l'immunité d'exécution sort du cadre de l'activité publique qui la justifie, le juge devrait en restreindre la portée[593]. Il nous semble même opportun d'engager directement la responsabilité personnelle du représentant de l'État fautif.

---

[592] Elle comporte 33 articles regroupés en six parties. L'article 1er dispose qu'elle s'applique à l'immunité de juridiction d'un État et de ses biens devant les tribunaux d'un autre État. Sur cette convention, Cf. KENFACK DOUAJNI (G.), Les États de l'OHADA et la Convention des Nations-Unies sur les immunités juridictionnelles des États et de leurs biens, RCA n° 32, 2006, p. 3, www.ohada.com/ohadata D-08-61.

[593] Voir POUGOUE (P-G.), « Les sociétés d'État à l'épreuve du droit OHADA », *Juridis Périodique* n° 65, 2006, p. 101.

2. L'engagement direct de la responsabilité des parties à la cession

574. En principe, « *tout fait quelconque de l'homme, qui cause à autrui un dommage, oblige celui par la faute duquel il est arrivé à le réparer* »[594]. Il existe donc un système engageant classiquement la responsabilité de l'État, pour faute, ou pour tout autre motif, dans l'organisation du service public. Le système proposé par le législateur en droit communautaire CEMAC ou UEMOA est généralement celui du recours en manquement d'État qui correspond alors à une première demande sociale tendant à l'indemnisation des préjudices subis par les justiciables devant la Conférence des chefs d'État[595]. Tel n'est pas le cas en droit OHADA où ledit recours n'a pas été prévu. Il faudrait alors se retourner vers le droit interne de la responsabilité de l'État où ce dernier est tenu de réparer le préjudice causé et mener par la suite une action récursoire contre l'agent public fautif. Cette responsabilité est à rapprocher plutôt de celle consacrée par l'article 1383 du Code civil. Cet article dispose que *« chacun est responsable du dommage qu'il a causé non seulement par son fait, mais encore par sa négligence ou par son imprudence ».*

575. Mais l'action économique des États membres dans le cadre des marchés publics pose désormais problème chaque fois qu'elle se heurte aux exigences de sécurité juridique et judiciaire que consacre le Traité de Port-Louis instituant l'OHADA. C'est d'autant plus le cas lorsqu'il y a opposition entre les règles résultant du statut public et les exigences de la sécurité judiciaire. Nous l'avons vu, la division nette entre responsabilités publiques et privées dans l'ordre économique qui devrait conduire l'OHADA est faussée par l'immunité d'exécution de la personne publique. Ce refus d'adresser les injonctions à l'Administration est incompatible avec un contrôle juridictionnel effectif. La responsabilité de l'État ne devrait pas faire écran à celle du fonctionnaire. Dans ce cas, seul l'agent public devrait pouvoir réparer directement ledit préjudice. En droit camerounais, la responsabilité du maître d'œuvre ou de tout autre surveillant des procédures de passation ou d'exécution d'un marché est engagée en cas de complicité[596].

---

[594] Article 1382 du Code civil camerounais.

[595] Voir UE et CEMAC.

[596] Article 107 du Code des marchés publics.

576. Lorsqu'il est imputable au maître d'ouvrage ou au maître d'ouvrage délégué ou au comptable assignataire, le défaut de paiement dans les délais fixés par le cahier des clauses administratives particulières, ouvre et fait courir de plein droit au bénéfice du titulaire du Marché, des intérêts moratoires calculés depuis le jour suivant l'expiration desdits délais, jusqu'au jour de la délivrance de l'Avis dit « *de règlement* » du comptable assignataire[597]. Ainsi, la victime qui souhaite voir son préjudice réparé devrait avoir l'opportunité de démontrer une pratique abusive de l'agent public pour pouvoir en vertu de la décision rendue par le juge saisir directement les biens de ce responsable en dernier ressort. Le fait d'accorder un tel droit aux victimes renforcerait en effet le caractère opérationnel des règles de marchés publics. Les droits des tiers dispensateurs du crédit seront ainsi très correctement garantis. Il s'agit bien tant de la responsabilité civile, pénale qu'administrative[598]. Certes, la condamnation pénale de ce chef ne signifiera pas le retour à la banque des sommes exposées. Cependant, l'effet dissuasif d'une sanction lourde contribue à la protection des créanciers. En tout cas, aucune procédure de recouvrement des créances nanties ou chirographaires qu'elle soit amiable ou forcée ne garantit le retour de l'argent. Tout procédé de recouvrement ici n'est que pression sur le débiteur dont le succès dépend de sa bonne foi et de sa solvabilité.

577. Dans certains cas, c'est le débiteur de mauvaise foi qui, dès l'entrée en possession de l'argent, n'exécute pas les travaux. Il n'est pourtant pas autorisé au banquier de se substituer à ce dernier pour exécuter les travaux. Il ne s'agit que de simples mesures de pression dont l'efficacité varie selon le type de débiteur. Quel serait, dans le cas de force majeure, le sort du crédit accordé à l'acheteur, ou au vendeur, pour financer le marché ? Il est à noter que le banquier se réserve toujours le droit de poursuivre son débiteur principal lorsqu'il n'obtient pas gain de cause vis-à-vis de l'Administration. De créancier privilégié, il deviendra créancier hypothécaire ou simple créancier chirographaire du solde dû selon le cas. Le banquier à l'aide de certaines obligations

---

[597] Article 87 du même Code.

[598] Il est très incompréhensif qu'un simple administrateur ou comptable de l'État défie une institution financière quelconque par diverses malversations. Si les poursuites judiciaires s'avèrent inefficaces, rien n'empêche le banquier de saisir le supérieur hiérarchique du délinquant public pour voir son dû restituer. Le banquier serait plus proche du ministre des Finances ou des organes de lutte contre le détournement des deniers publics que le comptable malveillant. En tout cas, il revient au banquier de soigner son image.

qu'il insère dans ses formules de prêt fait peser des contraintes lourdes sur la gestion de la société, parce que leur violation peut entraîner le remboursement anticipé. Dans certains cas, il peut être tenu pour dirigeant de fait et voir sa propre responsabilité engagée. Si le banquier est tenu par un devoir de conseil, il est en même temps tenu par le devoir de non-ingérence dans les affaires du client. En privilégiant les aspects bancaires des voies d'exécution, nous nous intéresserons à la saisie-attribution de comptes bancaires.

Section 2. La pratique de la saisie-attribution des comptes bancaires

578. Le processus de bancarisation de l'espace OHADA a conduit à un certain changement dans le comportement des ménages et surtout des opérateurs économiques quant à la manière de garder et fructifier de l'argent. Au porte-monnaie classique, s'ajoute le porte-monnaie électronique. La monnaie scripturale a pris le pas sur la monnaie fiduciaire jugée trop lourde et source de tracasserie de tout genre[599]. L'argent qualifié de *« nerf de la guerre »* est désormais, du moins en grande partie, « *logé dans des comptes en banque* ». Ces derniers sont d'ailleurs devenus les cibles privilégiées de la saisie.

579. État comptable sur lequel est inscrit l'ensemble des opérations effectuées entre la banque et son client, le compte dont le solde est saisissable peut être de nature différente[600]. Il peut s'agir d'un compte de dépôt, d'un compte courant ou d'un dépôt à terme[601]. L'acte de saisie opère une attribution immédiate au profit du saisissant de la créance saisie disponible. L'innovation essentielle réside dans cet effet attributif immédiat[602]. Or, force est de constater que cet effet n'a qu'un caractère théorique. Dans cette situation, la recherche du montant de la saisie n'est que la détermination de la somme d'argent obtenue à la fin de la procédure par le créancier. Peut-il recouvrer tout ou partie de sa créance ? Cette question embarrasse tant le créancier. Parti à la

---

[599] La monnaie scripturale est représentée par le solde des comptes de dépôts bancaires dont on peut disposer par voie de chèque ou de virement. La monnaie fiduciaire consiste en billets dont la valeur est déterminée impérativement par l'État.

[600] La saisie des comptes orange money ou MTN mobil money devrait aussi être envisagée.

[601]Voir BERNET-ROLLANDE (L.), *Principes de Technique Bancaire*, Paris, Dunod, 2002, p. 39.

[602] Sur l'effet attributif immédiat, voir *supra n° 242 à 249.*

recherche du montant de la saisie, le créancier s'engage dans « *une aventure ambiguë* » dont l'issue n'est pas réellement connue. Dès lors, le sujet soulève tant d'inquiétude et d'équivoque qu'il faut expliciter[603].

580. Les dispositions de l'AUPSR-VE organisent quasiment la protection du créancier de manière à établir le solde définitif. Ce solde est obtenu à la fin de la liquidation des opérations en cours énumérées par l'article 161 de l'AUPSR-VE. La saisie-attribution bancaire est donc une opération complexe qui engendre d'énormes difficultés, plongeant ainsi le créancier saisissant dans une grande incertitude quant à la connaissance du montant de la saisie. Il ne connaît pas le montant qui lui sera payé par le banquier. La saisie-attribution ne garantit pas alors au créancier saisissant de recevoir l'intégralité de la somme saisie qui lui est attribuée en fonction de sa propre créance. Dans ces conditions, il est très important d'assurer une saisie régulière (I) et un bon traitement du montant de la saisie (II).

I. La soumission de la saisie à des conditions strictes

581. L'AUPSR-VE prévoit la saisie-attribution de créance dans ses articles 153 et suivants. C'est la « *voie d'exécution par laquelle un créancier muni d'un titre exécutoire bloque entre les mains d'un tiers, les sommes d'argent qui sont dues par celui-ci à son débiteur en vue de se les faire attribuer* [604]». De cette définition, on relève que l'opération de saisie-attribution des comptes bancaires s'opère auprès de la banque (A). Toutefois, il faut noter que cette procédure continue auprès du débiteur saisi (B).

A. L'opération de saisie auprès de la banque

582. Le droit des voies d'exécution étant le prolongement du droit civil à travers le droit judiciaire, il est normal que l'on y trouve de grands principes traditionnels. C'est ainsi que le procès-verbal de saisie doit être signifié à la banque tierce saisie (1). Tout comme l'avocat ou l'huissier

---

603 Tout compte fait, le créancier saisissant, après avoir connu le solde du compte, n'est pas à l'abri de surprise. Il peut ne pas être le seul à pratiquer une saisie-attribution le même jour. Dans ce cas, nous sommes en présence d'un conflit de saisies. Ces mesures ultérieures ont des incidences sur le montant appréhendé.

604 Voir DONNIER (V. M.), *Voies d'exécution et procédures de distribution*, Litec, 2004, p. 229, n° 884

de justice, le banquier est un auxiliaire de l'exécution forcée[605]. Ainsi, il lui reviendra de mettre en place une organisation appropriée afin de ne pas faire l'objet de ces différentes sanctions liées aux obligations qui pèsent sur lui. Il a un devoir général de coopération (2).

1. La signification du procès-verbal de saisie au banquier

583. Le créancier doit accéder au compte du débiteur par l'intermédiaire de l'huissier. Les règles étant d'ordre public, l'huissier (puisque c'est lui qui représente le créancier saisissant) doit veiller à la régularité du titre afin d'éviter la mainlevée de la saisie pour vice de forme. Pour ce faire, il doit être, selon l'article 153 de l'AUPSR-VE, muni d'un titre exécutoire[606]. Il signifie à la banque ou à l'établissement financier, l'acte de saisie dont les mentions obligatoires sont prescrites à peine de nullité par l'article 157 alinéa 2 de l'AUPSR-VE. Il s'agit de :

- l'indication des noms, prénom et domicile des débiteurs et créancier ou s'il s'agit de personnes morales, de leurs forme, dénomination et siège social ;

- l'énonciation du titre exécutoire en vertu duquel la saisie est pratiquée ;

- le décompte distinct des sommes réclamées en principal, frais et intérêts échus, majorés d'une provision pour les intérêts à échoir dans le délai d'un mois prévu pour élever une contestation ;

- l'indication que le tiers saisi est personnellement tenu envers le créancier saisissant et qu'il lui est fait défense de disposer des sommes saisies dans la limite de ce qu'il doit au créancier ;

- la reproduction littérale des articles 38 et 159, 169 à 172 de l'AUPSR-VE ;

- l'indication de l'heure à laquelle l'acte a été signifié.

584. Il est bien fait mention de ce que l'acte d'huissier doit être accompagné du titre exécutoire qui fonde ou justifie la créance. On se demande dès lors quelle attitude devrait adopter le banquier tiers saisi lorsque les mentions du titre exécutoire sont contraires à celles du

---

[605] En ce sens, Voir MOULY (C.), *Procédures civiles d'exécution et droit bancaire*, *in* La réforme des procédures civiles d'exécution, RTD civ. 1993, N° spécial, p. 65, n° 1

[606] Il s'agit d'une décision de justice ou d'un acte judiciaire comportant la formule exécutoire. Le titre revêtu de la formule exécutoire permet au créancier qui en dispose de saisir les biens de son débiteur.

procès-verbal de saisie ou simplement que la saisie est contraire à la loi. On sait que de plus en plus les huissiers visent dans leurs procès-verbaux les SARL et leurs gérants alors que ces derniers ne sont pas tenus au sens de la grosse. On observe aussi que les saisies-attributions des créances dans les banques sont faites avec des grosses de convention avec garanties hypothécaires alors que la réalisation de l'hypothèque ne s'est même pas encore effectuée[607]. Le banquier saisi peut-il refuser de se prononcer sur la créance qu'il tiendrait du débiteur ? A-t-il la possibilité de jouer un rôle d'arbitre entre les intérêts des créanciers et ceux du débiteur visé par l'acte de saisie, afin de limiter le contentieux de l'exécution forcée ? En répondant conformément à la demande du procès-verbal de saisie, ne viole-t-il pas les dispositions du titre exécutoire ? Et si la saisie était faite seule avec le procès-verbal sans le titre exécutoire ?

585. La réponse à nos questions est donnée par le texte de l'article 153 susévoqué. L'indication du titre exécutoire en vertu duquel la saisie est pratiquée est un élément essentiel de l'acte de saisie. Il va donc de soi que si le contenu du procès-verbal est en contradiction avec celui du titre exécutoire, le banquier tiers saisi devrait inviter l'huissier à conformer son acte au titre exécutoire en lui opposant le secret bancaire [608]. Lorsque la caution a expressément affecté un bien déterminé à la garantie de son engagement sans accepter en plus un cautionnement personnel, le créancier ne peut poursuivre la caution que sur ledit bien[609].

586. Le devoir d'abstention qui est imposé au tiers saisi ne doit pas s'entendre d'une inaction de sa part, qui produirait elle-même les effets escomptés. Évidemment, le droit n'est qu'action, il est en perpétuel mouvement[610]. Il s'agit surtout d'observer sa neutralité à l'égard de la bataille qui se livre entre le créancier et son débiteur. Son rôle passif

---

[607] Ce qui est tout à fait contraire à l'ordre de saisie prescrit par le législateur. Sur l'ordre général des saisies, voir n° 494 à 504.

[608] Voir à cet effet, la loi camerounaise n° 2003/004 du 21 avril 2003 relative au secret bancaire.

[609] Par conséquent, est non fondée la saisie conservatoire de créance pratiquée sur le compte de la caution alors que ledit compte n'avait pas été affecté à la garantie de son engagement (TGI BOBO-DIOULASSO (BURKINA FASO ; Ord. Ref, 28 avril 2006, Aff. Héritiers KOTE Youssouf C/BICIA-B).

[610] DIEBOLT (S), « Le droit en mouvement. Éléments pour une compréhension constructiviste des transformations complexes des systèmes juridiques », Thèse, Paris X-Nanterre, 2000.

consiste à éviter toute incursion volontaire, en dehors de toute réquisition, ou de tout intérêt personnel à défendre qu'il s'agisse de l'information de l'huissier, de la conservation des biens ou du paiement des créanciers. Toutefois, loin de penser à un réflexe automatique, nous envisageons un homme réfléchi qui comprend le contenu de son obligation avant de l'exécuter. Il faut véritablement une solide formation en droit pour ne pas se laisser emporter par la tentation de s'opposer à l'exécution des décisions de justice ou alors à une soumission aveugle aux obligations du tiers saisi. En réalité, c'est de cela qu'il s'agit dans l'AUPSR-VE. Il ne s'agit pas de faire preuve d'un zèle malfaisant à la limite, mais d'un concours dans le strict cadre de ce qui est prévu par le législateur[611]. Ce postulat ne pose aucun problème tant il est vrai que l'obligation de concours du tiers, à notre sens, est une obligation de résultat. C'est pour la rendre effective que le législateur a opportunément prévu des sanctions allant de la condamnation aux causes de la saisie à celle aux dommages-intérêts. Dans cette optique, le tiers doit s'exécuter, pas nécessairement dans le sens des intérêts du créancier, mais dans l'intérêt de la loi, de sorte que le résultat attendu soit atteint. Le rôle actif du tiers dans la protection des intérêts du créancier ne fait donc aucun doute, sauf que cette activité doit s'inscrire dans le cadre strict prévu par la loi.

2. La collaboration du banquier saisi

587. La signification de la saisie n'est pas sans effet à l'égard du tiers saisi. Elle est source d'obligations et de responsabilité pour le banquier. Ce dernier est tenu d'apporter son concours en vue de la manifestation de la vérité[612]. Les obligations qui pèsent sur le banquier sont assorties de sanctions en cas d'inexécution. Il est un principe général de droit qui veut que chacun apporte son « *concours en vue de la manifestation de la vérité* ». Il est donc normal qu'en application de ce principe dans le droit des voies d'exécution, le législateur OHADA impose au banquier, tiers saisi, une obligation de déclaration. La problématique de l'étendue

[611] Sur la question, voir TJOUEN (A-D), « L'exécution des décisions de justice en droit camerounais », *RDIC*, Vol. 52, N° 2, 2000, pp. 429-442. – PERROT (R), « L'exécution des décisions de justice en matière civile », Rapport introductif du séminaire multilatéral organisé par le Conseil de l'Europe en coopération avec le Japon, tenu à Strasbourg du 15 au 17 octobre 1997, précité. 896- V. en ce sens, CCJA, Arrêt n° 027/2005 du 7 avril 2005 : Société nationale d'assurance et de réassurance dite SONAR c/ Projet d'appui à la création des petites et moyennes entreprises dit PAPME.

[612] Ce principe général de droit est posé par l'article 10 du C. civ.

de l'obligation de déclaration du banquier trouve écho dans l'article 156, alinéa 1er de l'AUPSR-VE. Ce dernier dispose : « *le tiers saisi est tenu de déclarer au créancier l'étendue de ses obligations à l'égard du débiteur ainsi que les modalités qui pourraient les affecter et s'il y a lieu les cessions de créances, délégations ou saisies antérieures* ».

588. Aux termes de l'article 161 alinéa 1er de l'AUPSR-VE : « *lorsque la saisie est pratiquée entre les mains d'un établissement bancaire ou d'un établissement financier assimilé*[613]*, l'établissement est tenu de déclarer la nature du ou des comptes* ». La saisie des sommes d'argent entre les mains des banques remet en cause le secret des affaires[614]. À propos de ces comptes, la question s'est posée de savoir si l'ouverture de crédit[615] en compte courant est saisissable. Le législateur OHADA garde le silence sur la question. La majeure partie de la doctrine n'est pas favorable à la saisissabilité de la fraction non utilisée de ce genre de crédit. Elle avance deux arguments pour s'opposer à la saisissabilité de l'ouverture de crédit. En premier lieu, l'ouverture de crédit en compte n'a pas pour effet de rendre la banque débitrice des fonds qu'elle s'est engagée à fournir. N'ayant pas la qualité de débiteur du débiteur saisi, elle ne peut être tiers saisi.

589. En second lieu, l'ouverture de crédit fait naître au profit du bénéficiaire le droit qui lui est exclusivement personnel d'utiliser ou non la faculté de découvert qui a pu lui être consentie de sorte que les créanciers de ce dernier ne peuvent en demander l'exécution par la voie

---

[613] Classiquement, cette notion recouvre les banques et établissements financiers. Mais à l'heure actuelle où les institutions de microfinance s'implantent et reçoivent les fonds du public, les sommes d'argent de plusieurs personnes se logent dans les comptes de ces dernières. Il serait logique de compléter l'article 161 al. 1 en ces termes : « *Lorsque la saisie est pratiquée entre les mains d'un établissement bancaire, d'un établissement financier assimilé ou d'une institution des systèmes financiers décentralisés, ces établissements sont tenus de déclarer la nature du ou des comptes du débiteur.* ».

[614] Voir NGO (N.), *Le secret des affaires dans les pays OHADA et en France*, Thèse de Doctorat d'État, Université d'Évry, Paris, 2005, p. 307

[615] L'ouverture de crédit est un contrat par lequel « un banquier s'engage à mettre à la disposition de l'un de ses clients pour un temps déterminé ou indéterminé, un certain crédit dont le bénéficiaire usera à sa guise, soit en touchant les fonds soit en tirant un chèque ou une traite sur le banquier » : Traité de droit commercial, RIPERT et ROBLOT, T 2 par DELEBECQUE et GERMAIN 17e éd., 2004, n° 2377

de l'action oblique, ni procéder à une saisie[616]. La jurisprudence française se situant dans ce sens, estime que l'ouverture de crédit « *constitue une promesse de prêt, et donne naissance à un prêt à concurrence des fonds utilisés par le client* »[617]. Les fonds n'étant pas physiquement versés, et l'avoir du titulaire n'étant qu'une virtualité tant qu'il ne décide pas d'utiliser effectivement son découvert[618], le banquier tiers saisi n'a pas à déclarer la partie non utilisée d'une ouverture de crédit. En ne constituant qu'une promesse de prêt à une personne dénommée, cette fraction inutilisée n'est pas saisissable[619].

590. Ce rejet catégorique de la saisissabilité d'une ligne de crédit au profit d'un client de la banque est fort logique et permet de protéger le banquier, car dans le cas contraire, ce dernier, qui a déjà pris un risque, n'aura plus le courage d'apporter son concours financier aux hommes d'affaires[620]. Le montant de la ligne de crédit ne devrait pas entrer dans la détermination du solde des comptes.

591. Le banquier a aussi l'obligation de déclarer les modalités affectant lesdits comptes. Le législateur OHADA n'a pas pris soin d'énumérer ces modalités dans l'article 156 de l'AUPSR-VE. Il peut s'agir alors de comptes grevés de sûretés comme le gage espèces[621]. « *Indisponible, la créance devient incessible et insaisissable par les tiers, créanciers du client* »[622], même si le banquier a l'obligation de la

[616] Voir PERROT (R.) et THERY (Ph.), *Procédures civiles d'exécution,* éd. Dalloz, 2000, p. 417, n° 404. Dans le même sens, CREDOT (F. - J) et GÉRARD (Y.), note sous CA Montpellier, RD bancaire et bourse 1995, p. 105.

[617] CA. Paris, 16 nov. 1983, D. 1985 IR p. 339 note M. VASSEUR, TGI Blois, 27 mai 1994, Gaz. Pal., 1994, somm., p. 604.

[618] Voir ROUTIER (R.), *Obligations et Responsabilités du Banquier*, 2e éd. D., 2008, p. 340 et s.

[619] Voir Civ.2è, 18 nov. 2004, n° 00 19.693, Sté Laurent c/ Union de crédit pour le bâtiment, Bull. civ. II, n° 501 ; D. 2005, p. 213, osb. V. Avenat- Robardet

[620] Voir en sens contraire, CUPERLIER (O.), « Réflexions critiques sur l'insaisissabilité d'une ouverture de crédit », *RTD civ.* juillet / septembre 2007, p. 485.

[621] La pratique du gage-espèces consiste à ouvrir un compte spécial dont le solde garantit le paiement d'une dette du constituant. Ce procédé est plus radical que celui du mécanisme de nantissement du solde du compte. En effet, en matière de nantissement du solde, le constituant conserve la disponibilité de son compte, de sorte que l'assiette de sûreté fluctue. En matière de gage-espèces, au contraire, le compte est indisponible. Cela le réduit à une créance qui s'éteint par compensation quand le constituant ne paie pas sa dette. Il n'en faut pas plus pour protéger le banquier.

[622] Voir GRUA (F.), *Les contrats de bases de la pratique bancaire,* Litec, 2001, n° 137.

déclarer. Ce mécanisme de gage procure au banquier une protection renforcée, car il lui suffira de procéder à une compensation lorsque le constituant ne paie pas sa dette. Une autre modalité qui peut affecter le solde du compte est la convention de compensation entre plusieurs comptes du client encore appelée lettre de fusion[623].

592. Outre ces modalités, le législateur met à la charge du banquier une autre obligation, celle de déclarer les cessions de créances, délégations ou saisies antérieures. Ces dernières déclarations du banquier doivent être accompagnées de leur montant exact. Mais, c'est la déclaration du solde exact du ou des comptes du débiteur qui intéresserait finalement l'huissier puisque c'est de la nature de ce solde que dépendra la consistance du montant de la saisie. Ainsi, le tiers saisi devra faire une présentation séparée du solde de chacun des comptes dans le cas où le débiteur saisi a plusieurs comptes.

593. Dans l'hypothèse de soldes débiteurs et créditeurs, le banquier va chercher à dégager un solde global envisagé par rapport à l'ensemble des comptes. À cet effet, la question se pose de savoir si le banquier est en droit de faire jouer la compensation dans ce cas. Si dans la convention de comptes liant le banquier à son client, il n'est pas fait mention de la possibilité ou de l'intention de procéder à la compensation lors de la saisie du compte, le banquier ne disposera pas de droit de compensation sur les différents soldes bancaires du client saisi. En compensant dans cette situation, son opération serait dépourvue de cause. Mais, le banquier qui analyse toujours les risques liés à ses relations avec les clients, prend l'habitude de mettre dans les conventions, la possibilité de faire jouer l'exception de compensation[624]. C'est par cette pratique que le banquier dégage rapidement un solde unique issu des différents soldes des comptes ouverts par un client. La compensation dans cette hypothèse aura alors une origine conventionnelle.

594. Si la banque est tenue d'indiquer le montant appréhendé, la difficulté qui apparaît est celle de savoir si elle doit aussi déclarer le solde débiteur d'un compte. L'expression « (...) *ainsi que leur solde au jour de la saisie* » nous fait dire que le législateur OHADA semble

---

[623] Cette convention crée entre les comptes un lien de connexité qui autorise en principe le banquier à opposer la compensation au créancier saisissant.

[624] Voir les critiques de cette compensation par NUBUKPO (Ch.) pour qui l'on ne peut procéder à une compensation avec une créance indisponible ; Revue Africaine de Droit, d'Économie et de Développement (RADED), mai/juin. 2005, p. 156.

adopter une réponse affirmative. Le banquier est un acteur neutre dans la saisie et pour ne pas s'attirer la colère du créancier poursuivant sur lui, il ferait mieux de ne pas faire une « *économie* » de déclaration. En dehors de ces renseignements, il est demandé au banquier de communiquer des pièces justificatives à l'huissier instrumentaire afin de « *conforter, étayer et permettre de vérifier la sincérité et l'exactitude* » de sa déclaration. La pratique des huissiers est de ne même pas exiger les pièces justificatives. Est-ce une exigence de trop de la part du législateur ou le banquier est-il cru sur parole ? L'attitude du banquier lors de sa déclaration montre d'ailleurs qu'il met tout en œuvre pour satisfaire l'huissier[625].

595. Le délai imparti pour la communication des informations est très court. Ce sont des informations précises, communiquées immédiatement[626], c'est-à-dire sur place. L'alinéa 2 de l'article 156 de l'AUPSR-VE dispose que « *ces déclarations et communications doivent être faites sur-le-champ à l'huissier ou l'agent d'exécution* »[627]. Cette communication « *sur-le-champ* » est instituée pour permettre à l'huissier de justice d'obtenir rapidement des renseignements sur les comptes du saisi et éviter toute éventuelle collusion frauduleuse entre ce dernier et le banquier.

596. L'expression « *sur-le-champ* » peut poser de réels problèmes au banquier, compte tenu parfois du dysfonctionnement technique ou informatique du système bancaire permettant la tenue des comptes. Aussi, lorsque l'acte de saisie est-il signifié à une personne non habilitée à le recevoir, faute de pouvoir, l'acte sera nécessairement transmis par voie interne, ou re-signifié à la personne habilitée. Cette hypothèse ne constitue plus une difficulté majeure dans la pratique bancaire aujourd'hui puisque, c'est le service juridique de chaque banque qui est souvent sollicité pour recevoir l'acte de saisie. La compétence de ce service qui s'étend à toutes les agences de la banque

[625] Le même huissier est très souvent le partenaire de la banque dans laquelle il pratique la saisie. Il existe entre lui et la banque saisie une convention de partenariat pour les services bancaires.

[626] Voir DEDESSUS-LE-MOUSTIER (G.), « L'obligation de renseignement du tiers saisi dans la saisie-attribution » : *JCP,* 1998, I, p. 106

[627] Voir CCJA, Arrêt n° 008/2002 du 21 mars 2002, Affaire Société PAMAFRIQUE C/ Etienne KONAN BALLY KOUAKOU, arrêt cité par ONANA ETOUNDI (F.), *La pratique de la saisie-attribution des créances à la lumière de la jurisprudence de la CCJA de l'OHADA*, p. 39

permet aux huissiers de saisir les comptes ouverts dans des agences qui se trouvent très éloignées du siège social.

597. Mais en raison de la multiplication accélérée des agences de banque dans tout le pays, la question se pose de savoir si à 400 ou 500 kilomètres du seul service juridique, le chef d'une agence peut recevoir un acte de saisie et faire valablement une déclaration. Le chef d'une agence a l'obligation du moins, lorsque le débiteur y a son compte, de faire une déclaration du compte du débiteur saisi[628], ce qui éviterait au créancier saisissant, des dépenses supplémentaires. Le service juridique au siège social n'a pas le monopole dans la conduite de la saisie des comptes même s'il dispose de tous les fichiers des autres agences.

598. La difficulté peut également surgir du fait qu'il est question de pièces comptables et en cas de pluralité de comptes, il serait difficile de fournir sur place, tous les éléments de preuve permettant à l'huissier de justice ou à l'agent d'exécution, d'être suffisamment renseigné. En pratique, les banques font une déclaration suivie de la formule « *sauf erreur ou omission et sous réserve des opérations en cours* ». Cette formule constitue une arme puissante entre les mains du banquier et reste pour lui, un moyen d'échapper à certains griefs du saisissant, relatifs à l'obligation de déclaration. Le législateur communautaire pourrait permettre aux banques, comme le préconise un auteur, de bénéficier d'un assouplissement de la notion de délai[629] pour fournir en cas de besoin, des informations complémentaires et précises en dehors du délai de « *cinq jours* » qu'il leur accorde, lorsque la signification de l'acte de saisi, n'est pas faite à personne[630].

599. La détermination du montant appréhendé est une phase importante au cours de laquelle le banquier est tenu de coopérer loyalement. Aux termes de l'article 156 alinéa 2 *in fine* de l'AUPSR-VE : « *toute déclaration inexacte, incomplète ou tardive expose le tiers saisi à être condamné au paiement des causes de la saisie... sans*

---

[628]En ce sens, Voir PERROT (MM.) et THERY, Procédures civiles d'exécution, 2e éd. 2005, n° 419

[629]Voir BARRA (C.), *Les limites des voies d'exécution eu égard à la protection des données personnelles* ; mémoire de DEA ; Droit privé, Faculté de Droit et de Science Politique Aix Marseille III, p. 17.

[630]Voir dans ce sens l'article 156 de l'AUVE qui dispose que « *ces communications et déclarations doivent être faites sur-le-champ ou au plus tard dans les cinq jours si l'acte n'est pas signifié à personne* ».

préjudice d'une condamnation au paiement de dommages-intérêts ». Selon ce texte, le tiers saisi peut être condamné à payer le montant de la créance réclamée au titre de la saisie. Le paradoxe créé par cet article est que le tiers saisi considéré comme débiteur des causes de la saisie est exposé à payer plus que ce qu'il doit, si la dette du saisi à l'égard du saisissant est plus importante que la sienne propre[631].

600. Il est vrai, l'article 81 de l'AUPSR-VE prévoit la possibilité d'une action récursoire du banquier contre le client saisi[632]. Le législateur OHADA a unifié les causes de condamnation au paiement du montant de la créance réclamée et des dommages-intérêts. Le créancier qui demande la condamnation du tiers saisi au paiement des dommages-intérêts doit prouver la faute de ce dernier, le préjudice et le lien de causalité entre la faute et le préjudice. Indépendamment de ces deux sanctions d'origine légale, la jurisprudence prononce fréquemment l'astreinte à l'encontre du tiers saisi. Cette sanction consiste pour le juge à condamner une personne à une somme d'argent à raison de tant par jour de retard[633]. C'est une sanction qui accompagne de plus en plus les ordonnances de saisie-attribution pour briser les velléités des banques[634].

B. L'opération de saisie vis-à-vis du débiteur

601. S'il est vrai que l'acte de saisie doit être notifié au banquier qui doit collaborer, il faut noter qu'après cette étape, ledit acte doit ensuite être dénoncé au débiteur (1). Le créancier doit enfin observer un délai, délai requis pour des opérations bancaires particulières, et pour permettre au débiteur d'élever d'éventuelles contestations (2).

---

[631] Sur cette question, Voir PERROT (R.), RTD civ., 1994, p. 687 et s.

[632] Selon DONNLER (M), sans doute le tiers dispose-t-il d'un recours contre le saisi pour se faire rembourser la partie excédant ce qu'il lui doit, mais c'est un recours aléatoire puisqu'il est dirigé contre une personne qui, par hypothèse même, est dans une situation financière difficile.

[633] Voir GUILIN (R.) et VINCENT (J.), *Lexique des termes juridiques,* 14e éd., 2005

[634] Voir BEBOHI (E. S), *La saisie-attribution dans la jurisprudence de l'espace OHADA*, Mémoire de DEA Droit privé, Université de Douala, p. 65. Voir, dans ce sens, TPI Douala, ordonnance de référé n° 225 du 29 décembre 2000, *Aff. Société des Hospices du Cameroun en liquidation c/ Standard Chartered Bank.*

1. La dénonciation de l'acte de saisie au débiteur

602. La dénonciation au débiteur est l'œuvre de l'huissier de justice[635]. Véritable principe du contradictoire, la dénonciation est prescrite à peine de caducité de la saisie, dans un délai de huit (8) jours par acte d'huissier ou de l'agent d'exécution[636]. Le contenu de cet acte est également prescrit à peine de nullité par l'alinéa 2 de l'article 160 de l'AUPSR-VE. L'huissier de justice doit indiquer dans l'acte de dénonciation de la saisie au débiteur, la date à laquelle expire le délai d'un mois et désigner la juridiction devant laquelle les contestations pourront être portées. L'article 335 de l'AUPSR-VE qualifie ce délai de délai franc. La signification de l'acte de saisie crée une véritable obligation d'information à la charge du créancier saisissant[637].

603. La signification de l'acte de saisie opère un « *gel* » momentané des prérogatives du débiteur sur le solde de son compte bancaire. Le lien de droit qui conduit à la saisie-attribution du compte du débiteur justifie l'idée d'une opposabilité du montant appréhendé au saisi, car celui-ci ne peut à loisir se soustraire à son obligation de payer, s'il est le vrai débiteur. Cette opposabilité du montant appréhendé n'est que le renforcement du caractère immédiat de l'attribution et de l'indisponibilité de la créance saisie. De ce fait, il est alors interdit au débiteur saisi de réduire ce montant par des opérations nouvelles.

604. Le retrait de fonds par le client saisi à l'aide de sa carte bancaire dès les premières heures de la saisie est inopposable au créancier saisissant[638]. En définitive, l'inobservation par tout caissier, employé ou cadre de banque des mesures de restrictions sur le compte saisi peut constituer une cause pouvant justifier une sanction à son encontre, puisque la banque sera lourdement condamnée pour avoir réduit frauduleusement le montant saisi. En effet, le banquier après avoir déclaré le montant appréhendé à l'huissier, procède à la matérialisation de la saisie pratiquée par le créancier.

---

[635] Il est bien vrai que dans la pratique, le débiteur est informé en premier lieu par son banquier de l'incident produit sur son compte afin de lui permettre d'émettre des chèques sans provision par exemple.

[636] Article 160 de l'AUPSR-VE.

[637] Dans la pratique, c'est le banquier gestionnaire du compte saisi qui informe dans les minutes qui suivent la saisie, le client débiteur saisi par appel téléphonique.

[638] C'est le service monétique de la banque qui reçoit les demandes de cartes bancaires et les délivre aux bénéficiaires. Ce département de la banque gère toutes les cartes des clients et surveille les opérations effectuées par les clients.

605. Par cette opération qui consiste à informer le gestionnaire du compte et tout caissier, le service juridique de la banque met une restriction sur le compte, interdisant ainsi tout prélèvement de fonds. Dans cette situation, le client, débiteur saisi, et le banquier ne peuvent modifier le montant. C'est ainsi que le débiteur saisi ne peut soustraire au créancier saisissant, une partie du solde déclaré, en opérant un retrait de fonds ou en tirant un chèque, en donnant un ordre de virement[639] ou encore, en procédant à une cession de sa créance sur le banquier. Ce dernier engagerait sa responsabilité de tiers saisi, s'il lui permettait d'effectuer de telles opérations. Dans ce cas de figure, le banquier sera condamné à payer de nouveau au vrai créancier, car « *qui paie mal, paie deux fois* ».

606. Il importe d'observer que la saisie ne met pas fin aux relations d'affaires entre le banquier et son client, débiteur saisi. Ce n'est qu'un incident de fonctionnement du compte. Il n'est pas interdit au banquier et à son client de conclure de nouvelles opérations et la saisie opérée n'est pas un obstacle à ce que des créances nouvelles soient réglées dans le cadre de la convention initiale de compte. En aucune manière, le compte n'est bloqué, mais c'est le contenu que constitue le montant appréhendé qui est mis sous le régime de l'indisponibilité. De ce fait, le contenant continue de recueillir de l'argent frais.

607. En pratique le banquier crée un compte spécial appelé « *compte interne* » ou « *compte d'attente* » ou « *compte bis* » sur lequel, est viré le montant saisi-attribué de manière à ce que le compte du saisi puisse continuer à fonctionner normalement. Dans ces conditions, la règle est de ne prélever de l'argent sur le compte interne que si le résultat cumulé débiteur ne peut être absorbé par le solde existant sur le compte du client. Ce mécanisme, connu sous le « *jargon bancaire* » du cantonnement du montant de la saisie présente à la fois un avantage et un inconvénient.

608. Comme avantage, le mécanisme du cantonnement de la saisie dans la pratique bancaire participe un tant soit peu de la protection du saisissant puisque ce dernier est plus ou moins sûr de retrouver le montant viré sur le compte interne. Mais l'inconvénient de cette pratique réside dans le fait qu'en rendant disponible l'excédent du compte, permettant ainsi au débiteur d'effectuer des opérations de

---

[639] Voir RIVES-LANGE (J-L.), *La saisissabilité du compte courant*, Rec. Dalloz SIREY, 1974, p. 101

retrait, le banquier court un risque. Lorsqu'il aura dégagé un solde débiteur des opérations en cours, et en l'absence d'argent frais conséquent, le montant cantonné serait directement affecté au préjudice du saisissant. Cette surprise désagréable qui serait réservée au saisissant, à cause de l'écart entre la législation et la pratique, pourrait engendrer des contentieux parasites[640] entre banquier et créancier saisissant. Afin d'éviter de telles déconvenues, le banquier devrait prendre des précautions nécessaires après avoir procédé au cantonnement.

609. Le débiteur saisi dispose de la possibilité, en premier lieu, de décider de régler le créancier saisissant sans attendre que la procédure parvienne à son stade ultime. Il faut préciser que le banquier, pour sa part, doit refuser de payer le montant en cause, en faisant valoir la spécificité des règles de saisie de comptes bancaires qui imposent l'observation d'un délai de quinze jours pour le dénouement des opérations en cours. Dès que l'huissier ou l'agent d'exécution a signifié la saisie au banquier, celui-ci prend la suite et c'est lui qui, en tant que spécialiste des comptes, met en œuvre la réglementation dans ce qu'elle a de plus concret. Les mesures de contrainte édictées par le législateur communautaire invitent le banquier, tiers saisi à protéger le montant appréhendé et à sauvegarder les droits et intérêts du créancier, soucieux de recouvrer sa créance.

610. La loi offre au débiteur, dès la dénonciation de la saisie, un recours lui permettant d'élever d'éventuelles contestations.

2. La contestation éventuelle de la saisie par le débiteur

611. Dès la dénonciation de la saisie, l'AUPSR-VE dans son article 170, alinéa 1er autorise le débiteur à contester la saisie, « *à peine d'irrecevabilité* » « *dans le délai d'un mois* ». La mise en œuvre de ce droit par le débiteur transforme la procédure en un véritable contentieux dont le règlement obéit aux règles de droit commun. Il est admis avec le législateur OHADA que les contestations sont portées par voie d'assignation devant la juridiction du domicile du débiteur, ou à défaut de domicile connu, devant la juridiction du domicile ou du lieu où demeure le tiers saisi.

---

[640] Voir COUCHEZ (G.), *Voies d'exécution*, Armand Colin 8e éd., 2005, n° 251 ; LEFORT (C.), « Saisie attribution », *Rép proc. Civ.* Dalloz 2007, n° 317.

612. La procédure de contestation de la saisie-attribution est régie par les dispositions de l'AUPSR-VE. La question qui se pose est celle de savoir si c'est la signification de l'assignation au créancier saisissant ou bien son enrôlement qui doit intervenir dans ce délai d'un mois à peine d'irrecevabilité. Cette question, loin d'être théorique ou un cas d'école, reste une réalité qui procède d'une faute de liaison[641] commise par l'huissier chargé de la signification de l'acte. Que décider en effet dans cette hypothèse ? Faut-il retenir qu'à défaut de placement avant l'audience, l'assignation est frappée de caducité de sorte qu'elle est rétroactivement privée de son effet suspensif et que, le délai d'un mois expiré, le saisissant peut se faire délivrer un certificat de non-contestation qui lui permettra d'avoir le paiement du banquier ? La « *voie d'assignation des contestations* » dont parle l'article 170, alinéa 1er doit être comprise au sens de la signification de la contestation et son enrôlement avant la date d'audience fixée. C'est d'ailleurs par cette formalité que le juge de l'urgence aura connaissance du dossier, de sorte que l'omission d'enrôlement de l'assignation en contestation dans le délai d'un mois entraîne la caducité de celle-ci.

613. La juridiction communautaire, dans son arrêt du 9 novembre 2003, conclut d'ailleurs à un abandon de la procédure, lorsqu'il n'est pas procédé à l'enrôlement de l'assignation en contestation[642]. Cette position de la CCJA est logique et soutenable puisqu'elle paralyse les manœuvres dilatoires d'un débiteur de mauvaise foi. La Cour impose alors le respect de la célérité qui reste l'objectif fondamental du législateur en matière de saisie-attribution des créances. Tout compte fait, le débiteur saisi qui conteste la saisie initiée à son encontre a l'obligation de veiller à la régularité de la procédure afin de bénéficier des effets qui s'y attachent. À cet effet, la question se pose de savoir si le créancier doit dénoncer la saisie lorsque celle-ci frappe dans le vide, c'est-à-dire, lorsque le solde déclaré par le tiers saisi est débiteur. Cette question si simple n'admet cependant pas de réponse aisée. Deux hypothèses peuvent être avancées.

614. La première, favorable à la dénonciation de la saisie même en présence d'un solde débiteur déclaré, est prévisionnelle et vise la protection des intérêts du créancier. Les huissiers ne doivent pas réduire leurs démarches et doivent procéder à la dénonciation de la saisie. Si le

---

[641]Article 160 de l'AUPSR-VE.

[642] Arrêt n° 036/2011 du 8 décembre 2011 : Aff. Vincent BOURGOING-DUMONTEL C/ Roselyne ALLANAH, Veuve FAWAZ.

tiers saisi dispose de fonds ultérieurement pour payer le créancier, le défaut de dénonciation peut permettre au débiteur de reprendre la main dans la procédure et de perturber le recouvrement de la créance en se prévalant de la nullité de la saisie. La seconde tient compte du comportement du débiteur mis en cause. La dénonciation ici peut engendrer des conséquences négatives sur le créancier et le banquier tiers saisi. Dans une telle hypothèse, ni l'huissier de justice ou l'agent d'exécution, ni le banquier ne devrait dénoncer la saisie au débiteur, car dans la pratique, les débiteurs de mauvaise foi informés de la saisie pratiquée sur leurs comptes, refusent de les alimenter.

615. En présence d'un solde créditeur, la dénonciation trouve sa pleine valeur et sans inquiétude, ce qui permettra au débiteur saisi, de s'organiser, en envisageant éventuellement la nullité de la saisie. La rigueur et la subtilité qui imprègnent la procédure de la saisie-attribution exigent une délicatesse de la part de l'huissier ou l'agent d'exécution. La pratique démontre que la saisie est un art difficile. Pour ne pas laisser la saisie développer ses effets extrêmement forts, le débiteur va organiser sa défense en vue de paralyser la procédure initiée par le créancier saisissant. Les raisons qui sous-tendent son action et qui conduisent à la nullité de la saisie c'est-à-dire à sa mainlevée peuvent être de fond ou de forme. La bataille judiciaire autour de la nullité de fond trouve ses fondements dans l'étendue de la créance réclamée par le créancier en principal et accessoires.

616. Les irrégularités de forme sont celles qui entachent l'exploit de saisie et de dénonciation. Ainsi le contenu de ces exploits étant prescrit à peine de nullité de la saisie, l'omission d'une seule mention entraîne la nullité de la saisie[643]. Ces irrégularités proviennent le plus souvent de l'inobservation par les huissiers, des prescriptions de l'AUPSR-VE et parfois d'un manque de rigueur dans la rédaction de leurs actes. La situation ainsi engendrée peut aboutir à la condamnation du banquier tiers saisi au paiement de dommages-intérêts lorsque celui-ci, en se fiant aux déclarations imprécises ou erronées, déclare le solde du compte d'un client étranger à la saisie opérée. L'action que ce dernier engagerait trouverait sa justification au regard du principe du secret bancaire. C'est ainsi que l'huissier peut créer une situation défavorable au banquier.

[643] Article 160, alinéa 1 de l'AUPSR-VE.

617. Les huissiers ayant le monopole des actes de saisie, il leur incombe de veiller à la régularité formelle des procès-verbaux de saisie, telle qu'exigée par les dispositions de l'AUPSR-VE. La contestation élevée par le débiteur saisi a pour effet d'introduire une sorte de *« court-circuit »* dans la procédure. Si l'article 164, alinéa 1er de l'AUPSR-VE prévoit que le paiement du montant de la saisie ne peut intervenir que sur présentation de la décision exécutoire de la juridiction rejetant la contestation, c'est dire, *a contrario*, qu'avant cette décision, le banquier ne doit pas libérer les fonds saisis entre les mains du créancier saisissant. Le paiement est donc différé jusqu'au jour du règlement des contestations par le juge.

618. Le créancier saisissant fonde son espoir sur le montant qui lui est attribué immédiatement. C'est pourquoi le régime juridique du montant appréhendé mérite une attention particulière.

II. La détermination du montant de la saisie

619. L'indifférence des instruments bancaires à la logique des règles ordinaires de la saisie-attribution plonge le créancier saisissant dans une situation délicate ; l'issue d'une procédure ne pouvant, le plus souvent, être maîtrisée à l'avance. Le créancier reste inquiet puisque le législateur OHADA prévoit dans l'article 161 de l'AUPSR-VE que le montant déclaré par le banquier au moment de la signification de l'acte de saisie peut être affecté par des opérations en cours. Ainsi, il est important de déterminer le régime du montant appréhendé (A). Le sort du résultat issu de ce mécanisme étant réglé par l'alinéa 4 de l'article 161 de l'AUPSR-VE (B).

A. Le régime du montant appréhendé

620. L'une des obligations qui pèsent sur le banquier en matière de saisie-attribution est la mise en indisponibilité du montant appréhendé. Le législateur OHADA autorise le banquier tiers saisi, à travers l'alinéa 4 de l'article 161 de l'AUPSR-VE, à compenser en compte dans le cadre de la saisie-attribution de comptes bancaires[644]. Ainsi une

---

[644] La compensation a été définie par le Doyen CARBONNIER comme étant « *l'extinction de deux obligations de la même espèce, en particulier de deux obligations de somme d'argent existant réciproquement entre deux personnes, extinction totale si les obligations ont le même montant, partielle jusqu'à concurrence de la plus faible, si elles ont des montants inégaux* ». Voir CARBONNIER (J.), *Droit civil, T4, Les obligations*, Thémis, 1995, p. 528, n° 337.

fois comptabilisés, les crédits et les débits correspondant à des opérations en cours (qui affectent le montant appréhendé, soit à l'avantage, soit au préjudice du saisissant) permettront au banquier d'établir une balance entre eux pour faire apparaître un solde unique qui est soit positif soit négatif. Ainsi, si la procédure a pour effet de rendre indisponible le solde des comptes (1), ce solde reste influencé par les opérations en cours (2).

1. L'indisponibilité du montant saisi

621. Cette indisponibilité qui entraîne un blocage du solde est instituée dans le but d'empêcher le débiteur et le tiers saisi de dissiper le montant. Des difficultés particulières concernent cette indisponibilité qu'elle soit totale ou partielle. L'indisponibilité du solde des comptes paralyse le fonctionnement du compte du débiteur, et la possibilité de la fourniture d'une garantie en vue de sa levée anticipée s'impose en droit OHADA. À la question de savoir si l'indisponibilité du montant appréhendé est totale ou partielle, l'Acte uniforme dans l'article 154 apporte une réponse à caractère trompeur. « *L'acte de saisie emporte à concurrence des sommes pour lesquelles elle est pratiquée ainsi que tous ses accessoires, mais pour ce montant seulement, attribution immédiate, au profit du saisissant de la créance saisie disponible entre les mains du tiers* ». Les « *sommes saisies sont rendues indisponibles…* ». À en croire le législateur OHADA, le solde du compte est bloqué à hauteur de la créance, cause de la saisie, opérant ainsi un cantonnement automatique de plein droit. Dans cette logique, les sommes excédant le montant réclamé sont disponibles.

622. L'interprétation de cette disposition du droit OHADA n'est pas sans inconvénient[645] pour le créancier qui pourra ainsi recevoir une somme moindre que le montant de sa créance alors même qu'à la date de la saisie, le montant appréhendé était suffisant pour le désintéresser, en raison de la menace des opérations en cours. L'acte de saisie rend indisponible l'ensemble des comptes du débiteur qui représente des créances de sommes d'argent. Il s'agit là d'une indisponibilité totale. C'est le moyen le plus sûr de préserver les intérêts du créancier

[645]Voir BONNEAU (Th.), *Droit bancaire*, Domat, 2e éd., 1996, 216. CALENDINI : « De quelques problèmes liés à la saisie des comptes bancaires », *Les Petites Affiches*, 26 févr.1992, n° 25, p. 12.

saisissant et de lui garantir le recouvrement du montant des sommes recherchées[646].

623. L'indisponibilité totale qui peut être extrêmement gênante pour le débiteur, constitue une menace et a pour effet d'inciter ce dernier à payer volontairement et ponctuellement ses dettes si sa situation financière le permet, car l'orientation de ses clients ou fournisseurs vers un autre compte ouvert dans un autre établissement bancaire ou de microfinance peut prendre un temps quelque peu couteux aux affaires. Cette mesure radicale, applicable à la saisie des comptes bancaires, est donc aussi comminatoire. La doctrine de la CCJA est fixée dans ce sens. C'est seulement, lorsque les fonds immobilisés sur les comptes saisis couvrent largement la créance, cause de la saisie en principal, intérêts et frais, qu'elle dénie toute efficacité à une seconde saisie-attribution opérée par le créancier, sur le fondement du même titre exécutoire en la qualifiant d'abusive[647].

624. L'indisponibilité du montant appréhendé débute à l'instant même où l'acte de saisie est signifié à la banque. La durée de cette indisponibilité est variable selon qu'il existe ou non un risque de contre-passation d'effets de commerce. En l'absence d'un tel risque, le législateur OHADA institue un délai de 15 jours ouvrables pendant lequel le montant appréhendé, rendu indisponible, peut être affecté à l'avantage ou au préjudice du saisissant par un certain nombre d'opérations[648]. À l'expiration de ce délai, le montant appréhendé ne peut plus être affecté et l'effet d'indisponibilité doit cesser. À cette date, seule reste indisponible la somme définitivement saisie-attribuée au saisissant qui est égale au montant de sa créance. L'excédent redevient disponible au compte du client saisi. Ce dernier peut de nouveau procéder à des retraits et adresser des ordres de paiement à son banquier.

625. Si d'entrée de jeu, les dispositions relatives à la saisie améliorent la situation du créancier, et humanisent la procédure à l'égard du débiteur, la cohérence des textes semble alors être remise en cause par l'article 161 de l'AUPSR-VE qui reporte le caractère

---

[646]L'indisponibilité qui serait totale de bout en bout de la saisie-attribution est de nature à renforcer l'efficacité de cette voie d'exécution en augmentant l'assiette qui supportera le poids des régularisations éventuelles.

[647]CCJA, Arrêt n° 028/2004 du 15 juillet 2004, Aff. Mobil Oil Côte d'Ivoire c/ les Centaures Routiers, Collection du Recueil de Jurisprudence de la CCJA, vol. 1, 2003-2005, page 35.

[648] Article 161, alinéa 2 de l'AUPSR-VE

immédiat de l'attribution à quinze jours, voire à un mois pour permettre au tiers saisi de régulariser les opérations en cours. Si la nature de l'objet à saisir est à l'origine des difficultés révélées, les règles de fonctionnement des comptes bancaires viennent davantage compliquer les choses. Cette complication procède de la particularité de la saisie en cause[649].

626. En cas de risque de contre-passation d'effets de commerce, le montant appréhendé reste encore indisponible pendant la période s'écoulant de la fin du délai de 15 jours ouvrables jusqu'à la fin du délai d'un mois, mais à concurrence d'un montant limité au montant des causes de la saisie, majoré des risques d'escomptes susceptibles de contre-passation. Dans ce cas également, l'excédent redevient disponible au compte du saisi.

2. La régularisation des opérations en cours

627. Les opérations susceptibles d'affecter le montant appréhendé à l'avantage du saisissant sont énumérées par l'alinéa 2 a de l'article 161 de L'AUPSR-VE. Il s'agit notamment de « *remises faites antérieurement, en vue de leur encaissement, de chèques ou d'effets de commerce, non encore portés au compte* ». Le tiers saisi, après avoir connu la liste des opérations en cours, peut procéder à leur liquidation, en établissant le solde des dites opérations par le mécanisme de la compensation. Le texte de l'article 161 n'évoque pas l'hypothèse d'un virement[650]. Or, il est possible qu'un virement sur le compte saisi soit en cours au jour de la saisie et doive être porté au crédit du compte. Cette situation est due à l'application par les banques, de dates de valeur aux opérations effectuées par les clients[651].

628. La prise en compte des opérations est subordonnée à la preuve de leur antériorité. La question se pose alors de savoir si le banquier est en droit d'appliquer les dates de valeur à toutes opérations[652]. En matière de virement, l'application d'une date de valeur peut être

---

[649] Voir KONDO (E.), « Le montant de la saisie-attribution » ; kondo_lerequin@yahoo.fr/credtogo@yahoo.fr, 91 pages.

[650] Le virement est l'opération qui consiste à débiter un compte pour en créditer un autre.

[651] Voir CAYROL (N.) ; « Saisie-attribution : Les règles spécifiques » : *Jurisclasseur Banque-Crédit-Bourse,* 2008, Fasc. 680.

[652] Selon le Lexique des termes juridiques (p. 183), la date de valeur est celle à partir de laquelle une opération enregistrée dans un compte est prise en considération pour le calcul des intérêts éventuels.

préjudiciable[653]. L'application des dates de valeur en matière de virement pourrait réduire les droits du créancier poursuivant, en ce sens que le banquier retiendra avec abus pour son compte, la date différée. Le virement qui s'analyse en une remise de monnaie scripturale par un jeu d'écritures de compte à compte s'opère en deux temps : une écriture au débit à partir de laquelle l'ordre de virement devient irrévocable, et une écriture au crédit, à partir de laquelle le bénéficiaire du crédit peut disposer des fonds. Cette opération qui est devenue presque quotidienne dans la vie du banquier permet de gérer les ordres des clients recevant des fonds des partenaires d'autres banques. Il serait souhaitable que cette opération particulière puisse être inscrite au rang des opérations en cours créditrices.

629. En défaveur du créancier saisissant, certaines opérations viennent au débit du compte saisi. Il s'agit, en vertu de l'article 161 alinéa 2b, de l'AUPSR-VE de chèques remis à l'encaissement ou portés au crédit du compte, antérieurement à la saisie et, revenus impayés, des retraits par billetterie et les paiements par carte, dès lors que leurs bénéficiaires ont été effectivement crédités antérieurement à la saisie. En ce qui concerne les chèques tirés par le débiteur antérieurement à la saisie et non encore portés en compte, le législateur exige « *la remise à l'encaissement* » et non l'émission ou l'endossement du chèque[654]. Il est remarquable que cet article ne mentionne pas au débit, l'imputation des chèques émis antérieurement et présentés à l'encaissement postérieurement à la saisie. Cette exclusion se justifie par le souci d'éviter la fraude aux droits du créancier saisissant[655].

630. S'il émet des chèques pouvant faire l'objet d'une remise à l'encaissement, le débiteur peut aussi recevoir des chèques d'autres tireurs dont le montant sera crédité à son profit par le banquier. Lorsque le montant d'un chèque inscrit avant la saisie, au crédit du compte du

---

[653] *« Aucune de date de valeur ne saurait être admise pour une opération entre comptes ouverts dans une même agence alors qu'existe un ordre de virement permanent ».*

[654] Dans le droit du chèque, la remise à l'encaissement désigne la présentation du chèque pour le paiement, au guichet de l'établissement de crédit. Cela démontre la volonté du bénéficiaire du chèque de toucher le montant inscrit sur ce papier-valeur. C'est à cette seule condition que le montant de ces chèques viendrait en réduction du montant appréhendé.

[655] Certes, cette règle porte atteinte au principe séculaire fondamental du droit du chèque qui rend le porteur, propriétaire de la provision dès l'émission, mais elle s'explique par une considération de preuve.

débiteur, revient finalement impayé dans le délai de quinze jours, le législateur communautaire autorise la banque à soustraire la valeur du chèque du montant appréhendé par le saisissant[656]. Le montant appréhendé peut être également réduit par les « *retraits par billetterie effectués antérieurement à la saisie et les paiements par carte, dès lors que leurs bénéficiaires ont été effectivement crédités antérieurement à la saisie* ».

631. Les retraits d'argent auprès d'un distributeur automatique ne s'inscrivent pas instantanément au débit du solde du compte. Ces retraits, ayant le caractère d'opérations de caisse, devraient être soustraits du montant appréhendé. Le banquier ferait mieux, afin d'être à l'abri de toute critique, d'insérer dans la convention relative à l'utilisation d'une carte à débit différé, une clause particulière lui donnant droit, en cas de saisie-attribution, de procéder immédiatement à la compensation. En revanche, les retraits effectués postérieurement à la saisie seront inopposables au créancier saisissant. Tant pis pour le banquier s'il doit finalement payer au saisissant plus que ce qui reste sur le compte : c'est à lui d'empêcher son client d'utiliser sa carte de retrait.

632. Les paiements par carte quant à eux, obéissent à un régime particulier. La soustraction des paiements par carte effectués par le débiteur avant la saisie est subordonnée à la condition que leurs bénéficiaires aient « *été effectivement crédités antérieurement à la saisie c'est-à-dire à la condition que le banquier ait honoré l'ordre de paiement émis par le débiteur* ». Tant que le banquier n'aura rien déboursé, il n'y aura lieu à aucune déduction sur le montant appréhendé, même si le débiteur a utilisé sa carte de paiement avant le jour de la saisie. La liste des opérations débitrices susceptibles de diminuer le montant appréhendé est limitative. Aucune autre opération même prenant date antérieurement à la saisie ne doit plus être prise en compte dans la correction du montant appréhendé[657], sauf s'il y a possibilité de contre-passation d'effets de commerce.

---

[656] Le banquier, en inscrivant au crédit du compte, le montant d'un chèque avant son encaissement, consent donc un crédit au client saisi, sous condition de l'encaissement du montant du chèque. Il y a alors une augmentation du solde du compte saisi par le montant des chèques crédités. Il est donc logique que ce montant soit déduit du montant appréhendé au jour de la saisie si ces chèques reviennent impayés.

[657] Selon le Lexique des termes juridiques (p. 88), la carte de paiement est un document de format standardisé émis par des banques permettant à son titulaire, soit de régler facilement des achats ou des prestations de services chez les commerçants

633. La question reste cependant posée à propos des opérations réalisées le même jour que la saisie. Sont-elles réellement de véritables opérations en cours ? Cette difficulté n'est pas résolue par le législateur OHADA. Lorsque les opérations à porter au débit ou au crédit du compte sont du même jour que la saisie, et non d'une date antérieure, peut-on soutenir qu'elles sont sans effet sur le montant appréhendé ? Par quels mécanismes pourrait-on régler les litiges qui pourraient survenir à propos de ces opérations ? Il paraît judicieux et logique de tenir compte de l'heure à laquelle les opérations litigieuses ont été accomplies dans la journée. Il appartient alors à la banque de ventiler les opérations de la journée selon qu'elles ont eu lieu avant ou après la saisie afin de déterminer leur nature par rapport à la saisie opérée.

634. L'heure de la saisie figurant en principe sur le procès-verbal de l'huissier ou de l'agent d'exécution, les opérations effectuées avant l'heure indiquée sur l'acte de saisie devraient être considérées comme antérieures à celle-ci. Elles seront alors traitées d'opérations en cours. C'est seulement lorsqu'il y a du doute sur l'exactitude de l'heure de l'opération bancaire litigieuse, qu'il faudrait considérer les opérations créditrices comme antérieures et les opérations débitrices, postérieures. Cette démarche a pour but de déjouer les manœuvres frauduleuses du débiteur qui aurait l'intention de minimiser la valeur de son gage bancaire au détriment du créancier. Toutes ces difficultés rendent compte alors de la portée de la preuve de l'antériorité de ces opérations. Il ne suffit pas d'opposer au créancier saisissant l'existence des opérations en cours qui viennent affecter le montant appréhendé, surtout lorsqu'elles sont débitrices. Il faut rapporter la preuve desdites opérations pour convaincre le créancier poursuivant. Précisément, il doit être prouvé que leur date est antérieure à la saisie[658].

635. Ainsi, si le créancier saisissant voulait protéger le montant appréhendé en contestant la réalité de certaines opérations en cours débitrices, il lui incombe de rapporter la preuve de l'irrégularité desdites opérations. Mais il s'agit là d'une entreprise difficile puisque le créancier devrait disposer d'informations suffisantes et convaincantes

affiliés, soit d'obtenir des espèces auprès des établissements bancaires émetteurs. Les paiements par carte créent une relation triangulaire entre la banque, le client et le commerçant.

[658]Cette exigence est conforme au droit commun de la preuve, car selon l'article 1315 du C. civ. c'est « *celui qui réclame l'exécution d'une obligation* » qui « *doit la prouver* ».

sur les présumées transactions portant atteinte à ses droits. La remise à l'encaissement est le critère de l'antériorité par rapport à la date de la saisie et non l'émission ou l'endossement des chèques. La remise signifie la présentation du chèque à « *l'établissement bancaire* » en vue du recouvrement de son montant[659]. Ainsi, le fait d'émettre et de remettre un chèque à un bénéficiaire avant la saisie-attribution n'est pas en soi suffisant pour justifier une opération en cours débitrice[660]. Ce besoin de précision s'explique par une considération de preuve : retenir la date de la remise à l'encaissement est la meilleure solution pour s'assurer que la date du chèque est bien antérieure à celle de la saisie et pour éviter l'antidate des chèques dans ces circonstances.

636. Au même moment que le législateur soumet certaines opérations en cours à la condition d'antériorité à la saisie, il prévoit une dérogation en autorisant la contre-passation d'effets de commerce remis à l'escompte et non payés à leur présentation ou à leur échéance, lorsqu'elle est postérieure à la saisie.

B. Le sort du montant obtenu

637. Le banquier, tiers saisi, après avoir comptabilisé les opérations créditrices et débitrices, procède à l'établissement de leur solde. Pour y parvenir, il utilise la technique de la compensation entre ces diverses opérations. C'est la contre-passation d'effets de commerce (1). La suite de la procédure est soumise à un régime particulier de l'affectation du solde obtenu (2).

1. La contre-passation d'effets de commerce

638. La contre-passation est la technique qui consiste à annuler, par une écriture inverse de la précédente, une opération comptable faite antérieurement. Ce jeu d'écriture intervient dans le compte courant en cas de non-paiement des effets de commerce dont le montant avait été porté au crédit du compte du client par le contrat d'escompte. Le problème de la contre-passation en compte courant d'effets de commerce impayés est traditionnellement en relation avec la faillite du

---

[659] Bien évidemment, les frais bancaires généralement prélevés en cas de saisie de compte ne peuvent pas être imputés sur le montant appréhendé. C'est pourquoi d'ailleurs le banquier prélève les frais de saisie et la taxe sur les activités financières (TAF) avant toute déclaration.

[660] Voir PERROT (R.) et THERY (Ph.), *Procédures civiles d'exécution*, *op.cit.* n° 361.

remettant[661]. Un sort particulier est réservé à la contre-passation des effets de commerce. Par dérogation aux dispositions prévues pour les opérations en cours analysées plus haut, le législateur permet au banquier, tiers saisi, de contre-passer les effets de commerce remis à l'escompte et non payés à leur présentation ou à leur échéance lorsqu'elle est postérieure à la saisie dans un délai d'un mois qui suit la saisie.

639. À l'exigence de l'antériorité de l'opération pour son incidence sur le montant appréhendé, l'article 161 de l'AUPSR-VE prévoit alors un tempérament. La loi confère au banquier, un droit spécial par rapport au créancier saisissant. Si la condition de la contre-passation des effets de commerce est le défaut de paiement, le mécanisme juridique par lequel le banquier récepteur est désintéressé est la compensation, puisqu'à ce niveau, le législateur lui confère un droit préférentiel. En vertu de ce texte, le montant attribué au créancier saisissant est donc susceptible d'être réduit du montant de l'escompte accordé par le banquier avant la saisie. Cette réduction du montant appréhendé est subordonnée au non-paiement de l'effet à sa présentation ou à son échéance lorsqu'elle est postérieure à la saisie. La formule utilisée par le législateur fait référence à la distinction entre les lettres de change tirées à vue qui sont payables à leur présentation[662] et les traites tirées à un certain délai de vue ou de date ou à un jour fixe, qui sont payables à leur échéance[663].

640. Lorsque la lettre est payable à une échéance postérieure, il est *a priori* impossible de savoir si elle sera ou non payée et donc de soustraire le montant de son escompte du montant appréhendé. Mais dans ce cas, le banquier a la possibilité de présenter la lettre à l'acceptation du tiré[664]. Si celui-ci refuse d'accepter la lettre, cela entraîne de plein droit la déchéance du terme aux frais et dépens du tiré. La dette devient immédiatement exigible. C'est cette attitude du tiré qui

---

[661] Voir en sens contraire les observations critiques de MOULY (C.), Procédures civiles d'exécution et droit bancaire, *in* La réforme des procédures civiles d'exécution, RTD civ., 1993, n° spécial, p. 79.

[662] Voir RIPERT et ROBLOT, Traité de droit commercial, sous la direction de DELEBECQUE (Ph.) et GERMAIN (M.).

[663] Le plus ancien des effets de commerce est la lettre de change qui est un acte de commerce par la forme. Le billet à ordre signé par un commerçant est soumis à une réglementation très proche. Le XIXe siècle a vu apparaître le warrant qui est un billet à ordre garanti par un gage.

[664] Voir BONNEAU, Mélanges JEANTIN, 1999, p. 323.

déclenche l'exercice du droit spécial qui n'est qu'un droit préférentiel mis en exécution par le banquier. Cette prérogative permet alors au banquier de se faire payer par priorité par l'annulation de l'article de crédit en portant au débit du compte du client saisi, une somme égale au montant de l'effet escompté et revenu impayé et l'on pourrait soutenir qu'en matière de saisie-attribution de compte bancaire, il n'y a pas d'égalité entre le banquier tiers saisi et le créancier saisissant. Le banquier jouit de ce fait d'un véritable privilège, ce qui est d'ailleurs conforme à la profession bancaire[665].

641. La contre-passation devient une condition du crédit bancaire qui protège le banquier. Ce mécanisme est un élément de motivation, car les établissements de crédit auraient hésité à accorder des crédits d'escompte, s'ils ne pouvaient plus opérer la contre-passation des effets revenus impayés. Ce droit propre à la profession bancaire permet au banquier de se sentir en pleine sécurité puisqu'il est « *presque sûr de ne rien perdre* ». La solution s'impose en raison de la nature juridique du contrat d'escompte qui n'est pas un achat de traites, mais une opération de crédit garantie par des effets de commerce. La situation faite au banquier, tiers saisi, par l'article 161 de l'AUPSR-VE est très confortable puisqu'elle l'affranchit des risques de l'escompte ; solution très remarquable si on la compare avec la situation du banquier escompteur, en cas d'ouverture d'une procédure collective contre un débiteur en cessation des paiements, puisque, dans une telle hypothèse, la contre-passation des effets non échus n'est pas admise. Ce principe est affirmé par l'article 68-3° de l'AUPCAP.

642. Aux termes de ce texte, « *Sont inopposables de droit s'ils ont été faits pendant la période suspecte*[666] *: (...) tout paiement, quel qu'en soit le mode, de dettes non échues, sauf s'il s'agit du paiement d'un effet de commerce* ». L'inopposabilité qui frappe le paiement des dettes non échues s'explique par le fait qu'il n'est pas normal qu'un débiteur, incapable de payer ses dettes échues, paie des dettes non exigibles. De plus, la seule circonstance que le remettant est en redressement judiciaire ou en liquidation des biens ne saurait donc suffire pour permettre au banquier de contre-passer immédiatement un effet non

---

[665] Voir article 171 du Règlement N° 15/2002/CM/UEMOA du 19 septembre 2002 relatif aux systèmes de Paiement dans les États membres de l'Union Economique et Monétaire Ouest-Africaine).

[666] Voir CREDOT : « Les aspects bancaires de la loi du 9 juillet portant réforme des procédures civiles d'exécution », *Les Petites Affiches*, n° 50, 24 avril 1992, p. 1.

encore échu [667]. Toutefois, il convient de remarquer que cette disposition de l'AUPCAP qui prive le banquier du droit de contre-passation le place dans une situation de « *contractant maltraité* » à l'égard de l'entreprise en difficulté. Si le droit préférentiel du banquier peut être exercé en matière de saisie-attribution, le problème qui peut apparaître sur l'écran de l'actualité juridique est celui du sort des effets après contre-passation. Doivent-ils être restitués ou conservés par le banquier tiers – saisi ? Le silence gardé par le législateur OHADA sur cette question est retentissant.

643. La Haute Juridiction française, confortée par une doctrine majoritaire[668], a fixé en matière de procédures collectives, la règle dans la formule de son important arrêt du 25 janvier 1955 en ces termes : « *si la contre-passation en compte courant d'effets non payés à l'échéance intervient à un moment où le remettant, étant encore in bonis, le compte n'est pas clôturé, elle équivaut à un paiement et prive le banquier de ses droits sur les effets contre-passés* »[669]. Or, comme il a été dit plus haut, la saisie - attribution ne met pas fin au fonctionnement du compte. Le compte n'est pas clôturé. Dans ces conditions, l'extension de cette jurisprudence particulière à la contre-passation d'effets de commerce impayés en matière de saisie-attribution paraît logique. Cette opération, qui vaut paiement, oblige le banquier, à restituer les effets au remettant [670]. Un refus de sa part serait lourd de conséquences. L'exercice de ce droit préférentiel par le banquier aura pour effet, la réduction du montant appréhendé.

644. Mais il convient de remarquer que le banquier n'est toujours pas obligé de contre-passer. Il s'agit d'une simple faculté qui lui est reconnue par le législateur. Le banquier peut préférer conserver l'effet et se réserver les recours cambiaires reconnus au porteur, puisqu'en contre-passant, il perd ces recours cambiaires et les sûretés dont la créance était assortie. Ainsi, l'hypothèque, le gage et le privilège deviennent-ils, sans objet, la caution libérée. Or, il arrive que la contre-passation ne permette pas toujours au banquier d'être totalement payé.

---

[667] Voir TRASBOT : « De la contre-passation des effets de commerce », *Annales de droit commercial* 1927, 285 et s.

[668] Voir RIPERT (V. G.) et ROBLOT (R.), *Traité de droit commercial*, Tome 2, par GERMAIN (M.) et DELEBECQUE (P.), LGDJ, 17e éd., 2004, n° 2353.

[669] La période suspecte est celle qui s'étend de la cessation des paiements au jugement prononçant le redressement judiciaire. Sa durée ne saurait excéder 18 mois.

[670] Voir VASSEUR et MARIN, *Banques et opérations de banques*, Tome 1, n° 292 et s.

Dans ces conditions et sans souci de porter atteinte au caractère facultatif de l'opération, il serait souhaitable spécialement qu'en matière de saisie-attribution, le banquier opte, suivant l'analyse de la situation en cause, pour le recours cambiaire, de sorte que le montant à contre-passer soit compris dans le montant de la saisie. En procédant ainsi, le banquier ne perd rien.

645. Pour savoir ce que le banquier paiera effectivement au créancier saisissant à la fin de la procédure, il ne suffit pas de déterminer le montant appréhendé, mais aussi celui à payer.

2. L'affectation du solde obtenu

646. Le banquier, après avoir dégagé le résultat de la liquidation des opérations en cours, procède à la détermination du montant réel qu'il paiera au saisissant. Il adopte la technique de l'imputation. L'alinéa 4 de l'article 161 de l'AUPSR-VE dispose que « *le solde saisi n'est affecté par ces éventuelles opérations de débit et de crédit que dans la mesure où leur résultat cumulé est négatif et supérieur aux sommes non frappées par la saisie au jour de leur règlement* ». Il résulte de ce texte que les opérations antérieures à la saisie n'auront d'effet sur le montant appréhendé qu'à deux conditions.

647. Il faut, premièrement, que leur résultat cumulé « *soit négatif, autrement dit, que la somme des opérations au débit soit supérieure à la somme des opérations au crédit* ». Deuxièmement, il faut que le résultat négatif soit « *supérieur aux sommes non frappées par la saisie* ». Faut-il comprendre par-là que si le résultat cumulé des opérations n'est pas négatif, mais positif, alors, le montant appréhendé ne pourrait pas être modifié ? Autrement dit, la prise en compte des opérations en cours ne profite qu'au débiteur et non au créancier saisissant ? Ce dernier ne bénéficie-t-il pas de l'effet positif du résultat issu de la liquidation des opérations en cours ? En se fondant sur le texte de l'article 154 de l'AUPSR-VE qui prévoit une « *attribution immédiate* » des sommes saisies au profit du créancier saisissant, on pourrait difficilement croire que le créancier puisse alors saisir ce qu'il n'a pas vu le jour de la saisie.

648. Or, cette interprétation ne permet pas de sauvegarder les droits du créancier. Au contraire, il en constitue un véritable obstacle. Le législateur OHADA, qui a voulu améliorer la situation du créancier ne pouvait donner au texte de l'alinéa 4 de l'article 161 de l'AUPSR-VE un tel sens. Il serait mieux qu'un solde positif, soit, le cas échéant, pris en compte et affecte le montant déclaré à l'avantage du créancier[671]. Cette orientation admet d'ailleurs des conséquences positives énormes. D'une part, le patrimoine du débiteur saisi sera mieux protégé parce que ce dernier ne paiera plus doublement les frais accessoires directement liés aux opérations de saisie. D'autre part, il y a lieu de remarquer que la prise en compte du solde positif issu de la compensation entre les opérations en cours débitrices et créditrices dans le calcul du montant de la saisie donne de la confiance au créancier saisissant qui n'hésitera pas à normaliser ses relations avec le débiteur saisi.

649. Ainsi, en supposant que le résultat globalement négatif des opérations en cours ne soit pas une condition de la correction du montant appréhendé, mais seulement une hypothèse particulière, le texte de l'alinéa 4 de l'article 161 de l'AUPSR-VE pourrait être corrigé en ces termes : le montant appréhendé n'est affecté au préjudice du saisissant par ces éventuelles opérations de débit et de crédit que dans la mesure où leur résultat cumulé négatif est supérieur aux sommes non frappées par la saisie au jour de leur règlement[672]. La règle de l'imputation sur le montant appréhendé des opérations en cours est fixée par l'alinéa 4 de l'article 161 de l'AUPSR-VE qui dispose : « *le solde saisi-attribué n'est affecté par ces éventuelles opérations de débit et de crédit que dans la mesure où leur résultat cumulé est négatif et supérieur aux sommes non frappées par la saisie au jour de leur règlement* ». Selon certains auteurs, les sommes non frappées par la saisie désignent l'excédent du montant appréhendé par rapport au montant cause de la saisie[673].

650. Or, logiquement qualifié de somme « *non frappée par la saisie* », l'excédent du compte est assez critiquable. En matière de

---

[671]Soit par exemple, une saisie pratiquée pour un montant de 1 500 000 FCFA sur un compte dont le solde, au jour de la saisie n'est que de 1 000 000 FCFA. Le résultat cumulé des opérations en cours fait apparaître un solde positif de 400 000 FCFA, portant donc à 1 400 000 FCFA le montant de la créance du débiteur à l'égard de la banque. L'interprétation de l'article 154 de l'AUPSR-VE précité aurait voulu que le banquier, débiteur de 1 400 000 FCFA, ne remette en paiement au créancier saisissant, qu'une somme de 1 000 000 FCFA. Voir pour cette analyse, KONDO (E.), « Le montant de la saisie-attribution » *op. cit.*

[672] Voir LABALTE (E.), « Compensation : mode d'emploi », article trouvé sur le site : www.juridique.net

[673] Voir RIVES-LANGE (J-L.) et CONTAMINE-RAYNAUD, *Droit bancaire*, 1990, 5e éd., n° 206 et s.

saisie-attribution bancaire, le montant appréhendé est égal à l'ensemble des sommes frappées par la saisie et rendues indisponibles dans sa totalité. Ainsi, au lieu de considérer que les « *sommes non frappées par la saisie* », désignent l'excédent du compte par rapport au montant pour lequel la saisie est pratiquée, il serait logique d'estimer que cette formule désigne plutôt les sommes portées au crédit du compte, après la saisie, sommes qualifiées « *d'argent frais* ». Cette compréhension serait plus satisfaisante pour l'esprit. Si nous retenons notre analyse, il conviendrait de dire que le solde débiteur cumulé est, d'abord, imputé sur « *l'argent frais* » qui constitue incontestablement une « *somme non frappée* » par la saisie. Lorsque les sommes rendues indisponibles excèdent le montant de la créance du saisissant, ce solde cumulé débiteur est imputé sur cet excédent. Enfin, c'est lorsque les sommes indisponibles non attribuées ne permettent pas d'absorber totalement le solde cumulé débiteur que les sommes saisies-attribuées seront affectées.

651. Une fois le montant de la saisie connu, l'on ne saurait dire que le rôle du banquier s'est achevé. Il pèse sur lui un devoir de règlement[674]. Il a l'obligation de payer le créancier saisissant.

652. L'alinéa 2 de l'article 164 de l'AUPSR-VE dispose que « *le paiement peut également avoir lieu avant l'expiration du délai de contestation si le débiteur a déclaré par écrit ne pas contester la saisie* ». Cette possibilité de paiement anticipé permet de libérer les comptes du débiteur saisi et de respecter sa volonté de payer sa dette dans un bref délai afin de normaliser ses relations d'affaires avec le créancier saisissant. Une banque qui a déclaré un dépôt à durée déterminée à un saisissant de son client a été sollicitée de décaisser les fonds après le délai d'un mois. Ayant repoussé une telle demande, le créancier l'assigne en justice pour violation de l'article 164 de l'AUPSR-VE. Le juge déboute ce dernier de sa prétention au motif que le DAT est indisponible jusqu'à l'échéance du terme fixé[675]. Se trouvant entre « *l'enclume et le marteau* », mieux vaut perdre un client débiteur saisi à « *haut risque* » que de faire l'objet d'une condamnation non méritée à de lourds dommages-intérêts. Dans cette situation, une décision lucide du banquier passe par la parfaite maîtrise des règles relatives aux voies d'exécution. En plus de cela, la neutralité devrait

---

[674] Voir Ord. de référé n° 717 rendue le 22 février 2000.

[675] Montpellier, 3 janvier 1994, Banque 1994, p. 96, obs. Guillot, *RD bancaire et bourse* 1994, p. 81.

être la règle d'or du banquier qui procède au paiement à temps contre quittance entre les mains du créancier saisissant ou de son mandataire justifiant d'un pouvoir spécial[676].

653. Tout compte fait, les modalités de comptabilisation des opérations en cours auront d'autant plus d'importance qu'en cas de diminution des sommes saisies-attribuées[677], le dernier alinéa de l'article 161 de l'AUPSR-VE impose au banquier, une obligation particulière. Si le montant attribué au créancier est, compte tenu des opérations en cours, finalement moindre que le montant appréhendé déclaré par le banquier, celui-ci est tenu de s'en expliquer. Aux termes de l'alinéa 5 de l'article 161 de l'AUPSR-VE : « *en cas de diminution des sommes rendues indisponibles, l'établissement doit fournir... un relevé de toutes les opérations qui ont affecté les comptes depuis le jour de la saisie inclusivement* ». Tel qu'il est rédigé, ce texte paraît limiter l'obligation de rendre compte des modifications du montant appréhendé uniquement en cas de diminution de sorte que s'il est payé, il n'a aucun intérêt à les connaître.

654. Les opérations qui ont affecté le compte depuis le jour de la saisie sont d'abord les opérations au crédit et au débit entrant dans les prévisions du législateur communautaire[678]. Le banquier doit faire l'inventaire, en précisant leur date. À cette liste, il faut ajouter les éventuels prélèvements réalisés sur le compte. Il peut s'agir d'un prélèvement de sommes insaisissables, de sommes propres à des tiers ou encore d'une somme à caractère alimentaire. Les modalités d'exécution de cette obligation sont fixées par le législateur. Le relevé d'opérations est communiqué par lettre recommandée avec demande d'avis de réception au créancier saisissant au plus tard huit jours après l'expiration du délai de contre-passation.

655. Concrètement, s'agissant du point de départ du délai de huit jours, il convient de distinguer selon que le banquier a ou non escompté un effet de commerce. Si aucun escompte n'est en cours, le *dies a quo* sera l'expiration du délai de quinze jours. Dans le cas contraire, ce sera

---

[676] Cour d'Appel de Lomé 14 novembre 2002 : Affaire : Latévi (L). et 15 autres c/ Union Togolaise de Banque (UTB), *RADED*, 2005, p. 235

[677] En ce sens, voir DELLECI (J.-M.), *La réforme des procédures civiles d'exécution. Son application aux opérations de banque,* Édition Banque, 2e éd., 1997, p. 236

[678] Voir DZUENKEU (A), « L'OHADA et la réforme des procédures civiles d'exécution en droit africain : l'exemple du Cameroun », *Revue Juridis, avril, mai, juin 2002* p. 113.

l'expiration du délai d'un mois pour contre-passer les effets de commerce. L'intérêt de cette obligation étant de mesurer la sincérité et l'honnêteté du banquier dans sa mission de conduite de la procédure de saisie, il est judicieux qu'un manquement à une telle obligation soit sanctionné.

656. Le manquement à l'obligation de rendre compte peut-il entraîner une condamnation de plein droit de la banque aux causes de la saisie, sur le fondement de l'article 156 de l'AUPSR-VE relatif à l'obligation de déclaration ? La nature des deux obligations étant différente, l'application du régime de responsabilité de l'article 156 au manquement du banquier à l'obligation de rendre compte des modifications du montant appréhendé, serait d'une sévérité poussée. Il ne doit pas avoir de confusion entre ces deux domaines d'information. La particularité de l'obligation ici en cause commande une application conditionnée de l'article 156. Ainsi, le banquier qui omet d'adresser le relevé des opérations commet une faute. Mais sa responsabilité civile ne serait engagée que sur le fondement du droit commun, c'est-à-dire moyennant la preuve d'une faute du tiers saisi ayant causé un préjudice au saisissant.

657. L'obligation de rendre compte des modifications du montant appréhendé ne devrait pas être sanctionnée de la même manière que l'obligation de déclaration proprement dite. Si le manquement à l'obligation de déclaration est sévèrement sanctionné par la condamnation au paiement des causes de la saisie et éventuellement à des dommages-intérêts, le manquement à l'obligation de rendre compte des modifications du montant attribué ne peut donner lieu qu'au paiement, le cas échéant de dommages-intérêts. Dans ce cas, ce serait l'article 1382 du Code civil qui trouverait application. L'on peut retenir le cas du mensonge du banquier qui donne de fausses informations relatives aux opérations qui sont venues en diminution du montant appréhendé. En cas de suspicion, les créanciers n'hésitent pas à demander la condamnation des banques.

658. La diminution ou la disparition du montant appréhendé par l'effet des opérations en cours et autres compromettent sérieusement les droits du créancier saisissant. Pour ne pas être qualifié d'obstacle à la saisie, il reviendrait alors au banquier de prendre les mesures qui s'imposent afin de fournir le relevé desdites opérations, pour convaincre le saisissant et le juge, car ce n'est qu'après cela qu'il pourra procéder utilement, le cas échéant, au paiement du montant de la saisie.

Aux termes de l'alinéa 1er de l'article 164 de l'AUPSR-VE : « *le tiers saisi procède au paiement sur présentation d'un certificat du greffe attestant qu'aucune contestation n'a été formée dans le mois suivant la dénonciation de la saisie ou sur présentation de la décision exécutoire de la juridiction rejetant la contestation* ».

CONCLUSION GÉNÉRALE

659. Le droit africain des affaires protège le crédit bancaire par la réglementation de garanties nécessaires et la mise en place des techniques efficaces de gestion des créances impayées.

660. Pour ce qui est des garanties, alors que les sûretés personnelles portent sur l'entièreté du patrimoine du client de la banque, les sûretés réelles, elles, portent sur un ou des éléments d'actifs déterminés du patrimoine. On peut penser être plus à l'abri dans le cas des sûretés personnelles en ce qu'elles portent sur l'universalité du patrimoine, mais il n'en est rien lorsqu'on sait que la sûreté réelle met en sécurité le ou les biens affectés, au moyen des droits de préférence et de suite découlant de l'inscription, alors que la sûreté personnelle expose le patrimoine du débiteur à des risques de concours ou de dilapidation. Les sûretés réelles peuvent seules supprimer le risque d'insolvabilité. Toutefois, sur le plan des sûretés personnelles, on se sera convaincu d'abord, qu'il n'est pas douteux que le droit africain soit empreint de considérations sociales de protection de la caution et, plus généralement, des donneurs de sûretés personnelles, voire réelles pour autrui. Ensuite, l'espace OHADA offre aux acteurs un éventail plus large de sûretés spécifiques en principe satisfaisantes.

661. Quoi qu'il en soit, les garanties sont nécessaires à tout créancier qui entend se protéger contre les risques du crédit. En effet, un prêteur ne peut se contenter de faire confiance. Elles se présentent comme l'ensemble des mesures que le droit offre au créancier lui permettant d'assurer un recouvrement efficace du crédit. À travers l'organisation des sûretés opérée par l'Acte uniforme concerné, le crédit a eu de fortes chances d'être relancé dans l'espace OHADA. En plus, la liste des sûretés n'a pas été close par le législateur qui a ouvert des brèches permettant à chaque État d'utiliser des garanties qui cadrent avec son environnement juridique et économique, à condition que ces dernières soient intégrées dans l'une des catégories de l'Acte uniforme relatif aux sûretés. Sans aucun doute, de nombreuses garanties restées en usage dans la pratique et qui n'ont pas été organisées par le législateur communautaire, ni supprimées sont désormais soumises au régime de publicité organisé par l'Acte uniforme. Le demandeur de crédit doit donc pouvoir l'obtenir en exploitant cette diversité offerte par le législateur OHADA.

662. Dans la perspective de l'étude portant sur le droit et la pratique de l'exécution en droit africain des affaires, nous avons d'un côté, une pression soumise à la discrétion du créancier, et de l'autre une pression soumise à l'autorité du juge, toutes deux soucieuses de la préservation de la relation d'affaires. Essentiellement, c'est la question du caractère légitime de la contrainte et des moyens pour l'exercer qui se pose dans l'exécution. L'incitation au paiement ne doit pas céder le pas à l'oppression, nonobstant la légitimité de la prétention du créancier.

663. Un souci d'égalité est en même temps voulu par le législateur de l'OHADA. En effet, l'ouverture d'une procédure collective invite les créanciers à une discipline collective afin de traiter des difficultés financières que rencontre leur débiteur ou son état de cessation de paiement. Il y a ici une certaine égalité entre les créanciers qu'a instituée l'AUPCAP même si celle-ci n'est pas absolue. Au sujet de la distribution du prix, le mode prioritaire imposé par l'Acte uniforme est la répartition consensuelle. La répartition judiciaire n'intervenant, exceptionnellement, que suite à l'échec de la procédure consensuelle. C'est une marque selon laquelle le législateur OHADA veut éviter au maximum le recours à la justice ou la force dans les rapports d'obligation en présence.

664. Le droit uniforme OHADA établit une hiérarchie par différents moyens lors des répartitions consécutives à une liquidation ou à la vente des biens saisis entre les créanciers privilégiés et chirographaires, ceux-ci n'ayant accès qu'à un actif résiduel une fois ceux-là désintéressés. La suppression de l'égalité paraît être en conséquence l'expression la plus appropriée pour rendre compte de cet ordre de distribution même si une certaine égalité revient entre les créanciers de même rang. Le classement ainsi élaboré est intangible et justifie de nombreuses créations bancaires dans la pratique actuelle, sur la course de la priorité. La hiérarchie devient synonyme d'équité, l'égalité, une solution de résignation, faute de pouvoir concrètement réaliser entre les créanciers un classement intégral en fonction des critères qui seraient concevables et qui répondraient mieux aux exigences de l'équité ou du crédit. Par ailleurs, des conflits peuvent naître lors des répartitions entre différents créanciers. Nous pensons qu'il est mieux d'éviter tout concours en amont lors des engagements par les propriétés-sûretés au cas où les règles de la répétition de l'indu pourront être mises en œuvre si l'ordre de paiement était violé. Cependant, les nouvelles règles de l'attribution judiciaire en droit OHADA ne s'accommodent toujours pas avec l'ordre de répartition établi par l'AUS.

665. L'utilité des garanties pourrait être moindre si la situation du créancier chirographaire était satisfaisante. Mais tel n'est pas le cas. Le sort du créancier chirographaire n'est guère enviable. Il a un droit de gage général sur les biens de son débiteur. Il est en droit de saisir tout bien faisant partie du patrimoine pour se faire payer. Pour faire application de ceci, il lui faut un titre exécutoire. Par la suite, c'est à l'huissier de procéder à l'exécution en effectuant des saisies et la vente aux enchères publiques du patrimoine du débiteur peut être également effectuée. Cependant, ceci n'est qu'illusion. En effet, on ne peut saisir que les biens qui existent au jour de la saisie. Il est possible que le patrimoine n'existe pas ou qu'il ait disparu (vente des biens de bonne ou mauvaise foi, liquidation du patrimoine en cas de divorce...). Tous les actes de disposition effectués par le débiteur sont efficaces, c'est-à-dire qu'ils ne peuvent être remis en cause sauf à se trouver dans le cadre très exceptionnel qu'est celui des actions pauliennes ou des actions obliques.

666. Mais en aucun cas, ces mécanismes ne confèrent au créancier une cause de préférence. La situation du créancier chirographaire peut être aggravée si le débiteur a déclaré certains de ses biens insaisissables ou s'il a constitué un patrimoine d'affectation grâce au statut de la société unipersonnelle à responsabilité limitée. Lorsque plusieurs créanciers saisissent un même bien, ils doivent en conséquence s'en partager le prix entre eux. En raison de ces principes, tout créancier ne peut donc être payé de l'intégralité de sa créance dès lors que la valeur des biens composant le patrimoine de son débiteur est inférieure au montant total de ses engagements. Aussi, la crédibilité d'une bonne garantie réside dans le fait que le crédit doit être facilement recouvré en cas de non-remboursement.

667. Le principe d'égalité entre les créanciers a été affirmé. Il sert de justification à beaucoup de règles et signifie seulement que les créanciers placés dans la même situation doivent être traités de manière égalitaire. Il n'interdit nullement de réserver un sort différent à des créanciers ayant une situation juridique différente ; il ne s'oppose pas plus à ce que des créanciers soient de simples chirographaires et que d'autres soient titulaires de sûretés. Le recours à des garanties est donc légitime. Encore faut-il que les mécanismes utilisés à cette fin répondent parfaitement aux exigences du crédit. Or, celles-ci sont nombreuses. Une garantie n'est pas satisfaisante par le seul fait qu'elle est simple et peu coûteuse à constituer. Elle ne l'est que si elle préserve les intérêts des créanciers, de leur débiteur et des tiers concernés, qu'il s'agisse d'autres créanciers ou de tiers acquéreurs de biens offerts en garantie.

668. L'AUPSR-VE est venu faciliter, voire alléger les tracasseries souvent rencontrées, antérieurement face aux débiteurs récalcitrants. À côté des mesures conservatoires pour se prémunir contre la délinquance d'un débiteur qui organise sa propre insolvabilité pour échapper au remboursement, la vente des biens mobiliers saisis est désormais obligatoirement précédée d'une vente amiable du débiteur de sorte que la vente aux enchères publiques n'intervient qu'après échec de cette première. En dehors de la saisie-exécution qui demeure compliquée pour les immeubles, celle portant sur les meubles est rendue plus facile. De façon naturelle, le recouvrement des créances n'échappe pas aux difficultés. Trois risques principaux pèsent sur l'exécution. Un risque matériel relatif à la solvabilité du débiteur, un risque procédural attaché à la mise en œuvre de chaque action et un risque juridique relatif à l'immunité des personnes publiques. La saisie-attribution bancaire quant à elle reste une opération complexe qui engendre d'énormes difficultés, plongeant ainsi le créancier saisissant dans une grande incertitude quant à la connaissance du montant de la saisie.

BIBLIOGRAPHIE SÉLECTIVE

I. Ouvrages

1. ANOUKAHA (F.) et TJOUEN (A. D.), *Les procédures simplifiées de recouvrement et les voies d'exécution en OHADA*, PUA, Yaoundé, 1999, 193 pages.
2. AYNÈS (L.) et CROCQ (P.), *Les sûretés – La publicité foncière*, 5e éd., *Defrénois*, 2011, 386 pages.
3. BENABENT (A.), *Droit civil, Les obligations*, 9e éd., *Montchrestien*, 2003, 637 pages.
4. BLOCH-LAINE (F.), *Pour une réforme de l'entreprise*, éd. du Seuil, 1963, 150 pages.
5. BONNEAU (Th.), *Droit bancaire*, Domat, 2e éd, 1996, 669 pages.
6. CABRILLAC (M. et S.), MOULY (Ch.) et PÉTEL (Ph.), *Droit des sûretés*, 9e éd, *Litec*, 2010, 852 pages.
7. CLUZEL-METAYER (L), *Le service public et l'exigence de qualité*, Dalloz, 2006, 634 pages.
8. COLLART DUTILLEUL (F.) et DELEBECQUE (P.), *Contrats civils et commerciaux*, Précis Dalloz, 5e éd., 2001, 914 pages.
9. CORNU (G.), *Vocabulaire Juridique*, Paris, PUF, 3e éd., 970 pages
10. COUCHEZ (G.), *Voies d'exécution*, Armand Colin, 8e éd., 2005, 189 pages.
11. DE SERVIGNY (A.), *Le risque de crédit : nouveaux enjeux bancaires*, 2e éd., Dunod, Paris, 2003, 260 pages.
12. DELLECI (J.-M.), *La réforme des procédures civiles d'exécution. Son application aux opérations de banque, Édition Banque*, 2e éd, 248 pages.

13.DONNIER (M.), *Voies d'exécution et procédures de distribution*, éd. *Litec*, 1996, 624 pages.

14.DUPICHOT (Ph.), *Le pouvoir des volontés individuelles en droit des sûretés*, préf. M. Grimaldi, éd. *Panthéon-Assas*, 2005, 840 pages.

15.FREUND (J.), *Politique et impolitique*, *Sirey*, 1987, 426 pages.

16.GHESTIN (J.), BILLIAU (M.) et LOISEAU (G.), *Traité de droit civil. Le régime des créances et des dettes*, LGDJ, 2005, 1396 pages.

17.GRUA (F.), *Les contrats de bases de la pratique bancaire*, Litec, 2001, 311 pages.

18.GUILLIEN (R.) et VINCENT (J.) ; *Lexique des termes juridiques*, 14e éd. *Dalloz*, 2003, 662 pages.

19.KUATE TAMEGHE (S.S.), *La protection du débiteur dans les procédures civiles d'exécution*, *L'Harmattan*, 2004, 458 pages.

20.LE CORRE (P.-M.), *Droit et pratique des procédures collectives*, 6e éd., Dalloz, 2011, 3272 pages.

21.MALAURIE (Ph.) et AYNÈS (L.), *Les biens*, 4e éd., *Defrénois*, 2010, 432 pages.

22.MARTOR (B.), PILKINGTON (N.), SELLERS (D.), THOUVENOT (S.*), Le droit uniforme africain des affaires issu de l'OHADA*, éd. Litec, *Paris*, 2009, 382 pages.

23.MAZIÈRE (P.), *Le principe d'égalité en droit privé*, préf. B. Teyssié, PUAM, 2003, 477 pages.

24.MESTRE (J.), PUTMAN (E.) et BILLIAU (M.), *Traité de droit civil. Théorie générale. Droit commun des sûretés réelles,* LGDJ, 1996, 520 pages.

25.NYAMA (J. M.), *Droit bancaire en zone CEMAC*, nouvelle éd., presses de l'UCAC, Yaoundé-Cameroun, février 2015, 431 pages.

26.OURLIAC (P.) et DE MALAFOSSE (J.), *Histoire du droit privé*, t. 1er. Les obligations, PUF, 1961, 419 pages.

27.PELTIER (F.), *Introduction au droit du crédit, Banque*, 2e éd, 1990, 192 pages.

28.PERROT (R.) et THERY (Ph.), *Procédures civiles d'exécution*, éd. Dalloz, 2000, 1086 pages.

29.POUGOUE (P.-G), TEPPI KOLLOKO (F.) ; *La saisie-attribution des créances OHADA*, coll. Vade Mecum, PUA, 2005, 117 pages.

30.POUGOUÉ (P-.G), KALIEU ELONGO (Y. R.), *Introduction critique à l'OHADA,* Yaoundé, PUA, Ed. Eburnie, 2008, 225 pages.

31.RIPERT (V.G.) et ROBLOT (R.) : *Traité de droit commercial*, Tome 2, par M. Germain et P. Delebecque, LGDJ, 17e éd, 2004, 1598 pages.

32.RIVES-LANGE et CONTAMINE-RAYNAUD, *Droit bancaire*, 5e éd., 1990, 806 pages.

33.ROUTIER (R.), *Obligations et Responsabilités du Banquier*, 2e éd. Dalloz, 2008, 910 pages.

34.SAINT ALARY-HOUIN (C.), *Droit des entreprises en difficulté*, Montchrestien, Domat, 6e éd., 2009, 1064 pages.

35.SAWADOGO (F.M.), *OHADA, Droit des entreprises en difficulté, coll. Droit uniforme africain, Bruylant*, 2002, 444 pages.

36.TERRÉ (Fr.) et SIMLER (Ph.), *Droit civil. Les biens*, 8e éd., Dalloz, 2010, 880 pages.

37.VASSEUR et MARIN, *Banques et opérations de banque*, Tome 1, Les comptes en banque, Paris, Sirey, 1966, 661 pages.

II. Thèses et mémoires

38. AKONO ADAM (R.), « Les privilèges dans les procédures collectives : Réflexions à partir des droits OHADA et français des entreprises en difficultés », Thèse, Université de Ngaoundéré, 2017.

39.BEBOHI (E.S), La saisie-attribution dans la jurisprudence de l'espace OHADA, Mémoire de DEA Droit privé, Université de Douala 2010.

40.BIBOUM BIKAY (V. F.), « Le tiers dans le droit des voies d'exécution de l'OHADA. », Thèse dact., Université de Douala, 2010.

41.FOSSO (Y.R.), « Procédures collectives et voies d'exécution OHADA », Mémoire de DEA, FSJP, Université de Dschang, 2001.

42.GNAGNE (Y.N), « La saisie-attribution à l'épreuve de la procédure collective », thèse de Master 2 professionnel Droit des affaires et fiscalité, Université Paris 1, juin 2012.

43.KALIEU (Y.R), « Les garanties conventionnelles du fournisseur de crédit en droit camerounais », Thèse présentée pour obtenir le grade de docteur de l'Université de Montpellier I, 28 octobre 1995.

44.KEMBOU YMELE (B.), « Les garanties de crédits bancaires au Cameroun », mémoire de DEA, Université de DOUALA, 2005.

45.KOFFI MAWUNYO (A.), « Le cautionnement à l'épreuve des procédures collectives », thèse de Doctorat, Université de Lomé, 2008.

46.MAGUEU KAMDEM (J. D.), « Le financement des entreprises en difficultés en droit OHADA », Thèse de Doctorat, université de Dschang, 2016.

47.MAWUNYOAGBENOTO (K.), « Le cautionnement à l'épreuve des procédures collectives », Thèse en cotutelle, Université du Maine, Le Mans-France et Université de Lomé-Togo 2008.

48.MEHDI (B.), « La subordination financière », thèse, Université Paris Dauphine, 26 novembre 2012.

49.NGO (N.), « Le secret des affaires dans les pays OHADA et en France », Thèse de Doctorat d'État, Université d'Évry, Paris, 2005.

50.NJOYA NKAMGA (B.), « Les dirigeants sociaux », Thèse de Doctorat, Université de Dschang, 2006-2007.

51.ONANA ETOUNDI (F.) ; « L'incidence du droit communautaire OHADA sur le droit interne de l'exécution des décisions de justice dans les États parties », Thèse de Doctorat d'État en Droit des Affaires, Université de Yaoundé II, Faculté des Sciences Juridiques et Politiques, janvier 2005.

52.PONKA SEUKAM (F.), « Les figures mineures ou oubliées du cautionnement dans l'AUS », Mémoire de DEA, Université de Yaoundé 2, 2008.

53.SIMO KAMGANG (C. G.), « Le cautionnement dans l'Acte uniforme révisé portant organisation des procédures collectives d'apurement du passif de l'OHADA », Mémoire Master Recherche, Université de Ngaoundéré, 2016.

54.SOH (M.), « Les saisies des avoirs bancaires », Mémoire d'auditeur de justice, ENAM, Yaoundé, juillet 1999.

55.TCHOUAMBIA TOMTOM (J. L.), « Le cautionnement réel en OHADA », Mémoire de DEA, Université de Dschang, 2004.

56.TECHIOTSOP (C.), « Le système juridictionnel de l'OHADA, Étude à la lumière de la justice interne et européenne », Thèse de doctorat PhD, Université de Dschang, 22 décembre 2016.

57.ZOLEKO (C. M.), « Le droit de rétention dans les procédures collectives », Mémoire Master Recherche, Université de Ngaoundéré, 2012.

III. Articles

58. ADELINE (A.), « Responsabilité civile du banquier dispensateur de crédit : le droit anglais », Banque, n° 573, sept. 1996, pp. 60- 65.

59.AKONO ADAM (R.), « Les clairs-obscurs du régime de faveur des créances postérieures en droit OHADA des procédures collectives : Réflexions à la lumière du droit français des entreprises en difficulté », RRJ, 2014-2, p. 909 et s.

60.ALBIGES (Ch.), « L'influence du droit de la consommation sur l'engagement de la caution », Mélanges en l'honneur de J. Calais-Auloy, Dalloz, 2003, p. 1 et s.

61.ALBOUY (V.) et WANECQ (Th.), « Les inégalités sociales d'accès aux grandes écoles », Eco. et Stat., 2003, pp. 27- 31.

62.BANDRAC (M.), « Procédures civiles d'exécution et droit des sûretés », *in* La réforme des procédures civiles d'exécution, n° spécial, RTD civ., 1993, p. 49 et s.

63.BAUDRAN (A.-S.), « Quelques développements sur la revendication des biens fongibles en droit des procédures collectives », *Rev. proc. coll.,* n° 2004-1, p. 5 et s.

64.BAYO BYBI (B.), « L'efficacité de la convention d'arbitrage en droit OHADA », Revue de l'ERSUMA : Droit des affaires - Pratique Professionnelle, N° 2 - Mars 2013, Doctrine, pp. 61- 81.

65.BLANC (G.), « Les nouveaux privilèges de l'argent frais : Fondements et Pratiques », Colloque international, La réforme des procédures collectives d'apurement du passif OHADA : Approche comparée droit français et droit OHADA, 5 et 6 octobre 2016.

66.BOUGEROL-PRUD'HOMME (L.), « Exclusivité et garanties de paiement », préf. P. Crocq, LGDJ, 2012, p. 48 et s.

67.BROU KOUAKOU (M.), « Le droit OHADA et le cautionnement hypothécaire », Penant, n° 856, juillet-septembre 2006, p. 273 et s.

68.BURMEISTER (A), « Les marchés publics : outils de politique industrielle » *in* L'État et le marché, *Economica* 1994, pp. 183-185.

69.CABRILLAC (M.), « Les ambiguïtés de l'égalité entre les créanciers », Mélanges A. BRETON et F. DERRIDA, Dalloz, 1991, p. 37 et s.

70.CALENDINI, « De quelques problèmes liés à la saisie des comptes bancaires », Les Petites Affiches, 26 février 1992, p. 12 et s.

71.CAMPANA (M.-J.), « La responsabilité civile du dirigeant en cas de redressement judiciaire », Revue de Jurisprudence Commerciale, 1994, p. 136 et s.

72.CAMPBELL (A-A) ; « Saisie des comptes des banques : la saisie des comptes des banques entre les mains de la Banque Centrale », Séminaire AJBEF à Cotonou du 24 au 26 juin 2002.

73.CAYROL (N) ; « Saisie-attribution : Les règles spécifiques » : Jurisclasseur Banque-Crédit-Bourse 2008 Fasc. 680.

74.CHAPUT (Y), « Le financement de la période d'observation et l'article 40 de la Loi du 25 janvier 1985 », Les Petites Affiches, n° 12, 27 janv. 1993, p.12 et s.

75.CHAPUT (Y.), « Les clauses de garantie », *in* Les principales clauses des contrats conclus entre professionnels, PUF, Aix 1990, p. 119.

76.CORRIERAS (M.), L'*affectio societatis* dans le traité des lois et les lois civiles dans leur ordre naturel de Domat, Paris, 1995, p. 345 et s.

77.COURET (A.), « Endettement et financement de l'entreprise », *in* De l'endettement au surendettement des entreprises, des réalités financières aux contraintes juridiques, Colloque du 16 déc. 1998, Gazette du Palais 1999, p. 1361 et s.

78.CREDOT, « Les aspects bancaires de la loi du 9 juillet portant réforme des procédures civiles d'exécution », Les Petites Affiches, n° 50, 24 avril 1992, p.1 et s.

79. CROCQ (P.), « Des créanciers et des contractants mieux protégés », *in* Modernisation de l'Acte uniforme sur les procédures collectives, Dossier spécial, Droit et Patrimoine.

80.CUPERLIER (O.), « Réflexions critiques sur l'insaisissabilité d'une ouverture de crédit », RTD civ. juillet/septembre 2007, p. 485 et s.

81.D'ALBOY (G.), « La rupture des concours bancaires », Les Petites Affiches, n° 28, 6 mars 1995, p. 4 et s ;

82.DAGOT, « Sûretés monovalentes et sûretés polyvalentes », JCP N, 1999, p. 381 et s.

83.DAMMANN (R.) et LE BEUZE (G.), « Réforme des sûretés et des procédures collectives : quelles sûretés choisir ? », Cahiers de droit de l'entreprise n° 2, mars 2007, dossier 9.

84.DAMMANN (R.) et PASZKUDZSKI (J.), « La condamnation du banquier à combler l'insuffisance d'actif (arrêt Banque Worms de la Cour de cassation du 27 juin 2006) », D. 2006, n° 36, p. 2534 et s.

85.DE BERMONT DE VAULX (J. M.), « Le spectre de l'*affectio societatis* », JCP, 1994, p 345 et s.

86.DE SERVIGNY (A.), « Le risque de crédit : nouveaux enjeux bancaires », 2e éd., Dunod, Paris, 2003, p. 26 et s.

87.DEDESSUS-LE-MOUSTIER (G.), « L'obligation de renseignement du tiers saisi dans la saisie-attribution » : JCP, 1998, p. 106 et s.

88.DERRIDA (F.), « La dématérialisation » du droit de rétention », *in* Mélanges P. VOIRIN, LGDJ, 1967, p. 107 et s.

89.DIFFO TCHUNKAM (J.), « Actualité et perspective du droit OHADA des affaires après la réforme de l'AUDC du 15 décembre 2010 », pp. 1-26.

90.DJUIDJE (B.), « Le statut du juge judiciaire camerounais : un tableau contrasté », Annales de la Faculté des sciences juridiques et politiques de Dschang, tome 3, PUA, 1999, p. 52 et s.

91.DURAND (P.), « Les fonctions publiques de l'entreprise privée », Dr. Soc., 1945, p 245 et s.

92.DZUENKEU (A), « L'OHADA et la réforme des procédures civiles d'exécution en droit africain : l'exemple du Cameroun », Revue Juridis, avril, mai, juin 2002, p. 113 et s.

93.FOYER (J.), « De l'exécution collective des biens du débiteur à la médecine des entreprises », Études P. Azard, Cujas, 1980, p. 55 et s.

94.FRANÇOIS-MARSAL (H.), « La saisie -attribution et le banquier tiers saisi », Les Petites Affiches n° 3, 6 janvier 1993, p. 76 et s.

95.FROEHLICH (PH.) et SENECHAL (M.), « La loi de sauvegarde article par article, 2e partie, LPA, 9 février 2006, numéro spécial, p. 41 et s.

96.GERMAIN (M.), « L'intérêt commun des actionnaires », Cahiers dr. entreprise, 1996, N° 4, p. 13 et s.

97.GHESTIN (J.), « Réflexion d'un civiliste sur la clause de réserve de propriété », D. 1981, Chron, p.1 et s.

98. GOUËZEL (A.), « Le domaine du privilège d'argent frais et du privilège des créances postérieures en droit français et en droit OHADA », Rev. proc. coll. n° 2, mars 2017, étude 8, n° 1.

99.GUYON (Y.), « La rupture abusive de crédit », Revue de Droit Bancaire et Financier, n° 6, novembre-décembre 2002, p. 369 et s.

100.GUYON (Y.), « Le droit de regard du créancier sur le patrimoine et l'activité de son débiteur », RJC, 1982, p.12 et s.

101.HOVASSE-BANGET (S.), « La fonction de garantie de l'assurance-vie », Defrénois, 1998, p. 81, 510 et s.

102.ISSA-SAYEGH (J.), « L'intégration juridique des pays africains de la zone Franc.», Recueil Penant, n° 823, P.14.

103.JACQUOT (H.), « Le contentieux administratif au Cameroun », RCD, n° 8, juil.-déc. 1975, pp. 113 - 139.

104.KABRE (W. D.), « Étude critique du nantissement des droits de propriété intellectuelle en droit OHADA. » pp. 1- 41 ; publication.lecames.org.

105.KALIEU ELONGO (Y. R.), « La mention manuscrite dans le cautionnement OHADA », Juridis périodique, juil.-août-sept., p.109 et s, www.ohada.com, *Ohadata 2003, D-03-02.*

106.KANAYAMA (N.), « De l'obligation de « couverture » à la prestation de « garantir », Mélanges Ch. Mouly, t. 2, Litec, 1998, p. 135 et s.

107.KANAYAMA (N.), « Donner et garantir - un siècle après ou une autre histoire », Mélanges GHESTIN (J.), LGDJ, 2001, p. 473 et s.

108.KANTE (A.), « Réflexion sur le principe de l'égalité entre les créanciers dans le droit des procédures collectives d'apurement du passif (OHADA) », EDJA n° 56, www.ohada.com/ohadata D-06-47.

109.KENFACK DOUAJNI (G.), « L'exécution forcée contre les personnes morales de droit public dans l'espace OHADA », RCA n°18, 2002, p.2 www.ohada.com/ohadata D-08-48.

110.KENFACK DOUAJNI (G.), « Propos sur l'immunité d'exécution et les émanations des États », RCA n°30, 2005, p. 3, www.ohada.com/ohadata D-08-59.

111.KENFACK DOUAJNI (G.), « Les États de l'OHADA et la convention des Nations-Unies sur les immunités juridictionnelles des États et de leurs biens », RCA n°32, 2006, p 3, www.ohada.com/ohadata D-08-61.

112.KONDO(E.), « Le montant de la saisie-attribution ; kondo_lerequin@yahoo.fr/credtogo@yahoo.fr », pp. 1-91.

113.LASSERRE CAPDEVILLE (J.), « La responsabilité pénale du banquier dispensateur de crédit », *in* LASSERRE CAPDEVILLE (J.) et STORCK (M.) (dir.), Le Crédit, Aspects Juridiques et Économiques, Dalloz, 2012, p. 25 et s.

114.LAUDE (A.), La fongibilité, *RTD com.*, 1995, p. 307 et s.

115.LE CORRE (P. M), « Premiers regards sur l'ordonnance du 12 mars 2014 réformant le droit des entreprises en difficulté », D. 2014, p. 733.

116.LE CORRE (P. M.), « L'invincibilité du droit de rétention dans les procédures collectives de paiement », D. 2001, p. 2815 et s.

117.LE CORRE (P.M), « L'attribution judiciaire de l'immeuble hypothéqué en liquidation judiciaire », obs. sous T. mixte com. Saint – Pierre, 1er mars 2016, p.2891.

118.LEFORT (C.); « Saisie attribution », Rép proc. Civ. Dalloz 2007, n° 317.

119.LEVOAAWONO (S. P.), « La poursuite de la caution d'une entreprise en difficulté en droit OHADA », Banque et Droit, p. 7 et s.

120. LUCAS (F. X.), « Présentation de l'ordonnance portant réforme de la prévention des difficultés des entreprises et des procédures collectives », BJE, 2014, p. 101 et s.

121.LUCAS (F.-X.), « Risques et responsabilités induits par les procédures collectives », Revue de Droit Bancaire et Financier, n° 1, janvier 2013, p. 356 et s.

122. MATSOPOULOU (H.), « L'incidence d'une procédure collective sur l'exercice de l'action civile », JCP G, n° 39, septembre 1998, p. 3966 et s.

123.MESHERIAKOFF (S.-A.), « Le régime juridique du recours gracieux préalable dans la jurisprudence administrative camerounaise », RCD, Série 2, n° 15 et 16, 1978, pp. 42 - 55.

124.MESTRE (V. J.), « Réflexions sur l'abus du droit de recouvrer sa créance », *in* Mélanges P. Raynaud, Dalloz/Sirey, 1985, p 439 et s.

125.MODI KOKO BEBEY (H. D.), « L'harmonisation du droit des affaires en Afrique : regard sous l'angle de la théorie générale du droit », p. 12, www.ohada.com.

126.MOLFESSIS (N.), « Le principe de proportionnalité », Banque et droit, mai-juin 2000 p.4 et s.

127.MOULY (Ch.), « Procédures civiles d'exécution et droit bancaire, in La réforme des procédures civiles d'exécution », RTD civ. 1993, N° spécial, p. 65 et s.

128.MOULY (Ch.), « La transparence des sûretés réelles », *in* Les garanties et le crédit aux entreprises, CNC, septembre 1993, p. 529 et s.

129.NEMEDEU (R.), « Le principe d'égalité des créanciers : vers une double mutation conceptuelle (Étude à la lumière du droit français et OHADA des entreprises en difficulté) », RTD com., 2008, p. 241 et s.

130.NGNINTEDEM (J-C.) « Le crédit immobilier face aux enjeux de la promotion immobilière : le choix des garanties dans le cadre de la vente d'immeubles à construire du secteur protégé au Cameroun », Mélanges offerts au professeur Tientcheu Njiako André, PUA, 2015, pp. 401-438.

131.NJEUFACKTEMGWA (R.), « Réflexion sur les procédés alternatifs de réalisation des sûretés réelles conventionnelles en droit OHADA », RRJ, 2012-2, p. 1001.

132.NYAMA (J. M.), « Réflexions sur la responsabilité du banquier », Juridis Infos, n° 9, janvier-février-mars 1992, p. 35 et s.

133.NYAMA (J. M.), Droit bancaire en zone CEMAC, nouvelle éd., presses de l'UCAC, Yaoundé-Cameroun, Févier 2015, p. 396.

134.PAILLUSSEAU (J.), « Le big bang du droit des affaires à la fin du XXe *siècle* » ; *JCP*. éd. G. 1988. I. 3330.

135.PÉDAMON (M.), « La compensation dans les procédures collectives », RJC 1992, p. 86 et s.

136.PEROCHON (F.), « La revendication favorisée », *D.* 1994, chron. p. 251 et s.

137.PHILIP (L.), « La portée du contrôle exercé par le Conseil constitutionnel », RDP, 1974, 531 et s.

138.PIROVANO (A.), « La boussole de la société, intérêt commun, intérêt social, intérêt de l'entreprise », D. 1997, p.181 et s.

139.POLLAUD-DULLIAN (Fr.), « Le principe d'égalité dans les procédures collectives », JCP G, 1998, I, 138, p. 972 et s.

140.POUGOUE (P-G.), « Les sociétés d'État à l'épreuve du droit OHADA », *Juridis Périodique* n° 65, 2006, p. 101 et s.

141.PRISO ESSAWE (S.J.), « Intégration économique et droit en Afrique centrale. Étude de la zone UDEAC », Université de droit, Montpellier I, 1997, p. 344 et s.

142.REIFEGERSTE (S.), « La rupture de crédit aux entreprises », Les Petites Affiches, n° 203, 09 octobre 2008, p. 14 et s.

143.REVET (Th.), « Rapport introductif », *in* « Dossier EIRL : la nouvelle donne pour l'entrepreneur », Dr. et patr, avril 2011, p. 44 et s.

144.RIASSETTO (I.), « Du caractère indemnitaire du ducroire de banque et de bourse », Mélanges AEDBF III, p. 247 et s.

145.RIVES-LANGE (J-L), « La saisissabilité du compte courant », Rec. *Dalloz SIREY*, 1974, p. 101 et s.

146.RONTCHEVSKY (N.), « Les sûretés personnelles à l'épreuve de la loi de sauvegarde des entreprises », *Banque et droit* 2006, p. 17 et s.

147.ROUSSEL GALLE (Ph.), « La réforme du droit des entreprises en difficulté par l'ordonnance du 12 mars 2014… », Rev. soc. 2014, p. 17 et s.

148. ROUSSEL GALLE (Ph.), « Les sûretés réelles et le droit des entreprises en difficulté », Rev. dr. banc. et fin. n° 19.

149.SIMON (Ph.), « Financement d'entreprises : "le fil à la patte" des sûretés négatives », D. Aff. n° 21, 96, p. 635 et s.

150.SOINNE (B.), « Le démantèlement du droit de la revendication », *Rev. proc. coll., n*° 1994- 4, p. 471 et s.

151.SOUPGUI (E.) « La protection du créancier réservataire contre les difficultés des entreprises dans l'espace juridique OHADA », Penant, n° 870, p. 66 et s.

152.TAORMINA (G.), « Réflexions sur le droit des sûretés à l'épreuve du droit de l'exécution forcée », RRJ 2003-3, p. 1871 et s.

153. TCHAKOUA (J.M.), « La pratique de l'*exequatur* des sentences arbitrales au Cameroun », Juridis-Périodique n° 96, p. 139 et s.

154.THÉRY (Ph.), « La différenciation du particulier et du professionnel : un aspect de l'évolution du droit des sûretés », Dr. et patr., avril 2001, p. 63 et s.

155.TRASBOT, « De la contre-passation des effets de commerce », Annales de droit commercial, 1927, p. 285 et s.

156.VALLENS (J.L.), « Les Délais », *in Le nouveau droit des défaillances d'entreprises*, Dalloz 1995, sous la direction de Marie Anne Frison-Roche, p. 188 et s.

157.YOUEGO (C.), « La réalisation de l'hypothèque en droit OHADA : Étude de l'AUS à la lumière du droit français », *Revue de l'ERSUMA : Droit des affaires - Pratique Professionnelle*, N° 3 - septembre 2013, Doctrine.

TABLE DES MATIÈRES

Structures éditoriales du groupe L'Harmattan

L'Harmattan Italie
Via degli Artisti, 15
10124 Torino
harmattan.italia@gmail.com

L'Harmattan Hongrie
Kossuth l. u. 14-16.
1053 Budapest
harmattan@harmattan.hu

L'Harmattan Sénégal
10 VDN en face Mermoz
BP 45034 Dakar-Fann
senharmattan@gmail.com

L'Harmattan Cameroun
TSINGA/FECAFOOT
BP 11486 Yaoundé
inkoukam@gmail.com

L'Harmattan Burkina Faso
Achille Somé – tengnule@hotmail.fr

L'Harmattan Guinée
Almamya, rue KA 028 OKB Agency
BP 3470 Conakry
harmattanguinee@yahoo.fr

L'Harmattan RDC
185, avenue Nyangwe
Commune de Lingwala – Kinshasa
matangilamusadila@yahoo.fr

L'Harmattan Congo
67, boulevard Denis-Sassou-N'Guesso
BP 2874 Brazzaville
harmattan.congo@yahoo.fr

L'Harmattan Mali
ACI 2000 - Immeuble Mgr Jean Marie Cisse
Bureau 10
BP 145 Bamako-Mali
mali@harmattan.fr

L'Harmattan Togo
Djidjole – Lomé
Maison Amela
face EPP BATOME
ddamela@aol.com

L'Harmattan Côte d'Ivoire
Résidence Karl – Cité des Arts
Abidjan-Cocody
03 BP 1588 Abidjan
espace_harmattan.ci@hotmail.fr

Nos librairies en France

Librairie internationale
16, rue des Écoles
75005 Paris
librairie.internationale@harmattan.fr
01 40 46 79 11
www.librairieharmattan.com

Librairie des savoirs
21, rue des Écoles
75005 Paris
librairie.sh@harmattan.fr
01 46 34 13 71
www.librairieharmattansh.com

Librairie Le Lucernaire
53, rue Notre-Dame-des-Champs
75006 Paris
librairie@lucernaire.fr
01 42 22 67 13

www.ingramcontent.com/pod-product-compliance
Lightning Source LLC
LaVergne TN
LVHW050630051026
849532LV00002B/334
* 9 7 8 2 3 4 3 2 2 5 7 5 3 *